O caminho para aprovação na

SENTENÇA

MAGISTRATURA DO TRABALHO

ROTEIRO E DICAS – TEORIA E PRÁTICA

Danilo Gonçalves Gaspar | Fabiano de Aragão Veiga

O caminho para aprovação na

SENTENÇA

MAGISTRATURA DO TRABALHO

ROTEIRO E DICAS – TEORIA E PRÁTICA

3ª edição
revista, ampliada e atualizada

2023

EDITORA *Jus*PODIVM
www.editorajuspodivm.com.br

EDITORA *Jus*PODIVM
www.editorajuspodivm.com.br

Rua Canuto Saraiva, 131 – Mooca – CEP: 03113-010 – São Paulo – São Paulo
Tel: (11) 3582.5757
• Contato: https://www.editorajuspodivm.com.br/central-de-relacionamento

Diagramação: Ana Paula Lopes Corrêa *(aninha_lopescorrea@hotmail.com)*

Capa: Marcelo S. Brandão *(santibrando@gmail.com)*

G249c Gaspar, Danilo Gonçalves.
O Caminho para Aprovação na Sentença - Magistratura do Trabalho / Danilo Gonçalves Gaspar e Fabiano de Aragão Veiga – 3. ed., rev., ampl. e atual. - São Paulo: JusPodivm, 2023.
688 p.

Inclui Bibliografia
ISBN: 978-85-442-4454-8

1. Direito do Trabalho. 2. Aprovação. 3. Magistratura do Trabalho. I. Gaspar, Danilo Gonçalves. II. Veiga, Fabiano de Aragão. III. Título.

CDD 342.6

BIBLIOTECÁRIA RESPONSÁVEL

Ana Carolina Ribeiro Mois – CRB7 – RJ 007348/0

APRESENTAÇÃO

Esta obra apresenta ao candidato o caminho para aprovação na prova **prática de sentença** do Concurso Público para Ingresso na carreira da Magistratura do Trabalho.

Dividido em partes teórica e prática, o livro traz, na primeira parte (teórica), conteúdo destinado a orientar o candidato quanto às principais noções acerca da forma de elaboração de uma sentença trabalhista, com sugestões, inclusive, de textos-padrões que o auxiliarão no enfrentamento da prova de sentença.

Na segunda parte (prática), o candidato encontrará provas de sentenças de concursos anteriores, agrupadas de acordo com a legislação aplicável (antes e depois da Reforma Trabalhista – Lei n. 13.467/2017) e por graus de dificuldade, com modelos de respostas sugeridos pelos autores.

Os Autores

NOTA À 3ª EDIÇÃO

Na terceira edição, os autores, já diante da realidade da Reforma Trabalhista – Lei n. 13.467/2017, fizeram as adaptações necessárias tanto na parte teórica quanto na parte prática, de modo a situar o leitor acerca das principais mudanças promovidas pela Lei n. 13.467/2017.

Na parte teórica, os autores já trouxeram os principais impactos da Reforma Trabalhista nos itens relativos à jornada de trabalho, ao benefício da justiça gratuita, aos honorários periciais e advocatícios, entre outros temas, trazendo, inclusive, sugestões de textos a serem utilizados em treinamentos futuros, já com base na Reforma Trabalhista.

Importante destacar, no particular, que, na parte prática, os modelos de respostas das sentenças se mantiveram parte na perspectiva da legislação anterior à Reforma Trabalhista e parte na perspectiva da legislação atual.

Assim, é possível, neste momento de transição, se perceber, com muita propriedade, os principais impactos promovidos pela Lei n. 13.467/2017 na elaboração de uma sentença trabalhista.

Os Autores

SUMÁRIO

ROTEIRO E DICAS ELABORAÇÃO DE SENTENÇA PARTE TEÓRICA

ELABORAÇÃO DE SENTENÇA PARTE PRÁTICA

Modelos atualizados (CPC/2015 e Reforma Trabalhista – Lei n. 13.467/2017)

ROTEIRO E DICAS ELABORAÇÃO DE SENTENÇA PARTE TEÓRICA

Esta parte traz um conteúdo destinado a orientar o candidato quanto às principais noções acerca da forma de elaboração de uma sentença trabalhista, com sugestões, inclusive, de textos padrões que auxiliarão o candidato no enfrentamento da prova de sentença.

1. Conhecendo a realidade da prova prática de sentença

Estas informações são destinadas àqueles que prestam ou pretendem prestar concurso público para ingresso na Magistratura do Trabalho. É muito importante que você entenda que a prova de sentença (segunda prova escrita da segunda etapa do concurso) é uma prova bastante peculiar, exigindo, portanto, que o candidato conheça os mistérios e desafios desta etapa do concurso.

1.1. Estou na sentença, e agora?

Querido leitor, muito provavelmente seja essa a pergunta que você esteja se fazendo, desde já, quando se imagina na iminência de uma prova de sentença: natural!

E é natural que você esteja se perguntando isso, mesmo que não seja a primeira vez que você tenha chegado a essa etapa do concurso, afinal a prova de sentença possui especificidades que, sem sombra de dúvidas, em muitos momentos, parece ser uma barreira intransponível: mas não é!

É justamente para mostrar a você que a prova de sentença não é uma barreira intransponível que, com carinho, dedicação e entusiasmo, preparamos este livro para que você possa tê-lo como um porto seguro capaz de te acolher nos momentos de dúvidas, incertezas, angústias e vontade, muita vontade de ser aprovado!

1.2. A prova de sentença do Concurso Público Nacional Unificado para ingresso na Carreira da Magistratura do Trabalho

A segunda etapa do concurso público nacional unificado para ingresso na carreira da magistratura do trabalho é composta de duas provas escritas: I - uma prova discursiva; II - uma prova prática de sentença trabalhista.

Conforme itens 11.20 a 11.22 do Edital do II Concurso Público Nacional Unificado Para Ingresso na Carreira da Magistratura do Trabalho, a prova prática de sentença, de caráter eliminatório e classificatório, consistirá na elaboração de uma sentença trabalhista, envolvendo temas jurídicos constantes do conteúdo programático, que apresente solução objetiva de caso concreto e avaliará o conhecimento especializado do candidato e o seu desempenho como julgador.

Para aprovação o candidato deverá obter média igual ou superior a 60% (sessenta por cento) de aproveitamento na prova de sentença, vale destacar que, apesar de realizadas (prova escrita discursiva e prova prática de sentença) em um mesmo final de semana, somente serão corrigidas as provas de sentença dos candidatos que obtiverem aprovação na prova discursiva.

1.3. Tempo de resolução da sentença

O item 11.1 do Edital do II Concurso Público Nacional Unificado para ingresso na carreira da Magistratura do Trabalho prevê que a prova prática de sentença terá duração de até 5 (cinco) horas.

Importante destacar que o tempo de 05 (cinco) horas para elaboração da prova prática de sentença revela uma novidade trazida já pelo I Concurso Público Nacional Unificado para Ingresso na Carreira da Magistratura do Trabalho.

Isso porque, até então, como regra, nos Concursos regionais (elaborados pelos próprios Tribunais Regionais do Trabalho), o candidato possuía apenas 04 (quatro) horas para elaboração da prova prática de sentença.

Diante disto, apesar de ser algo a se comemorar (aumento do tempo de duração da prova prática de sentença), recomendamos que você resolva os simulados trazidos na parte prática deste livro no tempo de 04 (quatro) horas, afinal os referidos simulados referem-se a provas práticas de sentença aplicadas no contexto de limitação de tempo de 04 (quatro) horas.

1.4. Qual o perfil da prova de sentença?

A prova de sentença é uma prova eminentemente técnica e de velocidade, que exige do candidato, por isso, os seguintes atributos principais:

a) Técnica: necessária para que você saiba como iniciar, estruturar e concluir sua sentença;

b) Objetividade: fundamental para que você possa enfrentar todos os temas da prova;

c) Maturidade: muito importante, sobretudo para que você possa identificar qual o "coração da prova", assim considerado a questão principal da prova, em relação a qual você deverá, necessariamente, expor uma fundamentação profunda e exaustiva;

d) Velocidade: não tenha dúvida de que esse é o momento no qual o tempo não contará a seu favor. A prova de sentença é uma prova de muita velocidade (mesmo com o aumento do tempo de duração para cinco horas), o que exige, portanto, muito treinamento. Por mais cansativo que seja, inclusive com eventuais reflexos na condição física do candidato (dores nas mãos e na coluna, por exemplo), não tem jeito: o treino é fundamental. Não se obtém aprovação na prova prática de sentença sem que se submeta, antes, a diversos simulados;

e) Clareza: considerando que você não poderá ser prolixo nos pontos enfrentados, afinal serão muitos em pouco tempo, você terá que aliar a objetividade com a clareza nas respostas, nas decisões e nas posições adotadas;

f) Sensibilidade: esse atributo permitirá que você sinta a prova, identifique o que ela espera de você. Ou seja, é importante que você perceba que nem sempre determinado entendimento, ainda que majoritário ou até mesmo correto na sua opinião, é o melhor a ser adotado em determinada prova. Deve-se, sempre, vislumbrar as possibilidades e as consequências da adoção desse ou daquele entendimento (por exemplo, em que pese seja recomendável muito cuidado no acolhimento de preliminares, possível que em determinada prova seja inviável a sua finalização sem que seja acolhida).

1.5. Como devo me preparar para a prova de sentença?

A prova de sentença, por ser uma prova eminentemente técnica e de velocidade, exige um estudo direcionado e específico, afinal conteúdo global você já possui e muito, tendo adquirido-o durante toda a sua preparação para a primeira etapa do concurso (prova objetiva) e para a prova escrita discursiva.

Assim, esse estudo direcionado e específico perpassa tanto por uma leitura de materiais (livros de sentença e sobre temas do concurso), quanto pela realização de diversas, muitas e incansáveis provas (simulados) de sentença: treine, treine e treine muito!

1.6. Chegou o dia da prova, e aí?

No dia da prova, leve materiais atualizados, sendo imprescindível estar acompanhado por uma CLT, um Vade Mecum, Normas Regulamentares do Ministério do Trabalho e Emprego, Normas Internacionais e Legislação acerca das profissões regulamentadas.

Leve ainda caneta (mais de uma) esferográfica transparente preta ou azul, conforme item 11.10 do Edital.

Muita atenção para o item 9.20. "b" do Edital, que prevê, de forma expressa, que "Não será permitida a utilização de lápis, lapiseira, marca texto ou borracha.".

Por fim, leve água para se hidratar e um lanche leve (uma fruta, barra de cereal ou similar): beba e coma com moderação pois, provavelmente, você não terá tempo sequer de ir ao sanitário durante a prova!

Chegue com, no mínimo, 30 (trinta) minutos de antecedência, entre logo na sala para conseguir um local confortável e para relaxar nos minutos que antecedem a prova. Sugerimos, além disso, que o candidato utilize táxi ou transporte público equivalente, a fim de não ser surpreendido com situações de ansiedade nos momentos que antecedem a prova, quer em razão de eventual colisão, quer pela dificuldade de estacionamento, tão comum nas cidades brasileiras.

Faça alongamentos no pescoço, braços e, principalmente, nas mãos, partes do corpo que serão muito exigidas durante a prova.

1.7. Recebi a prova, faço o quê?

Ao receber a prova, leia, quando autorizado, com muita atenção as instruções (a grande maioria delas dispensa a elaboração de relatório, o que faz você ganhar preciosos minutos para enfrentar a prova em si).

Verifique ainda se a sua folha de respostas se encontra devidamente pautada e/ou numerada. Caso identifique alguma irregularidade, chame imediatamente o fiscal, fazendo-o antes do início da prova.

Se o caderno de questões (que não se confunde com o caderno de respostas) não estiver numerado, numere de caneta para facilitar a sua visualização no momento da prova (exceto se isso for expressamente vedado), bem como a elaboração da tabela/quadro esquemático (se for o caso).

Quando autorizado, inicie imediatamente a prova.

Ao iniciar sua prova, já comece controlando o seu tempo, dividindo-o da seguinte forma:

a) Para os treinamentos com base na maioria dos simulados trazidos neste livro, quando você deverá considerar o tempo de 04 (quatro) horas, divida o tempo da seguinte maneira:

    a.1) 30min (trinta minutos) para leitura da prova, quando você deve destacar os fundamentos da petição inicial (destacando os pedidos formulados), os fundamentos da contestação (destacando as preliminares e questões prejudiciais de mérito arguidas, tendo bastante atenção para o fato de que, para dificultar, na grande maioria das vezes, preliminares e prejudiciais de mérito, sobretudo prescrição, são arguidas ao longo da contestação ou até mesmo ao final desta), as provas produzidas sobre cada pleito e sua solução sobre cada um deles;

a.2) 30min (trinta minutos) para elaboração de uma tabela ou simplesmente para estruturação da ordem que você irá seguir na sua sentença (o método a ser utilizado fica a seu critério – tenha certeza de que o melhor método é aquele que seja melhor para você;

a.3) 2h30min (duas horas e trinta minutos) para elaboração da fundamentação da sua sentença, considerando que o relatório foi dispensado (o que acontece na grande maioria das provas), ou para elaboração do relatório (caso obrigatório) e da fundamentação, situação na qual exigirá de você ainda mais agilidade;

a.4) 30min (trinta minutos) para a elaboração do dispositivo. Mesmo que você não tenha, ao final de 3h30min, terminado ainda sua fundamentação, parta para o dispositivo, deixando um espaço para finalizar os tópicos pendentes da fundamentação, afinal uma sentença sem dispositivo é uma sentença sem um dos seus elementos essenciais (art. 832 da CLT e art. 489, III, CPC/2015). O seu dispositivo deve ser, obrigatoriamente, analítico. Se, contudo, o tempo estiver apertado em demasia, salve sua prova e faça o dispositivo misto (analítico e remissivo) ou, na pior das hipóteses, todo remissivo: o erro que é fatal é não possuir dispositivo.

b) Para os treinamentos com base em simulados já elaborados no contexto da duração de 05 (cinco) horas, bem como no dia da sua prova prática de sentença, divida o tempo da seguinte maneira:

b.1) 01h00min (uma hora) para leitura da prova, quando você deve destacar os fundamentos da petição inicial (destacando os pedidos formulados), os fundamentos da contestação (destacando as preliminares e questões prejudiciais de mérito arguidas, tendo bastante atenção para o fato de que, para dificultar, na grande maioria das vezes, preliminares e prejudiciais de mérito, sobretudo prescrição, são arguidas ao longo da contestação ou até mesmo ao final desta), as provas produzidas sobre cada pleito e sua solução sobre cada um deles;

b.2) 30min (trinta minutos) para elaboração de uma tabela ou simplesmente para estruturação da ordem que você irá seguir na sua sentença (o método a ser utilizado fica a seu critério – tenha certeza de que o melhor método é aquele que seja melhor para você;

b.3) 2h45min (duas horas e quarenta e cinco minutos) para elaboração da fundamentação da sua sentença, considerando que o relatório foi dispensado (o que acontece na grande maioria das provas), ou para elaboração do relatório (caso obrigatório) e da fundamentação, situação na qual exigirá de você ainda mais agilidade;

b.4) 45min (quarenta e cinco minutos) para a elaboração do dispositivo. Mesmo que você não tenha, ao final de 4h15min, terminado ainda sua fundamentação, parta para o dispositivo, deixando um espaço para finalizar os tópicos pendentes da fundamentação, afinal uma sentença sem dispositivo é uma sentença sem um dos seus elementos essenciais (art. 832 da CLT e art. 489, III, CPC/2015). O seu dispositivo deve ser, obrigatoriamente, analítico. Se, contudo, o tempo estiver apertado em demasia, salve sua prova e faça o dispositivo misto (analítico e remissivo) ou, na pior das hipóteses, todo remissivo: o erro que é fatal é não possuir dispositivo.

1.8. Acabou o tempo, e agora?

O tempo acabou, o fiscal encerrou a prova, pare imediatamente, não corra o risco de continuar escrevendo as linhas finais e ter sua prova sumariamente zerada, sendo excluído do certame.

1.9. Fui aprovado

Saiu o resultado? Viu seu nome na lista de aprovados na prova prática de sentença? Pule, cante, grite, curta e tire 1.000 kg das costas, afinal a barreira que você achava intransponível já não é mais. Agora vá preparar sua documentação para a inscrição definitiva e se preparar para a prova oral!!!

1.10. Não foi dessa vez

Se não foi desta vez, use a reprovação como uma experiência, um aprendizado, algo capaz de lhe dar forças para a próxima ou próximas sentenças. O número de sentenças que você fará não será capaz de aferir a qualidade do Juiz que você será: você vai passar no melhor concurso possível para sua vida!!!

Força, coragem e disposição para estudar ainda mais. Desistir? Nunca.

Desistir, só de desistir!!!

2. Dicas gerais sobre a prova de sentença

A partir de agora, passamos a apresentar algumas dicas gerais sobre a prova prática de sentença que reputamos fundamentais para que você obtenha êxito na sua prova:

a) Lembre-se de que a prova é técnica e de velocidade.

b) Divida/Administre seu tempo, conforme proposto no capítulo anterior. A propósito, lembre-se de que não há tempo para fazer rascunho. O que você pode/deve elaborar, após ou paralelo à leitura, é uma tabela/quadro esquemático, contemplando as principais informações (em que se destacam os pedidos, causa de pedir, defesa, provas e a solução/decisão). Utilize a folha de rascunho para anotação dos dados mais relevantes da prova (data de ajuizamento da ação, data da admissão, data da dispensa, função, salário, preliminares, prejudiciais, requerimentos da defesa, protestos, medidas saneadoras e demais questões processuais).

Sugestão de Tabela/Quadro Esquemático

Informações Importantes	Petição Inicial – Causa de Pedir	Petição Inicial – Pedido	Questões Processuais Surgidas na Audiência ou na Contestação	Contestação – Preliminares	Contestação – Questões Prejudiciais de Mérito	Provas, se houver	Solução/ Decisão	Ordem de Julgamento – Questões Processuais/ Providências Saneadoras	Ordem de Julgamento – Preliminares (siga o art. 337 do CPC/2015) e Prejudiciais	Ordem de Julgamento – Mérito: VERDIS V – Vínculo E – Extinção R – Remuneração D – Duração I – Indenizações S – Sobra
Data do Ajuizamento – xxxxxx	xxxxx	yyyyy	Ex: Protesto por cerceamento de defesa	Ex: Inépcia da petição inicial arguida pela 1ª parte ré	Ex: Prescrição Bienal arguida pela 2ª parte ré	Ex: art. 341 do CPC/2015 (ausência de impugnação específica)	Julgar procedente/ improcedente	1. Retificar o polo passivo	7. Incompetência Absoluta	12. Início do Vínculo
Idade do(s) Autor(es)	xxxxx	yyyyy	Ex: Retificação do polo passivo requerida pela 1ª parte ré	Ex: Ilegitimidade arguida pela 1ª e 2ª partes rés	Ex: Prescrição Total arguida pela 1ª parte ré	Ex: testemunha Fulano comprovou a existência de labor aos sábados	Indeferir	2. Impugnação ao valor da causa	8. Inépcia da petição inicial (ausência de causa de pedir)	13. Verbas Resilitórias

Sugestão de Tabela/Quadro Esquemático										
Data da Admissão	xxxxx	yyyyy	Ex: Impugnação ao Valor da Causa	wwww	zzzzz	Ex: Laudo Pericial confirmou labor insalubre	ccccc	3. eeeee	9. Carência da Ação – Ilegitimidade Passiva	14. Equiparação Salarial
Data da Dispensa	xxxxx	yyyyy	aaaaaaaa	wwww	zzzzz	bbbbb	ccccc	4. eeeee	10. Prescrição	15. Horas Extras
Motivo da Dispensa	xxxxx	yyyyy	aaaaaaaa	wwww	zzzzz	bbbbb	ccccc	5. eeeee	11. Quitação Geral (Súmula n. 330 do TST)	16. Indenização por Danos Morais
Função	xxxxx	yyyyy	aaaaaaaa	wwww	zzzzz	bbbbb	ccccc	6. eeeee	ffffff	17. Justiça Gratuita
Salário	xxxxx	yyyyy	aaaaaaaa	wwww	zzzzz	bbbbb	ccccc	eeeee	ffffff	18. Honorários
	xxxxx	yyyyy	aaaaaaaa	wwww	zzzzz	bbbbb	ccccc	eeeee	ffffff	19. Dispositivo
	xxxxx	yyyyy	aaaaaaaa	wwww	zzzzz	bbbbb	ccccc	eeeee	ffffff	20. Parâmetros de Liquidação

c) Cuidado com a letra (busque sempre usar uma letra legível, fazendo caligrafia se for necessário).

d) Zele pela limpeza da prova: evite erros, rasuras, riscos, valendo-se, se não for expressamente vedado, da expressão "digo" para corrigir algum erro. Ex: "O Direito Individual, 'digo' Coletivo do Trabalho...".

e) Utilize corretamente a língua portuguesa: esse ponto é fundamental, pois antecede o próprio mérito da técnica de elaboração de sentença em si.

f) Resolva as questões principais com considerável grau de profundidade, mas sem grandes divagações. Na prova prática de sentença, ao contrário da prova escrita discursiva, não se deve "doutrinar", mas sim resolver o caso concreto, mesmo porque NÃO HÁ TEMPO! As questões de menor grau de complexidade, como, por exemplo, a penalidade prevista no art. 467 da CLT, a justiça gratuita, juros e correção monetária devem ser resolvidas de modo sucinto, sem se perder muito tempo com elas!!! Deve-se descobrir o chamado "coração da prova", ou seja, o seu ponto mais importante (exemplo: acidente de trabalho, fixação de pensão, indenização por danos morais, terceirização, grupo econômico etc.).

g) Não invente dados nem ignore as informações existentes na prova.

h) Utilize, para evitar equívocos, as expressões parte autora (para se referir àquele que ajuizou a ação) e parte ré (para aquele contra quem foi ajuizada a ação). Não queira utilizar-se de múltiplos nomes (reclamante, autora, querelante etc.). Utilize apenas uma expressão e vá com ela até o fim da prova.

   Recomendamos, nesse particular, "parte autora" e "parte ré" porque você não corre o risco de se referir ao autor do sexo masculino através da expressão "a autora" ou o inverso. Se houver mais de um autor, chame-o pelo nome; se houver mais de um réu, pode chamar por "primeira parte ré", "segunda parte ré" e assim por diante, ou então pelo nome também, tendo o cuidado para não se atrapalhar.

i) Refira-se à petição inicial pelo nome, ou seja, SEMPRE se refira como petição inicial. Não utilize expressões como peça vestibular, peça de ingresso, peça de ataque etc. Isso se deve ao fato de que embora essas outras expressões sejam consagradas, mesmo que de forma atécnica, na prática forense, são juridicamente incorretas, afinal o CPC se utiliza única e exclusivamente da expressão petição inicial ao se referir à peça processual que instrumentaliza o direito de ação.

j) Seguindo a linha da dica anterior, refira-se à contestação também pelo nome técnico, ou seja, SEMPRE se refira como contestação, evitando expressões como "peça de resistência", "peça de bloqueio", "peça muro" etc.

l) Utilize expressões afirmativas ou negativas firmes, sem carga subjetiva e sem demonstrar hesitação. Exemplo: "Não se pode acolher a tese de que...". Evitar: "No meu entender, não se pode acolher a tese de que..."; "Sinto que não se pode acolher a tese de que...", "Parece-me que não se pode acolher a tese de que...".

m) Evite adjetivações e uso de advérbios, sempre optando por expressões técnicas e legais. Evitar: "É de **flagrante** ilegalidade a tese de que..."; "É **exorbitante** a jornada descrita na Petição Inicial".

n) Não numere os tópicos porque, eventualmente, você pode errar a ordem de apreciação e precisará inserir entre tópicos já escritos um tópico esquecido. Assim, não se deve numerar os tópicos, bem como se deve deixar um espaço de 5 linhas (exceto se as instruções da prova expressamente proibirem) entre o fim de um tópico e o início do outro.

o) Conforme dica anterior, deixe um espaço entre os tópicos, podendo ser de até cinco linhas, **salvo se, nas instruções da prova, isso for expressamente vedado**. Essa dica é fundamental, para, em caso de esquecimento, permitir ao candidato inserir ou corrigir a fundamentação.

p) Não qualifique tópicos da sentença, ou seja, não denomine se o que está sendo enfrentado é preliminar, questão prejudicial, questão de mérito ou questão processual/prévia. Apenas traga o nome da matéria que será enfrentada. Isso evita que você se equivoque em alguma oportunidade, chamando de preliminar aquilo que na verdade seria de outra natureza. Então, bastaria, por exemplo, no caso da preliminar de Inépcia da Petição Inicial, denominar o tópico como INÉPCIA DA PETIÇÃO INICIAL.

3. A sentença trabalhista

3.1. *Definição de sentença*

De acordo com o art. 203, § 1º, do CPC/2015, "Ressalvadas as disposições expressas dos procedimentos especiais, sentença é o pronunciamento por meio do qual o juiz, com fundamento nos arts. 485 e 487, põe fim à fase cognitiva do procedimento comum, bem como extingue a execução.".

3.2. *Elementos essenciais da sentença*

De acordo com o art. 832 da CLT "Da decisão deverão constar o nome das partes, o resumo do pedido e da defesa, a apreciação das provas, os fundamentos da decisão e a respectiva conclusão.".

No âmbito do CPC/2015, prevê o art. 489 que "São elementos essenciais da sentença: I – o relatório, que conterá os nomes das partes, a identificação do caso, com a suma do pedido e da contestação, e o registro das principais ocorrências havidas no andamento do processo; II – os fundamentos, em que o juiz analisará as questões de fato e de direito; III – o dispositivo, em que o juiz resolverá as questões principais que as partes lhe submeterem.".

Desta maneira, a sua prova prática de sentença, necessariamente, deverá conter: a) Relatório (caso a elaboração deste não seja dispensada pelo Banca Examinadora ou o caderno de prova consista no próprio relatório da sentença, algo que, também, deve constar de forma expressa no caderno de prova); b) Fundamentação e; c) Dispositivo.

Importante destacar, quanto à fundamentação da sentença, que o CPC/2015, no § 1º do art. 489, de forma expressa e emblemática, traz a noção de fundamentação exaustiva, deixando claro que "Não se considera fundamentada qualquer decisão judicial, seja ela interlocutória, sentença ou acórdão, que: I – se limitar à indicação, à reprodução ou à paráfrase de ato normativo, sem explicar sua relação com a causa ou a questão decidida; II – empregar conceitos jurídicos indeterminados, sem explicar o motivo concreto de sua incidência no caso; III – invocar motivos que se prestariam a justificar qualquer outra decisão; IV – não enfrentar todos os argumentos deduzidos no processo capazes de, em tese, infirmar a conclusão adotada pelo julgador; V – se limitar a invocar precedente ou enunciado de súmula, sem identificar seus fundamentos determinantes nem demonstrar que o caso sob julgamento se ajusta àqueles fundamentos; VI – deixar de seguir enunciado de súmula, jurisprudência ou precedente invocado pela parte, sem demonstrar a existência de distinção no caso em julgamento ou a superação do entendimento.". Fique atento a isto!!!

3.2.1. O relatório

Dificilmente, será o relatório o ponto da sentença que aprovará ou reprovará o candidato.

Mas, o certo é que, uma vez não dispensado (ou o caderno de prova não consista no próprio relatório da sentença, algo que, também, deve constar de forma expressa no caderno de prova), o relatório deve conter os requisitos previstos no art. 832, CLT e no art. 458, I, CPC/73 (art. 489, I, do CPC de 2015 – Lei n. 13.105 de 16 de março de 2015), com o nome das partes, a indicação dos pedidos, a identificação do caso, com o resumo do pedido e da contestação (inclusive quanto às preliminares suscitadas na defesa) e as principais ocorrências havidas no andamento do processo (deferimento ou indeferimento de uma tutela antecipada, a produção de provas, a realização de audiência, a tomada de depoimentos, as razões finais – normalmente orais e remissivas – e a rejeição das propostas de conciliação).

Segue sugestão de **modelo de relatório**:

XXXXXXXXXXXXXXXXXX, parte autora, qualificada, ajuizou Ação Trabalhista em face de XXXXXXXXXXXX, parte ré, também qualificado, pleiteando a condenação da parte ré para que essa anote o período do vínculo de emprego em sua CTPS – Carteira de Trabalho e Previdência Social; efetue o pagamento de aviso prévio, férias vencidas, simples e proporcionais, com um terço, décimo terceiro salário integral e proporcional, penalidades previstas nos arts. 467 e 477, §§ 6° e 8°, da Consolidação das Leis do Trabalho, FGTS – Fundo de Garantia do Tempo de Serviço mais indenização de 40%, entrega das guias para habilitação no Programa do Seguro Desemprego (ou indenização equivalente); adicional de insalubridade, horas extraordinárias e reflexos, intervalo intrajornada e reflexos, dobra relativa ao labor nos domingos e feriados; salário família, vale-transporte, indenização por danos morais e honorários advocatícios. Requereu, ainda, a expedição de ofícios e a concessão do benefício da Justiça Gratuita. Atribuiu à causa o valor de R$ XX.000,00. Instruiu a sua Petição Inicial com documentos (fls. XX).

Notificada, a parte ré, em audiência (fl. XX), ofereceu contestação escrita (fls. XX), suscitando preliminar(es) XXX. Ao fim, requereu a improcedência dos pedidos impugnados. Instruiu sua contestação com documentos.

A parte autora manifestou-se sobre a contestação e respectivos documentos (fls. XX).

Em audiência, foi colhido o depoimento pessoal da autora, do preposto da parte ré e de XX testemunhas.

Razões finais reiterativas por ambas as partes.

Sem êxito as tentativas de conciliação.

É o relatório.

3.2.2. Fundamentação

Na fundamentação, o Juiz deve informar as suas razões objetivas de decidir, analisando o processo, aplicando a lei e valorando a prova.

3.2.2.1. Cuidados que você deve ter quando da redação da fundamentação

a) **Buscar sempre julgar o mérito.** O processo do trabalho orienta-se ao julgamento do mérito, sobretudo a partir da adoção, pelo próprio processo comum, do princípio da primazia da decisão de mérito (art. 4º do CPC/2015). Os Tribunais querem juízes que resolvam os conflitos de forma efetiva. Preliminares, portanto, somente podem/devem ser acolhidas em casos extremos, incontornáveis e, sobretudo, se imprescindíveis para salvar a sua prova.

b) **Manter a coerência redacional.** Se o candidato optar por escrever na primeira ou terceira pessoas, deve manter esse estilo até o fim. Por exemplo: rejeito, julgo improcedente, acolho (primeira pessoa do singular); ou rejeita-se, julga-se improcedente, acolhe-se (terceira pessoa do singular). Evite, em uma parte da sentença, redigir de uma forma e, na outra parte, de forma distinta: busque sempre, portanto, a coerência redacional.

c) **Manter paralelismo, ao menos no mesmo parágrafo** (em que pese o ideal seja manter essa coerência ao longo de toda a sentença), **quanto aos sujeitos do processo**. Por exemplo, "não há controvérsias quanto ao fato de que Autor e Réu mantiveram vínculo empregatício entre si" ou "não há controvérsias quanto ao fato de que Reclamante e Reclamada mantiveram vínculo empregatício entre si". Evitar: "não há controvérsias quanto ao fato de que Autor e Reclamada mantiveram vínculo empregatício entre si". Relembramos nossa sugestão anterior no sentido de que utilize sempre parte autora e parte ré.

d) **Utilizar-se de linguagem concisa, direta e objetiva**. Não se deve rebuscar ou usar expressões em Latim ou outra língua estrangeira (salvo quando não houver expressão idêntica em Português), optando sempre por palavras simples que tornem a sentença mais clara e de fácil compreensão. Lembre-se de que o cidadão (jurisdicionado) é um leitor leigo no aspecto jurídico.

e) **Utilizar-se de expressões afirmativas ou negativas firmes, sem carga subjetiva e sem demonstrar hesitação**. Exemplo: "Não se pode acolher a tese de que...". Evitar: "No meu entender, não se pode acolher a tese de que..."; "Sinto que não se pode acolher a tese de que...", "Parece-me que não se pode acolher a tese de que...";

f) **Evitar adjetivações e uso de advérbios**, sempre optando por expressões técnicas e legais. Evitar: "É de flagrante ilegalidade a tese de que..."; "É exorbitante a jornada descrita na Petição Inicial".

g) **Manter a precisão terminológica e usar expressões técnicas**: As preliminares arguidas pelas partes são "acolhidas" ou "rejeitadas". Quando o Juiz suscita preliminar de ofício, ele "pronuncia" ou "suscita". Pedidos devem ser julgados "procedentes" ou "improcedentes".

h) **Sempre indicar a consequência jurídica, quando for acolhida determinada preliminar.** Por exemplo, "Isso posto, acolho a preliminar de inépcia da petição inicial, extinguindo o processo, sem resolução do mérito, na forma do artigo 267, inciso I, do CPC/73 (art. 485, I, do CPC/2015), quanto ao pedido de horas extraordinárias e reflexos". Evitar simplesmente, portanto: "Pronuncio a inépcia da petição inicial quanto ao pedido de hora de horas extraordinárias e reflexos".

i) **Jamais julgar procedentes os pedidos remetendo-se à Petição Inicial.** O Juiz deve precisar, exatamente, o que julgou procedente. Por exemplo, "julgo procedente o pagamento de horas extraordinárias com adicional normativo de 50%, assim consideradas como as excedentes à oitava diária, bem assim, a quadragésima quarta ordinária semanal, de forma não cumulativa, observados os parâmetros a seguir (...)". Evitar, assim, simplesmente: "julgo procedente o pedido 'a' da petição inicial" ou "julgo procedente o pedido de pagamento de horas extras, nos termos da petição inicial".

j) **Evitar jargões que nem sempre se aplicam ao caso concreto e evitar aplicar fórmulas genéricas.** Deve-se sempre remeter à situação do caso concreto. "É incontroverso" não é o mesmo que "ficou provado". Lembrar-se da aplicação do art. 302, do CPC/73 (art. 341 do CPC/2015).

l) **Jamais julgar com base em elementos que não estão na prova de sentença.** Por exemplo, "A testemunha da parte autora mostrou-se **mais sincera**". Lembre-se de que a prova é uma ficção, logo, não é possível ao candidato valorar, subjetivamente, o depoimento.

m) **Ao analisar a prova, especificar sempre o elemento de convicção do Juiz.** Por exemplo: "a Testemunha trazida pela parte autora declarou que ele trabalhava das 07h00min às 18h00min, de segunda a sexta-feira, com trinta minutos de intervalo, e, dois sábados por mês, das 07h00min às 14h00min". Evitar: "a prova dos autos demonstra que a parte autora trabalhava das 07h00min às 18h00min, de segunda a sexta-feira, com trinta minutos de intervalo, e, dois sábados por mês, das 07h00min às 14h00min".

n) **Se possível, transcrever excertos de depoimentos, ao valorar a prova testemunhal, e indicar a folha onde se encontra determinado documento.** É importante que o Juiz demonstre às partes que leu cuidadosamente o processo.

o) **Em havendo depoimentos contraditórios, dizer o motivo pelo qual opta por depoimento em detrimento de outro, com base em critérios objetivos, sob pena de ausência de fundamentação.**

Devem ser evitadas valorações arbitrárias ou não pautadas em critérios estritamente objetivos. O Processo Civil brasileiro adotou, como regra geral, o sistema do livre convencimento motivado (art. 131 do CPC/73 – art. 371 do CPC/2015), sendo a tarifação da prova uma exceção.

Carece de fundamentação, assim, a sentença que simplesmente diz que a testemunha da parte autora mostrou-se mais confiável que a da parte ré, sem justificar objetivamente o porquê disso (sistema da livre apreciação da prova). De outro lado, é incorreto afirmar que são necessárias duas testemunhas para invalidar cartão de ponto (sistema da tarifação legal).

Na valoração da prova oral, desta forma, o candidato deve levar em consideração os seguintes elementos: a) função da testemunha; b) local de trabalho da testemunha; c) testemunha que labora para o mesmo empregador; d) data de admissão da testemunha e tempo de ocorrência dos fatos; e) conhecimento direto dos fatos, pois o conhecimento "por ouvir dizer" é de escasso valor probatório.

p) **Atenção para o fato de que, ao contrário da testemunha, o preposto pode ter conhecimento sobre um determinado fato ainda que não o tenha presenciado.** O fato é que, quanto ao preposto, por representar a parte, e, por isso, somente pode provar em seu desfavor, já que o único meio de prova que se pode extrair do seu depoimento é a confissão, é irrelevante que não tenha conhecimento **direto** (ter presenciado) dos fatos, o que, na linha da dica anterior, não basta no caso da testemunha.

q) **Muito cuidado com a regra de ônus da prova.**

Em primeiro lugar, lembre-se de que a regra de ônus da prova, mesmo considerada não somente como regra de julgamento (dada sua natureza híbrida de regra de instrução e regra de julgamento), é algo que deve ser utilizado pelo Juiz **tão somente** quando as provas produzidas nos autos (independentemente de quem tinha o ônus de fazê-lo) não tiverem o convencido.

Assim, não há razão para iniciar uma fundamentação tratando de ônus da prova. Simplesmente aprecie as provas produzidas nos autos e, caso tenha se convencido pela procedência ou improcedência do pedido, julgue de acordo com aquelas. Entretanto, caso as provas produzidas não tenham sido suficientes para o seu convencimento, agora sim se utilize da regra do ônus da prova (art. 818 da CLT e art. 373 do CPC/15) e julgue em desfavor daquele que tinha o ônus de provar (ônus da prova como regra de julgamento).

Assim, deve-se evitar a remissão ao ônus da prova quando, de fato, houver prova suficiente sobre um determinado fato. Assim, não há motivo para falar de ônus da prova, quando o fato tenha sido efetivamente comprovado. Evite, assim, por exemplo: "o ônus de provar a prática de justa causa por parte do obreiro é da parte ré, conforme arts. 818, da CLT, 373, II, do CPC/2015 e entendimento cristalizado na súmula nº 212 do TST. No caso em tela, ficou provado o ato de improbidade, na medida em que as testemunhas, Sr. Roberto e Sr. Fernando (ata de audiência de fls.), declararam que viram o autor furtando o objeto de propriedade da ré...". No caso, então, bastaria afirmar: "No caso em tela, ficou provado o ato de improbidade, na medida em que as testemunhas, Sr. Roberto e Sr. Fernando (ata de audiência de fls.), declararam que viram o autor furtando o objeto de propriedade da ré...".

Em segundo lugar, em havendo cisão na prova oral (prova dividida/ empatada), não aplique a regra do "in dubio pro operario" (o entendimento doutrinário e jurisprudencial majoritários é no sentido de que tal regra não se aplica no campo da valoração da prova), aplique a regra de ônus da prova e julgue em desfavor daquele que tinha o ônus de provar.

r) **Evitar ausência de fundamentação. O Juiz deve dizer o que a lei autoriza.** Por exemplo: "Incabível a condenação da Ré ao pagamento de diferenças salariais por acúmulo de funções, eis que o parágrafo único do artigo 456, da CLT, dispõe que, não havendo previsão contratual expressa, entender-se-á que o empregado se obrigou a todo e qualquer serviço compatível com a sua condição pessoal". Evitar, assim: "indefiro o pedido de acúmulo de funções por ausência de previsão legal".

s) **Evitar utilizar as expressões "do" e "da" no cabeçalho dos tópicos, afinal são expressões típicas da técnica legislativa ("DAS NORMAS PROCESSUAIS").** Assim, então, use a expressão "INÉPCIA

DA PETIÇÃO INICIAL", evitando "DA INÉPCIA DA PETIÇÃO INICIAL".

t) **Não começar a fundamentação com base em súmula ou jurisprudência.** É o candidato, enquanto "juiz", que deve julgar, não sendo correto "delegar" a decisão para os Tribunais Superiores. Deve-se valer da autoridade do argumento, e não do argumento da autoridade. Assim, é recomendável: "É válido o acordo individual de compensação, haja vista a redação do artigo 7º, inciso XIII, da CRFB/1988. A questão encontra-se, inclusive, pacificada pela Súmula nº 85, do TST". Evitar, assim: "Segundo a Súmula nº 85 do TST, é valido o acordo individual de compensação". Importante destacar, inclusive, que esta dica é de suma importância em face do disposto no art. 489, § 1º, V, do CPC/2015, que prevê que "Não se considera fundamentada qualquer decisão judicial, seja ela interlocutória, sentença ou acórdão, que: V – se limitar a invocar precedente ou enunciado de súmula, sem identificar seus fundamentos determinantes nem demonstrar que o caso sob julgamento se ajusta àqueles fundamentos;".

u) **Evitar julgar contra Súmula do TST ou afirmar que determinada lei é inconstitucional, de forma rasa ou com fundamentos singelos.** É mais fácil, e até mesmo, diante do atual cenário de força dos precedentes judiciais (CPC/2015), julgar de acordo com a Súmula ou Orientação Jurisprudencial do TST (relembrando, contudo, que são somente elementos de autoridade/reforços argumentativos, jamais a fundamentação em si): se for para julgar contra, o "esforço argumentativo" recai sobre o candidato.

v) **Fique atento para o fato de que fato incontroverso é algo distinto de fato alegado por uma parte e admitido pela outra.** O fato é que incontroverso é fato que não foi contestado (art. 341 do CPC/2015). Por sua vez, quando a parte autora afirma uma coisa e a parte ré confirma, trata-se não de um fato incontroverso, mas sim de um fato afirmado por uma parte e confessado pela outra, ou seja, comprovado em face a confissão real. A própria redação do art. 374, II e III do CPC/2015, deixa claro que são hipóteses distintas:

> Art. 374. Não dependem de prova os fatos:
>
> I – notórios;

II - afirmados por uma parte e confessados pela parte contrária;

III - admitidos no processo como incontroversos;

IV – em cujo favor milita presunção legal de existência ou de veracidade.

x) **Indenização por danos morais/existencial/materiais e não danos morais/existencial/materiais.** Fique atento para o fato de que o que se pede e, consequentemente, se julga, é o pedido de INDENIZAÇÃO por danos morais/existencial/materiais. Não se pede, nem se julga, danos morais/existencial/materiais. Então o nome do tópico tem que ser, por exemplo, "INDENIZAÇÃO POR DANOS MORAIS".

3.2.2.2. Estilos de fundamentação

a) RELATAR A TESE DA PARTE AUTORA E DA PARTE RÉ, FUNDAMENTAR E, DEPOIS, CONCLUIR.

Por uma questão de facilitação da compreensão, entendemos ser esse o melhor estilo de fundamentação, motivo pelo qual recomendamos a sua utilização, exceto se o candidato entender que se prejudicará muito na questão tempo, situação na qual recomendamos a utilização do estilo de fundamentação que será tratado na letra "b".

De toda forma, caso o candidato opte por um dos modelos ora propostos, o ideal é que, seja qual for o modelo adotado, o candidato o adote de maneira uniforme ao longo de toda a sentença.

Ex: "Alega a parte autora que laborava das 07h00min às 19h00min, de segunda-feira a sábado, com trinta minutos de intervalo intrajornada.

Afirma, também, que não era possível registrar as horas extraordinárias nos seus cartões, uma vez que o seu supervisor impunha que ele, assim como seus demais empregados batessem o ponto e voltassem a trabalhar.

A parte ré, por sua vez, afirma que a parte autora laborava das 07h00min às 17h00min, de segunda a quinta-feira, e até as 16h00min às sextas-feiras, sempre com uma hora de intervalo, conforme cartões de ponto que se encontram anexos à defesa. Nega que os empregados fossem obrigados a bater o ponto e voltar a trabalhar. Sustenta, ainda, que a compensação de horários se encontra devidamente autorizada, conforme acordo individual, cuja validade encontra-se ratificada pela Súmula nº 85, do TST.

Ao exame.

A única Testemunha ouvida, o senhor JOÃO DAS BOTAS, declarou, expressamente, "que o supervisor obrigava todos os empregados a bater o cartão de ponto às 17h00min, mas todos tinham de voltar a trabalhar, para fazer os relatórios do dia seguinte; que o Autor e o depoente saíam, normalmente, às 18h45min / 19h15min; que depoente e Autor lanchavam rapidamente no refeitório da empresa, por cerca de vinte minutos; que depoente e o Autor trabalhavam até ao Sábado às 18h00min, também com uma hora de intervalo".

Desse modo, nos termos do art. 7º, XIII e XIV, da CRFB/88, e balizando-se na média descrita pela testemunha ouvida -, julgo procedente o pedido de pagamento de horas extras.....".

A partir dessa ideia, você precisa estar atento que, na apreciação dos pedidos, você terá, de preferência, na seguinte ordem, que:

- Primeiro, enfrentar todos os pontos suscitados pela parte autora;
- Segundo, enfrentar todos os pontos suscitados pela parte ré;
- Terceiro, dialogar com a prova a partir da análise de todas as provas acerca do pedido que está julgando;
- Quarto, trazer o enquadramento jurídico do pedido;
- Quinto, citar eventual entendimento jurisprudencial sobre o tema;
- Sexto, decidir pela procedência ou improcedência do pedido;
- Sétimo, em caso de procedência, atentar para eventuais consequências do pedido (multa diária em caso de obrigação de fazer; reflexos em caso de obrigações de pagar etc.).

b) NÃO RELATAR, PARTIR DIRETO À FUNDAMENTAÇÃO E, AO FINAL, CONCLUIR.

Neste estilo de fundamentação, também cabível e, muitas vezes, necessário em razão do pouco tempo de prova, suprime-se o chamado "minirrelatório" (breve exposição dos fatos da parte autora e breve exposição dos fatos da parte ré).

Assim, parte-se direto, primeiro, para a valoração da prova e, depois, enquadramento jurídico do pedido e, ao fim, conclusão.

Ex: "A única testemunha ouvida, o Senhor JOÃO DAS BOTAS, declarou, expressamente, 'que o supervisor obrigava todos os empregados a bater o cartão de ponto às 17h00min, mas todos tinham de voltar a trabalhar, para fazer os relatórios do dia seguinte; que o Autor e o depoente saíam, normalmente, às 18h45min / 19h15min; que depoente e Autor lanchavam rapidamente no refeitório da empresa, por cerca de vinte minutos; que depoente e o Autor trabalhavam até ao Sábado às 18h00min, também com uma hora de intervalo".

Desse modo, nos termos do art. 7º, XIII e XIV, da CRFB/88, e balizando-se na média descrita pela testemunha ouvida -, julgo procedente o pedido de pagamento de horas extras.....".

c) NÃO RELATAR, CONCLUIR E, DEPOIS, FUNDAMENTAR.

Esse é o estilo de fundamentação que reputamos mais inadequado, de modo que sugerimos que não o utilize.

Ex: "Desse modo, nos termos do art. 7º, XIII e XIV, da CRFB/88, e balizando-se na média descrita pela testemunha ouvida -, julgo procedente o pedido de pagamento de horas extras.....".

Com efeito, a única testemunha ouvida, o Senhor JOÃO DAS BOTAS, declarou, expressamente, "que o supervisor obrigava todos os empregados a bater o cartão de ponto às 17h00min, mas todos tinham de voltar a trabalhar, para fazer os relatórios do dia seguinte; que o Autor e o depoente saíam, normalmente, às 18h45min / 19h15min; que depoente e Autor lanchavam rapidamente no refeitório da empresa, por cerca de vinte minutos; que depoente e o Autor trabalhavam até ao Sábado às 18h00min, também com uma hora de intervalo".

Para fins dessa decisão, reputam-se horas extraordinárias as excedentes à oitava diária, bem assim, a quadragésima quarta ordinária semanal.

Observe-se a jornada das 07h00min às 19h00min, de segunda a sexta-feira, e até as 18h00min aos sábados, sempre com trinta minutos de intervalo, com base nas declarações da mencionada testemunha.".

3.2.2.3. Expressões dos comandos decisórios

Busque sempre utilizar, adequadamente, as expressões para cada tipo de comando decisório. Assim:

a) no caso de questões processuais/prévias e questões preliminares, use as expressões acolho/rejeito;

b) no caso de pedidos (mérito em si), use as expressões julgo procedente/improcedente. Aqui, há quem use também o defiro/indefiro, mas, tecnicamente, é mais apropriado procedente/improcedente.

c) por fim, quanto aos requerimentos, use as expressões defiro/indefiro.

3.2.3. Dispositivo

É o local da sentença onde o Juiz afirma se julga procedente ou não o pedido e, em caso de procedência, o que deve ser feito para que o direito material seja efetivamente realizado.

3.2.3.1. Prazo para cumprimento da decisão

Segundo o § 1º, do artigo 832, da CLT, quando a decisão concluir pela procedência do pedido, **determinará o prazo** e as condições para o seu cumprimento. **Recomendamos, quanto às obrigações de pagar, a adoção do prazo recursal de oito dias. Quanto à anotação da CTPS, o artigo 29, da CLT, estabelece prazo de quarenta e oito horas.**

3.2.3.2. Pontos essenciais/obrigatórios que devem conter no dispositivo

O dispositivo deve, preferencialmente, ser feito em tópicos, de forma a apresentar-se didático e claro para o leitor da sentença.

O mais importante, portanto, é que você não deixe, em hipótese alguma, de trazer, no dispositivo, os seguintes elementos, de preferência, observando a ordem a seguir:

a) **O nome das partes.** Por fazer coisa julgada material e, assim, lei para o caso concreto, o dispositivo deve indicar as partes envolvidas na ação judicial. Por exemplo: "Em face do exposto, nos autos da ação ajuizada por X em face de Y, nos termos da fundamentação, parte integrante deste dispositivo, decido:"

b) **Concessão ou rejeição do benefício da justiça gratuita.** Como se trata de algo que independe das demais questões a serem decididas, o ideal é, logo no início, apontar a concessão ou não concessão dos benefícios da justiça gratuita.

Importante destacar, no particular, que as novas regras de concessão de benefício da justiça gratuita, conforme disposto no art. 790, §§ 3º e 4º, da CLT, exigem atenção do julgador no momento da análise da concessão ou não concessão do benefício.

Isto porque, até o advento da Lei n. 13.467/2017, a concessão do benefício da justiça gratuita, no processo do trabalho, estava prevista apenas no § 3º do art. 790, da CLT, que contemplava duas hipóteses de concessão, a requerimento ou de ofício, do referido benefício: a) receber salário igual ou inferior ao dobro do mínimo legal ou; b) declarar, sob as penas da lei, que não possui condições de pagar as custas do processo sem prejuízo do sustento próprio ou de sua família.

A primeira hipótese (receber salário igual ou inferior ao dobro do mínimo legal) contemplava uma presunção legal de veracidade do estado de pobreza, baseada em um critério objetivo: recebimento de salário igual ou inferior ao dobro do mínimo legal.

A segunda hipótese, por sua vez, estava relacionada àqueles que, a despeito de receberem salário superior ao dobro do mínimo legal (afinal, se recebessem salário até o dobro do mínimo legal, estariam contemplados na primeira hipótese), declarassem, sob as penas da lei, que não possuíam condições de pagar as custas do processo sem prejuízo do sustento próprio ou de sua família.

Importante destacar, neste particular, que, no âmbito da Justiça do Trabalho, sempre se entendeu, tanto por força do art. 1º da Lei n. 7.115/83, quanto por força, depois, do art. 99, § 3º, do CPC/2015, que, quando firmada por pessoa natural, a declaração de pobreza era presumidamente verdadeira, de modo que bastava que a parte juntasse declaração de pobreza, cabendo à parte contrária, se fosse o caso, produzir provas capazes de infirmar a referida declaração.

A declaração de pobreza, para produzir seus efeitos, precisa ser, necessariamente, assinada pela própria parte ou por advogado com poderes específicos para tanto, nos termos do art. 105 do CPC/2015.

A Lei n. 13.467/2017 (Reforma Trabalhista), alterando a sistemática para a concessão do benefício da justiça gratuita até então existente na CLT, conferiu nova redação ao § 3º do art. 790 e incluiu, neste mesmo artigo, o § 4º.

No que tange ao § 3º, passou a prever "É facultado aos juízes, órgãos julgadores e presidentes dos tribunais do trabalho de qualquer instância conceder, a requerimento ou de ofício, o benefício da justiça gratuita, inclusive quanto a traslados e instrumentos, àqueles que perceberem salário igual ou inferior a 40% (quarenta por cento) do limite máximo dos benefícios do Regime Geral de Previdência Social.".

Neste particular, a alteração promovida pela Reforma Trabalhista ampliou o acesso à justiça, na medida em que, alterando a hipótese que contempla uma presunção legal de veracidade do estado de pobreza, substituiu o critério até então vigente (recebimento de salário igual ou inferior ao dobro do mínimo legal) pelo critério de recebimento de salário igual ou inferior a 40% (quarenta por cento) do limite máximo dos benefícios do Regime Geral de Previdência Social.

Já com relação ao § 4º do art. 790, a Reforma Trabalhista, diante da redação deste novo dispositivo, vem despertando diversas reflexões.

Isto porque, pela redação anterior (do § 3º do art. 790), a segunda hipótese de concessão do benefício da justiça gratuita estava relacionada ao fato da parte, a despeito de receber salário superior ao dobro do mínimo legal, declarasse, sob as penas da lei, que não possuía condições de pagar as custas do processo sem prejuízo do sustento próprio ou de sua família.

Pois bem. Com a redação do § 4º do art. 790 da CLT, possível identificar, na prática, uma ou duas mudanças substanciais. A primeira está relacionada, agora, à impossibilidade de concessão, de ofício, do benefício da justiça gratuita àqueles que recebam salário superior a 40% do teto do INSS, já que a possibilidade de concessão, de ofício, da justiça gratuita, está prevista apenas no § 3º do art. 790 da CLT, que, após a Reforma Trabalhista, passou a contemplar apenas uma hipótese de concessão do benefício: receber salário igual ou inferior a 40% (quarenta por cento) do limite máximo dos benefícios do Regime Geral de Previdência Social.

Assim, diante do novo artigo 790 da CLT, na hipótese de a parte receber salário superior a 40% (quarenta por cento) do limite máximo dos benefícios do Regime Geral de Previdência Social, a concessão do benefício da justiça gratuita está condicionado ao seu requerimento, sendo vedada, portanto, a sua concessão de ofício pelo Magistrado.

A outra conclusão que se pode extrair da alteração promovida pela Reforma Trabalhista está diretamente relacionada à substituição da expressão "declarar" pela expressão "comprovar", de modo que é possível entender que, a partir da Reforma Trabalhista, não basta que a parte que receba salário superior a 40% (quarenta por cento) do limite máximo dos benefícios do Regime Geral de Previdência Social declare, sob as penas da lei, que não possui condições de pagar as custas do processo sem prejuízo do sustento próprio ou de sua família, sendo imprescindível, portanto, que a parte requerente comprove, mediante documentos que comprovem seus gastos mensais (comprometimento dos seus rendimentos), que, mesmo recebendo salário superior a 40% (quarenta por cento) do limite máximo dos benefícios do Regime Geral de Previdência Social, não possui condições de pagar as custas do processo sem prejuízo do sustento próprio ou de sua família.

Tratar-se-ia, contudo, de interpretação distante da CRFB/88 (art. 5º, XXXV) e isolada, na medida em que o regramento da concessão do benefício da justiça gratuita encontra-se previsto em outras normas do sistema jurídico, o que impõe, assim, uma interpretação sistemática do novo dispositivo da CLT.

Desta maneira, ao interpretar o § 4º do art. 790 da CLT (O benefício da justiça gratuita será concedido à parte que comprovar insuficiência de recursos para o pagamento das custas do processo) é possível, sem maiores esforços interpretativos, concluir que, em verdade, exceto quanto à impossibilidade de, neste caso, o Magistrado conceder, de ofício, o benefício, nada mudou!

Isto porque, na hipótese de a parte receber salário superior ao equivalente a 40% do limite máximo dos benefícios do Regime Geral de Previdência Social, caso a parte junte aos autos declaração pessoal de pobreza (assinada pela própria parte ou assinada por advogado com poderes específicos para esse fim — art. 105 do CPC/2015 e Súmula n. 463 do TST), esta declaração não dependerá de qualquer outra prova.

A conclusão acima decorre do fato de que, nos termos do art. 99, § 3º, do CPC/2015 e do art. 1º da Lei n. 7.115/83 (aplicáveis ao processo do trabalho por força do art. 769 da CLT e do art. 15 do CPC/2015), a declaração pessoal de pobreza goza de presunção legal de veracidade, presunção esta que, diante da ausência de provas em sentido contrário, prevalece, afinal, nos termos do art. 374, IV, do CPC/2015, não dependem de prova os fatos em cujo favor milita presunção legal de existência ou de veracidade, o que é o caso, como visto, da declaração de pobreza.

Assim, se a parte, a despeito de receber salário superior ao equivalente a 40% do limite máximo dos benefícios do Regime Geral de Previdência Social, juntar aos autos declaração de pobreza (assinada pela própria parte ou assinada por advogado com poderes específicos para esse fim — art. 105 do CPC/2015 e Súmula n. 463 do TST), caberá (continuará cabendo, na verdade, já que, antes da Reforma Trabalhista, era exatamente isto o que ocorria) à parte contrária produzir provas capazes de infirmar a referida declaração de pobreza.

Desta maneira, seguem, abaixo, duas sugestões de textos para a concessão do benefício:

Opção 01 (quando há prova de que a parte recebe salário inferior a 40% do valor do limite máximo dos benefícios do Regime Geral de Previdência Social): "Há, nos autos, registro de empregado que comprova o recebimento de R$ 1.200,00 por mês como último salário, o que comprova, assim, o recebimento, pela parte autora, de salário inferior ao equivalente a 40% do limite máximo dos benefícios do Regime Geral de Previdência Social, circunstância que autoriza a concessão dos benefícios da justiça gratuita (art. 790, § 3º, da CLT). Concedo, assim, à parte autora, os benefícios da justiça gratuita.

Opção 02 (quando a parte auferir salário superior a 40% do valor do limite máximo dos benefícios do Regime Geral de Previdência Social, mas juntar aos autos declaração pessoal de pobreza, assinada pela própria parte ou assinada por advogado com poderes específicos para esse fim): "Há, nos autos, declaração pessoal de pobreza (assinada pela própria parte ou assinada por advogado com poderes específicos para esse fim — art. 105 do CPC/2015 e Súmula n. 463 do TST), contra a qual não foi produzida não prova capaz de elidir a sua presunção relativa de veracidade, razão pela qual concluo que a parte autora comprovou a insuficiência de recursos para o pagamento das custas do processo. Concedo, assim, à parte autora, os benefícios da justiça gratuita.".

c) **As preliminares rejeitadas, suscitadas e acolhidas, com a respectiva consequência jurídica.** Por exemplo:

> "Em face do exposto:
>
> - rejeito a preliminar de incompetência absoluta;
>
> - acolho a preliminar de inépcia da petição inicial, extinguindo o processo, sem resolução do mérito, quanto ao pedido de horas extraordinárias, na forma do artigo 485, I, do CPC/2015".

d) **A solução acerca da prescrição arguida.** Necessário, portanto, dizer se rejeita a prejudicial de mérito de prescrição ou declara prescritas as pretensões exigíveis antes de **XXXXXX**.

e) **Os pedidos julgados procedentes**, dispensada a indicação um a um dos pedidos improcedentes.

IMPORTANTE: Reforçando o quanto já destacado, não é tecnicamente adequado falar em procedência ou improcedência da ação, da reclamação ou da reclamatória, e, sim, dos pedidos.

f) **Os parâmetros de liquidação**: tecnicamente, não é obrigatório indicar os critérios de liquidação, eis que eles, em princípio, não fazem coisa julgada material (Súmula nº 344 do STJ). Além disso, é plenamente fungível o critério de liquidação. Mas o Examinador quer candidatos que deem sentenças exequíveis.

Deixe para trazer as questões relacionadas a juros, correção monetária etc., exceto se houver alguma discussão jurídica a respeito (pedido e contestação específica sobre algo), apenas nos parâmetros de liquidação (no dispositivo da sentença). Isso faz você ganhar tempo, não tendo que trazer os parâmetros de liquidação tanto na fundamentação, quanto no dispositivo.

Assim, se estiver sobrando tempo, traga os parâmetros de liquidação tanto na fundamentação quanto no dispositivo. Mas, se o tempo estiver apertado, traga os parâmetros de liquidação apenas no dispositivo. Sugerimos o seguinte texto:

> "PARÂMETROS DE LIQUIDAÇÃO
>
> a) JUROS E CORREÇÃO MONETÁRIA

Diante do julgamento da ADC n. 58 pelo STF, a atualização dos créditos decorrentes de condenação judicial na Justiça do Trabalho deverão observar, até que sobrevenha solução legislativa, o seguinte: em relação à fase extrajudicial, ou seja, a que antecede o ajuizamento das ações trabalhistas, deverá ser utilizado como indexador o IPCA-E, além da indexação, serão aplicados os juros legais (art. 39, caput, da Lei 8.177, de 1991); em relação à fase judicial, a atualização dos débitos judiciais deve ser efetuada pela taxa referencial do Sistema Especial de Liquidação e Custódia - SELIC, considerando que ela incide como juros moratórios dos tributos federais (arts. 13 da Lei 9.065/95; 84 da Lei 8.981/95; 39, § 4º, da Lei 9.250/95; 61, § 3º, da Lei 9.430/96; e 30 da Lei 10.522/02).

Observe-se, por fim, quanto aos juros, o seu propósito meramente indenizatório (OJ 400 da SDI-1 do TST)."

SE HOUVER INDENIZAÇÃO POR DANOS MORAIS, INCLUIR O PARÁGRAFO ABAIXO:

"Quanto à indenização por danos morais, diante do conteúdo da decisão do STF, restou superado o entendimento previsto na Súmula n. 439 do TST, devendo incidir, então, a taxa SELIC a partir da data do arbitramento (Súmula n. 362 do STJ)."

b) RECOLHIMENTOS FISCAIS E PREVIDENCIÁRIOS.

Determino que a parte ré efetue os recolhimentos previdenciários incidentes sobre as parcelas objeto de condenação em pecúnia deferidas nesta sentença, na forma do art. 43 da Lei n. 8.212/91, do art. 876, parágrafo único, da CLT, e da Súmula n. 368 do TST, ficando autorizada a dedução da quota parte da parte autora.

Deverá ainda a parte ré (art. 46 da Lei n. 8.541/1992) efetuar o recolhimento fiscal na forma do art. 12-A da Lei n. 7.713/88 e da Instrução Normativa RFB nº 1.500, de 29/10/2014 (revogadora da IN nº 1.127/11 - art. 114 da IN 1.500/2014), com a redação dada pela Instrução Normativa RFB nº 1558, de 31/3/2015.

Para fins do art. 832, § 3º, da CLT, as parcelas da condenação devem observar o artigo 28, § 9º, da Lei n. 8.212/91, incidindo recolhimentos fiscais e previdenciários somente sobre as parcelas de natureza salarial.

c) FORMA DE LIQUIDAÇÃO

A liquidação deve ser feita por simples cálculos.

d) ABATIMENTO/COMPENSAÇÃO

Abatimento/dedução e compensação são institutos distintos e, no caso dos autos, não há falar em compensação, afinal não houve comprovação de nenhuma obrigação apta a ser extinta em face da posição concomitante de credor e devedor das partes (art. 368 do CC/2002 e arts. 477, § 5 º e 767 da CLT). Rejeito, assim, o pedido de compensação.

Autorizo, contudo, para evitar o enriquecimento sem causa (art. 884 do CC/2002) da parte autora, o abatimento/dedução dos valores pagos sob igual título àqueles deferidos nesta sentença.".

g) A fixação dos honorários periciais, quando for o caso, com o respectivo valor e a responsabilidade pelo seu pagamento, na forma do art. 790-B da CLT. Por exemplo: "Honorários periciais definitivos no importe de R$ 1.000,00, pela parte ré, sucumbente na pretensão objeto da perícia (art. 790-B da CLT)".

Dica 01 – Observar se o laudo pericial não foi feito por um perito funcionário público, hipótese em que não caberá a condenação em honorários.

Dica 02 – Observar ainda que, caso a parte sucumbente na pretensão objeto da perícia (art. 790-B, da CLT) seja beneficiária da justiça gratuita, a responsabilidade pelo pagamento dos honorários nesse caso é da União (Súmula n. 457 do TST; Julgamento da ADI n. 5766, STF).

Dica 03 – Fixe o valor dos honorários periciais em valores razoáveis, tomando como base o art. 20 da Resolução n. 247/2019 do CSJT.

h) A fixação dos honorários advocatícios, observando-se, para as ações ajuizadas após 11/11/2017 (art. 6º da I.N. 41/2018 do TST), as regras previstas no art. 791-A, da CLT e, no caso das ações ajuizadas antes de 11/11/2017, as regras previstas no art. 14 da Lei n. 5.584/70 e das Súmulas n. 219 e 329 do TST.

Sem dúvidas, o art. 791-A, é uma das maiores novidades da Reforma Trabalhista, no que toca ao Direito Processual.

Na disciplina anterior à Reforma Trabalhista, sob influência na Lei n. 5.584/70, pacificou-se o entendimento no sentido de que a condenação em honorários advocatícios, em regra, no processo do trabalho, não decorria da mera sucumbência. Conforme Súmulas n. 219 e 329, TST, na Justiça do Trabalho, em regra, a condenação ao pagamento de honorários advocatícios não decorria pura e simplesmente da sucumbência, devendo a parte, concomitantemente: a) estar assistida por sindicato da categoria profissional;

b) comprovar a percepção de salário inferior ao dobro do salário-mínimo ou encontrar-se em situação econômica que não lhe permita demandar sem prejuízo do próprio sustento ou da respectiva família (art. 14, § 1º, da Lei nº 5.584/1970).

Na sistemática da Reforma Trabalhista, contudo, os honorários advocatícios, mesmo nas lides decorrentes das relações de emprego, passam a decorrer da mera sucumbência, inclusive recíproca, prevendo o art. 791-A, caput, da CLT, que "Ao advogado, ainda que atue em causa própria, serão devidos honorários de sucumbência, fixados entre o mínimo de 5% (cinco por cento) e o máximo de 15% (quinze por cento) sobre o valor que resultar da liquidação da sentença, do proveito econômico obtido ou, não sendo possível mensurá-lo, sobre o valor atualizado da causa.", bem como o seu § 3º que "Na hipótese de procedência parcial, o juízo arbitrará honorários de sucumbência recíproca, vedada a compensação entre os honorários.".

Registre-se que, no particular, a Reforma Trabalhista ratificou o entendimento no sentido de que os honorários constituem direito do advogado, não sendo admissível a compensação pelas partes dos respectivos valores, sendo, inclusive, de natureza alimentar (art. 85, § 14, CPC/15 e Súmula Vinculante n. 47, STF):

> Art. 85. A sentença condenará o vencido a pagar honorários ao advogado do vencedor.
>
> (...)
>
> § 14. Os honorários constituem direito do advogado e têm natureza alimentar, com os mesmos privilégios dos créditos oriundos da legislação do trabalho, sendo vedada a compensação em caso de sucumbência parcial.
>
> (...)
>
> Súmula Vinculante 47
>
> Os honorários advocatícios incluídos na condenação ou destacados do montante principal devido ao credor consubstanciam verba de natureza alimentar cuja satisfação ocorrerá com a expedição de precatório ou requisição de pequeno valor, observada ordem especial restrita aos créditos dessa natureza.

No que tange à responsabilidade do beneficiário da justiça gratuita ao pagamento dos honorários advocatícios, como visto anteriormente, a concessão de gratuidade **não afasta a responsabilidade** do beneficiário pelas despesas processuais e pelos honorários advocatícios decorrentes de sua sucumbência (art. 98, § 2º, CPC/15), apenas suspende sua exigibilidade. Consoante a § 3º do art. 98, CPC/15:

> Vencido o beneficiário, as obrigações decorrentes de sua sucumbência ficarão sob condição suspensiva de exigibilidade e somente poderão ser executadas se, nos 5 (cinco) anos subsequentes ao trânsito em julgado da decisão que as certificou, o credor demonstrar que deixou de existir a situação de insuficiência de recursos que justificou a concessão de gratuidade, extinguindo-se, passado esse prazo, tais obrigações do beneficiário. (destaques nossos)

Em sentido semelhante, a nova disciplina do tema pela CLT, consoante alteração promovida pela Lei n. 13.467/2017 - Reforma Trabalhista (art. 791-A, § 4º, da CLT):

> Vencido o beneficiário da justiça gratuita, desde que não tenha obtido em juízo, ainda que em outro processo, créditos capazes de suportar a despesa, as obrigações decorrentes de sua sucumbência ficarão sob condição suspensiva de exigibilidade e somente poderão ser executadas se, nos dois anos subsequentes ao trânsito em julgado da decisão que as certificou, o credor demonstrar que deixou de existir a situação de insuficiência de recursos que justificou a concessão de gratuidade, extinguindo-se, passado esse prazo, tais obrigações do beneficiário. (destaques nossos)

Assim como foi destacado quando da análise dos efeitos da concessão da Justiça Gratuita quanto ao pagamento dos honorários periciais, quanto aos honorários advocatícios, necessário que se compreenda a referida norma pela adequada interpretação da expressão "créditos capazes de suportar a despesa", devendo esta expressão ser entendida como crédito capaz de retirar a parte (beneficiária da Justiça gratuita) da condição de insuficiência de recursos.

Não se trata, pois, de uma capacidade apenas "matemática" de suportar a despesa, ou seja, não se trata de dizer que o mero fato da parte, beneficiária da justiça gratuita, ter recebido, no processo trabalhista ou em qualquer outro processo judicial, um crédito superior ao valor do seu débito de honorários, permite, por si só, que se cobre dela o valor relativo aos honorários advocatícios, mediante retenção deste valor devido a título de honorários do valor do seu crédito obtido no processo.

Assim, tal qual deve ocorrer com relação aos honorários periciais, para que se torne exigível a cobrança dos honorários advocatícios da parte beneficiária da justiça gratuita, não basta que seja faça um mero acerto de contas, não basta que seja tenha uma mera capacidade matemática.

Fundamental, pois, para tanto, que o recebimento do crédito, pela parte beneficiária do benefício da justiça gratuita, seja suficiente para retirar a parte (beneficiária da Justiça gratuita) da condição de insuficiência de recursos, ou seja, um crédito capaz de retirar-lhe da condição de insuficiência econômica que justificou a concessão do benefício: capacidade efetiva, portanto, de suportar a despesa.

Neste sentido, inclusive, importante destacar o enunciado 201 do Fórum Permanente de Processualistas do Trabalho – FPPT, aprovados no V FPPT, em Salvador:

> 201. (art. 5º, inciso XXXV da CF/88 e art. 791-A, § 4º da CLT) É inconstitucional, por violação ao princípio do acesso à justiça, impor que a parte, beneficiária da justiça gratuita, que tenha obtido créditos em qualquer processo judicial, arque com honorários advocatícios, exceto se finda, comprovadamente, a condição de insuficiência econômica que justificou a concessão do benefício da justiça gratuita.

A diferença da disciplina da CLT em relação ao CPC/2015, neste particular, pois, se refere apenas ao prazo que antecede a extinção da obrigação, já que a CLT prevê que ele será de dois anos, ao passo que o CPC/2015, como visto, fala em cinco anos.

Afastada, portanto, a ideia de que seja possível promover um "encontro de contas" de modo a retirar do crédito devido ao reclamante (se beneficiário da gratuidade) os valores devidos a títulos de honorários ao advogado da parte contrária. A interpretação da possibilidade do mero acerto de contas, conforme também ocorre com os honorários periciais, viola o direito fundamental de acesso à justiça (art. 5º, XXXV, da CRFB/88), bem como esvazia, por completo, o direito à gratuidade de justiça (art. 5º, LXXIV, da CRFB/88), sendo, pois, inconstitucional.

Ademais, importante que se diga que a retenção decorrente da interpretação do mero acerto de contas (capacidade matemática) também violaria um dispositivo trazido pela própria Reforma Trabalhista, qual seja: o art.

878 da CLT, que passou a vedar, salvo na hipótese de *jus postulandi* da parte, o início, de ofício pelo Magistrado, da execução.

Isso porque, se o Magistrado entender ser possível reter, do crédito que o reclamante tem a receber, o valor dos honorários advocatícios devidos ao advogado da parte contrária, estará o Magistrado, de ofício, executando o referido crédito do advogado da parte contrária, violando, assim, o art. 878 da CLT.

Neste sentido, inclusive, importante destacar o enunciado 202 do Fórum Permanente de Processualistas do Trabalho – FPPT, aprovados no V FPPT, em Salvador:

> 202. (arts. 791-A, § 4º e 878, da CLT) O § 4º do art. 791-A da CLT, não permite a retenção, pelo Juiz, do valor devido ao advogado da parte contrária, já que se trataria, neste caso, de execução de ofício, vedada pelo art. 878 da CLT.

Portanto, a sistemática da exigibilidade da cobrança de honorários advocatícios exige uma execução autônoma (leia-se, nos mesmos autos do processo, porém iniciada pelo próprio advogado), com respeito ao contraditório da parte que fora beneficiada com a gratuidade de justiça (arts. 10 e 99, § 2º, do CPC/2015), de modo que reste comprovado que o crédito (seja ele decorrente de processo judicial, de loteria, de herança ou de qualquer outra via lícita) recebido (efetivamente recebido) pela parte foi suficiente para retirar-lhe da condição de insuficiência econômica que justificou a concessão do benefício da justiça gratuita.

Assim, para que a parte, beneficiária da justiça gratuita, venha a responsabilizada pelo pagamento dos honorários advocatícios, necessário será: primeiro, que o credor (advogado da parte contrária) demonstre que deixou de existir a situação de insuficiência de recursos que justificou a concessão de gratuidade, seja pela obtenção, em juízo, ainda que em outro processo, de créditos capazes de suportar a despesa, seja pelo recebimento de herança, prêmio de loteria ou qualquer outro fato suficiente, em qualquer caso, para retirar a parte beneficiária da Justiça gratuita da condição de insuficiência de recursos e; segundo, que, diante desta demonstração, o Juiz, respeitado o contraditório (arts. 10 e 99, § 2º, do CPC/2015), revogue a decisão que concedeu à parte os benefícios da justiça gratuita, para, somente a partir daí, se dentro dos dois anos subsequentes ao trânsito em julgado da decisão que as certificou, ser possível, efetivamente, cobrar da parte, antes beneficiária da justiça gratuita, os valores relativos às obrigações decorrentes de sua sucumbência.

Neste sentido, inclusive, importante destacar o enunciado 205 do Fórum Permanente de Processualistas do Trabalho – FPPT, aprovados no V FPPT, em Salvador:

> 205. (arts. 790-B, caput, e 791-A, § 4º, da CLT) A revogação do benefício da justiça gratuita, necessária para viabilizar a execução dos honorários periciais ou advocatícios em face do beneficiário da justiça gratuita, somente pode ocorrer na fase de execução, quando do efetivo pagamento do crédito, que retire a sua condição de insuficiência econômica.

Também nesse ponto, e certamente com o mesmo propósito, o PGR ajuizou ADIN, já citada, pretendendo a declaração de inconstitucionalidade do art. 791-A, § 4º, com a suspensão da expressão "desde que não tenha obtido em juízo, ainda que em outro processo, créditos capazes de suportar a despesa".

A referida inconstitucionalidade, conforme já dito, não existirá caso a expressão "créditos capazes de suportar a despesa referida no caput, ainda que em outro processo" seja entendida como a obtenção de um crédito que permita a revogação da Justiça Gratuita, ante o desaparecimento da situação de insuficiência de recursos que, anteriormente, justificara a concessão do benefício, e não um mero "acerto de contas". Cabe destacar que, em 2022, o STF julgou definitivamente a ADI n. 5766, reconhecendo a inconstitucionalidade da execução dos honorários advocatícios em face da parte beneficiária da Justiça Gratuita, enquanto não houver decisão que reveja esse benefício.

> **Dica 01** – Em se tratando, como visto, de demanda ajuizada antes de 11/11/2017, a fixação de honorários advocatícios deve observar as regras previstas no art. 14 da Lei n. 5.584/70 e nas Súmulas n. 219 e 329 do TST, de modo que, neste caso, em se tratando de lide decorrente da relação de emprego, os honorários advocatícios não serão devidos pela mera sucumbência, somente sendo cabíveis se a parte, concomitantemente a) estiver assistida por sindicato da categoria profissional; b) comprovar a percepção de salário inferior ao dobro do salário mínimo ou encontrar-se em situação econômica

que não lhe permita demandar sem prejuízo do próprio sustento ou da respectiva família. Neste caso, cabível a utilização do seguinte texto padrão: "No Direito Processual Trabalhista, para as ações ajuizadas anteriormente a 11/11/2017, a condenação ao pagamento dos honorários advocatícios depende da comprovação da assistência sindical (arts. 14 a 16 da Lei n. 5.884/70 e Súmulas nº 219 e 329 do TST). No caso em tela, foi concedido o benefício da Justiça Gratuita à parte autora e há comprovação da assistência sindical, mediante a juntada aos autos do documento intitulado "credencial sindical". Ante o exposto, julgo procedente o pedido, arbitrando os honorários advocatícios em 15% do valor da condenação.

Dica 02 – Caso se trate de demanda já sob a vigência da Reforma Trabalhista (leia-se, ação ajuizada a partir de 11/11/2017, conforme regra prevista no art. 5º da I.N. 41/2018 do TST), necessário fixar os honorários advocatícios, considerando os critérios do art. 791-A da CLT, inclusive na hipótese de sucumbência recíproca.

Importante verificar se a (ou alguma das) parte sucumbente é beneficiária ou não do benefício da Justiça Gratuita, pois, caso positivo, será necessário destacar que o crédito certificado na sentença (se for o caso) não é capaz de retirar-lhe a condição de insuficiência econômica (art. 791-A, § 4º), razão pela qual ficará seu débito ficará sob condição suspensiva de exigibilidade. Assim, sugerimos o seguinte texto para a hipótese de sucumbência recíproca, com a parte autora beneficiária da justiça gratuita: "Diante da sucumbência recíproca (art. 791-A, § 3º, da CLT), observados os critérios previstos nos incisos do § 2º do art. 791-A da CLT, condeno a parte ré ao pagamento de honorários advocatícios, no percentual de 15% sobre o valor que resultar da liquidação da sentença, ao advogado da parte autora, bem como condeno a parte autora ao pagamento de honorários advocatícios, no percentual de 15% sobre o valor dos pedidos julgados improcedentes, não havendo falar em compensação entre os honorários (art. 791-A, § 3º, da CLT). Em face da concessão dos benefícios da justiça gratuita à parte autora, fica suspensa a inexigibilidade da sua obrigação, na forma do art. 791-A, § 4º, da CLT, já que a obtenção de créditos em decorrência da presente sentença não é suficiente para que a parte autora suporte o pagamento dos honorários advocatícios, leia-se, não é suficiente para retirar-lhe a condição de insuficiência de recursos que justificou a concessão dos benefícios da justiça gratuita, requisito essencial para a execução dos honorários advocatícios em face do beneficiário da justiça gratuita, conforme decidido pelo STF na ADI n. 5766."

i) **O valor provisório da condenação, as custas, com o respectivo valor, e a responsabilidade pelo pagamento.** Por mais que a sentença não seja líquida (com a quantificação individualizada dos pedidos, ou seja, o valor da condenação seja indeterminado - art. 789, IV, da CLT), é necessário que o julgador fixe o valor respectivo, para fins de cálculo das custas. Por exemplo: "Custas, no importe de R$ 400,00 (quatrocentos reais), à base de 2% do valor provisório da condenação, ora arbitrado em R$ 20.000,00, pela parte ré, nos termos do art. 789, IV, da CLT". **É IMPORTANTE CALCULAR AS CUSTAS CORRETAMENTE, COM BASE NO ART. 789, INCISOS I A IV, E § 2º, DA CLT. Além disso, se a demanda tramitar na vigência da Reforma Trabalhista (leia-se, decisões proferidas a partir de 11/11/2017, conforme disposto no art. 4º da I.N. 41/2018 do TST), deve-se ficar atento à limitação do valor das custas (art. 789, "caput", CLT), ou seja, o máximo de quatro vezes o limite máximo dos benefícios do Regime Geral de Previdência Social.**

j) **A determinação para intimar a União Federal** (art. 832, § 5º, da CLT).

k) **A determinação para intimar as partes.** Se, na prova, as partes ficaram cientes da data da sentença, a intimação deve remeter ao art. 852, caput, da CLT ou ao art. 834 da CLT e à Súmula nº 197, do C. TST. ("Partes cientes na forma do art. 834 da CLT e Súmula n. 197 do TST"). Caso contrário, deve-se determinar a intimação das partes: "intimem-se as partes".

l) **Se um das partes for o MPT, deve-se lembrar de determinar a intimação pessoal, na forma do art. 18, II, h, da LC n. 75/93.**

m) **Se for ente público, lembrar: verificar se é o caso de remessa necessária (Decreto-Lei n 779/69; art. 496 do CPC/2015 e Súmula nº 303, do TST); isenção de custas processuais (art. 790-A, DA CLT).**

3.2.3.3. Sugestão de dispositivo

"Em face do exposto, nos autos da Ação Trabalhista ajuizada por xxxx em face de xxxx, nos termos da fundamentação, parte integrante deste dispositivo, decido:

- concedo à parte autora os benefícios da justiça gratuita.

- rejeito as preliminares ou acolho a preliminar de xxx e extingo o processo sem resolução do mérito (artigo 485, xx, do CPC/2015) quanto ao pedido de xxxxx.

- rejeito a prejudicial de mérito de prescrição ou declaro prescritas as pretensões exigíveis antes de xxxxxx.

- no mérito, julgo improcedentes ou procedentes ou procedente em parte as pretensões formuladas e:

- quanto às obrigações de pagar, condeno a xxxxx a pagar a xxxx, no prazo de oito dias, as seguintes verbas:

- xxxxxxxxxx

- xxxxxxx

- quanto às obrigações de fazer, condeno a xxxxx a, no prazo de 48h, (discriminar obrigação de fazer), sob pena de multa diária no valor de xxxxx, conforme arts. 536 e 537 do CPC/2015.

Julgo improcedentes os demais pedidos.

PARÂMETROS DE LIQUIDAÇÃO

"PARÂMETROS DE LIQUIDAÇÃO

a) JUROS E CORREÇÃO MONETÁRIA

Diante do julgamento da ADC n. 58 pelo STF, a atualização dos créditos decorrentes de conde-nação judicial na Justiça do Trabalho deverão observar, até que sobrevenha solução legislativa, o seguinte: em relação à fase extrajudicial, ou seja, a que antecede o ajuizamento das ações trabalhistas, deverá ser utilizado como indexador o IPCA-E, além da indexação, serão aplicados os juros legais (art. 39, caput, da Lei 8.177, de 1991); em relação à fase judicial, a atualização dos débitos judiciais deve ser efetuada pela taxa referencial do Sistema Especial de Liquidação e Custódia – SELIC, considerando que ela incide como juros moratórios dos tributos federais (arts. 13 da Lei 9.065/95; 84 da Lei 8.981/95; 39, § 4º, da Lei 9.250/95; 61, § 3º, da Lei 9.430/96; e 30 da Lei 10.522/02).

Observe-se, por fim, quanto aos juros, o seu propósito meramente indenizatório (OJ 400 da SDI-1 do TST)."

SE HOUVER INDENIZAÇÃO POR DANOS MORAIS, INCLUIR O PARÁGRAFO ABAIXO:

"Quanto à indenização por danos morais, diante do conteúdo da decisão do STF, restou superado o entendimento previsto na Súmula n. 439 do TST, devendo incidir, então, a taxa SELIC a partir da data do arbitramento (Súmula n. 362 do STJ)."

b) RECOLHIMENTOS FISCAIS E PREVIDENCIÁRIOS.

Determino que a parte ré efetue os recolhimentos previdenciários incidentes sobre as parcelas objeto de condenação em pecúnia deferidas nesta sentença, na forma do art. 43 da Lei n. 8.212/91, do art. 876, parágrafo único, da CLT, e da Súmula n. 368 do TST, ficando autorizada a dedução da quota parte da parte autora.

Deverá ainda a parte ré (art. 46 da Lei n. 8.541/1992) efetuar o recolhimento fiscal na forma do art. 12-A da Lei n. 7.713/88 e da Instrução Normativa RFB nº 1.500, de 29/10/2014 (revogadora da IN nº 1.127/11 - art. 114 da IN 1.500/2014), com a redação dada pela Instrução Normativa RFB nº 1558, de 31/3/2015.

Para fins do art. 832, § 3º, da CLT, as parcelas da condenação devem observar o artigo 28, § 9º, da Lei n. 8.212/91, incidindo recolhimentos fiscais e previdenciários somente sobre as parcelas de natureza salarial.

c) FORMA DE LIQUIDAÇÃO

A liquidação deve ser feita por simples cálculos.

d) ABATIMENTO/COMPENSAÇÃO

Abatimento/dedução e compensação são institutos distintos e, no caso dos autos, não há falar em compensação, afinal não houve comprovação de nenhuma obrigação apta a ser extinta em face da posição concomitante de credor e devedor das partes (art. 368 do CC/2002 e arts. 477, § 5 º e 767 da CLT). Rejeito, assim, o pedido de compensação.

Autorizo, contudo, para evitar o enriquecimento sem causa (art. 884 do CC/2002) da parte autora, o abatimento/dedução dos valores pagos sob igual título àqueles deferidos nesta sentença.

Honorários periciais definitivos no importe de R$ 1.000,00, pela parte ré, sucumbente na pretensão objeto da perícia (art. 790-B da CLT)

Diante da sucumbência recíproca (art. 791-A, § 3º, da CLT), observados os critérios previstos nos incisos do § 2º do art. 791-A da CLT, condeno a parte ré ao pagamento de honorários advocatícios, no percentual de 15% sobre o valor que resultar da liquidação da sentença, ao advogado da parte autora, bem como condeno a parte autora ao pagamento de honorários advocatícios, no percentual de 15% sobre o valor dos pedidos julgados improcedentes, não havendo falar em compensação entre os honorários (art. 791-A, § 3º, da CLT). Em face da concessão dos benefícios da justiça gratuita à parte autora, fica suspensa a inexigibilidade da sua obrigação, na forma do art. 791-A, § 4º, da CLT, já que a obtenção de créditos em decorrência da presente sentença não é suficiente para que a parte autora suporte o pagamento dos honorários advocatícios, leia-se, não é suficiente para retirar-lhe a condição de insuficiência de recursos que justificou a concessão dos benefícios da justiça gratuita, requisito essencial para a execução dos honorários advocatícios em face do beneficiário da justiça gratuita, conforme decidido pelo STF na ADI n. 5766.

> Custas, no importe de R$ 400,00 (quatrocentos reais), à base de 2% do valor provisório da condenação, ora arbitrado em R$ 20.000,00, pela parte ré, nos termos do art. 789, IV, da CLT.
>
> Intime-se a União Federal, por força do art. 832, § 5º, da CLT.
>
> Partes cientes na forma do art. 834 da CLT e Súmula n. 197 do TST ou intimem-se as partes.".

3.3. Ordem de apreciação da sentença

De início, importante destacar a existência de certa controvérsia acerca da ordem de enfrentamento das questões, sejam processuais, sejam de mérito. Necessário, todavia, que seja observada, em qualquer caso, uma ordem de "prejudicialidade" das questões/matérias a serem enfrentadas.

Como se sabe que, na hora da prova, nem sempre o candidato tem condições de lembrar os mais variados critérios para se definir a mencionada prejudicialidade, motivo pelo qual nós sugerimos a seguinte ordem "padrão", que, sem dúvida, é mais fácil de ser memorizada/fixada.

A sentença, inicialmente, deve enfrentar as denominadas **questões processuais**, também conhecidas como questões prévias ou, ainda, como medidas saneadoras.

As questões processuais são questões que, a despeito de não se encaixarem perfeitamente no conceito de preliminares processuais (previstas no art. 337 do CPC/2015), precisam ser resolvidas pelo Juiz em momento anterior à análise das questões de mérito, das questões prejudiciais de mérito e, também, das questões preliminares, já que são questões que não implicam extinção do processo e podem/devem ser resolvidas, como forma de regularizar o aspecto formal do processo, inclusive, por exemplo, por um Juiz absolutamente incompetente.

Assim, uma questão processual como, por exemplo, a retificação do polo passivo, pode/deve ser dirimida mesmo por Juiz incompetente, ou seja, primeiro se resolve a referida questão processual, sem prejuízo de, posteriormente, o Juiz acolher uma determinada preliminar de incompetência absoluta (questão preliminar) e extinga o feito, sem resolução do mérito (art. 337, II, do CPC/2015), com relação a um determinado pedido.

Posteriormente, a sentença deve enfrentar as **questões preliminares** (aquelas previstas no art. 337 do CPC/2015), seguindo, inclusive, a ordem prevista no referido artigo 337 do CPC/2015.

Enfrentadas as questões preliminares, é a hora de partir para o enfrentamento das **questões prejudiciais de mérito**.

Por fim, parte-se para o enfrentamento das **questões de mérito** propriamente dito, julgando cada um dos pedidos formulados.

De forma a sistematizar o estudo das diversas questões acima citadas, passamos, individualmente, a tratá-las.

3.3.1. Questões processuais / prévias / medidas saneadoras

Não há, como destacado no tópico anterior, uma forma pacífica/única de análise das questões processuais / prévias / medidas saneadoras. Assim, há quem entenda, corrente a qual nos filiamos, que, em primeiro lugar, ou seja, logo no início da sentença, o juiz deve analisar as providências saneadoras (ou questões processuais/prévias).

Agrupamos, para facilitar, as questões processuais a partir de uma ordem de prejudicialidade, que vocês podem seguir quando da elaboração da sentença.

3.3.1.1. Questões Processuais decorrentes de incidentes de suspeição, impedimento e incompetência relativa que, entretanto, não foram resolvidas antes da sentença ou foram trazidas como preliminares na contestação e, também, não foram examinadas antes da sentença

Como, eventualmente, uma hipótese de suspeição e/ou impedimento afasta a possibilidade de o Juiz praticar qualquer ato no processo (art. 144 do CPC/2015), tais matérias precedem qualquer outra questão processual.

Observe-se, nesse particular, que o CPC/2015, inovando com relação ao CPC/73, traz, no art. 146, caput e § 2º, as arguições de suspeição e impedimento como espécies de incidentes processuais que devem ser instaurados mediante petição específica dirigida ao Juiz do processo e não mais como exceções (art. 304 do CPC/73).

Desse modo, caso tais questões não tenham sido apreciadas antes da sentença, as questões processuais decorrentes de incidentes de suspeição e impedimento devem ser analisadas como questões processuais.

Após análise das alegações de suspeição e/ou impedimento, necessário analisar a alegação de incompetência relativa (territorial), pois prejudicial, na medida em que, ante se decidir o juiz territorialmente competente, não é viável a análise das demais questões processuais e de mérito.

Registre-se, nesse ponto, que, na primeira edição desse livro, chegamos a defender no sentido de que o CPC/2015, ao prever a incompetência relativa também como questão preliminar, inovou em relação ao CPC/73 (art. 112), motivo pelo qual, no nosso entendimento, teria restado superado, por força do art. 15 do CPC/2015 e do art. 769 da CLT, a sistemática da CLT (art. 799 da CLT) de arguição de incompetência relativa por meio de exceção, motivo pelo qual, mesmo que, no caso da prova, tal arguição tenha sido feita por intermédio de uma exceção (petição autônoma), deveria o candidato analisar o tema como uma questão preliminar, na forma do art. 337, II, do CPC/2015.

Sucede que a Lei n. 13.467/2017 – Reforma Trabalhista deu nova redação ao art. 800, CLT, dispondo que "Apresentada exceção de incompetência territorial no prazo de cinco dias a contar da notificação, antes da audiência e em peça que sinalize a existência desta exceção, seguir-se-á o procedimento estabelecido neste artigo", ratificando, assim, a natureza de exceção, o que exige sua apreciação como uma questão processual.

3.3.1.2. Questão processual decorrente de prevenção

Após eventual análise dos incidentes de suspeição e/ou impedimento, deve o candidato analisar eventual arguição de prevenção (art. 58 do CPC/2015).

Importante destacar que, como sua prova ainda não está na hora de acabar, eventual prevenção arguida deve ser rejeitada, sob pena de você sequer enfrentar qualquer matéria de mérito, o que, certamente, não será a pretensão do examinador.

3.3.1.3. Questões processuais do tipo medidas saneadoras

As medidas ou providências saneadoras são questões surgidas ao longo do processo e que, em tese, deveriam ter sido analisadas e decididas em fase anterior à prolação da sentença.

Ocorre que, em muitas ocasiões, essas medidas não são apreciadas antes da sentença, o que exige, portanto, que o candidato as enfrente nesse momento.

Enfatizamos que a escolha pela apreciação dessas medidas antes das questões preliminares (próximo tópico) decorre do fato de serem medidas de cunho administrativo (remuneração das folhas dos autos, por exemplo) e que, portanto, não requerem sequer a prolação de sentença, ou, quando não se referem a medidas de cunho administrativo, envolvem questões procedimentais que, em sua maioria, se analisadas e acolhidas ao longo do processo, muito provavelmente, prejudicariam, inclusive, a prolação da própria sentença, leia-se: o processo sequer chegaria à fase decisória.

A seguir, alguns exemplos de tais medidas:

a) Retificação do nome das partes e/ou retificação do polo ativo e/ou passivo

b) Renumeração das folhas dos autos

c) Requerimento de expedição de notificações em nome de um determinado advogado

d) Homologação do pedido de desistência

e) Protestos por nulidade processual

f) Admissibilidade de intervenção de terceiros

g) Requerimento de intervenção do MPT

h) Pedido de suspensão do processo

i) Requerimento de formação de litisconsórcio

3.3.2. Questões preliminares

As questões preliminares devem ser enfrentadas na ordem do art. 301 do CPC/73 (art. 337 do CPC/2015).

a) inexistência ou nulidade da citação (art. 337, I, do CPC/2015).

b) incompetência absoluta (art. 337, II, do CPC/2015).

c) Incorreção do valor da causa (arts. 337, III e 293, ambos do CPC/2015).

d) Inépcia da petição inicial (art. 337, IV, do CPC/2015).

e) Perempção (art. 337, V, do CPC/2015).

f) Litispendência (art. 337, VI, do CPC/2015).

g) Coisa julgada (art. 337, VII, do CPC/2015).

h) Conexão (art. 337, VIII, do CPC/2015).

i) Incapacidade da parte, defeito de representação ou falta de autorização (art. 337, IX, do CPC/2015).

   Importante observar que se inclui nesse tópico, especificamente quanto ao defeito de representação, a hipótese de revelia (defeito surgido na audiência na qual deveria ser apresentada a contestação) ou confissão decorrente de defeito surgido na audiência de prosseguimento.

j) Convenção de arbitragem (art. 337, X, do CPC/2015) ou ausência de submissão da demanda à Comissão de Conciliação Prévia ou à Justiça Desportiva. Importante destacar que são pressupostos processuais extrínsecos criados, respectivamente, pelo art. 625-D da CLT e pelo art. 217, § 1º, da CRFB/88) que, como possuem semelhanças com a hipótese de existência de convenção de arbitragem, optamos por trazer juntamente com a hipótese do art. 337, X, do CPC/2015.

k) ausência de legitimidade ou de interesse processual (art. 337, XI, do CPC/2015).

Importante destacar que o CPC/2015 não trouxe, pelo menos de forma expressa, a possibilidade jurídica do pedido como uma condição da ação (art. 17 do CPC/2015).

Assim, sugerimos que, na eventual hipótese de ser trazida uma preliminar de impossibilidade jurídica do pedido, o candidato a aprecie no momento relativo à questão preliminar por força de ausência de legitimidade ou de interesse processual (condições da ação), fundamentando a rejeição da seguinte maneira:

> "Com o advento da Lei n. 13.105/2015 (CPC/2015), a possibilidade jurídica do pedido deixou de ser condição da ação e, portanto, viabilizar a extinção do processo sem resolução do mérito (art. 485, VI, do CPC/2015, aplicável ao processo do trabalho por força do art. 15 do CPC/2015 e do art. 769 da CLT).
>
> São condições da ação, portanto, a partir de então, somente a legitimidade da parte e o interesse processual, razão pela qual não há mais falar em preliminar de impossibilidade jurídica do pedido, devendo o tema, portanto, ser apreciado tão somente como questão de mérito.
>
> Ademais, mesmo na hipótese de admitir a possibilidade jurídica do pedido como preliminar, a impossibilidade jurídica do pedido só existe quando o pedido é vedado pelo ordenamento jurídico, o que não ocorreu no caso dos autos.
>
> Rejeito.".

l) falta de caução ou de outra prestação, que a lei exige como preliminar (art. 337, XII, do CPC/2015).

3.3.3. Questões prejudiciais de mérito

É muito comum, quase uma regra, que as provas tragam arguições de prescrição, em suas diversas modalidades, bem como tragam questões que interferem na fluência do prazo prescricional (causas impeditivas, interruptivas e suspensivas da prescrição), motivo pelo qual é muito importante que o candidato tenha muito cuidado com o tema e o enfrente de forma adequada e no momento correto, qual seja: como uma questão prejudicial.

São questões prejudiciais de mérito, além da prescrição, ainda: decadência, transação (inclusive decorrente da adesão do empregado ao Plano de Incentivo à Demissão Voluntária), eficácia liberatória do TRCT ou do acordo homologado no âmbito da Comissão de Conciliação Prévia.

Assim, necessário que o candidato fique atento às seguintes questões prejudiciais de mérito.

3.3.3.1. Prescrição

O texto que você usar para enfrentar o tema da prescrição tem que, necessariamente:

- Primeiro, trazer a data do ajuizamento da ação;
- Segundo, dizer que declara prescritas, extinguindo o processo com resolução do mérito nesse particular (art. 269, IV, CPC/73; art. 487, II, CPC/15 - ESSA CONSEQUÊNCIA DA PRESCRIÇÃO É IMPRESCINDÍVEL DE SER TRAZIDA), todas as pretensões condenatórias exigíveis antes de XX/XX/XXXX (observando-se, quanto as férias, o disposto no art. 149 da CLT), inclusive as diferenças de FGTS (Súmula n. 206 do TST), ressalvados os pedidos de natureza declaratória, inclusive de anotação de CTPS (art. 11, § 1º, da CLT), uma vez que imprescritíveis.

Assim, sugerimos o seguinte texto padrão para enfrentamento da prescrição eventualmente arguida (MUITO CUIDADO COM EVENTUAL PRESCRIÇÃO ARGUIDA NO CORPO DA CONTESTAÇÃO, INCLUSIVE APENAS NO FINAL DELA, OU EM SEDE DE RAZÕES FINAIS - mesmo nesses casos, enfrente a prescrição arguida, afinal a prescrição pode ser arguida durante toda a instância ordinária - Súmula n. 153 do TST):

> "Admitida a parte autora em XX/XX/XXXX; encerrado o contrato em XX/XX/XXXX e; ajuizada a Ação Trabalhista em XX/XX/XXXX, não há falar em prescrição bienal, motivo pelo qual rejeito a arguição neste particular, e declaro prescritas, extinguindo o processo com resolução do mérito nesse particular (art. 269, IV, CPC/73; art. 487, II, CPC/15), todas as pretensões condenatórias exigíveis antes de XX/XX/XXXX

(observando-se, quanto as férias, o disposto no art. 149 da CLT), inclusive as diferenças de FGTS (Súmula n. 206 do TST), ressalvados os pedidos de natureza declaratória, inclusive de anotação de CTPS (art. 11, § 1º, da CLT), uma vez que imprescritíveis.

No que tange aos depósitos mensais de FGTS, em face da modulação dos efeitos da decisão do STF, de 13/11/2014, que declarou inconstitucional o art. 23, § 5º, da Lei n. 8.036/90, todos os depósitos de FGTS em atraso até 13/11/1989 sofrerão os efeitos da prescrição trintenária, motivo pelo qual declaro prescritas as pretensões de depósitos de FGTS anteriores a xx/xx/xxxx (se houver pedido de depósito relativo a período maior que 30 anos contados da data do ajuizamento da ação) OU motivo pelo qual não há prescrição a ser pronunciada, já que não há pretensão de FGTS até 13/11/1989; quanto aos depósitos de FGTS em atraso a partir de 14/11/1989, aplica-se, em face da referida modulação, o prazo prescricional quinquenal, contado, contudo, a partir de 13/11/2014, motivo pelo qual, quanto a estes, não há prescrição a ser pronunciada, já que se consumaria apenas em 13/11/2019, razão pela qual rejeito a arguição neste particular.".

3.3.3.2. Decadência em caso de mandado de segurança ou inquérito para apuração de falta grave

A análise da decadência deve ser feita nos mesmos moldes da prescrição, observando, contudo, os prazos aplicáveis.

3.3.3.3. Quitação por força da eficácia liberatória do TRCT (Súmula n. 330 do TST).

Neste particular, sugerimos o seguinte texto para enfrentamento desta matéria:

"QUITAÇÃO FIRMADA NO TRCT.

A quitação firmada pelo empregado quando da homologação da cessação do seu contrato de trabalho perante a entidade sindical representativa de sua categoria (art. 477, § 1º, da CLT) é válida tão somente com relação aos valores relativos às parcelas pagas ao empregado na ocasião do encerramento do seu contrato, conforme se pode extrair da redação do § 2º do art. 477 da CLT.

Assim, não se pode concluir, em hipótese alguma, que o disposto no § 2º do art. 477 da CLT impede que o trabalhador recorra ao Poder Judiciário, no exercício do seu direito fundamental de acesso à justiça (art. 5º, XXXV, da CRFB/88), para buscar outras parcelas não constantes no TRCT, bem como outros valores, mesmo que de parcelas que constaram no TRCT, todavia, não quitados na ocasião.

É esse, inclusive, o posicionamento do TST consolidado através da Súmula n. 330.

Rejeito."

3.3.3.4. Quitação por força da eficácia liberatória do acordo homologado no âmbito da Comissão de Conciliação Prévia (art. 625-E, parágrafo único, da CLT)

Neste particular, deve o candidato ter bastante cuidado, afinal o TST consolidou o entendimento no sentido de que prevalece o disposto no art. 625-E, parágrafo único, da CLT, no sentido de que "O termo de conciliação é título executivo extrajudicial e terá eficácia liberatória geral, exceto quanto às parcelas expressamente ressalvadas.".

3.3.3.5. Transação (inclusive decorrente da adesão do empregado ao Plano de Incentivo à Demissão Voluntária)

Mais uma vez, o candidato deve ter bastante cuidado, afinal o STF, no julgamento do RECURSO EXTRAORDINÁRIO 590.415, consolidou o entendimento, em caráter de repercussão geral, no sentido de que "A transação extrajudicial que importa rescisão do contrato de trabalho, em razão de adesão voluntária do empregado a plano de dispensa incentivada, enseja quitação ampla e irrestrita de todas as parcelas objeto do contrato de emprego, caso essa condição tenha constado expressamente do acordo coletivo que aprovou o plano, bem como dos demais instrumentos celebrados com o empregado".

Ademais disso, cumpre lembrar que tal entendimento foi ratificado pela Lei n. 13.467/2017 – Reforma Trabalhista, que incluiu o art. 477-B, na CLT, o qual tem a seguinte redação: "Art. 477-B. Plano de Demissão Voluntária ou Incentivada, para dispensa individual, plúrima ou coletiva, previsto em convenção coletiva ou acordo coletivo de trabalho, enseja quitação plena e irrevogável dos direitos decorrentes da relação empregatícia, salvo disposição em contrário estipulada entre as partes. (Incluído pela Lei nº 13.467, de 2017)".

3.3.4. Questões de mérito

Sugerimos, nesse momento, um método mnemônico para que você possa memorizar, com certa facilidade, a ordem de apreciação dos pedidos (mérito propriamente dito), lembrando sempre que o verdadeiro critério é o critério da prejudicialidade. Propomos, então, que sigam o VERDIS!!!

V – Vínculo de Emprego

E – Extinção do Contrato

R – Retribuição ao Trabalhador

D – Duração do Trabalho

I – Indenizações

S – Sobra

3.3.4.1. Vínculo de emprego

O tópico em questão exige o enfrentamento, pelo candidato, das questões relacionadas à existência de vínculo de emprego em si: controvérsias acerca de sua existência/validade.

Neste tópico, devem ainda ser analisadas questões relativas à correta data de admissão, afinal isto interfere no cálculo de praticamente todas as parcelas, a exemplo de férias e décimo terceiro proporcional, razão pela qual deve ser analisada com preferência.

3.3.4.2. Extinção do contrato

No tópico relativo à extinção do contrato, devem ser enfrentadas as questões relativas à forma (ou validade) da cessação contratual, atraindo, assim, questões relativas à manutenção ou não de eventual dispensa por justa causa, bem como pedidos de reintegração ao emprego por força de estabilidades ou garantias provisórias de emprego, afinal o afastamento ou acolhimento de justa causa, por exemplo, interfere no cálculo de todas as parcelas do curso do contrato, por conta dos reflexos.

Nesse tópico, incluem-se, também, os pedidos de pagamento das verbas rescisórias (aviso prévio, férias proporcionais mais um terço, décimo terceiro salário proporcional, multas previstas nos arts. 467 e 477, da CLT), a análise do pedido de FGTS – Fundo de Garantia do Tempo de Serviço com indenização 40% e o seguro-desemprego.

Pela similitude de matérias, pode-se julgar, a critério do candidato, pedidos de indenização por danos morais e/ou materiais por conta de acidente do trabalho logo após apreciar a reintegração ou, se for o caso, pode o candidato analisar os referidos pedidos indenizatórios ao final da sentença (na parte relativa às indenizações).

3.3.4.3. Retribuição ao trabalhador

Neste item, aconselha-se seguir a seguinte ordem de prejudicialidade:

a) Parcelas de natureza salarial:

- Salário-base: pagamento pelo núcleo básico de atividades do empregado (diferenças salariais em face de piso salarial; equiparação salarial; acúmulo de funções; desvio de função etc.)
- Complementos salariais: pagamento em razão do trabalho em circunstâncias especiais (adicionais de periculosidade, insalubridade e de transferência, por exemplo)
- Suplementos salariais: pagamento feito por terceiros com os quais o empregador mantém relações comerciais com o objetivo de incentivar os empregados (gorjetas e gueltas, por exemplo)

b) Parcelas não salariais (vale transporte, ajudas de custo e diárias, por exemplo)

c) Parcelas de natureza não trabalhista conexas ao contrato de emprego ("Stock options", direito de arena e salário família, por exemplo).

3.3.4.4. Duração do trabalho

Neste tópico, devem ser analisados os pedidos relativos à duração do trabalho (em sentido amplo), o que abrange:

a) Horas extras (em todas as suas modalidades)

b) Tempo de expectativa (horas de sobreaviso e de prontidão)

c) Repousos (Intervalo intrajornada, intervalo interjornada, intervalos outros, DSR, feriados e férias)

Para otimizar o tempo da prova, quando houver pedido de horas extras por mais de uma razão, aprecie tudo junto.

Além de ganhar tempo, você aproveita os mesmos parâmetros a serem observados, bem como fica coerente. Isto porque, ao fixar o horário de trabalho para fins de horas extras por excesso de trabalho, você tem que dizer quanto tempo era de intervalo, o que pressupõe que você tenha analisado quanto tempo o empregado realmente gozava de intervalo intrajornada.

Pedido de pagamento de horas extras é sempre um tópico que requer muito cuidado na hora da apreciação, afinal são muitos elementos em jogo.

Ressaltamos, desde já, que nunca se deve condenar a pagar uma quantidade x de horas extras; condene a pagar, a título de horas extras, as horas trabalhadas além da x hora diária ou y hora semanal, de forma não cumulativa, observados os parâmetros cabíveis no caso em questão.

Assim, ao julgar procedente o pedido de pagamento de horas extras, sugerimos que:

- Primeiro, fixe o diploma normativo no qual irá enquadrar o empregado; questões acerca do enquadramento ou não no art. 62 da CLT; submissão ou não à jornada de bancário; enquadramento ou não como doméstico etc.;
- Segundo, aponte a base normativa constitucional (ou legal, a depender do caso concreto) dos limites diário e semanal, bem como do direito ao recebimento de horas extras;
- Terceiro, fixe, de forma precisa, o horário de trabalho, inclusive quanto ao tempo do intervalo intrajornada, valendo-se, para tan-

to, das provas produzidas (cartões de ponto ou falta deles; prova testemunhal, depoimento pessoal etc.);

- Quarto, traga a base normativa e jurisprudencial do cabimento do pagamento do intervalo intrajornada regular;
- Quinto, se for o caso, julgue procedente o pedido de pagamento das horas trabalhadas após a XX diárias e xx semanal, de forma não cumulativa, a título de horas extras, trazendo os parâmetros em tópicos, de acordo com o seguinte texto padrão sugerido:

> "Alega a parte autora que prestava serviços das xxxxxxxxxx
>
> Em defesa, a parte ré sustenta que a parte autora sempre laborou xxxxxxxxxxxxx
>
> Em sua manifestação, a parte autora impugnou os cartões de ponto juntados pela parte ré, atraindo, para si, assim, o ônus da prova da efetiva jornada de trabalho.
>
> Ao exame.
>
> Desse modo, restou comprovado o seguinte horário de trabalho: xxxxxxxxxxxxx
>
> Assim, considerando que a jornada acima apontada extrapola os limites de jornada previstos no inciso XIII do art. 7º, da CRFB/88, devido é o pagamento das horas trabalhadas além da 08ª diária e 44ª semanal, de forma não cumulativa, a título de horas extras.
>
> Considerando ainda que houve comprovação de labor, em algumas oportunidades, a partir das 22h00min, devido o pagamento do adicional noturno (art. 73, da CLT) para as horas trabalhadas a partir das 22h00min, bem como o cômputo das referidas horas com a redução ficta prevista no art. 73, § 1º, da CLT.
>
> Em face do exposto, julgo procedente o pedido de pagamento das horas trabalhadas após a XX diária e xx semanal, de forma não cumulativa, a título de horas extras, vem assim o adicional noturno, observando-se os parâmetros a seguir:
>
> a) horário a ser observado: xxhxxmin às xxhxxmin, com xx minutos de intervalo intrajornada, de xxxx a xxxx;
>
> b) base de cálculo a ser observada: soma do valor do salário base e das demais verbas de natureza salarial, nos termos da Súmula n. 264 do TST;

c) acréscimo do adicional de 50% para as horas trabalhadas em dias úteis e acréscimo do adicional de 100% para as horas trabalhadas em dias de feriados (trabalhados e não compensados) contemplados pelo artigo 1º da Lei n. 605/49, que garante descanso nos feriados civis e religiosos;

d) acréscimo do adicional noturno de 20% quanto às horas trabalhadas a partir das 22h00min (considerando-se, nesse particular, a redução ficta da hora noturna e as horas noturnas prorrogadas, trabalhadas além das 05h00min), devendo o cálculo, nesse particular, ser feito de modo que o cálculo das horas extras já abarque, quanto às referidas horas, o valor da hora acrescido do adicional noturno devido;

e) observância da evolução salarial;

f) exclusão dos dias não trabalhados;

g) divisor de xxx;

h) observe-se o disposto no item III da Súmula n. 85 do TST (SE HAVIA ACORDO DE COMPENSAÇÃO);

i) autorizo a dedução dos valores pagos a título de horas extras ao longo do contrato de trabalho, observando-se o disposto na OJ n. 415 da SDI-1 do TST (SE HOUVE PROVA DE PAGAMENTO DE HORAS EXTRAS AO LONGO DO CONTRATO DE TRABALHO);

j) em face da habitualidade e, portanto, de sua natureza salarial, determino os reflexos sobre o RSR (na forma da Súmula n. 172 do TST e observada a regra prevista na OJ n. 394 da SDI-1 do TST), aviso prévio, 13º salário, férias acrescidas de 1/3 e FGTS acrescido da indenização de 40% (SE HOUVE PEDIDO DE REFLEXOS).".

Importante lembrar, quanto ao capítulo relacionado à jornada de trabalho, que a Lei n. 13.467/2017 – Reforma Trabalhista deu nova redação ao § 4º do art. 71 da CLT, a fim de estabelecer a natureza indenizatória do intervalo intrajornada, bem assim que a sua não concessão ou concessão parcial implica pagamento apenas do período suprimido.

E mais, por meio do art. 611-A, III, tornou possível, por meio de norma coletiva, a redução do intervalo intrajornada para 00h30min, nas jornadas superiores a 06h00min, assentando, ainda, que "Regras sobre duração do trabalho e intervalos não são consideradas como normas de saúde, higiene e segurança do trabalho para os fins do disposto neste artigo (art. 611-B, parágrafo único, CLT).

Em síntese, em se tratando de um fato ocorrido após a vigência da Lei n. 13.467/2017, que, alterando a sistemática do intervalo intrajornada, passou a prever que "A não concessão ou a concessão parcial do intervalo intrajornada mínimo, para repouso e alimentação, a empregados urbanos e rurais, implica o pagamento, de natureza indenizatória, apenas do período suprimido, com acréscimo de 50% (cinquenta por cento) sobre o valor da remuneração da hora normal de trabalho." (art. 71, § 4º, da CLT), o comando decisório terá que ser no seguinte sentido:

"Destaco, por oportuno, que, conforme art. 71, § 4º, da CLT, com redação dada pela Lei n. 13.467/2017, a não concessão ou a concessão parcial do intervalo intrajornada mínimo, para repouso e alimentação, a empregados urbanos e rurais, implica o pagamento, de natureza indenizatória, apenas do período suprimido, com acréscimo de 50% (cinquenta por cento) sobre o valor da remuneração da hora normal de trabalho, procedendo, assim, os requerimentos da parte ré de que, em caso de condenação, fosse limitado ao tempo efetividade suprimido e observado o caráter meramente indenizatório.

Ante o exposto, julgo procedente o pedido de pagamento de horas extraordinárias, assim consideradas as laboradas após a 8ª, bem assim, 44º ordinária semanal, não cumulativas, bem como xxxx min (apenas o tempo não concedido) por dia de trabalho efetivo decorrente da ausência do intervalo intrajornada integral (este último com natureza indenizatória e, portanto, sem reflexos), observados os seguintes parâmetros........g) em face da habitualidade e, portanto, de sua natureza salarial (exceto no que tange ao intervalo intrajornada, por expressa previsão legal – art. 71, § 4º, da CLT), determino os reflexos das horas extras sobre o RSR (na forma da Súmula n. 172 do TST e observada a regra prevista na OJ n. 394 da SDI-1 do TST), aviso prévio, décimo terceiro salários, férias acrescidas de 1/3 e FGTS com indenização de 40%.".

3.3.4.5. Indenizações

Quanto às normas e princípios aplicáveis à reparação por dano extrapatrimonial, insta destacar que a Lei n. 13.467/2017 inseriu o título II-A, na CLT, bem assim os arts. 223-A a 223-G.

Entretanto, em que pese a restrição constante do art. 223-A, CLT, de acordo com o qual "aplicam-se à reparação de danos de natureza extrapatrimonial decorrentes da relação de trabalho apenas os dispositivos deste Título", tal disposição deve ser entendida apenas como a indicação da ordem de preferência no tratamento legal da matéria, de modo que, a princípio, havendo disciplina específica na CLT (o que não ocorre, por exemplo, com a possibilidade de responsabilização objetiva no caso de atividade de risco), não seria possível o transporte de normas de outros diplomas legislativos.

Essa é a interpretação que compatibiliza o disposto no art. 223-A com o art. 8º, § 1º, ambos da CLT, que permite a aplicação do Direito Comum no Direito do Trabalho.

De todo modo, quando houver pedido relacionado à responsabilidade civil do empregador, sempre inicie a fixação da responsabilidade com base na responsabilidade civil subjetiva, citando, necessariamente, os arts. 186 e 927 do CC/2002; depois de provada a responsabilidade civil subjetiva (ou caso não seja possível) reforce ou argumento, no primeiro caso, ou fundamente, na segunda hipótese, com base na responsabilidade civil objetiva decorrente do risco profissional (art. 927, parágrafo único, do CC/2002).

Não se esqueça, conforme já alertamos em momento anterior, que o que se pede e, consequentemente, se julga, é o pedido de INDENIZAÇÃO por danos morais/existencial/materiais. Não se pede danos morais/existencial/materiais nem se defere danos morais/existencial/materiais. Então o nome do tópico tem que ser INDENIZAÇÃO POR DANOS MORAIS, por exemplo.

Por fim, quanto aos parâmetros do valor da indenização, tem que citar os arts. 944 e 953 do CC/2002, bem como o art. 223-G, CLT, enfrentando, necessariamente, a limitação constante do inciso XI do referido art. 223-G. Sugerimos o seguinte texto:

> "A quantificação do montante devido a título de indenização por danos morais deve atender à extensão do dano (arts. 944 e 953 do CC/2002), bem como os critérios estabelecidos pelos incisos I a XII do art. 223-G da CLT, exceto quanto ao inciso XI (quanto à capacidade econômica do trabalhador), na medida em que, ao fazê-lo, estar-se-ia violando o art. 5º, V e X, da CRFB/88, já que a indeni-

zação por danos extrapatrimoniais se destina a indenizar o dano sofrido pelo ser humano, independentemente da sua capacidade econômica. Neste sentido, inclusive, inconstitucional também o § 1º do art. 223-G da CLT, na parte que vincula o valor da indenização a múltiplos do salário contratual do ofendido. Desta maneira, afastados os dispositivos ora declarados inconstitucionais, bem com utilizando-se dos arts. 944 e 953 do CC/2002, bem como do artigo 223-G da CLT, concluo pela natureza média da ofensa, fixo a indenização por danos morais no valor de XXXX vezes do valor máximo dos benefícios do regime geral da previdência social, parâmetro que entendo adequado para este fim.".

Atualmente, são diversas as hipóteses de responsabilidade civil do empregador, motivo pelo qual você poderá ter que enfrentar pedidos indenizatórios das mais diversas naturezas, a exemplo de:

a) Indenizações por danos morais.
b) Assédio moral.
c) Indenização por dano existencial.
d) Indenização pela perda de uma chance.
e) Indenização por danos materiais, sobretudo, já que muito comum nas provas, decorrente de acidente de trabalho.

Neste particular, importante destacar que, quanto à indenização por danos materiais decorrentes de acidente de trabalho, estes abrangem o prejuízo financeiro efetivamente sofrido pela vítima, e no caso de morte, por seus sucessores. A indenização por danos materiais abrange os danos emergentes e os lucros cessantes, (art. 402, CC/2002), abarcando, também, em caso de acidente de trabalho, as despesas com o tratamento e os lucros cessantes (art. 949, CC).

Ocorrido o acidente de trabalho, sobrevém o período de tratamento médico até o final da convalescença ou até a cura ou consolidação das lesões, período este que cabe a indenização de todas as despesas de tratamento, bem como dos lucros cessantes (devidos a partir do 16º dia após a data do acidente de trabalho, afinal os 15 primeiros dias de afastamento já são custeados pelo empregador). Após tal período, havendo incapacidade para o trabalho, o valor devido como lucros cessantes passa a ser devido a título de pensão vitalícia, além das despesas de tratamento, se persistir a necessidade de tratamento contínuo e duradouro.

Observe os seguintes critérios para fixação do pensionamento:

a) em caso de trabalhador vivo, a pensão deve ser fixada tomando como base o valor integral da última remuneração, mesmo em caso de redução parcial da capacidade, caso essa redução tenha tornado o trabalhador completamente incapaz para a função que exercia antes do acidente (TST ERR - 147300-11.2005.5.12.0008 - 21/05/2015), acrescida de 1/12 de 13º salário e 1/12 do terço de férias, valores que devem ser reajustados de acordo com o reajuste da categoria do trabalhador; se, contudo, o Laudo constatar apenas uma limitação/redução parcial da capacidade para o exercício do ofício anterior, limite a pensão no percentual da redução fixada pelo Laudo; em caso de trabalhador falecido, a pensão deve ser fixada no percentual de 2/3 da última remuneração, por entender que o empregado usaria cerca de 1/3 para seu consumo próprio;

b) deve determinar, se houver requerimento, a constituição de capital cuja renda assegure o pagamento do valor mensal da pensão ou a inclusão do exequente em folha de pagamento de pessoa jurídica de notória capacidade econômica ou, a requerimento do executado, o substituir por fiança bancária ou garantia real (art. 533 do CPC/2015);

c) não determine o pagamento em parcela única (art. 950, parágrafo único, do CC/2002) na hipótese de falecimento do trabalhador, já que tal possibilidade é restrita à situação de sobrevivência da vítima.

3.3.4.6. Sobra

Nesta parte da sentença, devem ser enfrentados os seguintes pontos:

a) Justiça Gratuita

Vide letra "b" do tópico 3.2.3.2 desta obra (p. 36)

b) Honorários Advocatícios

Vide letra "h" do tópico 3.2.3.2 desta obra (p. 36)

c) Responsabilidade solidária (grupo econômico, por exemplo) ou subsidiária (terceirização, por exemplo)

Tanto a análise de eventual responsabilidade solidária ou não, quanto a análise da responsabilidade do tomador de serviços (terceirização), deve ser feita sempre ao final, depois de justiça gratuita e honorários, afinal, se condenado ao pagamento de honorários, eles integrarão a responsabilidade solidária/subsidiária.

d) Honorários Periciais

e) Expedição de Ofícios

f) Contribuições previdenciárias e fiscais, se controvertidas. Correção monetária e juros de mora, se controvertidos.

g) Requerimentos da parte ré (litigância de má-fé, dedução, compensação etc.)

ELABORAÇÃO DE SENTENÇA PARTE PRÁTICA

Nesta parte da obra, trazemos provas de sentenças de concursos anteriores, agrupadas de acordo com a legislação aplicável (antes e depois da Reforma Trabalhista - Lei n. 13.467/2017) e por graus de dificuldade (simples, moderada, complexa e extremamente complexa, considerando o tamanho da prova e o conteúdo dos temas cobrados), com modelos de respostas sugeridos pelos autores.

Desde já, destacamos que as sugestões de respostas (modelos) não possuem nenhuma pretensão de convencê-los de que essas seriam as únicas respostas admitidas pela Banca Examinadora. O mais importante, aqui, é apresentar, a partir de um viés prático, o conteúdo de diversos temas das matérias historicamente cobradas (e com potencial de cobrança) na prova prática de sentença e fomentar o debate.

Além disso, importante lembrar que a resposta sugerida para cada sentença é apenas uma das muitas que são possíveis, sem que a resposta em outro sentido possa ser considerada, necessariamente, incorreta.

Enfim, são, apenas, nossas sugestões!!!

Destacamos que a maioria das provas trazidas foi aplicada na vigência do CPC/73, motivo pelo qual, como forma de trazer para a realidade atual, nos respectivos modelos, indicamos o correspondente artigo do CPC/2015.

Outrossim, algumas Súmulas e Orientações Jurisprudenciais, a despeito de trazidas nos modelos, ainda não estavam em vigor quando da aplicação da prova, motivo pelo qual o fizemos apenas como forma de trazer os temas para a realidade jurídica atual.

Nesta edição, fizemos as necessárias adequações ao CPC/2015 e à Lei n. 13.467/2017 – Reforma Trabalhista, como forma de subsidiar os alunos para o enfrentamento de, a partir de então, provas elaboradas (e corrigidas) já que de acordo com o CPC/2015 e a Reforma Trabalhista. **Assim, alguns modelos estão integralmente atualizados, levando em conta a legislação**

e a jurisprudência atuais, ao passo que outros aplicam a legislação e entendimentos anteriores.

Aproveite as provas trazidas e resolva-as de acordo com os graus de dificuldade. Após o seu simulado, analise sua resposta com o respectivo modelo de resposta trazido por nós.

Modelos atualizados (CPC/2015 e Reforma Trabalhista – Lei n. 13.467/2017)

1. Sentença simples

1.1. Prova de sentença do TRT 14 – 2014 (José Martins Oliveira da Silva X Banco Forte do Norte SA.)

XX CONCURSO PÚBLICO PARA PROVIMENTO DE CARGOS DE JUIZ DO TRABALHO SUBSTITUTO DO TRIBUNAL REGIONAL DO TRABALHO DA 14ª REGIÃO

2ª ETAPA - 2ª PROVA ESCRITA - SENTENÇA - 15/06/2014

INSTRUÇÕES GERAIS

1 . A prova consiste na elaboração de uma sentença trabalhista.

2 . O(A) candidato(a) deverá utilizar caneta esferográfica de tinta azul ou preta, vedado o uso de líquido corretor de texto.

3. O(A) candidato(a), sob pena de eliminação, não poderá utilizar telefone celular, *pager* ou qualquer outro meio eletrônico de comunicação, bem como computador portátil, inclusive *tablet* ou similares. Também não será permitida a utilização de relógios que transmitam dados.

4 . Poderá haver consulta à legislação de textos simples desacompanhada de anotação ou comentário, vedada a consulta a obras doutrinárias, súmulas e orientações jurisprudenciais.

5 . Não se esqueça de preencher e assinar somente o canhoto de identificação constante do caderno de provas. Sob hipótese alguma assine ou utilize sinais que possam identificar sua prova (rasuras, corretivos, expressões ou títulos sublinhados).

6 . Será atribuída nota 0 (zero) à prova que apresentar sinal ou contiver expressão que possibilite sua identificação.

7. Leia com atenção a prova. O tempo é suficiente.

8. É obrigatória a permanência do(a) candidato(a) em sala por, no mínimo, uma hora.

9 . À comissão dispensa a elaboração de relatório.

BOA PROVA!

XX CONCURSO PÚBLICO PARA PROVIMENTO DE CARGOS DE JUIZ DO TRABALHO SUBSTITUTO DO TRIBUNAL REGIONAL DO TRABALHO DA 14ª REGIÃO

PROVA PRÁTICA – ELABORAÇÃO DE SENTENÇA
REALIZADA EM 15 DE JUNHO DE 2014

(ATENÇÃO: DISPENSA-SE A ELABORAÇÃO DE RELATÓRIO)

I - PETIÇÃO INICIAL

Excelentíssimo Sr. Dr. Juiz da Vara do Trabalho de Porto Velho- RO

JOSÉ MARTINS OLIVEIRA DA SILVA, brasileiro, casado, bancário, portador do CPF n. 540.792.900-00, CTPS n. 146459, série 0098 RO, residente e domiciliado na rua de Santana, 53, Bairro da Saudade, Porto Velho – RO, por intermédio de seu advogado, constituído conforme procuração anexa, propõe **Reclamação Trabalhista** em face do **BANCO FORTE DO NORTE SA.**, pessoa jurídica de direito privado, inscrita no CNPJ sob o n. 02.935.703/0001-9, estabelecido na rua da Purificação, 49, Bairro da Luz, Porto Velho, pelos fatos e fundamentos a seguir expostos.

O Autor afirma que foi admitido no Reclamado em 5 de maio de 2009 e dispensado, sem justa causa, em 10 de fevereiro de 2014, percebendo, mensalmente, 3 (três) salários mínimos, acrescidos da gratificação de Caixa Bancário de 1 (um) salário mínimo, além de comissões decorrentes de venda de papéis do Banco (seguros diversos), na ordem de 1 (um) salário mínimo.

1

XX CONCURSO PÚBLICO PARA PROVIMENTO DE CARGOS DE JUIZ DO TRABALHO SUBSTITUTO DO TRIBUNAL REGIONAL DO TRABALHO DA 14ª REGIÃO

Horas extras e repercussões

O Autor diz que, ao longo da relação de emprego, trabalhava das 8h às 16h, de segunda à sexta-feira, sem receber as horas excedentes. Pleiteia a condenação do Reclamado ao pagamento desse título com o adicional legal, e reflexos no repouso remunerado, no aviso prévio, nas férias com 1/3, nas gratificações natalinas, nos depósitos do Fundo de Garantia alusivos a todo o contrato de trabalho, bem como na multa de 40%. Para efeito de cálculo, requer a aplicação do divisor 150 (cento e cinquenta) porque nos instrumentos normativos consta que "o sábado é dia de descanso remunerado para o bancário" (cláusula 20ª). Postula que todas as verbas de natureza salarial sejam consideradas na apuração das horas extraordinárias.

Horas de intervalo intrajornada com repercussões.

O Autor alega que deveria trabalhar 6 (seis) horas diárias, mas extrapolava esse limite. Como não lhe era concedido pelo Empregador o intervalo intrajornada de 1 (uma) hora, faz jus ao valor alusivo a tal descanso, com o adicional de horas extras, como previsto em lei, bem como as repercussões sobre o repouso semanal remunerado, o aviso prévio, as férias, com 1/3, as gratificações natalinas e os depósitos do FGTS, com 40%.

Horas de sobreaviso e repercussões

O Autor explica que a partir do mês de janeiro de 2012, durante 2 (dois) dias ao mês, permanecia à disposição do Empregador, em regime de sobreaviso (das 16 horas de um dia às 8 horas do dia seguinte). A determinação da Empresa objetivava o reabastecimento dos postos bancários com numerário, sempre que necessário. O Empregador lhe fornecia BIP e telefone celular e lhe impunha permanecer em sua residência para o pronto atendimento, quando acionado. Entende que o sobreaviso constituía exigência onerosa para sua vida pessoal e familiar, prejudicando seus interesses, sem a devida contraprestação financeira. Pede a condenação do Reclamado ao pagamento das horas de sobreaviso, com as repercussões no aviso prévio, nas férias, com 1/3, nas gratificações natalinas, no repouso remunerado e nos valores dos depósitos do FGTS, com a multa de 40%.

2

XX CONCURSO PÚBLICO PARA PROVIMENTO DE CARGOS DE JUIZ DO TRABALHO SUBSTITUTO DO TRIBUNAL REGIONAL DO TRABALHO DA 14ª REGIÃO

Quebra de caixa e repercussões

Afirma o Reclamante que recebia a parcela denominada "quebra de caixa", por exercer as funções de Caixa Bancário, mas o Reclamado não procedia à integração deste valor ao salário. Pretende a condenação do Réu ao pagamento das repercussões de tal vantagem no aviso prévio, nas férias, com 1/3, nas gratificações natalinas, no repouso remunerado e nos valores dos depósitos do FGTS, com a multa de 40%.

Desconto salarial

O Autor denuncia que, periodicamente, o Réu realizava desconto em seu salário de, em média, R$ 80,00 (oitenta reais) mensais, sob o argumento de que ocorriam diferenças a menor nos caixas que operava. Reputa abusivo o ato, não só porque jamais registrou-se evento dessa natureza no fechamento do caixa, como também por não ter autorizado a efetivação de tais descontos. Assim, requer a condenação do Banco a restituir os respectivos valores, em dobro.

Gratificação de função e repercussões - Substituição de gerência

O Reclamante afirma fazer jus à gratificação de gerência de câmbio em razão de, nos meses de janeiro dos anos de 2011, 2012 e 2013, ter substituído o titular, durante suas férias. Declara que nesses eventos, a duração foi de 30 dias. Pretende, assim, seja o Reclamado condenado ao pagamento da referida gratificação, nos períodos demarcados acima, com repercussão no aviso prévio, nas férias, com 1/3, nas gratificações natalinas, no repouso remunerado e nos valores dos depósitos do FGTS, com a multa de 40%.

Indenização por danos morais – Transporte de Valores

O Reclamante assevera que a partir de janeiro de 2013, por duas vezes na semana, no curso da jornada diária de trabalho, por determinação do Banco, passou a transportar numerário para abastecer os vários caixas eletrônicos. No cumprimento de tal mister – alheio às suas funções contratuais – era conduzido por vigilante armado, em uma motocicleta, pelas ruas do centro da cidade até os postos de destino, situados em diversos bairros da capital. Considerando o perigo a que era submetido, expondo-se, sobretudo, a assaltos, com riscos a sua integridade física e psíquica, requer que o Réu seja condenado a pagar indenização por dano moral, no valor de R$ 50.000,00 (cinquenta mil reais).

3

XX CONCURSO PÚBLICO PARA PROVIMENTO DE CARGOS DE JUIZ DO TRABALHO SUBSTITUTO DO TRIBUNAL REGIONAL DO TRABALHO DA 14ª REGIÃO

Ressarcimento das despesas com a contratação de advogado

Declara o Autor que, sendo o advogado indispensável à administração da Justiça, deve o Réu ser condenado ao ressarcimento das despesas com a contratação do advogado, no equivalente a 20% sobre a condenação corrigida, na forma da lei.

Encargos Fiscais

O Reclamante postula a responsabilidade do Réu pelos encargos fiscais ou, de forma alternativa, o cálculo do Imposto de Renda pelo regime de competência. Argumenta que, ao receber os valores acumulados dos créditos trabalhistas, não pode sofrer o encargo de incidência de uma maior alíquota sobre o total auferido.

Juros de mora e correção monetária

Requer o Autor que sobre o total da condenação incidam juros e correção monetária.

Justiça gratuita

Declara o Autor não ter condições de arcar com as despesas de honorários de advogado e custas processuais sem prejuízo de seu sustento e da família, motivo pelo qual pede o benefício da assistência gratuita.

O Reclamante requer, por fim, a notificação do Reclamado, no endereço fornecido, protestando pela aplicação da pena de revelia e confissão, bem como a produção de provas, e a condenação do Réu com relação aos seguintes títulos:

a) **Horas extras, com repercussão no repouso remunerado, no aviso prévio, nas férias com 1/3, nas gratificações natalinas, nos depósitos do Fundo de Garantia alusivos a todo o contrato de trabalho, bem como a multa de 40% legais;**

b) **Horas de intervalo intrajornada, com as repercussões perseguidas na alínea "a";**

c) **Horas de sobreaviso, com as repercussões perseguidas na alínea "a";**

d) **Repercussões da Quebra de caixa nos institutos constantes da alínea "a";**

4

XX CONCURSO PÚBLICO PARA PROVIMENTO DE CARGOS DE JUIZ DO TRABALHO SUBSTITUTO DO TRIBUNAL REGIONAL DO TRABALHO DA 14ª REGIÃO

e) Devolução de valores descontados indevidamente, em dobro.

f) Gratificação de função de gerência de câmbio, com repercussões apontadas na alínea "a";

g) Indenização por danos morais (transporte de valores), no valor de R$ 50.000,00 (cinquenta mil reais);

h) Ressarcimento das despesas com a contratação de advogado (20% sobre o valor da condenação, corrigida).

Requer, ainda, a aplicação dos juros de mora e correção monetária, de acordo com a jurisprudência sumulada do TST, e a aplicação do regime de competência no cálculo do Imposto de Renda, bem como a concessão da Justiça Gratuita.

Protesta, finalmente, por todos os meios de prova em direito admitidos e dá-se à causa o valor de R$200.000,00 (duzentos mil reais).

Pede deferimento
Porto Velho, 10 de março de 2014

Com a inicial, foram juntados os seguintes documentos:

- cópia da CTPS do Autor com o registro do contrato de trabalho com o Reclamado, constando a data de admissão em 05.05.2009, saída em 10.2.2014 e a função de Caixa Bancário.
- procuração do advogado particular;
- declaração da Reclamante de que não detinha condições de arcar com as despesas alusivas a advogado, bem como as despesas processuais em geral;
- comprovantes de recebimento de BIP e celular, entregues pelo Reclamado no mês de janeiro de 2012 e restituídos pelo Autor ao Banco na data da rescisão contratual.

5

XX CONCURSO PÚBLICO PARA PROVIMENTO DE CARGOS DE JUIZ DO TRABALHO SUBSTITUTO
DO TRIBUNAL REGIONAL DO TRABALHO DA 14ª REGIÃO

II - CONTESTAÇÃO DO RECLAMADO

Excelentíssimo Sr. Dr. Juiz da 9ª Vara do Trabalho de Porto Velho - Rondônia

BANCO FORTE DO NORTE SA., qualificado nos autos da reclamação trabalhista movida por **JOSÉ MARTINS OLIVEIRA DA SILVA**, por seu advogado, vem, perante V. Excelência oferecer **CONTESTAÇÃO**, expondo o seguinte:

1. Gratuidade judiciária
Afirma o Réu que não deve ser conferido o benefício da Assistência Judiciária, uma vez que o Autor auferia salário superior àquele que caracteriza insuficiência financeira.

2. Horas extras e repercussões
O Reclamado declara que a jornada apontada pelo Autor na inicial era a efetivamente prestada, revelando a ausência de horas extras, pois não ultrapassava a duração diária e/ou semanal legal, prevista na ordem jurídica. Aduz que o Reclamante, na condição de Caixa Bancário, não fazia jus à jornada de 6 (seis) horas dos bancários, pois auferia gratificação de função.

3. Horas de intervalo intrajornada e repercussões
Assevera o Reclamado que era concedido o intervalo de 1 hora de descanso ao Reclamante, motivo porque requer a improcedência do pedido, inclusive com as repercussões postuladas. Destaca que o Autor, bem como os demais ocupantes de função de confiança, estavam dispensados de anotar sua jornada de trabalho.

4. Horas de sobreaviso e repercussões
Contesta o Banco o pedido de pagamento de horas de sobreaviso e repercussões, pois nenhuma limitação era imposta ao Reclamante, que podia permanecer ou não em sua residência, e, nem sempre, era efetivamente acionado. Destaca que o celular e o BIP permitiam o deslocamento do Empregado para qualquer lugar, desde que pudesse atender o chamado do Réu em rápido espaço de tempo. Assim, devem ser julgados improcedentes os pedidos.

5. Quebra de caixa e repercussões
O Reclamado contesta o pleito, considerando que não detém natureza salarial, tratando-se de contraprestação sob condição.

6

XX CONCURSO PÚBLICO PARA PROVIMENTO DE CARGOS DE JUIZ DO TRABALHO SUBSTITUTO DO TRIBUNAL REGIONAL DO TRABALHO DA 14ª REGIÃO

6. Devolução de descontos efetuados nos salários
O Reclamado admite os descontos nos salários do Reclamante sempre que, após o fechamento do caixa, constatava a existência de valores inferiores àqueles que deveriam estar registrados. Assevera que se tratava de desconto lícito porque, como o Trabalhador recebia a parcela "quebra de caixa", tal quantia servia para atender essas diferenças.

7. Salário de substituição de gerência e repercussões
Confirma o Banco que ocorreram as substituições nas épocas assinaladas pelo Autor, todavia este não faz jus à gratificação postulada porque eram situações transitórias, eventuais, não contempladas com vantagem salarial pela ordem jurídica. Ademais, o Reclamante não detinha as mesmas qualificações e atributos do substituído.

8. Indenização por danos morais – transporte de valores
O Banco sustenta a improcedência do pleito porque jamais o Autor foi alvo de qualquer agressão ou violência na execução do transporte de valores. Ademais, tinha cuidado com o cumprimento dessas atividades pelo Trabalhador, tanto é assim que um vigilante armado conduzia o Reclamante em uma motocicleta.

9. Ressarcimento das despesas com a contratação de advogado
O Réu contesta a pretensão do Autor porque incabível na Justiça do Trabalho, salvo se o trabalhador estiver assistido pelo Sindicato da Categoria Profissional.

10. Encargos fiscais
O Reclamado contraria o pedido do Reclamante porque a matéria tem norma expressa em sentido contrário ao perseguido, revelando-se a postulação lesiva à ordem jurídica.

Conclui sua defesa, invocando a prescrição, no que couber, e a incidência de IR (inclusive sobre juros moratórios) e INSS.

Requer a improcedência da reclamação, protestando por todos os meios de prova admitidos em direito.

Pede deferimento.
Porto Velho, 10 de maio de 2014.

Com a contestação, foram juntados os seguintes documentos:

- instrumento de procuração.
- carta de preposição.
- atos constitutivos.

7

XX CONCURSO PÚBLICO PARA PROVIMENTO DE CARGOS DE JUIZ DO TRABALHO SUBSTITUTO DO TRIBUNAL REGIONAL DO TRABALHO DA 14ª REGIÃO

III - AUDIÊNCIA

Em audiência, as partes não se manifestaram sobre os documentos apresentados e afirmaram não haver novas provas a oferecer.

O Juiz encerrou a instrução.

As partes ofereceram razões finais remissivas.

Foi renovada a proposta de conciliação, sem êxito, sendo designado o julgamento para o dia 15 de junho de 2014, às 8 horas.

BOA PROVA!

PARA EXERCITAR

MODELO DE RESPOSTA DA PROVA DE SENTENÇA TRT 14 - 2014 (JOSÉ MARTINS OLIVEIRA DA SILVA X BANCO FORTE DO NORTE SA.)

RELATÓRIO

Dispensado.

FUNDAMENTAÇÃO

PRESCRIÇÃO

Arguida, genericamente, pela parte ré.

De plano, rejeito a prescrição bienal, uma vez nem mesmo entre a dispensa (10/02/2014) e julgamento da presente demanda (15/06/2014), houve decurso de mais de dois anos.

Por outro lado, de início, faz-se necessário destacar a ausência de elementos seguros quanto à data de ajuizamento, na medida em que não há protocolo de distribuição, o que dificulta a análise da ocorrência de prescrição, vez que não se sabe o marco interruptivo.

O certo é que, na última lauda dos autos, há informação da data do julgamento (15/06/2014), além de haver as datas apostas na petição inicial e defesa, respectivamente, 10/03/2014 e 10/05/2014.

Sucede que, não raro, as datas indicadas nas peças carreadas pelas partes não coincidem com as da efetiva prática do ato processual em juízo.

Deste modo, e levando em consideração que a prescrição é matéria de defesa e não há elementos seguros para sua declaração, rejeito a arguição.

GRATIFICAÇÃO DE FUNÇÃO DE GERÊNCIA DE CÂMBIO COM REPERCUSSÕES

Busca a parte autora a condenação da parte ré no pagamento da gratificação de câmbio, com a integração ao salário.

Em sua defesa, a parte ré admite as substituições de gerente de câmbio, efetuadas pela parte autora no mês de janeiro de 2011, 2012 e 2013, durante 30 dias em cada uma das vezes. Nega a pretensão da parte autora, entretanto, sob argumento de que as substituições eram transitórias e eventuais, além do fato da parte autora não possuir as mesmas qualificações do substituído.

Por primeiro, cumpre rechaçar a tese da parte ré de que seria necessária a mesma qualificação do substituto em relação ao substituído. É que, em verdade, não se trata de pretensão de equiparação salarial, a qual exige identidade de produtividade e perfeição técnica (art. 461, CLT, e Súmula n. 6, TST).

De outro lado, a substituição interina ou provisória e substituição meramente eventual não se confundem, visto que essa se caracteriza por curtíssimo período, sem estabilidade e menor previsibilidade na sua ocorrência, ao passo que aquela se traduz na substituição realizada em períodos maiores, segundo jurisprudência de no mínimo 30 dias, e, em regra, indicados com certa antecedência, garantindo-se ao trabalhador, nesse caso, o padrão do trabalhador substituído ao substituto, enquanto perdurar a substituição (salário isonômico ou substituição).

Nesse sentido, inclusive, a jurisprudência sumulada do TST (Súmula n. 159, I), segundo a qual substituição temporária, e não meramente eventual, dá direito ao mesmo salário do substituído.

Ante o exposto, tem a parte autora o direito de receber gratificação da gerência de câmbio no mês de janeiro de 2011, 2012 e 2013, razão pela qual julgo procedente o pedido, condenando a parte ré ao pagamento.

Todavia, ante a falta habitualidade da parcela – paga apenas uma vez por ano, julgo improcedentes os pedidos de reflexos em aviso prévio, férias acrescidas de um terço, décimo terceiro salário e repouso remunerado.

Por não exigir habitualidade, julgo procedente apenas o pedido de diferenças salariais em FGTS acrescido da indenização de 40%.

DIFERENÇAS DE QUEBRA DE CAIXA NO REPOUSO REMUNERADO, AVISO PRÉVIO, FÉRIAS MAIS UM TERÇO, GRATIFICAÇÃO NATALINA, FGTS E INDENIZAÇÃO DE 40%

Pretende a parte autora a condenação da parte ré no pagamento de diferenças decorrentes da integração da quebra de caixa ao salário.

A parte ré alega, apenas, que a parcela em questão não possui natureza salarial.

Com efeito, a parcela denominada quebra de caixa remunera o empregado caixa bancário pela maior responsabilidade e risco de eventuais descontos a título de compensação por valores perdidos no manuseio do caixa. Sua natureza jurídica é, desse modo, de gratificação, em razão do que, desde que paga com habitualidade, repercute em outras parcelas (TST, Súmula n. 247).

Ante o exposto, julgo procedente o pedido de reflexos da parcela quebra de caixa em aviso prévio, férias mais um terço, décimo terceiro salário, FGTS e indenização de 40%.

Entretanto, julgo improcedente o pedido de integração para efeito de repouso semanal remunerado (RSR), pois o pagamento é mensal (levando em consideração os 30 dias do mês), logo, já engloba o RSR, e determinar novo pagamento geraria "bis in idem".

DEVOLUÇÃO DE VALORES DESCONTADOS INDEVIDAMENTE EM DOBRO

Conforme art. 462, § 1º, da CLT, que consubstancia o princípio da intangibilidade salarial, é lícito o desconto pelo dano causado pelo empregado desde que essa possibilidade tenha sido acordada ou no caso de dolo do trabalhador.

Por outro lado, possível, também, o desconto caso seja pago ao empregado a gratificação de quebra de caixa, já que ela tem como objetivo justamente remunerar o caixa bancário pela maior responsabilidade e risco de eventuais descontos a título de compensação por valores perdidos no manuseio do caixa.

Como visto, no caso em tela, o pagamento da gratificação é fato incontroverso. Além disso, a parte ré confessa os descontos.

De todo modo, ainda assim, a pretensão merecer prosperar. É que incumbia à parte ré, que detém os documentos, o ônus de provar a ocorrência de diferenças no caixa do autor (arts. 818, II, CLT, e 373, II, CPC/2015), encargo do qual não se desvencilhou, não produzindo prova a respeito.

Ante o exposto, julgo procedente o pedido de devolução dos descontos efetuados. Não há, porém, falar em pagamento dobrado, uma vez que a Lei não autoriza, pelo que, no particular, julgo improcedente o pedido.

HORAS EXTRAORDINÁRIAS E INTERVALO INTRAJORNADA

A parte ré confessa que a parte autora laborava das 8h00min às 16h00min, de segunda a sexta-feira. Sustenta, entretanto, que, pelo fato de exercer a função de caixa bancário, não faz jus à jornada de seis horas, prevista no art. 224 da CLT.

Pois bem.

Cumpre lembrar que o cargo de confiança bancário, previsto no art. 224, § 2º, da CLT, não exige a prova de outorga de amplos poderes de mando, gestão ou representação do empregador, requisito exigido para o "alto" empregado, previsto no art. 62, II, parágrafo único, CLT, o que se depreende, inclusive, do caráter amplo e abrangente da alusão ao desempenho de "outros cargos de confiança" no referido art. 224, § 2º, CLT, sendo suficiente, apenas, neste caso, que o empregador lhe confira uma fidúcia especial, diferenciada dos demais empregados.

Sucede que, diante da natureza da atividade, inviável reconhecer a existência da mencionada fidúcia em relação ao empregado que exerce o cargo de caixa bancário, pois em nada difere em relação aos demais empregados, sendo certo que o simples fato de manusear numerários não é suficiente para tanto. Nesse sentido, inclusive, a jurisprudência sumulada do TST (Súmula nº 102, VI).

Logo, não assiste razão à parte ré quanto ao enquadramento previsto no art. 224, § 2º, da CLT, estando o obreiro sujeito à jornada padrão dos bancários, ou seja, de seis horas diárias.

No que se refere ao intervalo intrajornada, a parte ré sustenta o gozo do descanso, mas, ao mesmo tempo, afirma que não procedia o registro do horário de trabalho da parte autora e demais empregados.

Ocorre que, consoante art. 74, § 2º, CLT, com redação dada pela Lei n. 13.874, de 2019, nos estabelecimentos com mais vinte empregados, é obrigatória a anotação dos horários de chegada, de saída bem como pré-assinalação do horário de descanso, logo, a conduta da ré não se coaduna com a previsão legal.

Registre-se que a obrigatoriedade do registro do horário de trabalho é prevista em norma de ordem pública, não podendo deixar de ser cumprida.

Nesse passo, é o caso de se considerar como não gozado o horário do intervalo intrajornada mínimo de 01h (já que a parte autora cumpria jornada de oito horas diárias – art. 71, caput, da CLT), pois ao deixar de proceder o controle de jornada, a parte ré descumpriu norma de ordem pública, "retirando" a prova da parte autora acerca do tema.

À vista do exposto, considerando a jornada laborada (08h00min às 16h00min, de segunda a sexta-feira, sem intervalo intrajornada), julgo procedente o pedido de pagamento de horas extraordinárias, assim consideradas as laboradas após a sexta hora diária, observados os parâmetros abaixo:

a) horário a ser observado: 08h00min às 16h00min, de segunda a sexta-feira, sem intervalo intrajornada;
b) base de cálculo a ser observada: soma do valor do salário-base e das demais verbas de natureza salarial, nos termos da Súmula n. 264 do TST;
c) acréscimo do adicional de 50%;
d) observância da evolução salarial;
e) exclusão dos dias não trabalhados;
f) divisor de 180. Quanto ao divisor aplicável, a parte autora não juntou instrumento normativo, provando a previsão da norma coletiva de sábado como dia repouso semanal remunerado, encargo que lhe incumbia (aplicação analógica do art. 337, CPC/73 – art. 351 do CPC/2015), dada a natureza eminentemente jurídica da questão. Assim, o divisor a ser aplicado é 180 (TST, Súmulas nº 113 e 124, I, "a");
g) em face da habitualidade e, portanto, de sua natureza salarial, determino os reflexos em aviso prévio, férias mais um terço, décimo terceiro salário, FGTS, com indenização de 40%, e repouso semanal remunerado (TST, Súmula nº 172), observada, contudo, a regra prevista na OJ n. 394 da SDI-1 do TST.

Quanto ao intervalo intrajornada, após a vigência da Lei n. 13.467/2017 – Reforma Trabalhista, que deu nova redação ao § 4º do art. 71, CLT, ele assumiu natureza indenizatória, razão pela qual julgo procedente o pedido de pagamento de uma hora por dia, acrescida de 50%. Julgo improcedente, contudo, o pedido de reflexos.

HORAS DE SOBREAVISO

Alega a parte autora que, a partir de janeiro de 2012, permanecia de sobreaviso em dois dias da semana (das 16:00 às 08:00 do dia seguinte), com a finalidade reabastecer os postos bancários com numerário. Afirma que a parte ré lhe forneceu celular e BIP, bem assim determinava que permanecesse na residência para o pronto atendimento.

A parte ré, por sua, afirma que não havia limitação na liberdade de locomoção do obreiro e que "o celular e o BIP permitiam o deslocamento do empregado para qualquer lugar, desde que pudesse atender o chamado do Réu em rápido espaço de tempo" (fls. 06).

Ao exame.

O Instituto do sobreaviso, embora previsto legalmente para os ferroviários (art. 244, § 2º, CLT), pode ser aplicado a outros trabalhadores, desde que reste configurado o controle patronal por instrumentos telemáticos ou informatizados, permanecendo o obreiro em regime de plantão ou equivalente, aguardando a qualquer momento o chamado para o serviço durante o período de descanso (TST, Súmula nº 428, II).

E, no caso em tela, é exatamente essa hipótese, já que parte ré confessa no sentido de que forneceu instrumentos (BIP e celular) à parte autora com intuito de manter contato, caso necessária a convocação para prestação de serviços, reconhecendo, ainda que de modo implícito, que a locomoção da parte autora era limitada, tanto assim que afirmou que ele poderia se locomover em locais próximos ao trabalho "*desde que pudesse atender o chamado do Réu em rápido espaço de tempo*".

Vale destacar que não foram impugnados os horários (das 16:00 às 08:00 do dia seguinte) nem a frequência (dois dias por semana), razão pela qual os considero verdadeiros (art. 336 do CPC).

Pelo exposto, julgo procedente o pedido de pagamento de horas de sobreaviso na proporção de 1/3 do valor da hora normal de trabalho para cada hora de sobreaviso, com reflexos em aviso prévio, férias mais um terço, décimo terceiro salário, FGTS, indenização de 40% e RSR (C. TST, Súmula nº 172), observada, contudo, a regra prevista na OJ n. 394 da SDI-1 do TST.

Devem ser observados os seguintes parâmetros: base de cálculo nos termos da Súmula nº 264 TST; divisor de 180; evolução salarial do autor; dias efetivamente laborados.

INDENIZAÇÃO POR DANO MORAL PELO TRANSPORTE DE VALORES

É fato incontroverso o transporte de valores pela parte autora, com o objetivo de abastecer os pontos de atendimento e agências da parte ré.

Ocorre que não se pode admitir que uma Instituição, que tem como principal atividade a coleta, intermediação ou aplicação de recursos financeiros próprios ou de terceiros e a custódia de valor de propriedade de terceiros, coloque em risco a vida e a integridade de seus empregados, para não ter de arcar com despesas com contratação de empresa de transportes de valores, sobretudo se considerando que, por lei, é obrigada a suportá-la.

O ato da parte ré é ilícito, na medida em que, por força do art. 3º, incisos I e II, da Lei n. 7.102/83, o transporte de valores será obrigatoriamente realizado por empresa especializada ou pelo próprio Banco, desde que organizado e preparado para tal fim, com pessoal próprio, aprovado em curso de formação de vigilante autorizado pelo Ministério da Justiça e cujo sistema de segurança tenha parecer favorável à sua aprovação emitido pelo Ministério da Justiça, requisitos que sequer foram alegados pela parte ré.

Não fosse apenas isso, os arts. 4º e 5º, da citada Lei, exigem que o transporte seja efetuado em veículo especial, ou, em caso de pequenos valores, em particular, mas sempre acompanhado de dois seguranças, mas, no presente caso, a parte ré reconhece que apenas um segurança acompanhava a parte autora.

Anote-se que a atividade de transportes de valores, é, por sua própria natureza, de risco, atraindo a incidência da regra insculpida no parágrafo único do artigo 927 do Código Civil.

Com efeito, o risco do transporte de valores é reconhecido pela própria Lei n. 7.102, de 20 de junho de 1983, que, por conta dessa circunstância, impõe procedimentos especiais à atividade, mediante, inclusive, fiscalização do Ministério da Justiça.

Há, por isso, violação à reserva ética mínima exigível nas relações sociais. Trata-se, portanto, de dano *in re ipsa.*

Quanto às normas e princípios aplicáveis à reparação por dano extrapatrimonial, insta destacar que a Lei n. 13.467/2017 inseriu o título II-A na CLT, bem assim os arts. 223-A a 223-G.

Entretanto, em que pese a restrição constante do art. 223-A, CLT, de acordo com o qual "aplicam-se à reparação de danos de natureza extrapatrimonial decorrentes da relação de trabalho apenas os dispositivos deste Título", tal disposição deve ser entendida apenas como a indicação da ordem de preferência no tratamento legal da matéria, de modo que, a princípio, havendo disciplina específica na CLT, não seria possível o transporte de normas de outros diplomas legislativos.

Essa é a interpretação que compatibiliza o disposto no art. 223-A com o art. 8º, § 1º, ambos da CLT, que permite a aplicação do Direito Comum no Direito do Trabalho.

No mais, a Constituição da República de 1988 garante o respeito aos direitos da personalidade, resguardando a incolumidade moral do indivíduo.

Conforme art. 5º, V e X, da CRFB/88, é assegurado o direito de resposta proporcional ao agravo, além da indenização por dano material, moral ou à imagem, sendo invioláveis a intimidade, a vida privada, a honra e a imagem das pessoas.

Ademais, os direitos fundamentais, entre eles os direitos da personalidade, são oponíveis também na relação entre particulares, inclusive na relação de emprego, sendo reconhecida a eficácia horizontal dos direitos fundamentais.

No que toca à quantificação do montante devido a título de indenização por danos morais, ela deve atender à extensão do dano (arts. 944 e 953 do CC/2002), bem como os critérios estabelecidos pelos incisos I a XII do art. 223-G da CLT, exceto quanto ao inciso XI (quanto à capacidade econômica do trabalhador), na medida em que, ao fazê-lo, estar-se-ia violando o art. 5º, V e X, da CRFB/88, já que a indenização por danos extrapatrimoniais se destinam a indenizar o dano sofrido pelo ser humano, independentemente da sua capacidade econômica.

Neste sentido, inclusive, inconstitucional também o §1º do art. 223-G da CLT, na parte que vincula o valor da indenização a múltiplos dos salários contratuais. Desta maneira, afastados os dispositivos ora declarados inconstitucionais, bem com utilizando-se dos arts. 944 e 953 do CC/2002, bem como do artigo 223-G da CLT, concluo pela natureza média da ofensa, fixo a indenização por danos morais no valor de R$ 30.000,00, parâmetro que entendo adequado para este fim.

Sem prejuízo, determina-se a expedição de ofícios ao Ministério da Justiça e ao Ministério Público do Trabalho, com cópia desta decisão, a fim de que, no âmbito de suas atribuições, adotem as medidas cabíveis.

HONORÁRIOS ADVOCATÍCIOS CONTRATUAIS

A parte não tem direito a ser indenizada em relação aos custos com a contratação de advogado, em virtude da defesa do seu direito em juízo, na medida em que decorre de um ônus inerente ao direito de ação. Nesse sentido, inclusive, a jurisprudência predominante no TST e no STJ.

Indefiro.

JUSTIÇA GRATUITA

Há, nos autos, declaração pessoal do empregado no sentido da insuficiência de recursos para arcar com despesas processuais sem que não haja prejuízo para o seu sustento e de sua família, razão pela qual, não havendo provas em sentido contrário, tal declaração presume-se verdadeira, circunstância que autoriza a concessão dos benefícios da justiça gratuita (art. 790, § 4º, da CLT).

Concedo, assim, à parte autora os benefícios da justiça gratuita.

HONORÁRIOS ADVOCATÍCIOS SUCUMBENCIAIS

Diante da sucumbência recíproca (art. 791-A, §3º, da CLT), observados os critérios previstos nos incisos do § 2º do art. 791-A da CLT, condeno a parte ré ao pagamento de honorários advocatícios, no percentual de 5% sobre o valor que resultar da liquidação da sentença, ao advogado da parte autora, bem como condeno a parte autora ao pagamento de honorários advocatícios, no percentual de 5% sobre o valor dos pedidos julgados improcedentes, não havendo falar em compensação entre os honorários (art. 791-A, §3º, da CLT).

Em face da concessão dos benefícios da justiça gratuita à parte autora, fica suspensa a exigibilidade da sua obrigação pelo prazo de dois anos, na forma do art. 791-A, §4º, da CLT, já que a obtenção de créditos em decorrência da presente sentença não é suficiente para que a parte autora suporte o pagamento dos honorários advocatícios, conforme entendimento fixado pelo STF ao julgar a ADI n. 5766.

DISPOSITIVO

Ante o exposto, nos autos da ação ajuizada por JOSÉ MARTINS OLIVEIRA DA SILVA contra BANCO FORTE DO NORTE S.A., decido:

- rejeitar a arguição de prescrição;

- julgar procedentes, em parte, os pedidos, condenando a parte ré a proceder o pagamento, no prazo de oito dias, dos seguintes títulos:

a) gratificação da gerência de câmbio no mês de janeiro de 2011, 2012 e 2013, com diferenças em FGTS acrescido da indenização de 40%;

b) diferenças da gratificação quebra de caixa, com reflexos em aviso prévio, férias mais um terço, décimo terceiro salário, FGTS e indenização de 40%;

c) horas extraordinárias, assim consideradas as laboradas após a sexta hora diária, com acréscimo do adicional de 50% e reflexos em aviso prévio, férias mais um terço, décimo terceiro salário, FGTS indenização de 40% e repouso semanal remunerado (C. TST, Súmula nº 17 e OJ n. 394 da SDI-1 do TST);

d) horas decorrentes da ausência de concessão do intervalo intrajornada (01 hora por dia de efetivo trabalho – art. 71 da CLT);

e) horas de sobreaviso na proporção de 1/3 sobre o valor da hora normal de trabalho para cada hora de sobreaviso, com reflexos em aviso prévio, férias mais um terço, décimo terceiro salário, FGTS com indenização de 40% e repouso semanal remunerado (C. TST, Súmula nº 17 e OJ n. 394 da SDI-1 do TST);

f) indenização por dano moral no valor de R$ 30.000,00;

g) devolução dos descontos efetuados.

Defiro à parte autora os benefícios da gratuidade de justiça.

Diante da sucumbência recíproca (art. 791-A, §3º, da CLT), observados os critérios previstos nos incisos do §2º do art. 791-A da CLT, condeno a parte ré ao pagamento de honorários advocatícios, no percentual de 5% sobre o valor que resultar da liquidação da sentença, ao advogado da parte autora, bem como condeno a parte autora ao pagamento de honorários advocatícios, no percentual de 5% sobre o valor dos pedidos julgados improcedentes, não havendo falar em compensação entre os honorários (art. 791-A, §3º, da CLT).

Em face da concessão dos benefícios da justiça gratuita à parte autora, fica suspensa a inexigibilidade da sua obrigação, na forma do art. 791-A, §4º, da CLT, já que a obtenção de créditos em decorrência da presente sentença não é suficiente para que a parte autora suporte o pagamento dos honorários advocatícios.

PARÂMETROS DE LIQUIDAÇÃO

a) JUROS E CORREÇÃO MONETÁRIA

Diante do decidido pelo STF na ADC n. 58, em relação à fase extrajudicial, ou seja, a que antecede o ajuizamento das ações trabalhistas, deverá ser utilizado como indexador o IPCA-E acumulado no período de janeiro a dezembro de 2000. A partir de janeiro de 2001, deverá ser utilizado o IPCA-E mensal (IPCA-15/IBGE), em razão da extinção da UFIR como indexador, nos termos do art. 29, § 3º, da MP 1.973-67/2000. Além da indexação, serão aplicados os juros legais (art. 39, caput, da Lei 8.177, de 1991); em relação à fase judicial, a atualização dos débitos judiciais deve ser efetuada pela taxa referencial do Sistema Especial de Liquidação e Custódia - SELIC.

Observe-se, por fim, quanto aos juros, o seu propósito meramente indenizatório (OJ 400 da SDI-1 do TST).

Quanto à indenização por danos morais, diante do conteúdo da decisão do STF, restou superado o entendimento previsto na Súmula n. 439 do TST, devendo incidir, então, a taxa SELIC a partir da data do arbitramento (Súmula n. 362 do STJ).

b) RECOLHIMENTOS FISCAIS E PREVIDENCIÁRIOS.

Determino que a parte ré efetue os recolhimentos previdenciários incidentes sobre as parcelas objeto de condenação em pecúnia deferidas nesta sentença, na forma do art. 43 da Lei n. 8.212/91 e da Súmula n. 368 do TST, ficando autorizada a dedução da quota parte da parte autora.

Deverá ainda a parte ré (art. 46 da Lei n. 8.541/1992) efetuar o recolhimento fiscal na forma do art. 12-A da Lei n. 7.713/88 e da Instrução Normativa RFB nº 1.500, de 29/10/2014 (revogadora da IN nº 1.127/11 - art. 114 da IN 1.500/2014), com a redação dada pela Instrução Normativa RFB nº 1558, de 31/3/2015.

Para fins do art. 832, §3º, da CLT, as parcelas da condenação devem observar o artigo 28, §9º, da Lei n. 8.212/91, incidindo recolhimentos fiscais e previdenciários somente sobre as parcelas de natureza salarial.

c) FORMA DE LIQUIDAÇÃO

A liquidação deve ser feita por simples cálculos.

Custas processuais no importe de R$ 1.000,00 (mil reais), calculadas sobre R$ 50.000,00 (cinquenta mil reais), valor atribuído à condenação para tal fim.

Expeçam-se os ofícios determinados na fundamentação.

Partes Cientes. Intime-se a União Federal, para efeitos da regra inserta no art. 832, § 5º, da CLT.

2. Sentença moderada

2.1. Prova de sentença do TRT 4 – 2016 (Maria Aparecida do Brasil X Indústria de Confecções Sereia Ltda. X Odorico Secreto Pereira)

TRT 4

TRIBUNAL REGIONAL DO TRABALHO DA 4ª REGIÃO
CONCURSO PÚBLICO PARA PROVIMENTO DE CARGOS DE JUIZ DO TRABALHO SUBSTITUTO 2016

SEGUNDA ETAPA

PROVA DE SENTENÇA

- Preencha seu nome e data nos campos próprios do caderno de prova (capa). O campo "Caderno nº" deve permanecer em branco.
- **NENHUMA IDENTIFICAÇÃO OU MARCAÇÕES QUE POSSIBILITEM IDENTIFICAÇÃO DO CANDIDATO,** além das solicitadas em campos próprios, devem ser feitas no caderno de prova (capa) e/ou nas folhas de texto definitivo nele contidas, sob pena de nulidade da prova.
- A presente prova, elaborada com base no que consta do item 9.3 do Edital do Concurso, contém elementos de processo hipotético, a partir dos quais deverá ser elaborada a sentença.
- A compreensão dos dados integra o desempenho do candidato. Não serão prestados quaisquer esclarecimentos.
- As folhas de textos definitivos serão os únicos documentos válidos para a avaliação da prova, que será corrigida **sem nenhuma identificação do nome do candidato**.
- AS FOLHAS DE TEXTO DEFINITIVO **DEVEM SER NUMERADAS** pelo candidato no campo próprio, mesmo se usada apenas uma folha.
- Caso sejam necessárias **folhas adicionais de texto definitivo** ou para rascunho, erga o braço e solicite-as ao fiscal.
- As folhas para rascunho são de preenchimento facultativo e não valerão para a avaliação.
- **NÃO HAVERÁ SUBSTITUIÇÃO DAS FOLHAS DE TEXTO DEFINITIVO** por erro do candidato.
- Só será permitido o uso de caneta com tinta indelével azul ou preta. A letra deverá ser legível, evitando-se rasuras e emendas. É proibido o uso de corretor.
- A prova e as folhas de rascunho permanecerão com o candidato ao término dos trabalhos.
- **Ao terminar a prova**, erga o braço e aguarde o fiscal para que as folhas sejam conferidas e afixadas ao caderno de prova antes da entrega.

TRIBUNAL REGIONAL DO TRABALHO DA 4ª REGIÃO
CONCURSO PÚBLICO PARA PROVIMENTO DE CARGOS DE JUIZ DO TRABALHO SUBSTITUTO 2016

EXMO. SR. DR. JUIZ DO TRABALHO DA VARA DO TRABALHO DE PORTO ALEGRE

MARIA APARECIDA DO BRASIL, brasileira, casada, auxiliar administrativo, inscrita no CPF 342555750-00, CTPS nº 053740/RS, residente e domiciliada na Rua Esperança,1001, Porto Alegre, por seu procurador abaixo-assinado, vem, perante V.Exa., propor

RECLAMAÇÃO TRABALHISTA contra

INDÚSTRIA DE CONFECÇÕES SEREIA LTDA., inscrita no CNPJ nº 80.555.394/0001-99, estabelecida na Rua Denunciação, nº 350, Bairro do Apelo, Porto Alegre, CEP 90.000-003, RS; e

ODORICO SECRETO PEREIRA, brasileiro, inscrito no CPF nº 347567902-00, residente na rua dos Cajus, nº 100, Bairro das Flores, Porto Alegre, CEP 333.777-001, pelos fatos e fundamentos a seguir expostos:

1. A reclamante foi contratada pela primeira reclamada em 01.07.2000, como auxiliar administrativa, tendo prestado serviços até 03.05.2016, quando foi imotivadamente despedida. Recebeu como última remuneração a quantia de R$1.200,00 (um mil e duzentos reais) por mês.

2. A reclamatória está sendo ajuizada também contra o segundo reclamado, beneficiário direto do seu trabalho, vez que figura como sócio administrador da primeira reclamada, desde a constituição da pessoa jurídica, e porque teme a autora que

TRIBUNAL REGIONAL DO TRABALHO DA 4ª REGIÃO
CONCURSO PÚBLICO PARA PROVIMENTO DE CARGOS DE JUIZ DO TRABALHO SUBSTITUTO 2016

a primeira ré não tenha condições de arcar com eventual condenação.

3. Sua jornada de trabalho era das 08h30min às 12h00 e das 13h00 às 18h18min, de segundas a sextas-feiras, sendo que em três dias por semana trabalhava por mais duas horas, sem nunca ter recebido qualquer pagamento a título de horas extras, o que requer, com reflexos nos repousos remunerados, e pelo aumento da média remuneratória daí decorrente, em férias com 1/3, gratificações natalinas, aviso prévio e FGTS com 40%.

4. A reclamante, conforme documentos anexos, possui um filho menor de idade, com 6 anos, que apresenta sérios problemas de saúde que demandam atendimento especial. No mês de fevereiro de 2016, seu filho esteve internado por dez(10) dias, necessitando de seu acompanhamento. A empresa, no entanto, apesar dos atestados médicos e da cópia da internação hospitalar entregues, efetuou descontos em seu salário em face das ausências destes dias e respectivos repousos, com o que não concorda, vez que a mãe é responsável pela total assistência aos filhos, inclusive em relação às questões de saúde. Assim, entende ter direito à devolução dos descontos realizados.

5. Embora contratada para a função de auxiliar administrativo junto ao escritório da primeira reclamada, a partir de janeiro de 2010 passou a desempenhar, também, com igual produtividade e perfeição técnica, as mesmas atividades de suas colegas que exerciam as funções de secretária dos gerentes de produção e administrativo e das secretárias dos supervisores de produção e administrativo, recebendo, no entanto, salário inferior a estas secretárias. Postula lhe seja reconhecido o direito à equiparação salarial com as

TRT 4

TRIBUNAL REGIONAL DO TRABALHO DA 4ª REGIÃO
CONCURSO PÚBLICO PARA PROVIMENTO DE CARGOS DE JUIZ DO TRABALHO SUBSTITUTO 2016

secretárias dos gerentes e supervisores, com o pagamento das diferenças salariais daí decorrentes, e reflexos em repousos remunerados e feriados, e pelo aumento da média remuneratória, com repercussões no aviso prévio, férias com adicional de 1/3, gratificações natalinas, horas extras, auxílio-alimentação e depósitos do FGTS com multa de 40%.

6. Desde seu ingresso na empresa, além do salário mensal recebia auxílio-alimentação em pecúnia, correspondente ao percentual de 10% do seu salário, valor este que era considerado como integrante do salário, repercutindo nas demais parcelas remuneratórias, à exceção do FGTS. No entanto, a partir de 01 de agosto de 2012, em decorrência de a empresa ter aderido ao Programa de Alimentação do Trabalhador-PAT em data de 31.07.2012, foi firmado com o sindicato de sua categoria profissional acordo coletivo prevendo caráter indenizatório ao referido auxílio, deixando, então, de ser computado nas demais parcelas que tem o salário como base de cálculo. Tal alteração é totalmente ilegal, frente ao que dispõe o artigo 468 da CLT.

7. No período de 11.06.2013 a 08.09.2013 a reclamante esteve afastada do serviço, com o contrato de trabalho suspenso, em gozo de auxílio-doença previdenciário. Em 09.09.2013 apresentou-se ao trabalho, mas foi impedida de retornar às suas atividades, porque a primeira reclamada disse que não estaria apta. Por determinação da primeira reclamada foi compelida a ingressar com recurso administrativo junto à Previdência Social, visando o restabelecimento do auxílio-doença, pleito que resultou inexitoso. A autora teve ciência da decisão do INSS em 02.01.2014, e assim, se reapresentou ao trabalho no dia 03.01.2014, tendo sido considerada apta, reiniciando suas atividades junto à demandada. Entretanto, no

TRIBUNAL REGIONAL DO TRABALHO DA 4ª REGIÃO
CONCURSO PÚBLICO PARA PROVIMENTO DE CARGOS DE JUIZ DO TRABALHO SUBSTITUTO 2016

período entre a alta do benefício previdenciário em 08.09.2013 e o retorno ao trabalho em 03.01.2014, não recebeu salários e nem benefício de auxílio-doença, razão pela qual, por não ter dado causa a tal situação, postula o pagamento dos salários e demais vantagens a título de gratificações natalinas, férias acrescidas de 1/3, auxílio-alimentação e FGTS com o acréscimo de 40% referente ao período de afastamento.

ANTE O EXPOSTO, postula a condenação da primeira reclamada e de forma solidária, do segundo reclamado, ao pagamento das seguintes parcelas:

1. Horas extras trabalhadas além da oitava diária, com adicional de 50% e reflexos em repousos remunerados e, também, pelo aumento da média remuneratória daí decorrente, em férias com 1/3, gratificações natalinas, aviso prévio e FGTS com acréscimo de 40%.

2. Devolução dos descontos a título de salários e repousos correspondentes, relativos aos dez dias de internação de seu filho.

3. Diferenças salariais decorrentes da equiparação salarial às secretárias, com reflexos em repousos remunerados e feriados e, também, pelo aumento da média remuneratória, no aviso prévio, férias com adicional de 1/3, gratificações natalinas, horas extras, auxílio-alimentação e depósitos do FGTS com multa de 40%.

4. Diferenças de repousos remunerados, horas extras, gratificações natalinas e férias acrescidas do adicional de 1/3, pela consideração do valor percebido a título de auxílio-alimentação.

TRIBUNAL REGIONAL DO TRABALHO DA 4ª REGIÃO
CONCURSO PÚBLICO PARA PROVIMENTO DE CARGOS DE JUIZ DO TRABALHO SUBSTITUTO 2016

5. Recolhimento dos depósitos do FGTS durante toda a vigência do contrato laboral sobre a parcela auxilio-alimentação, face à prescrição trintenária prevista em lei.
6. Pagamento dos salários, gratificações natalinas, férias acrescidas de 1/3, auxílio-alimentação e FGTS com o acréscimo de 40% referente ao período de 08.09.2013 e 02.01.2014.

Requer, ainda, a concessão do benefício de justiça gratuita e a condenação dos reclamados ao pagamento dos honorários advocatícios e/ou de assistência judiciária gratuita.

Pede a notificação dos reclamados para que compareçam à audiência a ser designada, a fim de, querendo, responder aos termos da presente ação, sob pena de revelia e confissão, sendo, ao final, condenados na forma do pedido, tudo com acréscimo de juros de mora e correção monetária, na forma da lei.

Requer, por fim, a produção de todos os meios de prova legalmente admitidos, em especial a documental, depoimento pessoal e testemunhal.

Dá à causa o valor de R$50.000,00.

Nestes termos, pede deferimento.

Porto Alegre, 25 de maio de 2016.

PP. Eliandro Damasceno Correto

OAB/RS 000000

TRIBUNAL REGIONAL DO TRABALHO DA 4ª REGIÃO
CONCURSO PÚBLICO PARA PROVIMENTO DE CARGOS DE JUIZ DO TRABALHO SUBSTITUTO 2016

CONTESTAÇÃO CONJUNTA DA PRIMEIRA RECLAMADA E DO SÓCIO.

EXMO. SR. JUIZ DO TRABALHO DA 45ª VARA DO TRABALHO DE PORTO ALEGRE-RS

INDÚSTRIA DE CONFECÕES SEREIA LTDA. E ODORICO SECRETO PEREIRA, já qualificados nos autos da reclamação trabalhista que lhe move **MARIA APARECIDA DO BRASIL**, por sua bastante procuradora, infra- assinada, anexo instrumento de procuração, vem, respeitosamente, à presença de V.Exa., apresentar contestação ao feito, pelos motivos e fundamentos a seguir expostos:

PRELIMINARMENTE:

1. **Carência de ação por ilegitimidade passiva do segundo reclamado.** Os reclamados não se conformam com a inclusão do segundo reclamado no polo passivo da ação. A autora manteve contrato de trabalho apenas com a primeira reclamada, no período de 01.07.2000 a 03.05.2016, o qual foi devidamente formalizado, tendo sido satisfeitos todos os direitos a ela devidos, na forma da legislação vigente. O segundo réu é sócio-administrador da primeira reclamada, sendo que sua figura não se confunde com a da pessoa jurídica. Além disto, não há alegação e nem prova por parte da reclamante de que tenha havido abuso da personalidade jurídica por parte da primeira reclamada, caracterizado por desvio de finalidade ou confusão patrimonial, capaz de autorizar a responsabilização pessoal do sócio. Por outro lado, a empresa encontra-se em situação financeira estável, possuindo capital social de R$500.000,00, razão pela qual, requerem que este MM. Juízo acolha, a presente preliminar, para declarar a ilegitimidade passiva "ad causam" do segundo reclamado, determinando sua exclusão da lide, com fulcro no artigo 485, inciso VI, do NCPC.

2. **Inépcia da Petição Inicial. Equiparação Salarial.** A reclamante em nenhum momento da petição inicial indica paradigma, nos termos do que prevê o artigo 461 do Diploma Consolidado. A ausência de paradigma constitui cerceamento de defesa, razão pela qual

TRT 4

TRIBUNAL REGIONAL DO TRABALHO DA 4ª REGIÃO
CONCURSO PÚBLICO PARA PROVIMENTO DE CARGOS DE JUIZ DO TRABALHO SUBSTITUTO 2016

requer a extinção do feito, sem resolução de mérito, quanto a tal pedido, nos termos do que dispõem os artigos 330, inciso I e 485, inciso I, do NCPC.

3. **Prescrição.** Pretende a aplicação da prescrição prevista no artigo 7º, inciso XXIX, da Constituição Federal, naquilo que couber.

MÉRITO:

1. Conforme contrato de trabalho, a reclamante trabalhava das 08h30min às 12h00 e das 13h00 às 18h18min, de segundas a sextas-feiras, compensando assim a ausência de trabalho nos sábados. A convenção coletiva da categoria prevê em sua cláusula 20ª a possibilidade de adoção de compensação semanal. Não é verdadeira a alegação de que trabalhava, por mais duas horas, em três dias da semana. Todo seu horário de trabalho está registrado nos cartões-ponto. Eventuais horas extras prestadas foram pagas ou objeto de compensação pelo banco de horas instituído na empresa, conforme previsão da cláusula 22ª da convenção coletiva da categoria. Indevida, também, a repercussão do aumento da média remuneratória nas demais parcelas.

2. Improcede o pedido de devolução dos descontos efetuados nos salários e repousos correspondentes, a título de faltas injustificadas. A reclamante faltou ao serviço por 10 dias. A CLT não prevê nenhum tipo de abono de faltas para a situação arguida pela autora, isto é, para acompanhar filho menor internado em hospital. As ausências consideradas justificadas pela CLT estão elencadas no artigo 473, cuja previsão é exaustiva. O princípio da legalidade constante da Constituição Federal, e que se insere, no inciso II do artigo 5º, determina que "ninguém será obrigado a fazer ou deixar de fazer alguma coisa senão em virtude de lei", razão pela qual, inexistindo previsão no artigo 473 da CLT a considerar como falta justificada a ausência da reclamante no período de 10 dias para acompanhar a internação de seu filho menor, resulta totalmente improcedente o pedido de devolução de descontos.

3. Caso não acolhida a preliminar de inépcia, refere que a reclamante sempre trabalhou como auxiliar administrativo. Jamais exerceu a função de secretária. Trabalhava no escritório da empresa, no qual havia duas secretárias de gerência (gerente de produção e gerente administrativo) e duas secretárias de supervisores (supervisor de produção e

administrativo). As secretárias faziam o assessoramento direto dos gerentes e supervisores, responsáveis por executar tarefas de apoio, envolvendo atendimento e filtragem de ligações telefônicas, organização de agenda de compromissos, horários de reuniões, redação de correspondências, preparação de relatórios e de prestação de contas, reserva de hotéis e passagens e todas as demais providências para o atendimento das necessidades dos gerentes e supervisores. As atribuições da reclamante eram de apoio à atividade das secretárias, limitadas a serviços burocráticos, como digitar, digitalizar e reproduzir documentos, requisitar materiais de expediente, receber e abrir malotes internos e externos, organizar e manter o arquivo. A autora era subordinada às secretárias. Pede, assim, a improcedência do pedido de diferenças salariais por equiparação, sendo indevidos os reflexos em repousos remunerados, vez que o salário é mensal e já inclui tais dias.

4. O auxílio-alimentação concedido à reclamante sempre teve caráter indenizatório, muito embora, ao início, a empresa não estivesse vinculada ao PAT, ao qual aderiu a partir de 31 de julho de 2012. O acordo coletivo firmado com o Sindicato da categoria profissional da autora confirma a natureza indenizatória da referida parcela. Desta forma, não há que se considerar referida parcela para o cálculo das demais verbas remuneratórias, e em especial sobre o FGTS. Aliás, em relação ao FGTS, descabida a aplicação da prescrição trintenária, frente ao que dispõe a nova redação da Súmula 362 do C. TST, em face do julgamento proferido pelo Supremo Tribunal Federal a respeito da prescrição do FGTS.

5. Os reclamados contestam a alegação da reclamante de que, ao término do período de gozo de benefício previdenciário, apresentou-se na empresa para reiniciar suas atividades laborais, mas foi impedida pela primeira reclamada de retornar, porque não estaria apta para o trabalho. A reclamante esteve, de fato, em auxílio-doença no período alegado na petição inicial. No entanto, olvidou-se de informar que foi encaminhada para exame médico de retorno em 09.09.2013, assim que se apresentou à empresa, após a alta do benefício previdenciário, em observância às disposições contidas na NR-7, item 7.4.3.3, aprovada pela Portaria MTE 3.214/78. O atestado de Saúde Ocupacional (ASO), firmado por profissional devidamente habilitado, consigna que a reclamante foi considerada inapta para o trabalho, naquela oportunidade, razão pela qual, por sua própria vontade, disse que apresentaria recurso administrativo junto à Previdência Social, objetivando o

TRT 4

TRIBUNAL REGIONAL DO TRABALHO DA 4ª REGIÃO
CONCURSO PÚBLICO PARA PROVIMENTO DE CARGOS DE JUIZ DO TRABALHO SUBSTITUTO 2016

restabelecimento do benefício por auxílio-doença. Posteriormente, a empresa somente teve notícia da reclamante quando esta retornou ao trabalho em 03.01.2014, informando que o seu pleito restou frustrado junto à Previdência Social. Nesta oportunidade, a reclamante foi novamente submetida a exame médico de retorno, tendo, então, sido considerada apta ao trabalho, conforme Atestado de Saúde Ocupacional datado de 03.01.2014. Assim, observando a empregadora todas as diretrizes legais de proteção à saúde da trabalhadora, dispostas no PCMSO da empresa e com estrita obediência ao disposto no artigo 157, I, da CLT, não pode ser responsabilizada pelo pagamento dos salários e demais verbas trabalhistas do período de 09.09.2013 a 02.01.2014. Na hipótese de entendimento diverso, a título de argumento, referem que neste período não seria devido o pagamento do auxílio-alimentação, considerando que tal verba se reveste de natureza indenizatória e somente seria devida no caso de efetiva prestação de trabalho.

6. Quanto aos honorários advocatícios, são eles indevidos, porquanto não preenchidos os requisitos da Lei 5584/70.

7. Requer, na hipótese de acolhimento de alguma parcela, a compensação dos valores pagos no curso do contrato sob o mesmo título.

8. Pede, assim, o acolhimento das preliminares arguidas, e no mérito, a total improcedência da ação, nos termos e fundamentos acima expostos.

9. Requer o depoimento pessoal da autora, sob pena de confissão, a oitiva de testemunhas que comparecerão independentemente de intimação, e a produção de todo o gênero de provas em direito admitidas, em especial a documental e testemunhal.

N. termos,

P. deferimento.

Porto Alegre, 20 de junho de 2016.

P.p. Dra. Ernestina do Espírito Santo.

OAB/RS 000000

TRT 4

TRIBUNAL REGIONAL DO TRABALHO DA 4ª REGIÃO
CONCURSO PÚBLICO PARA PROVIMENTO DE CARGOS DE JUIZ DO TRABALHO SUBSTITUTO 2016

AJUIZAMENTO DA AÇÃO: 01.06.2016

DISTRIBUIÇÃO: 45ª VARA DO TRABALHO DE PORTO ALEGRE

DOCUMENTOS JUNTADOS PELA AUTORA:

1. Procuração ao dr. Eliandro Damasceno Correto
2. Declaração de pobreza e credencial sindical
3. CTPS com registro do contrato de trabalho de 01.07.2000 a 03.05.2016 , bem como da concessão do auxílio-doença previdenciário no período de 11.06.2013 a 08.09.2013.
4. Atestados médicos informando a doença do seu filho, portador de fibrose cística, com informações sobre a necessidade de cuidados especiais, já que a doença importa em graves prejuízos aos pulmões.
5. Documentos relativos à internação hospitalar do filho de 6 anos, no período de 10 a 19 de fevereiro de 2016, atestando ter sido acompanhado pela reclamante por todo o período.
6. Recibos de pagamento da gratificação natalina do mês de dezembro/2008, das férias gozadas no mês de janeiro/2009 e da gratificação natalina do mês de dezembro/2009, confirmando a integração do valor do auxílio-alimentação no cálculo das referidas parcelas.
7. Correspondência da Previdência Social, recebida em 02.01.2014, informando ter sido negado o recurso administrativo interposto pela autora.

DOCUMENTOS JUNTADOS PELOS RECLAMADOS:

1. Procuração do representante da empresa e do sócio à dra. Ernestina do Espírito Santo.
2. Contrato social, com capital social da empresa de R$500.000,00, tendo como sócio Administrador o sr. Odorico Secreto Pereira, com 90% das ações, e os restantes 10% pertencendo ao sr. Benedito Lara.
3. Cartões-ponto dos últimos cinco anos do contrato de trabalho, exceção do período de 11 de junho a 08 de setembro de 2013 (período em que no gozo de auxílio-doença previdenciário), bem como de 09.09.2013 a 02.01.2014 (no qual não prestou serviços), registrando jornadas de segundas a sextas-feiras, e, em três dias por semana, mais uma hora, além da jornada prevista no contrato, as quais foram integralmente compensadas com folgas, em conformidade com o banco de horas.
4. Recibos de pagamento dos últimos cinco anos do contrato de trabalho, com exceção dos períodos em que esteve em gozo do auxílio previdenciário e, naquele em que não prestou serviços. Não há pagamento de horas extras nos referidos

TRIBUNAL REGIONAL DO TRABALHO DA 4ª REGIÃO
CONCURSO PÚBLICO PARA PROVIMENTO DE CARGOS DE JUIZ DO TRABALHO SUBSTITUTO 2016

recibos. Recibo de salário do mês de fevereiro de 2016, com desconto de dez (10) dias de salário e repousos correspondentes, por faltas.

5. Convenções coletivas da categoria, com vigência a partir de 01.01.2012 a 31.12.2016, onde constatadas cláusulas estabelecendo o regime de compensação horária semanal e banco de horas.
6. Acordo individual para compensação da jornada semanal.
7. Registro de empregado, onde anotada a função de auxiliar administrativo, com último salário de R$1.200,00.
8. Acordo coletivo firmado com o sindicato da categoria profissional da autora, em 01.08.2012, com cláusula específica estabelecendo a natureza indenizatória da parcela auxílio-alimentação, porque a empresa aderiu ao Programa de Alimentação do Trabalhador-PAT em 31.07.2012.
9. Atestado de Saúde Ocupacional, firmado por médico do trabalho da empresa, datado de 09.09.2013, considerando a autora inapta para o trabalho.
10. Atestado de Saúde Ocupacional, firmado pelo mesmo médico do trabalho da empresa, datado de 03.01.2014, considerando a autora apta ao trabalho.
11. Guias de recolhimento do FGTS dos últimos cinco anos do contrato de trabalho.

AUDIÊNCIA INICIAL em 22.06.2016:

1. Comparecimento das partes e procuradores devidamente habilitados.
2. Recusa de conciliação.
3. Concedido prazo de 5 dias à autora para que emendasse a petição inicial, indicando o nome das paradigmas.
4. Adiamento da audiência para 10.07.2016, quando deverá ser apresentada contestação, tomada de depoimentos, sob pena de confissão, devendo as partes trazerem suas testemunhas independentemente de notificação.
5. No prazo deferido à reclamante, esta silenciou.

AUDIÊNCIA DO DIA 10.07.2016:

1. Contestação apresentada com documentos.
2. O procurador da reclamante nada disse sobre os documentos juntados pela empresa, aduzindo, apenas, que estes não afastam os pedidos contidos na petição inicial.
3. Dispensado o depoimento das partes.
4. Encerrada a instrução, as partes aduziram razões finais remissivas. Conciliação novamente recusada.

PARA EXERCITAR

MODELO DE RESPOSTA DA PROVA DE SENTENÇA DO TRT 4 – 2016 (MARIA APARECIDA DO BRASIL X INDÚSTRIA DE CONFECÇÕES SEREIA LTDA. X ODORICO SECRETO PEREIRA)

RELATÓRIO

MARIA APARECIDA DO BRASIL, parte autora, qualificada, ajuizou ação trabalhista em face de INDÚSTRIA DE CONFECÇÕES SEREIA LTDA. e de ODORICO SECRETO PEREIRA, partes rés, também qualificadas, pretendendo a condenação das partes rés, em síntese, nos seguintes pedidos: remuneração do período compreendido entre 08.09.2013 a 01.01.2014; equiparação salarial, com diferenças salariais e reflexos; reconhecimento da natureza salarial da parcela auxílio-alimentação, com reflexos e integrações; devolução dos descontos indevidos; horas extraordinárias e reflexos; honorários advocatícios. Requereu, ainda, a concessão do benefício da Justiça Gratuita. Deu à causa o valor de R$ 50.000,00. Juntou procuração, declaração de pobreza, credencial sindical e documentos diversos.

Notificadas, as partes compareceram à audiência inicial designada para o dia 22/06/2016, oportunidade na qual foi recusada a proposta conciliatória e concedido o prazo de cinco dias para que a parte autora emendasse a petição inicial, indicando o nome das paradigmas.

A parte autora silenciou-se durante o prazo concedido.

Durante a audiência realizada no dia 10/07/2016, as partes rés apresentaram defesa conjunta. Suscitaram a inépcia da petição inicial, ilegitimidade passiva e arguiram prescrição. Pugnaram pela improcedência dos pedidos. Juntaram documentos diversos.

A parte autora não apresentou manifestação sobre os documentos juntados.

Dispensados os interrogatórios das partes.

Sem mais provas, encerrou-se a instrução.

Razões finais remissivas.

Sem êxito a tentativa de conciliação.

FUNDAMENTAÇÃO

INÉPCIA DA PETIÇÃO INICIAL (SUSCITADA PELAS PARTES RÉS)

Suscitada pelas partes rés, sob o argumento de que a parte autora não indicou o paradigma, requisito necessário para o pedido de equiparação salarial.

Com efeito, deve a petição inicial preencher os requisitos previstos nos arts. 840, § 1º, CLT e 319, CPC/15, devendo a parte autora, entre outras coisas, formular pedidos certos e determinados, especificando a respectiva causa de pedir, mediante a exposição dos fatos, mesmo que breve.

No caso em tela, a parte autora, a despeito de ter postulado diferenças salariais em razão da equiparação salarial, não apontou especificamente o paradigma, não delimitando a causa de pedir, omissão que inviabiliza a análise da identidade de função e demais requisitos para ensejar o reconhecimento do pedido de equiparação.

Registre-se, inclusive, que, a fim de evitar decisão surpresa (arts. 9º e 10, CPC/15), bem assim diante do disposto no art. 321, CPC/15, segundo o qual o juiz, ao verificar que a petição inicial não preenche os requisitos legais ou que apresenta defeitos e irregularidades capazes de dificultar o julgamento de mérito, determinará que o autor emende ou a complete, indicando com precisão o que deve ser corrigido ou completado (TST Súmula n. 263), foi concedido por este Magistrado, em audiência, prazo para que a parte autora emendasse a petição inicial, indicando os nomes das funcionárias paradigmas.

Sucede que a parte autora silenciou-se, não atendendo a determinação judicial.

Ante o exposto, acolho a preliminar de inépcia da petição inicial, extinguindo o processo, quanto ao pedido de diferenças salariais (equiparação salarial), sem resolução do mérito (arts. 321, parágrafo único, e 485, I e IV, do CPC/15).

ILEGITIMIDADE PASSIVA (SUSCITADA PELAS PARTES RÉS)

A legitimidade passiva, consistente na pertinência subjetiva da ação, de acordo com a teoria adotada pelo ordenamento jurídico pátrio (teoria da asserção), deve ser analisada abstratamente.

Vale dizer: se as partes rés são indicadas na petição inicial como as pessoas responsáveis para suportar eventual sucumbência, é óbvio que, sob o ponto de vista processual, são partes legítimas.

Assim, a análise da existência de relação jurídica que importe esta sucumbência, bem assim a definição da responsabilidade da segunda parte ré, sócio da pessoa jurídica, já deixa de ser matéria processual, passando para o campo do próprio mérito.

Rejeito a preliminar em tela.

PRESCRIÇÃO (ARGUIDA PELAS PARTES RÉS)

Arguida, genericamente ("naquilo que couber"), a prescrição pelas partes rés, merece ser analisada em todas as suas modalidades.

De início, destaco que não há falar em prescrição bienal (art. 7º, XXIX, da CRFB/88; art. 11 da CLT), uma vez que entre a data da dispensa e o ajuizamento da presente demanda não decorreu um mês sequer.

Por outro lado, declaro, nos termos do art. 7º, XXIX, da CRFB/88, a prescrição das pretensões condenatórias exigíveis antes de 01/06/2011, extinguindo o processo, quanto aos pedidos correspondentes, com resolução do mérito (art. 487, II, do CPC/2015), inclusive as diferenças de FGTS (Súmula n. 206 do TST), exceto no que tange ao FGTS decorrente do auxílio-alimentação.

Registre-se, nesse ponto, que a pretensão principal da parte autora é de declaração (pretensão declaratória e, portanto, imprescritível) da natureza salarial do auxílio-alimentação pago (já pago) ao longo do contrato, provocando, assim, o pedido condenatório (este sim sujeito à prescrição) principal de pagamento dos depósitos de FGTS decorrentes do auxílio-alimentação, o que atrai, assim, a análise da prescrição, no particular, do FGTS enquanto parcela principal.

Neste particular, em face da modulação dos efeitos da decisão do STF, de 13/11/2014, que declarou inconstitucional o art. 23, §5º, da Lei n. 8.036/90, todos os depósitos de FGTS em atraso até 13/11/1989 sofrerão os efeitos da prescrição trintenária, motivo pelo qual não há prescrição a ser pronunciada, já que não há pretensão de FGTS até 13/11/1989; quanto aos depósitos de FGTS em atraso a partir de 14/11/1989, aplica-se, em face da referida modulação, o prazo prescricional quinquenal, contado, contudo, a partir de 13/11/2014, motivo pelo qual, quanto a estes, não há prescrição a ser pronunciada, já que se consumaria apenas em 13/11/2019. Rejeito.

REMUNERAÇÃO DO PERÍODO COMPREENDIDO ENTRE 08.09.2013 A 02.01.2014

Busca a parte autora a condenação das partes rés no pagamento dos salários, gratificações natalinas, férias acrescidas de um terço, auxílio-alimentação e FGTS, com o acréscimo de 40%, referente ao período de 08.09.2013 e 02.01.2014.

Afirma, em síntese, que gozou benefício previdenciário (benefício por incapacidade temporária; B – 31) no período compreendido entre 11.06.2013 a 08.09.2013, quando recebeu a alta previdenciária. Afirma, ainda, que, em 09.09.2013, compareceu a empresa e se apresentou para trabalhar, mas foi impedida, sob o argumento de que não se encontrava apta.

Esclarece que, por determinação da parte ré, interpôs recurso junto à Autarquia Previdenciária, visando o restabelecimento do benefício, entretanto, em 02.01.2014 teve ciência de que o apelo não fora provido, razão pela qual no dia 03.01.2014 se apresentou a empresa, e, sendo considerado apta, retornou ao trabalho.

As partes rés, por outro lado, confirmam que a parte autora foi considerada inapta pelo médico da empresa, mas negam que tenham obrigado a obreira a apresentar recurso perante o INSS.

Ao exame.

Com efeito, a legislação não é clara a respeito da solução a ser dada na situação em tela, em que o trabalhador é considerado apto pelo INSS e inapto por médico da empresa, circunstância que impede o retorno normal as suas atividades.

Entretanto, o certo é que o empregador não pode criar óbice ao regresso do empregado para o trabalho e, muito menos suspender o pagamento dos salários, perpetuando esse estado de indefinição, afinal é exclusivamente seu o risco do negócio (art. 2º da CLT).

Cumpre destacar, assim, que os princípios constitucionais incidem na solução do presente caso. Em primeiro plano, a dignidade da pessoa humana, consagrada como fundamento da República no art. 1º, III, CRFB/88, apresenta-se como princípio matriz do sistema jurídico, sendo considerado o vetor axiológico do Estado Democrático de Direito e dos direitos fundamentais.

Concomitantemente, o preceito constitucional sobre o valor social do trabalho (art. 1º, IV), impõe que o trabalho seja o meio para a obtenção de dignidade. Além disso, a CRFB/88, ao tratar dos princípios gerais da ordem econômica, afirma que esta é fundada "na valorização do trabalho humano e na livre iniciativa", ungidos pelos "ditames da justiça social" (art. 170, caput). No mesmo sentido, o art. 193, CRFB/88, ao tratar da ordem social, estabelece que esta tem "como base o primado do trabalho, e como objetivo o bem-estar e a justiça sociais" (art. 193, caput).

Conclui-se, pois, que a ordem constitucional vigente, tanto pelos seus princípios como por suas regras, estabelece um sistema jurídico de proteção ao trabalhador, o que vincula o juiz na aplicação do direito, em especial diante de casos em que as circunstâncias fáticas colocam em colisão as regras infraconstitucionais.

Há de ser destacado que a concessão de alta previdenciária pelo INSS consiste, abstratamente, em conduta amparada na ordem infraconstitucional, assim como a conduta do empregador de, verificando a incapacidade do trabalhador, recomendar sua licença. Entretanto, a controvérsia sobre a aptidão ao trabalho não pode prejudicar o trabalhador, o que ofenderia diretamente a ordem constitucional acima delineada.

Com intuito de dirimir juridicamente este conflito, faz-se necessário, então, adotar uma das duas opiniões médicas. Por força da fé pública inerente aos atos da Administração Pública, os quais gozam de presunção de legitimidade e veracidade, há que se reputar que a parte autora, no momento do retorno ao trabalho, encontrava-se clinicamente apta ao trabalho, por força da decisão da autarquia previdenciária.

De todo modo, a rigor, com o término da concessão do benefício previdenciário - benefício por incapacidade temporária, o contrato de trabalho não está mais suspenso (arts. 476, CLT e 63 da Lei n.º 8.213/91). Ao contrário, volta à plena vigência, ficando o empregado à disposição do empregador (art. 4º, CLT), cujo tempo nessa condição deve ser remunerado como se estivesse, efetivamente, trabalhando.

Assim, de acordo com o mencionado art. 476 da CLT, o afastamento do trabalhador do posto de trabalho com percepção de benefício previdenciário em razão de doença constitui suspensão do contrato de trabalho. Entretanto, com a alta médica e cessação do benefício, o contrato volta a produzir os seus efeitos regulares, entre os quais a obrigação de pagar salários.

No caso concreto, após a alta médica, a empregadora considerou o obreiro inapto para retornar ao posto de trabalho em razão das doenças apresentadas. Assim, configurou-se a situação que a jurisprudência denominou "limbo jurídico", em que o trabalhador é considerado apto pela autarquia previdenciária (ato administrativo que goza de presunção de legitimidade e veracidade), deixando de receber benefício, mas inapto pelo empregador, deixando de receber salário.

Diante desse quadro, como visto, a melhor interpretação é no sentido de que, uma vez cessado o afastamento previdenciário, não pode o empregador simplesmente se recusar a receber o trabalhador de volta ao posto. Deve, isto sim, providenciar atividade que seja compatível com as limitações apontadas até que ocorra novo afastamento, caso devido, não sendo possível admitir que o contrato de trabalho continue vigente e, concomitantemente, o obreiro seja privado do salário.

Ante o exposto, julgo procedente o pedido de pagamento de salários, gratificações natalinas, férias acrescidas de 1/3, auxílio-alimentação e FGTS, com o acréscimo de 40%, referentes ao período de 09.09.2013 (já que a parte autora recebeu benefício previdenciário até o dia 08/09/2013) a 02.01.2014.

VALE-ALIMENTAÇÃO. REFLEXOS E INTEGRAÇÕES

Busca a parte autora a condenação da parte ré nas diferenças decorrentes da integração no vale-alimentação nas demais parcelas, alegando que, até julho de 2012, a parcela era considerada de natureza salarial, procedimento alterado pela parte ré após a adesão da empresa ao PAT e celebração de acordo coletivo prevendo caráter indenizatório.

As partes rés, por outro lado, sustentam que a parcela não tem natureza salarial, na medida em que é empresa participante do Programa de Alimentação do Trabalhador (PAT), devendo ser respeitado o previsto em norma coletiva da categoria.

Pois bem.

Como se vê, é fato incontroverso que a primeira parte ré é empresa participante do Programa de Alimentação do Trabalhador (PAT), bem assim que foi estipulado em norma coletiva o caráter indenizatório da parcela.

É certo que, em razão do efeito expansivo circular dos salários, salvo norma legal ou convencional em sentido contrário, as utilidades habitualmente fornecidas pelo empregador ao empregado, inclusive a alimentação, integram a remuneração, a teor do disposto no art. 458, "caput", da CLT. Neste sentido a Súmula nº 241 do TST, tratando especificamente da alimentação.

Entretanto, a inscrição da empresa no PAT retira a natureza salarial da parcela, tendo o condão de afastar a aplicação do entendimento cristalizado na Súmula n. 241, TST, conforme pacificado por meio da OJ n. 133, da SDI 1, TST.

No caso em tela, contudo, há de ser observado que a parte autora foi admitida em momento anterior a adesão da empresa ao PAT e a instituição de cláusula convencional prevendo natureza indenizatória da alimentação fornecida. Trata-se, portanto, de benefício que se incorporou ao contrato de trabalho, constituindo condição mais benéfica e direito adquirido do empregado (art. 468, CLT; TST, Súmula n. 51), que não pode ser alterada, seja por meio de ato unilateral da parte ré (adesão ao PAT), seja pela previsão restritiva da norma coletiva. Nesse sentido, inclusive, a OJ n. 413, da SDI 1, TST.

Ante o exposto, julgo procedente o pedido de pagamento das diferenças de décimo terceiro, férias acrescidas do adicional de um terço e FGTS.

Diante da base de cálculo mensal da parcela (10% do salário), não há falar em reflexos no RSR (já que o RSR já se encontra embutido no valor do salário mensal), pelo que julgo improcedente o pedido. Outrossim, não há falar em reflexos sobre horas extraordinárias, uma vez que são estas que devem ser calculadas de acordo com a gama salarial (TST, Súmula n. 264), e não o contrário.

DESCONTOS INDEVIDOS

Busca a parte autora a condenação das partes rés no pagamento de descontos efetuados no seu salário, a título de falta ao trabalho provocada em razão de acompanhamento de filho em internação hospitalar.

Afirma que seu filho, menor de seis anos de idade, tem graves problemas de saúde e necessita de cuidados especiais, o que provocou a necessidade de permanecer internado em hospital por 10 dias no mês de fevereiro.

As partes rés sustentam a licitude do desconto, argumentando que a CLT não prevê abono de faltas para a situação narrada pela parte autora, sendo as hipóteses de ausências justificadas previstas no art. 473, CLT.

Pois bem.

Constam dos autos atestados médicos informando a doença do filho da parte autora, portador de fibrose cística, comprovando a necessidade de cuidados especiais, já que a doença importa graves prejuízos aos pulmões.

Ademais disso, constam os documentos relativos à internação hospitalar da criança de 6 anos, no período de 10 a 19 de fevereiro de 2016, atestando ter sido acompanhado pela parte autora por todo o período.

Comprovada, portanto, a necessidade de efetivo acompanhamento da parte autora ao seu filho.

Como se sabe, as hipóteses de interrupção do contrato de trabalho, em que não há prestação de serviços, mas há pagamento do salário, são previstas em Lei (art. 473, CLT, por exemplo). Recentemente, a lei que instituiu o "Marco Regulatório da Primeira Infância" (Lei n. 13.257, de 8 de março de 2016) inseriu o inciso XI no referido art. 473, CLT, de modo a passar a prever que se considera interrupção contratual, e, portanto, falta justificada, a ausência ao serviço "por 1 (um) dia por ano para acompanhar filho de até 6 (seis) anos em consulta médica.", norma esta, é verdade, não aplicável ao caso concreto, já que ocorrido antes da vigência da referida Lei.

Entretanto, em face da incidência de princípios constitucionais relativos à dignidade da pessoa humana, do solidarismo constitucional, do direito fundamental à saúde e da proteção integral da criança (art. 1º, III, CRFB; 3º, I; art. 6º, art. 227, todos da CRFB/88), é dever da família, da sociedade e do Estado, com absoluta prioridade, assegurar a efetivação do seu direito à vida, saúde e dignidade.

Possível, ainda, invocar a aplicação do princípio da função social do contrato (art. 421, CC/02), de modo que o contrato de trabalho, além do aspecto meramente econômico, deve ser útil, elevando patamar de direitos no seio da sociedade.

Trata-se de direito fundamental a ser garantido, obrigatoriamente e em caráter prioritário, por toda a sociedade. Tendo em conta essa garantia do menor, imprescindível que se propicie à mãe (no caso) o direito de ausentar-se do trabalho para acompanhar o atendimento médico do filho, que se encontra com saúde debilitada, sem que seja descontado do seu salário.

É verdade que a legislação prevê a ausência por apenas um dia. Sucede que está restrição não pode incidir nas hipóteses em que, comprovadamente, a ausência da empregada se deu por motivo de grave problema de saúde do seu filho.

No caso em tela, como visto, restou evidenciada a necessidade de efetivo acompanhamento da parte autora ao seu filho, que esteve internado por 10 dias para tratamento de "fibrose cística", patologia que exige cuidados especiais.

Nesse contexto, entendo como indevido o desconto nos salários da parte autora, em razão do que julgo procedente o pedido de pagamento (devolução) dos descontos efetuados no seu salário.

PEDIDOS VINCULADOS À JORNADA DE TRABALHO

Narra a parte autora que trabalhava das 08h30min às 12h00min e das 13h00min às 18h18min, de segunda a sexta-feira, sendo que três vezes na semana trabalhava por mais duas horas, sem nunca receber pagamento de horas extraordinárias.

As partes rés alegam que a parte autora trabalhava das 08h30min às 12h00min e das 13h00min às 18h18min, de segunda a sexta-feira, em face da compensação dos dias de sábado, mas negam que ela prestasse duas horas extraordinárias em três dias da semana.

Foram anexados aos autos cartões de ponto, não impugnados especificamente pela parte autora, nos quais consta jornada diversa da alegada por ambas as partes, ou seja, que o labor se dava das 08h30min às 12h30min e das 13h00min às 18h18min, de segunda a sexta-feira, sendo que três vezes na semana trabalhava por mais uma hora, além da jornada prevista no contrato, as quais foram integralmente compensadas com folgas, em conformidade com o banco de horas, o qual foi ratificado por acordo individual de compensação, também anexado aos autos.

Ocorre que o banco de horas somente foi previsto na Convenção Coletiva com vigência a partir de 01/01/2012, de modo que sua validade, nos termos do art. 7º, XIII, da CRFB/88 e da Súmula n. 85 do TST, encontra-se restrita a este período (01/01/2012 a 31/12/2016). Quanto a este período, sendo regular a compensação de jornada, não há falar em condenação no pagamento de horas extraordinárias e reflexos, motivo pelo qual julgo improcedente o pedido.

No que tange, contudo, ao período anterior ao banco de horas (anterior a 01/01/2012), o sistema de compensação pactuado entre as partes seguia a regra de um acordo individual para compensação da jornada semanal, exigindo, assim, que as horas acrescidas em um dia fossem compensadas pela diminuição em outro dia, desde que a jornada semanal não ultrapasse 44h semanais (art. 7º, XIII, da CRFB/88).

Contudo, como os cartões de ponto, também em relação a este período, registram jornadas de segundas a sextas-feiras, e, em três dias por semana, mais uma hora, além da jornada prevista no contrato, fica evidente que a compensação não ocorria de acordo com o quanto previsto no acordo individual de compensação (dentro da mesma semana), sendo devido, assim, o pagamento, a título de horas extras (horas acrescidas do adicional), das horas que ultrapassarem a jornada semanal e, quanto às horas destinadas à compensação, deverá ser pago a mais apenas o adicional por trabalho extraordinário. (Súmula n. 85, IV, do TST).

Em face do exposto, julgo procedente o pedido de pagamento das horas trabalhadas após a 08ª diária e 44ª semanal, de forma não cumulativa, a título de horas extras, observados os parâmetros abaixo:

a) horário a ser observado: segunda a sexta-feira, e, em três dias por semana, mais uma hora, além da jornada prevista no contrato;

b) base de cálculo a ser observada: soma do valor do salário base e das demais verbas de natureza salarial, nos termos da Súmula n. 264 do TST;

c) observância do adicional de 50%;

d) observância da evolução salarial;

e) exclusão dos dias não trabalhados, sendo cabível apenas quanto ao período anterior a 01/01/2012, limitado ao período imprescrito;

f) divisor de 220;

g) observe-se o disposto no item IV da Súmula n. 85 do TST, cabendo o pagamento, a título de horas extras (horas acrescidas do adicional), das horas que ultrapassarem a jornada semanal e, quanto às horas destinadas à compensação, deverá ser pago a mais apenas o adicional por trabalho extraordinário. (Súmula n. 85, IV, do TST);

h) em face da habitualidade e, portanto, de sua natureza salarial, determino os reflexos sobre o RSR (Súmula n. 172 do TST), 13º salário, férias acrescidas de 1/3 e FGTS + 40%, não havendo falar em reflexos, em face do alegado aumento da média remuneratória decorrente dos reflexos no RSR, em férias com 1/3, gratificações natalinas, aviso prévio e FGTS com acréscimo de 40%, por revelar bis in idem (OJ n. 394 da SDI-1 do TST).

JUSTIÇA GRATUITA

Há, nos autos, registro de empregado que comprova o recebimento de R$ 1.200,00 por mês como último salário, o que comprova, assim, o recebimento, pela parte autora, de salário inferior ao equivalente a 40% do limite máximo dos benefícios do Regime Geral de Previdência Social, circunstância que autoriza a concessão dos benefícios da justiça gratuita (art. 790, §3º, da CLT).

Concedo, assim, à parte autora os benefícios da justiça gratuita.

HONORÁRIOS ADVOCATÍCIOS

Diante da sucumbência recíproca (art. 791-A, §3º, da CLT), observados os critérios previstos nos incisos do §2º do art. 791-A da CLT, condeno a parte ré ao pagamento de honorários advocatícios, no percentual de 5% sobre o valor que resultar da liquidação da sentença, ao advogado da parte autora, bem como condeno a parte autora ao pagamento de honorários advocatícios, no percentual de 5% sobre o valor dos pedidos julgados improcedentes, não havendo falar em compensação entre os honorários (art. 791-A, §3º, da CLT).

Em face da concessão dos benefícios da justiça gratuita à parte autora, fica suspensa a exigibilidade da sua obrigação pelo prazo de dois anos, na forma do art. 791-A, §4º, da CLT, já que a obtenção de créditos em decorrência da presente sentença não é suficiente para que a parte autora suporte o pagamento dos honorários advocatícios, conforme entendimento fixado pelo STF ao julgar a ADI n. 5766.

RESPONSABILIDADE DA SEGUNDA PARTE RÉ

Pretende a parte autora a condenação da segunda parte ré, sob o argumento de que "teme a autora que a primeira ré não tenha condições de arcar com eventual condenação".

As partes rés contestam a pretensão.

Pois bem.

Como regra, as dívidas contraídas pela sociedade são objeto de responsabilidade tão somente dessa, motivo pelo qual o art. 795, CPC/15 prevê que os bens particulares dos sócios não respondem pelas dívidas da sociedade senão nos casos previstos em lei; o sócio, demandado pelo pagamento da dívida, tem direito a exigir que sejam primeiro excutidos os bens da sociedade.

Assim, uma das mais importantes consequências da personalização é a responsabilidade patrimonial, consagrada pelo princípio da autonomia patrimonial, que traz uma separação de patrimônio dos sócios e da sociedade personalizada, erigindo como consequência a não responsabilidade dos sócios pelas obrigações da sociedade.

Ocorre que essa autonomia patrimonial não é absoluta, sendo possível a afetação dos bens dos sócios para responsabilização pelas dívidas da sociedade, surgindo, nesse contexto, o instituto da desconsideração da personalidade jurídica.

Nesse sentido, tanto o CDC (art. 28) quanto o CC/02 (art. 50) tratam do instituto, o qual tem lugar, ilustrativamente, quando o devedor esvazia o seu patrimônio ou prática em desvio de finalidade ou confusão patrimonial. Em tais circunstâncias, se presentes os requisitos exigidos em lei, torna-se possível atingir os bens dos sócios para honrar débitos da sociedade, cuja personalidade jurídica é desconsiderada para esse fim, ou seja, afasta-se a personalidade jurídica da sociedade e atinge-se os bens dos particulares (seus sócios).

No caso em tela, entretanto, a parte autora fundamentou a inclusão da segunda parte ré apenas no temor da impossibilidade de cumprimento pela primeira parte ré, sem produzir prova nesse sentido.

Ante o exposto, ausentes os requisitos previstos nos arts. 50 do CC/02 ou do art. 28 do CDC, sem que haja notícia de abuso da personalidade jurídica ou prática de fraude, improcede o pedido de condenação da segunda parte ré.

DISPOSITIVO

Em face do exposto, nos autos da ação ajuizada por MARIA APARECIDA DO BRASIL em face de INDÚSTRIA DE CONFECÇÕES SEREIA LTDA. e de ODORICO SECRETO PEREIRA, nos termos da fundamentação, parte integrante desse dispositivo, decido:

- acolher a preliminar de inépcia da petição inicial, extinguindo o processo sem resolução do mérito (art. 485, I e IV, do CPC/15), quanto às pretensões relativas diferenças salariais (equiparação salarial);
- rejeitar preliminar de ilegitimidade passiva;
- declarar a prescrição das pretensões condenatórias exigíveis antes de 01/06/2011, extinguindo o processo, quanto aos pedidos correspondentes, com resolução do mérito (art. 487, II, do CPC/2015), inclusive as diferenças de FGTS (Súmula n. 206 do TST), exceto no que tange ao FGTS decorrente do auxílio-alimentação;
- julgar improcedentes os pedidos em face de ODORICO SECRETO PEREIRA;
- julgar procedentes, em parte, os pedidos em face da primeira parte ré, condenando-a a pagar, no prazo de oito dias, os seguintes títulos:
- salários, gratificações natalinas, férias acrescidas de 1/3, auxílio-alimentação e FGTS, com o acréscimo de 40%, referentes ao período de 09.09.2013 a 02.01.2014;
- diferenças de décimo terceiro, férias acrescidas do adicional de um terço e FGTS, ante a integração do auxílio-alimentação;
- descontos (devolução destes) nos salários da parte autora;
- horas trabalhadas após a 08ª diária e 44ª semanal, de forma não cumulativa, a título de horas extras, observados os parâmetros abaixo:

   a) horário a ser observado: segundas a sextas-feiras, e, em três dias por semana, mais uma hora, além da jornada prevista no contrato;

b) base de cálculo a ser observada: soma do valor do salário base e das demais verbas de natureza salarial, nos termos da Súmula n. 264 do TST;

c) observância do adicional de 50%;

d) observância da evolução salarial;

e) exclusão dos dias não trabalhados, sendo cabível apenas quanto ao período anterior a 01/01/2012, limitado ao período imprescrito;

f) divisor de 220;

g) observe-se o disposto no item IV da Súmula n. 85 do TST, cabendo o pagamento, a título de horas extras (horas acrescidas do adicional), das horas que ultrapassarem a jornada semanal e, quanto às horas destinadas à compensação, deverá ser pago a mais apenas o adicional por trabalho extraordinário. (Súmula n. 85, IV, do TST);

h) em face da habitualidade e, portanto, de sua natureza salarial, determino os reflexos sobre o RSR (Súmula n. 172 do TST), 13º salário, férias acrescidas de 1/3 e FGTS + 40%, não havendo falar em reflexos, em face do alegado aumento da média remuneratória decorrente dos reflexos no RSR, em férias com 1/3, gratificações natalinas, aviso prévio e FGTS com acréscimo de 40%, por revelar bis in idem (OJ n. 394 da SDI-1 do TST);

Julgo improcedentes os demais pedidos.

PARÂMETROS DE LIQUIDAÇÃO

a) JUROS E CORREÇÃO MONETÁRIA

Diante do decidido pelo STF na ADC n. 58, em relação à fase extrajudicial, ou seja, a que antecede o ajuizamento das ações trabalhistas, deverá ser utilizado como indexador o IPCA-E acumulado no período de janeiro a dezembro de 2000. A partir de janeiro de 2001, deverá ser utilizado o IPCA-E mensal (IPCA-15/IBGE), em razão da extinção da UFIR como indexador, nos termos do art. 29, § 3º, da MP 1.973-67/2000. Além da indexação, serão aplicados os juros legais (art. 39, caput, da Lei 8.177, de 1991); em relação à fase judicial, a atualização dos débitos judiciais deve ser efetuada pela taxa referencial do Sistema Especial de Liquidação e Custódia - SELIC.

b) RECOLHIMENTOS FISCAIS E PREVIDENCIÁRIOS.

Determino que a parte ré efetue os recolhimentos previdenciários incidentes sobre as parcelas objeto de condenação em pecúnia deferidas nesta sentença, na forma do art. 43 da Lei n. 8.212/91 e da Súmula n. 368 do TST, ficando autorizada a dedução da quota parte da parte autora.

Deverá ainda a parte ré (art. 46 da Lei n. 8.541/1992) efetuar o recolhimento fiscal na forma do art. 12-A da Lei n. 7.713/88 e da Instrução Normativa RFB nº 1.500, de 29/10/2014 (revogadora da IN nº 1.127/11 - art. 114 da IN 1.500/2014), com a redação dada pela Instrução Normativa RFB nº 1558, de 31/3/2015.

Para fins do art. 832, §3º, da CLT, as parcelas da condenação devem observar o artigo 28, §9º, da Lei n. 8.212/91, incidindo recolhimentos fiscais e previdenciários somente sobre as parcelas de natureza salarial.

c) FORMA DE LIQUIDAÇÃO

A liquidação deve ser feita por simples cálculos.

d) ABATIMENTO/COMPENSAÇÃO

Abatimento/dedução e compensação são institutos distintos e, no caso dos autos, não há falar em compensação, afinal não houve comprovação de nenhuma obrigação apta a ser extinta em face da posição concomitante de credor e devedor das partes (art. 368 do CC/2002 e arts. 477, §5 º e 767 da CLT). Rejeito, assim, o pedido de compensação.

Autorizo, contudo, para evitar o enriquecimento sem causa (art. 884 do CC/2002) da parte autora, o abatimento/dedução dos valores pagos sob igual título àqueles deferidos nesta sentença.

Diante da sucumbência recíproca (art. 791-A, §3º, da CLT), observados os critérios previstos nos incisos do §2º do art. 791-A da CLT, condeno a parte ré ao pagamento de honorários advocatícios, no percentual de 5% sobre o valor que resultar da liquidação da sentença, ao advogado da parte autora, bem como condeno a parte autora ao pagamento de honorários advocatícios, no percentual de 5% sobre o valor dos pedidos julgados improcedentes, não havendo falar em compensação entre os honorários (art. 791-A, §3º, da CLT).

Em face da concessão dos benefícios da justiça gratuita à parte autora, fica suspensa a inexigibilidade da sua obrigação pelo prazo de dois anos, na forma do art. 791-A, § 4º, da CLT, já que a obtenção de créditos em decorrência da presente sentença não é suficiente para que a parte autora suporte o pagamento dos honorários advocatícios.

Custas processuais, pela parte ré sucumbente, no importe de R$ 200,00, calculadas sobre R$ 10.000,00, valor atribuído à condenação para tal fim (art. 789, IV, da CLT).

Intime-se a União Federal, para efeitos da regra inserta no art. 832, § 5º, da CLT.

Intimem-se as partes.

Modelos não atualizados (aplicação da legislação anterior à Reforma Trabalhista – Lei n. 13.467/2017)

3. Sentenças simples

3.1. *Prova de Sentença do TRT 8 – 2007 (Sérgio Augusto das Neves X Confecções Brasil LTDA)*

PODER JUDICIÁRIO
JUSTIÇA DO TRABALHO DA 8ª REGIÃO

CONCURSO C - 317 - JUIZ DO TRABALHO SUBSTITUTO DA 8ª REGIÃO

PROVA PRÁTICA - ELABORAÇÃO DE UMA SENTENÇA TRABALHISTA

INSTRUÇÕES

1. Esta prova consiste na elaboração de uma sentença trabalhista. Leia com bastante atenção a proposição, que deverá ser considerada como relatório.

2. A decisão deverá ser fundamentada, como estabelece o artigo 93, inciso IX, da Carta Magna em vigor; os cálculos são dispensáveis, mas o candidato deve indicar os parâmetros para a liquidação.

3. Use somente caneta de tinta azul ou preta.

4. Esta prova terá a duração de 04 (quatro) horas.

5. Durante a realização da prova é proibido consultar textos legais comentados, exceto Súmulas do Colendo TST, STJ, STF e do CNJ.

6. O candidato que tornar identificável a prova será automaticamente desclassificado.

Belém, 31 de agosto de 2007.

BOA SORTE.

PODER JUDICIÁRIO
JUSTIÇA DO TRABALHO DA 8ª REGIÃO

CONCURSO C-317 - JUIZ DO TRABALHO SUBSTITUTO DA 8ª REGIÃO

PROVA PRÁTICA - ELABORAÇÃO DE UMA SENTENÇA TRABALHISTA

PROCESSO Nº 20ª VARA DO TRABALHO DE BELÉM - 30981200.5

RECLAMANTE: SÉRGIO AUGUSTO DAS NEVES
Advogado: Dr. ARISTÓFANES SILVA E SOUZA

RECLAMADA: CONFECÇÕES BRASIL LTDA.
Advogada: Drª MARCIANITA RODRIGUES

RELATÓRIO.

SÉRGIO AUGUSTO DAS NEVES, brasileiro, solteiro, maior, comerciário, CPF 000.000.000-99, residente e domiciliado na Rua dos Timbiras nº 1417, nesta cidade, através de procurador habilitado à fl. 5, ajuizou reclamatória trabalhista, em data de 10 de fevereiro de 2007, contra **CONFECÇÕES BRASIL LTDA.**, sediada nesta cidade na Travessa Beira-Rio nº 434, bairro Central, CEP 44.989-000, com filiais nas cidades de Belo Horizonte e São Paulo, pelos seguintes fundamentos:

O reclamante foi admitido em 1º.04.1999, na função de Auxiliar de Atendimento, com o salário mensal de R$-900,00, prestando os serviços na loja da reclamada no Shopping-Center Abaeté. Em sua atividade diária dava apoio às vendas da loja e, frequentemente, transportava mercadorias do depósito até a loja, cumprindo horário de 8 às 17 horas, com intervalo de 15 (quinze) minutos para alimentação e descanso. Folgava um domingo por mês, e nas outras semanas o seu dia de folga ocorria em quarta-feira, sendo que em quatro ocasiões, no ano de 2006, feriados coincidiram com sua quarta-feira de folga. Diante de tais jornadas postula 45 horas extras por mês, 25 horas do intervalo intrajornada não concedido, por mês, mais quatro repousos semanais em dobro.

No depósito, em razão do calor, tinha direito ao adicional de insalubridade em grau mínimo - 10% (dez por cento) - que foi pago pela

PODER JUDICIÁRIO
JUSTIÇA DO TRABALHO DA 8ª REGIÃO

empresa a partir de janeiro de 2001 fazendo incidir a base de cálculo sobre o salário mínimo legal, violando o artigo 7º, IV, *in fine* da Constituição Federal, razão pela qual pleiteia os pagamentos sobre o salário contratual, desde a admissão, conforme a jurisprudência de nossos tribunais.

Em 10 de novembro de 2006 foi dispensado sem justa causa pela empregadora, recebendo as verbas do Termo de Rescisão de Contrato de Trabalho – TRCT mas, todos os colegas na empresa, ficaram sabendo que o real motivo de sua despedida foi uma acusação de desvio de mercadorias (roupas) da loja. O fato abalou muito seu comportamento social e atributos pessoais, sua honra de trabalhador honesto e cumpridor de seus deveres, razão pela qual reclama o ressarcimento indenizatório.

Reclama os seguintes objetos:

Horas Extras (10 horas por semana, 45 por mês com acréscimo de 50%)	R$-25.102,35
Horas Extras do Intervalo Intrajornada não concedido (25 horas por mês com acréscimo de 50%)	R$-13.945,75
Adicional de Insalubridade – desde a admissão até dezembro de 2000 com incidência sobre o salário contratual	R$-1.890,00
Diferenças do Adicional de Insalubridade de janeiro de 2001 até a dispensa	R$-4.316,00
Diferenças em razão das horas extras e horas extras do intervalo intrajornada sobre: descansos semanais, aviso prévio, gratificações natalinas, férias com um terço e FGTS com 40%	R$-5.210,00
Diferenças em razão do Adicional de Insalubridade sobre: descansos semanais, aviso prévio, gratificações natalinas, férias com um terço e FGTS com 40%	R$-1.205,00

PODER JUDICIÁRIO
JUSTIÇA DO TRABALHO DA 8ª REGIÃO

4 repousos remunerados (folgas) com acréscimo de 100%	R$-240,00
Indenização do Dano Moral	R$-100.000,00
Correção Monetária	ilíquido
Juros de Mora	ilíquido
Honorários Advocatícios em 20%	ilíquido

Indicou o valor da causa em R$-151.909,10.

A reclamada compareceu à audiência inaugural acompanhada de advogado. Rejeitaram a primeira proposta de conciliação. O Juízo fixou o valor da alçada no líquido da inicial. A reclamada apresentou defesa escrita, em 5 laudas, cuja leitura foi dispensada em razão da entrega de cópia à parte contrária.

CONTESTAÇÃO. A reclamada argüiu preliminarmente a inépcia da inicial, pois da narração dos fatos não se conclui pela procedência dos pedidos; além de contraditórias as alegações, existe evidente prejuízo quando o reclamante, por exemplo, alega que foi despedido sem motivo e, em seguida, menciona a acusação do desvio de mercadorias. Pediu a extinção do processo sem resolução do mérito a teor do artigo 267 do Código de Processo Civil.

Se ultrapassada a preliminar, no mérito, sustenta que não havia horas extras por excesso de jornada, nem por redução do intervalo intrajornada. Desde o ano 2000 existem normas coletivas, que se sucedem autorizando a jornada de nove horas corridas – 8 às 17 horas – com intervalo de 15 minutos; bem como a compensação de folgas semanais em outro dia da semana, exceto um domingo por mês. Isto é benéfico aos trabalhadores que voltam mais cedo para suas casas e poupam novo custo de transporte, o que ocorria no regime do intervalo de duas horas. O prestígio à negociação coletiva é de suporte constitucional (artigo 7º, XXVI) daí a improcedência dos objetos.

Caso seja deferida hora extra em razão da redução do intervalo intrajornada, pede-se a compensação dos quinze minutos concedidos, e em razão da natureza indenizatória da verba seria devido apenas o adicional

PODER JUDICIÁRIO
JUSTIÇA DO TRABALHO DA 8ª REGIÃO

porque a hora está paga como hora normal, e não haverá repercussões em outros direitos trabalhistas relacionados na inicial.

Com relação às folgas em quartas-feiras não podem ser deslocadas para outro dia em razão de coincidência com feriado, além do que, sendo mensalista o reclamante recebeu todas as folgas do mês e, se deferidas as folgas, seriam de forma simples.

Quanto ao pedido de indenização por dano moral ainda permanece fora da competência do Judiciário Trabalhista, que, segundo criação jurisprudencial, apenas poderá apreciar aqueles decorrentes de acidente de trabalho. De toda sorte, o pedido é improcedente porque a despedida foi imotivada, com pagamento de todos os direitos perante o Sindicato de Classe, sem ressalvas, e nenhuma acusação de improbidade foi feita contra o reclamante. Pelo princípio da eventualidade contesta o *quantum* pedido na inicial porque excessivo e, em caso de condenação, que fique o valor limitado em um salário mensal percebido pelo empregado.

O adicional de insalubridade era pago nos termos da lei (artigo 192 da Consolidação das Leis do Trabalho) e a imposição constitucional em nada afeta a base de cálculo de tais pagamentos. O adicional foi quitado a partir de 2001 porque antes disso o reclamante não frequentava o depósito.

As partes juntaram documentos, o reclamante com a inicial anexou TRCT e recibos salariais, e a reclamada, com a defesa, apresentou folhas de frequência e as normas coletivas de todo o período trabalhado autorizando em sua Cláusula Sétima a jornada de nove horas corridas, com intervalo de 15 minutos, bem como o trabalho em domingos com folgas compensatórias. Os documentos foram exibidos ao Autor que nada opôs. Na instrução do processo foram ouvidas as partes, duas testemunhas pelo Autor e uma pela reclamada, cujos depoimentos são os seguintes:

Depoimento do Reclamante: que confirma os fatos relatados na inicial; que trabalhava de segunda a domingo e folgava na quarta-feira, mas uma vez por mês sua folga era no domingo; que em reunião com o gerente, na loja, no dia 09 de novembro de 2006, houve a notícia do desaparecimento de roupas, e foi acusado desse fato em razão de ser o único que trazia mercadorias do depósito para a loja; que todos estavam presentes à reunião; que depois disso houve um burburinho de que o reclamante tinha furtado as mercadorias; que recebeu as verbas da rescisão no Sindicato de Classe e não apresentou ressalvas. Não houve mais perguntas.

PODER JUDICIÁRIO
JUSTIÇA DO TRABALHO DA 8ª REGIÃO

Depoimento da Reclamada: que confirma a contestação; que é Gerente na loja do shopping; que as jornadas eram autorizadas por normas coletivas; que havia folgas em quarta-feira para o reclamante; que outros empregados folgavam em outros dias da semana, pois o Shopping funciona aos domingos; que antes de 2001 o reclamante não frequentava o depósito; que na reunião foi comentado o desvio de mercadorias, mas ninguém foi acusado ou responsabilizado. Não houve mais perguntas.

Primeira Testemunha do Reclamante: Cássio de Souza Barros, brasileiro, solteiro, comerciário, residente e domiciliado nesta cidade na Rua Cesário Alvim, nº 142, bairro do Carimbó. A reclamada contraditou a testemunha porque possui reclamatória trabalhista em curso contra a mesma empresa e idênticos objetos. O Juízo indeferiu liminarmente a contradita por entender que não é motivo previsto em lei. A reclamada argüiu cerceamento de defesa requerendo a nulidade processual. Testemunha compromissada respondeu: que trabalhou na reclamada de janeiro de 1999 a 17 de dezembro de 2006, sabendo do trabalho do reclamante; que desde a admissão ele frequentava o depósito para transportar as confecções para a loja; que as condições do depósito sempre foram as mesmas; que estava doente e não compareceu na reunião, mas ouviu dizer, pelos colegas, que o reclamante estava envolvido no desaparecimento das roupas; que fazia a mesma jornada do autor; que seu dia de folga era terça-feira. Não houve mais perguntas.

Segunda Testemunha do Reclamante: Maria do Carmo Andrade Pinheiro, brasileira, casada, vendedora, residente e domiciliada nesta cidade na Travessa Mocajuba, Passagem Igarité, nº 09, bairro da Terra Firme. Testemunha advertida e compromissada respondeu: que trabalhou na reclamada de março de 2006 a 10.01.2007 no shopping e havia 14 vendedores na loja; que o reclamante era o único auxiliar de atendimento e trazia mercadorias do depósito para a loja; que por isso foi acusado do desvio de roupas; que a depoente estava na reunião em que o gerente acusou o reclamante do desaparecimento de mercadorias; que a empresa estimou o prejuízo em R$-8.000,00; que cumpria a mesma jornada de trabalho; que foi dispensada depois do reclamante. Não houve mais perguntas.

Primeira Testemunha da Reclamada: Antunes de Oliveira brasileiro, casado, segurança, residente na Rua Presidente Prudente nº 436, nesta cidade. A Testemunha recebeu o compromisso legal e foi alertada de suas conseqüências. Testemunha compromissada respondeu: que trabalha na reclamada desde julho de 1999; que o reclamante era auxiliar de atendimento; que o reclamante somente passou a fazer o serviço de depósito a partir de

PODER JUDICIÁRIO
JUSTIÇA DO TRABALHO DA 8ª REGIÃO

2001; que antes disso, não recorda quem fazia esse trabalho de apoio às vendas da loja; que o intervalo é de quinze minutos; que a refeição era feita em uma sala reservada na própria loja; existe uma folga mensal aos domingos; que não estava de serviço no dia da reunião. Não houve mais perguntas.

Encerrou-se a instrução processual.

EM RAZÕES FINAIS, o reclamante requereu a procedência da ação porque os fatos se comprovaram na instrução e, em especial, o adicional de insalubridade antes dos pagamentos realizados pelo empregador. A reclamada renova a argüição de nulidade do processo pela rejeição da contradita à primeira testemunha do reclamante e, atenta para o fato de que, em momento algum, o reclamante argüiu a nulidade da cláusula de acordo coletivo sobre a jornada de trabalho, pedindo a total improcedência da ação.

REJEITARAM A SEGUNDA PROPOSTA DE CONCILIAÇÃO.

PARA EXERCITAR

MODELO DE RESPOSTA DA PROVA DE SENTENÇA DO TRT 8 - 2007 (SÉRGIO AUGUSTO DAS NEVES X CONFECÇÕES BRASIL LTDA)

"RELATÓRIO

Já consta no caderno de prova.

FUNDAMENTAÇÃO

CONSIDERAÇÕES INICIAIS. EFICÁCIA INTERTEMPORAL DAS NORMAS DE DIREITO MATERIAL E DE DIREITO PROCESSUAL

Inicialmente, cumpre destacar que, considerando a data do ajuizamento da presente ação trabalhista, não há falar em aplicação do disposto na Lei n. 13.467/2017, razão pela qual os dispositivos legais aplicáveis são aqueles vigentes no momento do ajuizamento da ação, sobretudo no que toca a sistemática relativa aos requisitos da petição inicial, regularidade de representação das partes na audiência, concessão da justiça gratuita e deferimento de honorários advocatícios.

Ademais, considerando a data de ocorrência dos fatos, também não há falar em aplicação do disposto na Lei n. 13.467/2017 sobre o tema, razão pela qual os dispositivos legais aplicáveis são aqueles vigentes no momento da ocorrência dos fatos.

PROTESTOS

A regra é a capacidade para depor (arts. 829, CLT, e 405 do CPC/73 - art. 447 do CPC/2015), sendo as hipóteses de incapacidade, impedimento e suspeição taxativamente previstas em lei.

Logo, o simples fato da testemunha está litigando ou ter litigado com o mesmo empregador, ainda que a demanda tenha pedidos idênticos, não a torna suspeita para depor. Neste sentido, dispõe a Súmula nº 357 do TST.

Rejeito.

INCOMPETÊNCIA MATERIAL

É da competência da Justiça do Trabalho o processamento e julgamento das ações de indenização por danos morais e materiais decorrentes das relações de trabalho, a teor disposto no art. 114, VI, da CRFB/88.

Registre-se que, antes mesmo da edição da Emenda Constitucional nº 45/04, o TST pacificou o tema por meio da Súmula nº 392. No mesmo sentido, a Súmula Vinculante n. 22 do STF.

Rejeito.

INÉPCIA DA PETIÇÃO INICIAL

A petição inicial, no processo do trabalho, deve preencher os requisitos previstos no art. 840, § 1º, CLT, com uma breve exposição dos fatos e o pedido.

E, no caso em tela, a parte autora narrou os fatos e formulou o pedido correspondente. Ao contrário do pretendido pela parte ré, da narração dos fatos decorre logicamente a conclusão, não sendo necessário, outrossim, que da narração dos fatos se conclua pela procedência do pedido (fls. 02), na medida em que esta questão diz respeito ao mérito.

Rejeito.

ADICIONAL DE INSALUBRIDADE

Afirma a parte autora que, embora sempre tenha laborado em condições insalubres, apenas a partir de 2001 a parte ré passou a pagar o adicional respectivo, e, ainda assim, com base de cálculo incorreta.

A parte ré, em defesa, por sua vez, sustenta que apenas a partir de 2001 a parte autora passou a ter acesso ao depósito da empresa, e, por consequência, passou a ter contato com substâncias insalubres.

Ao exame.

De início, cumpre lembrar que, não obstante haja obrigatoriedade de realização de perícia para comprovação de insalubridade no meio ambiente laboral (art. 195, § 2º, da CLT), este entendimento deve ser relativizado caso a perícia seja inviável, ante o fechamento do local de trabalho, bem assim nos casos em que a insalubridade do ambiente seja fato incontroverso, o qual não depende de prova (art. 334, III, do CPC/73 – art. 374, III, do CPC/215). Nesse sentido, inclusive, inteligência constante da Súmula nº 453 e Orientação Jurisprudencial nº 278 da SBDI 1, ambas do TST.

No caso em questão, ao revés do sustentado em defesa, a primeira testemunha ouvida em juízo, Cássio de Souza Barros, ao ser indagado acerca das condições de trabalho da parte autora, declarou que "desde a admissão ele frequentava o depósito para transportar as confecções para a loja;" (ata de audiência de fls.).

Observe-se que tal testemunha tem maior aptidão para conhecer dos fatos, porque, além de ter trabalhado com a parte autora desde a sua admissão, exercia função afim, ao contrário da testemunha arrolada pela parte ré, que era o segurança da loja, e, que, portanto, não laborava diretamente com a parte autora.

Ademais, sendo a parte autora o único auxiliar de atendimento, natural que fosse o responsável pelo transporte de mercadorias do depósito até a loja, fato comprovado também pelo depoimento da segunda testemunha ouvida em juízo, Sra. Maria do Carmo A. Pinheiro (ata de audiência de fls.).

No que toca à base de cálculo pretendida (salário contratual), entretanto, não assiste razão à parte autora. É que, não sendo possível alteração da base de cálculo do adicional de insalubridade por decisão judicial, deve ser observado o salário mínimo, conforme interpretação conferida pelo STF ao art. 7º, IV, da CRFB/88 e constante da Súmula Vinculante nº 4, não sendo possível a utilização do salário contratual para tal fim. Desse modo, julgo improcedente, nesse particular, o pedido de diferenças de adicional de insalubridade de janeiro de 2001 até a dispensa e seus reflexos, bem como fixo o salário mínimo como base de cálculo do adicional deferido entre 01.04.99 até 31.12.2000.

Ante o exposto, comprovado o labor, desde a admissão, em ambiente insalubre, julgo procedente o pedido de adicional de insalubridade pretendido entre 01.04.99 até 31.12.2000, no percentual de 10%, incidente, contudo, sobre o salário mínimo, com a integração para efeito de aviso prévio, férias mais um terço, décimo terceiro salário e FGTS acrescido da indenização de 40% (a ser recolhido na conta vinculada da parte autora – art. 26, parágrafo único, da Lei n. 8.036/90), observados os limites do pedido. Julgo improcedente o reflexo sobre o RSR, dado o pagamento mensal da parcela (OJ nº 103, da SBDI 1, TST).

JORNADA DE TRABALHO

A parte ré confirmou que a parte autora laborava de segunda-feira a domingo, com uma folga por semana, sendo uma no dia de domingo e as demais nos dias de quarta-feira, das 08h00min às 17h00min, com 15min de intervalo intrajornada.

Em sede de defesa, sustenta a parte ré, contudo, que jornada foi amparada por meio de norma coletiva, inclusive quanto a redução do intervalo intrajornada, o qual, segundo entende, tem natureza indenizatória.

Oportuno destacar, primeiramente, que, ao contrário do que pretende a parte ré, conforme alegações trazidas nas razões finais, para o reconhecimento da invalidade de determinada cláusula normativa não se fez necessário pedido expresso de declaração de invalidade, sendo possível, como no caso em tela, que a nulidade seja causa de pedir, e não pedido. Logo, não tem relevância a ausência de pedido de nulidade, já que esta foi colocada como questão prejudicial, ou seja, como incidente.

No mais, tem-se que a limitação da jornada é direito fundamental do trabalhador, uma vez que essencial a uma vida digna, garantido de modo expresso pela CRFB/88 (art. 7º, XIII).

Por outro lado, digno lembrar que a CRFB/88 concedeu aos sindicatos amplos poderes para a criação de normas jurídicas e estabelecimento de condições de trabalho (arts. 7º, XXVI e 8º, III e VI). Assim, no exercício da autonomia privada coletiva, os acordos e convenções coletivas promovem a chamada adequação setorial negociada, adaptando as normas heterônomas editadas pelo Estado à realidade vivenciada pela categoria.

Sucede que a negociação coletiva deve ser realizada em consonância com as demais normas constitucionais (princípio da unidade da Constituição), sobretudo com os princípios da proteção e da norma mais favorável ao trabalhador (art. 7º, "caput", da CRFB/88).

Nesse contexto, não é possível a flexibilização de direitos além dos estreitos limites fixados pela Constituição (art. 7º, VI, XIII e XIV), uma vez que eles constituem o chamado patamar civilizatório mínimo, essencial a uma existência digna.

No caso em questão, a norma coletiva, ao elastecer a jornada para limite superior ao previsto no art. 7º, XIII, CRFB/88 (8h45min de trabalho durante seis dias por semana), violou norma de ordem pública, ultrapassando os limites fixados pela ordem jurídica, que autorizou a compensação, mas não o mero incremento da jornada.

Quanto ao intervalo intrajornada, tais considerações ganham ainda maior importância, já que a norma que o disciplina diz respeito a saúde, segurança e medicina do trabalho, infenso à negociação coletiva (art. 7º, XXII, CRFB/88; Súmula n. 437, TST).

Vale destacar, quanto a este, inclusive, que a sua não concessão integral implica pagamento do período total (e não somente do período suprimido, não havendo falar, assim, na compensação pretendida pela parte ré) a título de horas extras, afinal, ao não conceder integralmente o intervalo intrajornada, impede-se a realização da finalidade do instituto. No mais, o pagamento do período em questão, ao contrário do quanto alegado pela parte ré, não tem natureza indenizatória, já que, conforme disposto no art. 71, § 4º, da CLT, cabe ao empregador, nesse caso, "remunerar" o período correspondente, evidenciando, de forma clara, sua natureza salarial. Nesse sentido, também, a Súmula n. 437 do TST.

Destarte, no caso em questão, as normas coletivas juntadas pela parte ré não podem prevalecer, sendo, portanto, inválidas (nulas de pleno direito - art. 9º da CLT).

Ante o exposto, julgo procedente o pedido de pagamento de horas extraordinárias, assim consideradas as laboradas após a 8ª hora diária e 44ª hora semanal, de forma não cumulativa, bem como uma hora por dia decorrente da ausência do intervalo intrajornada, observados os parâmetros a seguir:

a) horário a ser observado: segunda-feira a domingo, com uma folga por semana, sendo uma no dia de domingo e as demais nos dias de quarta-feira, das 08h00min às 17h00min, com 15min de intervalo intrajornada;

b) base de cálculo a ser observada: soma do valor do salário base e das demais verbas de natureza salarial, nos termos da Súmula n. 264 do TST;

c) observância do adicional de 50%;

d) observância da evolução salarial;

e) exclusão dos dias não trabalhados;

f) divisor de 220;

g) em face da habitualidade e, portanto, de sua natureza salarial, inclusive do intervalo intrajornada (art. 71, § 4º, da CLT), determino os reflexos sobre aviso prévio, férias acrescidas de 1/3, 13º salários, FGTS acrescido da indenização de 40% (a ser recolhido diretamente na conta vinculada da parte autora – art. 26, parágrafo único, da Lei n. 8.036/90) e RSR (na forma da Súmula n. 172 do TST e observada a regra prevista na OJ n. 394 da SDI-1 do TST).

Por fim, no que concerne ao pleito de pagamento de 04 repousos semanais em dobro, sob o argumento de que, no ano de 2006, em 04 ocasiões os feriados coincidiram com sua quarta-feira de folga, vale destacar que nem a Lei n. 605/49, nem tampouco a CRFB/88, vedam a coincidência do dia de folga (RSR) com o dia de feriado.

É certo que se deve ficar atento para eventual manipulação por parte do empregador, a fim de evitar que ele modifique de modo arbitrário o dia do descanso, com a única finalidade de conceder o repouso semanal no mesmo dia do feriado, o que, no caso em tela, não ocorreu, afinal não há alegação nem mesmo indício de tal prática. Ao contrário, era prática habitual do empregador a concessão de folgas ao longo da semana, a exceção de apenas um domingo por mês. Assim, julgo improcedente o pedido.

INDENIZAÇÃO POR DANO MORAL

Assevera a parte autora que foi injustamente acusada pela parte ré de ter desviado mercadorias, o que lhe provocou lesão aos seus direitos da personalidade.

A parte ré, por sua vez, nega os fatos, aduzindo que a dispensa se deu sem justa causa e imotivada, com o pagamento de todos os direitos perante o sindicato da categoria, sem qualquer ressalva.

Pois bem.

A Constituição da República de 1988 garante o respeito aos direitos da personalidade, resguardando a incolumidade moral do indivíduo.

Conforme art. 5º, V e X, da CRFB/88, é assegurado o direito de resposta proporcional ao agravo, além da indenização por dano material, moral ou à imagem, sendo invioláveis a intimidade, a vida privada, a honra e a imagem das pessoas.

Ademais, os direitos fundamentais, entre eles os direitos da personalidade, são oponíveis também na relação entre particulares, inclusive na relação de emprego, sendo reconhecida a eficácia horizontal dos direitos fundamentais.

Desse modo, não obstante seja reconhecido ao empregador o "poder empregatício", corolário do poder diretivo (art. 2º, CLT), com a possibilidade de controlar e fiscalizar a prestação dos serviços, deve exercê-lo em conformidade com a Constituição da República, sob pena de incorrer em abuso de direito (art. 187, do CC), e, consequentemente, ser obrigado a indenizar o obreiro.

Não se pode perder de vista que a dignidade da pessoa humana (art. 1º, III, da CRFB/88) é fundamento da República Federativa do Brasil e vetor axiológico do ordenamento jurídico pátrio.

Deste modo, o homem é o centro das preocupações do Estado, em razão do que a propriedade somente tem razão de ser quando for utilizada em conformidade com a sua função social (art. 5º, XXII, da CRFB/88).

No caso em tela, a violação aos direitos da personalidade da parte autora restou comprovada.

É que a parte ré, mesmo sem provas, acusou a parte autora de ter praticado crime, o que, sem dúvida, tem o condão de lesar a honra, imagem e o bom nome do trabalhador.

Registre-se que a primeira testemunha ouvida em juízo (Sr. Cássio) afirmou que houve comentário no sentido de que a parte autora estava envolvida no desaparecimento dos produtos da parte ré (roupas), o que também foi confirmado pela testemunha Sra. Maria, que declarou que "estava na reunião em que o gerente acusou o reclamante do desaparecimento de mercadorias" (ata de audiência de fls.).

Insta observar, por outro lado, que a testemunha arrolada pela parte ré nada soube informar acerca dos fatos.

Verifica-se, assim, que a parte autora foi injustamente acusada do cometimento de um ato de improbidade. Por conseguinte, considerando que o dano moral é, neste caso (acusação de ato de improbidade), "in re ipsa", decorrendo dos fatos, tem-se que, apesar da dispensa da parte autora ter se dado, formalmente, como "sem justa causa" e "imotivada", no contexto em que foi efetivada, fica claro o nexo de causalidade entre a dispensa e a acusação de desvio de mercadorias.

Quanto ao montante pretendido pela parte autora (R$ 100.000,00), contudo, mostra-se excessivo.

Destarte, tendo em vista a condição social e econômica do ofensor, o grau de culpa do primeiro, a extensão do dano, bem como os objetivos pedagógico, indenizatório e punitivo da condenação (art. 5º, V e X, da CRFB/88; arts. 944 e 953, parágrafo único, do CC), entendo justo e razoável o valor de R$ 15.000,00. Ante o exposto, julgo procedente, em parte, o pedido, condenando a parte ré no pagamento de R$ 15.000,00 a título de indenização por danos morais.

HONORÁRIOS ADVOCATÍCIOS

No Direito Processual Trabalhista a condenação ao pagamento dos honorários advocatícios não decorre de reparação por perdas e danos, sendo imprescindível a assistência sindical, o que não ocorreu nos autos (arts. 14 a 16 da lei n. 5.5.84/70 e Súmulas no 219 e 329 do C. TST).

Julgo improcedente o pedido.

DISPOSITIVO

Ante o exposto, nos autos da ação ajuizada SÉRGIO AUGUSTO DAS NEVES em face de CONFECÇÕES BRASIL LTDA., decido:

- rejeitar as preliminares de incompetência material e inépcia da petição inicial;
- julgar procedentes, em parte, os pedidos, condenando a parte ré a proceder ao pagamento, no prazo de oito dias, dos seguintes títulos:
- adicional de insalubridade pretendido entre 01.04.99 até 31.12.2000, no percentual de 10%, incidente, contudo, sobre o salário mínimo, com a integração para efeito de aviso prévio, férias mais um terço, décimo terceiro salário e FGTS acrescido da indenização de 40% (a ser recolhido na conta vinculada da parte autora – art. 26, parágrafo único, da Lei n. 8.036/90), observados os limites do pedido. Indefiro o reflexo sobre o RSR, dado o pagamento mensal da parcela (OJ nº 103, da SBDI 1, TST);
- horas extraordinárias, assim consideradas as laboradas após a 8ª hora diária e 44ª hora semanal, de forma não cumulativa, bem como uma hora por dia decorrente da ausência do intervalo intrajornada, observados os parâmetros a seguir:

  a) horário a ser observado: segunda-feira a domingo, com uma folga por semana, sendo uma no dia de domingo e as demais nos dias de quarta-feira, das 08h00min às 17h00min, com 15min de intervalo intrajornada;

b) base de cálculo a ser observada: soma do valor do salário base e das demais verbas de natureza salarial, nos termos da Súmula n. 264 do TST;

c) observância do adicional de 50%;

d) observância da evolução salarial;

e) exclusão dos dias não trabalhados;

f) divisor de 220;

g) em face da habitualidade e, portanto, de sua natureza salarial, inclusive do intervalo intrajornada (art. 71, § 4º, da CLT), determino os reflexos sobre aviso prévio, férias acrescidas de 1/3, 13º salários, FGTS acrescido da indenização de 40% (a ser recolhido diretamente na conta vinculada da parte autora - art. 26, parágrafo único, da Lei n. 8.036/90) e RSR (na forma da Súmula n. 172 do TST e observada a regra prevista na OJ n. 394 da SDI-1 do TST);

- indenização por danos morais (R$ 15.000,00).

Julgo improcedentes os demais pedidos.

PARÂMETROS DE LIQUIDAÇÃO.

a) JUROS E CORREÇÃO MONETÁRIA

Às parcelas objeto da condenação devem ser acrescidos juros a partir do ajuizamento da ação (art. 883 da CLT), observado o seu propósito meramente indenizatório (OJ 400 da SDI-1 do TST), e correção monetária (na forma do art. 39, § 1º, da Lei n. 8.177/91 e da Súmula n. 381 do TST).

Ressalte-se que a aplicação do IPCA-E ou INPC contrariaria a autoridade do STF que, na Reclamação 22012, suspendeu efeitos de decisão do Tribunal Superior do Trabalho (TST) que determinou a substituição da TRD pelo IPCA na correção monetária dos débitos trabalhistas.

Quanto à indenização por danos morais, a atualização monetária é devida a partir da data da decisão de arbitramento ou de alteração do valor.

Os juros incidem desde o ajuizamento da ação, nos termos do art. 883 da CLT, tudo na forma da Súmula n. 439 do TST.

b) RECOLHIMENTOS FISCAIS E PREVIDENCIÁRIOS.

Determino que a parte ré efetue os recolhimentos previdenciários incidentes sobre as parcelas objeto de condenação em pecúnia deferidas nesta sentença, na forma do art. 43 da Lei n. 8.212/91 e da Súmula n. 368 do TST, ficando autorizada a dedução da quota parte da parte autora.

Deverá ainda a parte ré (art. 46 da Lei n. 8.541/1992) efetuar o recolhimento fiscal na forma do art. 12-A da Lei n. 7.713/88 e da Instrução Normativa RFB nº 1.500, de 29/10/2014 (revogadora da IN nº 1.127/11 – art. 114 da IN 1.500/2014), com a redação dada pela Instrução Normativa RFB nº 1558, de 31/3/2015.

Para fins do art. 832, § 3º, da CLT, as parcelas da condenação devem observar o artigo 28, § 9º, da Lei n. 8.212/91, incidindo recolhimentos fiscais e previdenciários somente sobre as parcelas de natureza salarial.

c) FORMA DE LIQUIDAÇÃO

A liquidação deve ser feita por simples cálculos.

d) ABATIMENTO/COMPENSAÇÃO

Abatimento/dedução e compensação são institutos distintos e, no caso dos autos, não há falar em compensação, afinal não houve comprovação de nenhuma obrigação apta a ser extinta em face da posição concomitante de credor e devedor das partes (art. 368 do CC/2002 e arts. 477, § 5º e 767 da CLT). Rejeito, assim, o pedido de compensação.

Autorizo, contudo, para evitar o enriquecimento sem causa (art. 884 do CC/2002) da parte autora, o abatimento/dedução dos valores pagos sob igual título àqueles deferidos nesta sentença.

Custas processuais no importe de R$ 600,00, calculadas no percentual de 2% sobre R$ 30.000,00, valor atribuído à condenação para tal fim, a cargo da parte ré (art. 789, IV, da CLT).

Intimem-se as partes e a União Federal, para efeitos da regra inserta no art. 832, § 5º, CLT."

3.2. Prova de sentença do TRT 08 – 2008 (Maria de Nazaré X Amazon River Ltda)

PODER JUDICIÁRIO
JUSTIÇA DO TRABALHO
TRIBUNAL REGIONAL DO TRABALHO DA 8ª REGIÃO

CONCURSO PÚBLICO C-318

PROVA PRÁTICA - ELABORAÇÃO DE UMA SENTENÇA TRABALHISTA

INSTRUÇÕES

1. A prova consiste na elaboração de uma sentença trabalhista. Leia com bastante atenção a proposição, que deverá ser considerada como relatório.

2. A decisão deverá ser fundamentada, como estabelece o artigo 93, inciso IX, da Constituição da República. Os cálculos **são dispensáveis**, mas o candidato deve indicar os parâmetros para a liquidação.

3. A prova terá a duração de 4 (quatro) horas.

4. Não esqueça de preencher e assinar somente o canhoto de identificação constante na capa da prova.

5. Será eliminado do concurso o candidato que:
   a) se retirar do recinto durante a realização da prova, sem a devida autorização.
   b) se tornar culpado de incorreção ou descortesia para com qualquer dos examinadores ou fiscais.
   c) for surpreendido comunicando-se com outros candidatos, verbalmente, por escrito ou por qualquer outra forma, bem assim, utilizando-se de livros, notas ou impressos não permitidos.

6. Durante a realização da prova é proibido o uso de telefones celulares.

7. Use somente caneta de tinta **azul** ou **preta**.

8. Não é permitido o uso de corretivos.

9. Não se admitem espaços em branco, bem como entrelinhas, emendas ou rasuras, salvo se aqueles forem inutilizados e estas expressamente ressalvadas.

10. Será atribuída nota 0 (zero) à prova que apresentar sinal ou contiver expressão que possibilite sua identificação.

11. Sob hipótese alguma assine sua prova. A assinatura da prova eliminará o candidato.

12. Durante a realização da prova é proibido o uso de quaisquer anotações, facultada a consulta a textos legais e Súmulas, Orientações Jurisprudenciais e Precedentes Normativos, sem comentários ou notas explicativas.

13. Leia com atenção toda sua prova, antes de escrever. O tempo é suficiente.

Belém, 06.6.2008.

A COMISSÃO DESEJA-LHE BOA PROVA!

PODER JUDICIÁRIO
JUSTIÇA DO TRABALHO
TRIBUNAL REGIONAL DO TRABALHO DA 8ª REGIÃO

Em data de 02.05.2008 **MARIA DE NAZARÉ** ajuizou reclamatória trabalhista contra a empresa **AMAZON RIVER LTDA.** alegando que iniciou o contrato em 10.01.2000 na função de Auxiliar de Serviços Gerais, e foi promovida a Auxiliar de Escritório em 20.01.2001, ocasião em que teve a Carteira de Trabalho regularmente anotada. Mais adiante, em 20.01.2007 foi promovida a Gerente do Departamento de Recursos Humanos, tendo sido dispensada imotivadamente em 10.12.2007 sem o pagamento dos direitos trabalhistas, posto que, até o momento, a reclamada não promoveu a rescisão contratual perante o sindicato da categoria profissional.

Cumpria jornadas de 8 às 17 horas, de segunda a sexta-feira, e 8 às 14 horas, em dias de sábados, sem o intervalo intrajornada, gozando de folga aos domingos, razão pela qual reclama as horas extras de todo o pacto laboral. Possui três filhos em idades de 9 (Fernando) 12 (Michele) e 14 anos (Rodrigo) e jamais recebeu as cotas do salário família, razão suficiente para o pedido abaixo elencado. Gozava férias em julho de cada ano, exceto em relação aos períodos aquisitivos concluídos em janeiro de 2006, janeiro de 2007 e em janeiro de 2008, que não pôde gozar em razão da dispensa.

Pretende, ainda, indenização por danos morais e materiais, uma vez que a Autora soube de sua dispensa através de um substituto, que se apresentou como novo contratado para a função de Gerente de RH, o qual determinou que aguardasse em casa o comunicado para a homologação da rescisão contratual. Entende o dano moral configurado em constrangimento, humilhação e o desprezo por tantos anos de bons serviços, em razão do que teve problemas de saúde, enfrentando atualmente um quadro depressivo, com dificuldades no convívio familiar. O dano material é pleiteado em

PODER JUDICIÁRIO
JUSTIÇA DO TRABALHO
TRIBUNAL REGIONAL DO TRABALHO DA 8ª REGIÃO

razão dos custos com o tratamento médico - duas consultas por mês - e os medicamentos.

Quanto à variação salarial, estão corretos os registros da Carteira de Trabalho, de onde se pode extrair as seguintes informações: 20.01.2001 - R$420,00; janeiro/2002 - R$480,00; janeiro/2003 - R$510,00; janeiro/2004 - R$600,00; janeiro/2005 - R$640,00; janeiro/2006 - R$720,00; e 20.01.2007 - R$3.000,00.

Juntou dois atestados médicos e cinco receituários.

Reclama os seguintes objetos:

Aviso Prévio (30 dias)

Férias Integrais com 1/3 (2007-2008)

Férias Integrais com 1/3 em dobro (2006-2007)

Férias Integrais com 1/3 em dobro (2005-2006)

Gratificação Natalina de 2007 (12/12)

Gratificação Natalina de 2008 (1/12)

FGTS com 40% de todo o período laboral

Horas Extras com 50%

Reflexos das horas extras em descanso semanal, gratificações natalinas, férias com um terço e FGTS com 40%

Intervalo Intrajornada com 50%

Reflexos do intervalo intrajornada em descanso semanal, gratificações natalinas, férias com um terço e FGTS com 40%

Salário Família (3 cotas mensais)

Multa do artigo 467 da CLT

Multa do artigo 477 da CLT

Retificação na data de admissão na CTPS

Comunicados ao INSS/DRT-MT

Indenização do Dano Moral - R$30.000,00

Indenização do Dano Material - R$30.000,00

PODER JUDICIÁRIO
JUSTIÇA DO TRABALHO
TRIBUNAL REGIONAL DO TRABALHO DA 8ª REGIÃO

Juros de Mora

Correção Monetária

REJEITADA A PRIMEIRA PROPOSTA DE CONCILIAÇÃO.

Em **contestação**, a reclamada negou a existência do vínculo de emprego no período anterior a 20.01.2001, conforme faz prova a anotação do contrato na Carteira de Trabalho. Antes disso, a reclamante trabalhava na empresa **AMAZON SERVIÇOS LTDA.** que, apesar de integrar o mesmo grupo econômico, possui outra destinação econômica, isto é, no ramo da prestação dos serviços de manutenção predial. Assim, é improcedente o pedido de retificação na data de admissão na CTPS, além do que, tal objeto se encontra no período prescrito e não poderá ser atendido.

Quanto às jornadas de trabalho, confirmou que a reclamante fazia nove horas corridas, de segunda a sexta-feira, não havendo trabalho em sábados e domingos, conforme autorização de regime compensatório, por norma coletiva. Também em razão da convenção coletiva de trabalho celebrado entre os Sindicatos das categorias econômica e profissional, foi dispensado o intervalo intrajornada no interesse dos trabalhadores que, assim, ficariam com mais uma folga semanal, em dia de sábado. Destarte, são improcedentes os pedidos de horas extras, bem como das horas do intervalo intrajornada, cuja natureza jurídica disposta no artigo 71 § 4° da CLT é indenizatória, não havendo os reflexos em direitos trabalhistas pleiteados pela Autora.

Asseverou a empresa que, em cargo de confiança, Gerente do Departamento de Recursos Humanos, a reclamante não faz jus às horas extras, por força do artigo 62, II da CLT. Também por esse motivo, são improcedentes as horas extras e reflexos pedidos na inicial.

Em defesa, alegou ainda que o salário família é indevido, em razão do *quantum* salarial e porque a reclamante, no

PODER JUDICIÁRIO
JUSTIÇA DO TRABALHO
TRIBUNAL REGIONAL DO TRABALHO DA 8ª REGIÃO

ato de admissão, apresentou a certidão de apenas um dependente - Fernando - nascido em janeiro de 1999. As gratificações natalinas sempre foram pagas em dezembro de cada ano e as férias foram gozadas e pagas com o acréscimo de um terço.

Quanto às parcelas da rescisão, isto é, aviso prévio, férias proporcionais com um terço, gratificação natalina e FGTS com 40%, reconhece dever tais valores, exceto as multas dos artigos 467 e 477 da CLT. A rescisão contratual não foi homologada, por culpa da reclamante que se recusou a fazer os exames demissionais e comparecer no sindicato da categoria profissional. A demandada reconheceu que a reclamante não gozou férias em 2006 e 2007; e não recebeu a gratificação natalina de 2007, porque se afastou no dia 10.12.2007.

O pedido de indenização por dano moral e material é improcedente, porque a empresa desconhece o atual estado de saúde da ex-empregada, sendo certo que sua dispensa ocorreu com a contratação de um novo Gerente de Recursos Humanos que veio da matriz em São Paulo para esta cidade. Não ocorreu nenhuma hipótese de dano moral ou material previsto em lei. A reclamdaa pediu a total improcedência da ação, por questão de justiça!

A empresa impugnou os atestados médicos juntados com a inicial porque, embora emitidos por autoridade médico-oficial do INSS, estão datados de período após a despedida da reclamante. Pelas mesmas razões, impugnou os receituários de medicamentos anti-depressivos apresentados pela ex-empregada. A empresa juntou os cartões de ponto da Autora relativos a todo o pacto laboral; os comprovantes salariais; e as normas coletivas celebradas pelas categorias econômica e profissional autorizando a prorrogação de uma hora por dia, para a compensação do trabalho em sábado, e, nesse caso, ficando dispensado o intervalo intrajornada.

PODER JUDICIÁRIO
JUSTIÇA DO TRABALHO
TRIBUNAL REGIONAL DO TRABALHO DA 8ª REGIÃO

A demandante confirmou os registros de ponto e os comprovantes salariais; impugnou as normas coletivas, porque não poderiam negociar os direitos indisponíveis do trabalhador; e juntou três certidões de nascimento dos seus filhos, comprovando as idades dos menores alegadas na inicial. Sobre isto a reclamada nada teve a opor.

Interrogada a reclamante: confirma a inicial; que sempre trabalhou em, pelo menos, um sábado por mês e, nessas ocasiões não registrava o ponto; que nas funções de Gerente de RH também comparecia na empresa além dos sábados, em domingos, na média de dois por mês; que não apresentou as certidões dos outros filhos porque a empresa não lhe pediu; que tinha apenas quinze minutos para um lanche na própria empresa, no local de serviço. Não houve mais perguntas.

Interrogada a reclamada: confirma a contestação; que a reclamante sempre marcava os cartões de ponto; que jamais comparecia em sábados e domingos; que o depoente comunicou a dispensa à reclamante e determinou que ficasse aguardando em sua residência; que a reclamante não mais compareceu na empresa e, por isso, ainda não ocorreu a rescisão contratual perante o sindicato de classe; que a reclamante telefonou ao depoente e disse que estava doente e não podia comparecer na empresa para a homologação; que a jornada era de nove horas corridas e um ligeiro intervalo para lanche fornecido pela empresa. Não houve mais perguntas.

Interrogada a primeira testemunha da reclamante: declarou chamar-se Ivaldo T. Lopes, brasileiro, solteiro, mecânico, residente e domiciliado nesta cidade. A reclamada contraditou a testemunha alegando ser companheiro da reclamante, e, na condição de esposo, está impedido de depor. A reclamante

PODER JUDICIÁRIO
JUSTIÇA DO TRABALHO
TRIBUNAL REGIONAL DO TRABALHO DA 8ª REGIÃO

esclarece que é realmente pessoa próxima de seu convívio e sabedora de sua atual condição de saúde. Ouvida, a testemunha contraditada confirmou o estado de companheirismo com a reclamante. A MM. Vara do Trabalho indefere o compromisso legal e passa a ouvir a testemunha como informante. Testemunha respondeu: que a reclamante está passando por sérios problemas de saúde; que tem duas consultas médicas por semana e está sob medicação controlada; que isso ocorre desde que foi dispensada do emprego; que antes não sofria de depressão e se queixava de problemas na coluna; que a reclamante tem três filhos menores; que o depoente está vivendo com a mesma há um ano.

Interrogada a segunda testemunha da reclamante: declarou chamar-se Carlinda de S. Travesso, brasileira, casada, professora, residente e domiciliada nesta cidade. Aos costumes disse nada. Testemunha compromissada respondeu: que conhece a reclamante há cinco anos; que conhece os filhos da reclamante; que a depoente dá aulas de reforço a dois filhos da reclamante; que essas aulas ocorrem duas vezes na semana, na residência da reclamante; que a reclamante era gerente da reclamada; que a reclamante chegava em casa por volta das 18 horas; que não sabe sobre trabalho em dias de sábado; que, às vezes, encontrava a reclamante em supermercado em sábados.

Interrogada a primeira testemunha da reclamada: declarou chamar-se Adélia Karla Schon, brasileira, casada, auxiliar de escritório, residente e domiciliada nesta cidade. Após o compromisso com a verdade, declarou: que trabalha na empresa há cinco anos, aproximadamente; que a reclamante também era Auxiliar, igual a depoente, mas foi promovida a Gerente, enquanto a empresa não tinha alguém para dirigir os Recursos Humanos; que são apenas cinco funcionários naquele Departamento; que acima do Gerente de

PODER JUDICIÁRIO
JUSTIÇA DO TRABALHO
TRIBUNAL REGIONAL DO TRABALHO DA 8ª REGIÃO

RH está o Gerente Administrativo, e, mais acima, o Gerente Geral; que os cartões de ponto eram corretamente marcados pelo empregado; que apenas em final do ano, no mês de dezembro, existe o trabalho em sábados e domingos; que nessas ocasiões o trabalho é direto, sem folga semanal, durante quinze dias, incluindo dois finais de semana; que nessas ocasiões o horário de segunda a sexta-feira é de 8 às 19 horas, com uma hora de intervalo para descanso e alimentação, e nos sábados e domingos de 8 às 14 horas, com intervalo de quinze minutos; que, fora esse período de encerramento do ano, não havia trabalho em sábados ou domingos. Não houve mais perguntas.

Encerrada a instrução, em razões finais a reclamante pediu a procedência da ação e a reclamada a improcedência e a prescrição para o período anterior a cinco anos do ajuizamento da ação. Rejeitaram a segunda proposta de conciliação.

É O RELATÓRIO.

PARA EXERCITAR

MODELO DE RESPOSTA DA PROVA DE SENTENÇA DO TRT 08 - 2008 (MARIA DE NAZARÉ X AMAZON RIVER LTDA)

"RELATÓRIO

Já consta no caderno de prova.

FUNDAMENTAÇÃO

CONSIDERAÇÕES INICIAIS. EFICÁCIA INTERTEMPORAL DAS NORMAS DE DIREITO MATERIAL E DE DIREITO PROCESSUAL

Inicialmente, cumpre destacar que, considerando a data do ajuizamento da presente ação trabalhista, não há falar em aplicação do disposto na Lei n. 13.467/2017, razão pela qual os dispositivos legais aplicáveis são aqueles vigentes no momento do ajuizamento da ação, sobretudo no que toca a sistemática relativa aos requisitos da petição inicial, regularidade de representação das partes na audiência, concessão da justiça gratuita e deferimento de honorários advocatícios.

Ademais, considerando a data de ocorrência dos fatos, também não há falar em aplicação do disposto na Lei n. 13.467/2017 sobre o tema, razão pela qual os dispositivos legais aplicáveis são aqueles vigentes no momento da ocorrência dos fatos.

VALOR DA CAUSA

Tendo em vista que, até o presente momento, não foi fixado o valor da causa, fixo-a, nos termos do art. 259, II, do CPC/73 (art. 292, § 3º, do CPC/2015) e do art. 2º da Lei n. 5.584/70, no montante de R$ 100.000,00 (cem mil reais).

IMPUGNAÇÃO AOS DOCUMENTOS

A impugnação apresentada pela parte ré aos documentos juntados pela parte autora (atestados médicos) não merece acolhimento, na medida em que não foi questionado o teor de tais documentos, mas, apenas, o seu efeito probatório, o que poderá ser apreciado em momento oportuno.

Rejeito.

PRESCRIÇÃO

Arguida pela parte ré, em sede de razões finais, o que não impede, na forma da Súmula n. 153 do TST, a apreciação pelo Juiz, declaro a prescrição das pretensões condenatórias exigíveis antes de 02/05/2003, extinguindo o processo, quanto aos pedidos correspondentes, com resolução do mérito (art. 269, IV, do CPC/73 - art. 487, II, CPC/2015; art. 7º, XXIX, da CRFB/88), inclusive as diferenças de FGTS (Súmula n. 206 do TST), ressalvados tão somente os depósitos mensais de FGTS (artigo 23, § 5º, da Lei n. 8.036/90 c/c Súmula n. 362 do TST), que devem observar, no caso em questão, em face da modulação dos efeitos da decisão do STF (nova redação da Súmula n. 362 do TST), o prazo prescricional de 30 (trinta) anos, e os pedidos de natureza declaratória, inclusive de anotação de CTPS (art. 11, § 1º, da CLT), uma vez que imprescritíveis, devendo ainda, quanto às férias, ser observado o disposto no art. 149 da CLT.

INÍCIO DO CONTRATO DE TRABALHO

Afirma a parte autora que foi admitida pela parte ré em 10.01.2000, mas sua CTPS somente foi assinada em 20.01.2001.

A parte ré, por sua vez, alega que a parte autora foi inicialmente contratada pela empresa Amazon Serviços Ltda., reconhecendo que elas fazem parte do mesmo grupo econômico.

Com efeito, o grupo econômico, para fins trabalhistas, é considerado empregador único (art. 2º, § 2º, CLT), de sorte que há solidariedade passiva em relação às obrigações decorrentes do contrato (TST, Súmula nº 129), valendo destacar que o fato de as empresas exercerem atividades de natureza diversa não desqualifica o grupo.

Deste modo, diante da existência confessa de grupo econômico entre a parte ré e a empresa Amazon Serviços Ltda, bem como da prestação de serviços, sem solução de continuidade, desde 10.01.2000, há de se considerar a admissão em 10.01.2000, motivo pelo qual julgo procedente o pedido e declaro o início do contrato de trabalho no dia 10.01.2000.

EXTINÇÃO DO CONTRATO DE TRABALHO

A despedida sem justa causa no dia 10.12.2007, bem como a ausência de pagamento das verbas resilitórias, são fatos incontroversos.

A parte ré alega, apenas, que a homologação não ocorreu por culpa da parte autora.

Ocorre que não há prova da mora sustentada pela parte ré. E, ainda que houvesse, esse fato não teria o condão de retirar o direito ao recebimento das verbas resilitórias pretendidas pela parte autora.

Julgo procedente, assim, o pedido de pagamento das seguintes verbas resilitórias: aviso prévio (30 dias – dispensa anterior à Lei n. 12.506/2011 / Súmula n. 441 do TST), com sua integração no tempo de serviço para todos os efeitos legais (art. 487, § 1º, da CLT), devendo ser considerado o dia 09/01/2008 como data da saída (OJ ns. 82 e 83 da SDI-1 do TST), férias simples (10.01.2007 a 09.01.2008) acrescidas de 1/3, décimo terceiro salário (2007) e FGTS de todo o contrato (inclusive do período anterior a anotação da CTPS) acrescido da indenização de 40% (art. 20, inc. I da Lei nº 8.036 de 11 de maio de 1990).

No que tange às penalidades dos arts. 467 e 477, § 8º, da CLT, destaque-se, inicialmente, que a parte ré não comprovou a alegada culpa da parte autora quanto à ausência de homologação da extinção contratual e ausência de recebimento das parcelas resilitórias.

Ao contrário, em seu depoimento pessoal, o preposto da parte ré confessou que a parte autora telefonou ao depoente e disse que estava doente e não podia comparecer na empresa para a homologação, tratando-se, portanto, de fato suficiente para justificar o seu não comparecimento, cabendo, portanto, ao empregador, nesses casos, efetuar o pagamento dos haveres resilitórios devidos por outras vias, seja mediante depósito direto na conta bancária do empregado, ou até mesmo através do ajuizamento de ação de consignação em pagamento.

No caso dos autos, contudo, a parte ré manteve-se inerte, não tendo consignado os valores devidos nem mesmo na primeira oportunidade que teve para fazê-lo ao longo desse processo, atraindo, assim, a incidências das referidas penalidades.

Julgo procedente, assim, os pedidos de pagamento das penalidades previstas nos arts. 467 e 477, §§ 6º e 8º, CLT.

Diante da data da extinção do vínculo, pela projeção do aviso prévio (09/01/2008), não há falar em décimo terceiro salário proporcional relativo ao ano de 2008 (art. 1º, § 1º, da Lei nº 4.090/62), afinal o referido dispositivo exige uma fração igual ou superior a 15 dias para fins de cômputo da proporcionalidade, motivo pelo qual julgo improcedente o pleito.

RETIFICAÇÃO DA CTPS

Considerando o disposto no art. 39, § 1º, CLT, julgo procedente o pedido para que a parte ré retifique a CTPS da parte autora para constar a admissão em 10.01.2000, no prazo de 48 horas (art. 29, da Consolidação das Leis do Trabalho), a contar da intimação da juntada do documento aos autos, sob pena de multa diária no valor de R$ 100,00, até o limite de R$ 1.000,00. Atingido tal montante, deverá a Secretaria da Vara proceder as anotações, sem prejuízo da multa (art. 39, § 1º, da Consolidação das Leis do Trabalho). No mesmo prazo e sob as mesmas cominações, por se tratar de matéria de ordem pública, cuja obrigação pode ser imposta de ofício, deve a parte ré anotar a CTPS da parte autora para fazer constar como data de saída o dia 09/01/2008.

SALÁRIO FAMÍLIA

Alega a parte autora que possui três filhos em idades de 9 (Fernando) 12 (Michele) e 14 anos (Rodrigo) e que jamais recebeu as cotas do salário-família.

Em defesa, a parte ré alegou que o salário-família é indevido, em razão do quantum salarial e porque a parte autora, no ato de admissão, apresentou a certidão de apenas um dependente - Fernando - nascido em janeiro de 1999.

Ao exame.

Em seu depoimento pessoal, confessa a parte autora que não entregou, no ato da admissão, as certidões de nascimento dos filhos Michele e Rodrigo, argumentando, para tanto, que a empresa não solicitou.

Ressalte-se, no particular, que o fato de ter entregue, em juízo, as certidões de nascimento dos filhos Michele e Rodrigo, trata-se de circunstância que não lhe garante direito ao recebimento de indenização substitutiva, uma vez que, conforme disposto na Súmula n. 254 do TST, "O termo inicial do direito ao salário-família coincide com a prova da filiação. Se feita em juízo, corresponde à data de ajuizamento do pedido, salvo se comprovado que anteriormente o empregador se recusara a receber a respectiva certidão.".

De todo modo, para a concessão do salário-família, devem estar presentes todos os requisitos exigidos pelo art. 67 da Lei nº 8.213/1991: apresentação da certidão de nascimento dos dependentes, apresentação anual do atestado de vacinação obrigatória e de frequência à escola.

No caso em tela, como visto, restou comprovado que a parte autora, embora tenha apresentado, na admissão, a certidão de um dos filhos (Fernando), não comprovou a apresentação anual dos demais documentos exigidos por lei (apresentação anual do atestado de vacinação obrigatória e de frequência à escola), ônus que lhe incumbia (arts. 818, CLT e 333, I, CPC/73 - art. 373, I, CPC/2015).

Julgo improcedente o pedido.

DURAÇÃO DO TRABALHO

A jornada de trabalho apontada pela parte autora, e, em parte, confessada pela parte ré (art. 302, CPC/73 - art. 341, CPC/2015) é de segunda a sexta das 8h00min às 17h00min. No mesmo sentido, os cartões de ponto carreados ao caderno processual.

A controvérsia, portanto, quanto ao horário efetivo de trabalho, cinge-se ao labor realizado nos dias de sábado, que, segundo a parte autora, ocorria das 08h00min às 14h00min, sem intervalo, fato negado pela parte ré.

Além disso, a parte ré alega que, a partir de 20.01.2007, a parte autora que foi promovida a Gerente do Departamento, passando a exercer função de confiança na forma do art. 62, inc. II da CLT.

Pois bem.

De início, rejeito, de plano, a alegação de que a parte autora exercia cargo de gerente, uma vez que a juntada ao caderno processual dos cartões de ponto demonstra a existência de controle de jornada durante todo o período contratual, circunstância que impede a aplicação do disposto no art. 62, II, da CLT. Ademais, em seu depoimento pessoal, o preposto da parte ré confessou que a parte autora sempre marcava os cartões de ponto.

Como se não bastasse esse fato, registro que o simples nome "gerente" não é suficiente para impedir o reconhecimento do direito do trabalhador à limitação da jornada de trabalho. Isto porque, para incidência da norma prevista no art. 62, II e parágrafo único, da CLT, deve existir especial fidúcia na pessoa do empregado, além de elevado padrão salarial, o que não ficou comprovado, afinal a testemunha Adélia confirmou que eram apenas cinco funcionários no Departamento de Recursos Humanos, bem como que acima do Gerente de RH está o Gerente Administrativo, e, mais acima, o Gerente Geral.

Por outro lado, quanto ao labor nos dias de sábado, ao contrário do que pretende a parte autora na inicial, não há prova de que ele tenha ocorrido durante todo o contrato. Isso porque, em seu depoimento, a testemunha Adélia afirmou que apenas no final do ano, no mês de dezembro, existe o trabalho em sábados e domingos; que nessas ocasiões o trabalho é direto, sem folga semanal, durante quinze dias, incluindo dois finais de semana.

Assim, ficou comprovado que, ao menos em dezembro, a parte autora laborava em dois sábados no mês, no horário, inclusive, declinado por ela e confirmado pela testemunha, ou seja, das 08h00min às 14h00min, com intervalo de 15min.

Ressalte-se que o fato da parte autora ter confessado que sempre trabalhou em, pelo menos, um sábado por mês, bem como o fato da testemunha Carlinda ter afirmado que não sabe sobre trabalho em dias de sábado e que, às vezes, encontrava a parte autora em supermercado em sábados, não infirma o depoimento da testemunha Adélia, afinal, ao dizer que sempre trabalhou em, pelo menos, um sábado por mês, a parte autora não diz que nunca trabalhou mais do que um sábado por mês, e, ao dizer que às vezes encontrava a parte autora em supermercado em sábados, a testemunha Carlinda não comprova a ausência de labor em dois sábados no mês de dezembro, até porque afirmou categoricamente que não sabe sobre trabalho em dias de sábado, não tendo, assim, aptidão para elucidar tal fato.

Por fim, ressalte-se que, em que pese a parte autora, quando da manifestação aos documentos juntados com a defesa, tenha confirmado os registros de ponto, em seu depoimento pessoal, esclareceu que, quando trabalhava aos sábados, não registrava o ponto, motivo pelo qual prevalece a prova testemunhal quanto ao labor aos sábados.

No que tange ao intervalo intrajornada de segunda a sexta, é incontroverso que a parte autora nunca gozou o intervalo intrajornada integral de uma hora, afinal, em sua contestação, a parte ré confessou que a parte autora fazia nove horas corridas, de segunda a sexta-feira. Em seu depoimento pessoal, inclusive, a parte autora afirmou que tinha apenas quinze minutos para um lanche na própria empresa, no local de serviço, violando, assim, o disposto no caput do art. 71 da CLT.

Ao contrário do sustentado pela parte ré, o intervalo intrajornada previsto no art. 71 da CLT é medida concernente à saúde do trabalhador, não podendo ser objeto de flexibilização individual ou coletiva, motivo pelo qual nula é a norma coletiva que o suprime ou o reduz, o que impõe o pagamento do período total a título de horas extras, com natureza salarial, pois se destina a remunerar o período, conforme art. 71, § 4º, da CLT e Súmula nº 437, TST.

Ressalte-se, contudo, que, conforme já destacado, no que tange ao labor aos sábados, a testemunha Adélia e a própria parte autora confirmaram o gozo de 15min, tempo esse que, considerada a jornada de seis horas das 08h00min às 14h00min, encontra-se em conformidade com o disposto no art. 71, § 1º, da CLT.

Ante o exposto, nos termos do art. 7º, XIII e XIV da CRFB/88, julgo procedente o pedido, condenando a parte ré ao pagamento das horas trabalhadas após a 08ª diária e 44ª semanal, de forma não cumulativa, a título de horas extras, bem como uma hora integral relativa ao intervalo intrajornada não concedido integralmente de segunda a sexta, observados os parâmetros abaixo:

a) horário a ser observado: segunda a sexta das 8h00min às 17h00min, com intervalo de 15min e, em dois sábados somente no mês de dezembro de cada ano, das 08h00min às 14h00min, com intervalo intrajornada de 15min;

b) base de cálculo a ser observada: soma do valor do salário base e das demais verbas de natureza salarial, nos termos da Súmula n. 264 do TST;

c) observância do adicional de 50%;

d) observância da evolução salarial;

e) exclusão dos dias não trabalhados;

f) divisor de 220;

g) em face da habitualidade e, portanto, de sua natureza salarial, determino os reflexos sobre o RSR (na forma da Súmula n. 172 do TST e observada a regra prevista na OJ n. 394 da SDI-1 do TST), 13º salário, férias acrescidas de 1/3 e FGTS acrescido da indenização de 40%.

FÉRIAS

A parte autora afirma não ter gozado as férias referentes a 2005/2006, 2006/2007 e 2007/2008, as últimas em virtude da rescisão do contrato de trabalho.

Na defesa, a parte ré confessa que não houve o gozo de férias em 2006 e em 2007, atraindo, assim, a incidência do art. 137 da CLT quanto ao período aquisitivo de 2005/2006.

No que tange ao período aquisitivo de 2006/2007 (10/01/2006 a 09/01/2007), as férias são devidas de formas simples, na medida em que, quando da dispensa sem justa causa (10/12/2007), a parte autora ainda encontrava-se na vigência do período concessivo respectivo (art. 134 da CLT).

As férias do período 2007/2008 já foram apreciadas e julgadas procedentes em tópico anterior.

Ante o exposto, julgo procedente o pedido, condenando a parte ré ao pagamento das férias em dobro do período de 2005/2006 e de forma simples do período de 2006/2007, ambas acrescidas de um terço (art. 7º, XVII, CRFB/88 e art. 137 da CLT).

INDENIZAÇÃO POR DANO MORAL E MATERIAL

A despedida sem justa causa, por si só, não se consubstancia em ato ilícito, sendo admitida pela ordem jurídica (art. 7º, I, da CRFB/88).

A par disso, a parte autora não comprovou abuso na despedida, não sendo possível atribuir ao ato do empregador o dano causado ao seu estado de saúde.

Por outro lado, os fatos narrados pela parte autora, no caso, dispensa sem justa causa, não possuem o condão de violar os direitos da personalidade (art. 5º, V e X, da CRFB/88).

De todo modo, quanto ao dano material, na vertente danos emergentes, eles não ficaram provados, pois a autora apenas juntou atestados e receituários, sem comprovar, entretanto, as efetivas despesas.

Julgo improcedente.

OFÍCIOS

Diante das irregularidades constadas, determino o envio de ofícios à Previdência Social (período contratual reconhecido em Juízo), a SRTE (ausência de assinatura da CTPS) e à Caixa Econômica Federal (ausência de recolhimento do FGTS), com cópia da presente sentença.

DISPOSITIVO

Ante o exposto, nos autos da ação ajuizada MARIA DE NAZARÉ em face de AMAZON RIVER LTDA., decido:

- declarar a prescrição das pretensões condenatórias exigíveis antes de 02/05/2003, extinguindo o processo, quanto aos pedidos correspondentes, com resolução do mérito (art. 269, IV, do CPC/73 - art. 487, II, CPC/2015; art. 7º, XXIX, da CRFB/88), inclusive as diferenças de FGTS (Súmula n. 206 do TST), ressalvados tão somente os depósitos mensais de FGTS (artigo 23, § 5º, da Lei n. 8.036/90 c/c Súmula n. 362 do TST), que devem observar, no caso em questão, em face da modulação dos efeitos da decisão do STF (nova redação da Súmula n. 362 do TST), o prazo prescricional de 30 (trinta) anos, e os pedidos de natureza declaratória, inclusive de anotação de CTPS (art. 11, § 1º, da CLT), uma vez que imprescritíveis, devendo ainda, quanto às férias, ser observado o disposto no art. 149 da CLT;
- julgar procedentes, em parte, os pedidos para, declarar a existência de vínculo de emprego desde 10/01/2000 e:

  a) quanto às obrigações de pagar, condenar a parte ré a proceder ao pagamento, no prazo de oito dias, dos seguintes títulos:

- aviso prévio (30 dias), com sua integração no tempo de serviço para todos os efeitos legais (art. 487, § 1º, da CLT), devendo ser considerado o dia 09/01/2008 como data da saída (OJ ns. 82 e 83 da SDI-1 do TST), férias simples (10.01.2007 a 09.01.2008) acrescidas de 1/3, décimo terceiro salário (2007) e FGTS de todo o contrato (inclusive do período anterior a anotação da CTPS) acrescido da indenização de 40% (art. 20, inc. I da Lei nº 8.036 de 11 de maio de 1990) e as multas previstas nos arts. 467 e 477, §§ 6º e 8º, CLT;
- horas trabalhadas após a 08ª diária e 44ª semanal, de forma não cumulativa, a título de horas extras, bem como uma hora integral relativa ao intervalo intrajornada não concedido integralmente de segunda a sexta, observados os parâmetros abaixo:

a) horário a ser observado: segunda a sexta das 8h00min às 17h00min, com intervalo de 15min e, em dois sábados somente no mês de dezembro de cada ano, das 08h00min às 14h00min, com intervalo intrajornada de 15min;

b) base de cálculo a ser observada: soma do valor do salário base e das demais verbas de natureza salarial, nos termos da Súmula n. 264 do TST;

c) observância do adicional de 50%;

d) observância da evolução salarial;

e) exclusão dos dias não trabalhados;

f) divisor de 220;

g) em face da habitualidade e, portanto, de sua natureza salarial, determino os reflexos sobre o RSR (na forma da Súmula n. 172 do TST e observada a regra prevista na OJ n. 394 da SDI-1 do TST), 13º salário, férias acrescidas de 1/3 e FGTS acrescido da indenização de 40%;

- férias em dobro do período de 2005/2006 e de forma simples do período de 2006/2007, ambas acrescidas de um terço (art. 7º, XVII, CRFB/88 e art. 137 da CLT);

b) quanto às obrigações de fazer, condenar a parte ré a proceder à retificação da anotação da Carteira de Previdência Social, para constar a admissão em 10.01.2000, no prazo de 48 horas (art. 29, da Consolidação das Leis do Trabalho), a contar da intimação da juntada do documento aos autos, sob pena de multa diária de R$ 100,00, até o limite de R$ 1.000,00. Atingido tal montante, deverá a Secretaria da Vara proceder as anotações, sem prejuízo da multa (art. 39, § 1º, da Consolidação das Leis do Trabalho). No mesmo prazo e sob as mesmas cominações, por se tratar de matéria de ordem pública, cuja obrigação pode ser imposta de ofício, deve a parte ré anotar a CTPS da parte autora para fazer constar como data de saída o dia 09/01/2008.

Julgo improcedentes os demais pedidos.

PARÂMETROS DE LIQUIDAÇÃO

a) JUROS E CORREÇÃO MONETÁRIA

Às parcelas objeto da condenação devem ser acrescidos juros a partir do ajuizamento da ação (art. 883 da CLT), observado o seu propósito meramente indenizatório (OJ 400 da SDI-1 do TST), e correção monetária (na forma do art. 39, § 1º, da Lei n. 8.177/91 e da Súmula n. 381 do TST).

Ressalte-se que a aplicação do IPCA-E ou INPC contrariaria a autoridade do STF que, na Reclamação 22012, suspendeu efeitos de decisão do Tribunal Superior do Trabalho (TST) que determinou a substituição da TRD pelo IPCA na correção monetária dos débitos trabalhistas.

b) RECOLHIMENTOS FISCAIS E PREVIDENCIÁRIOS.

Determino que a parte ré efetue os recolhimentos previdenciários incidentes sobre as parcelas objeto de condenação em pecúnia deferidas nesta sentença, na forma do art. 43 da Lei n. 8.212/91 e da Súmula n. 368 do TST, ficando autorizada a dedução da quota parte da parte autora.

Deverá ainda a parte ré (art. 46 da Lei n. 8.541/1992) efetuar o recolhimento fiscal na forma do art. 12-A da Lei n. 7.713/88 e da Instrução Normativa RFB nº 1.500, de 29/10/2014 (revogadora da IN nº 1.127/11 – art. 114 da IN 1.500/2014), com a redação dada pela Instrução Normativa RFB nº 1558, de 31/3/2015.

Para fins do art. 832, § 3º, da CLT, as parcelas da condenação devem observar o artigo 28, § 9º, da Lei n. 8.212/91, incidindo recolhimentos fiscais e previdenciários somente sobre as parcelas de natureza salarial.

c) FORMA DE LIQUIDAÇÃO

A liquidação deve ser feita por simples cálculos.

d) ABATIMENTO/COMPENSAÇÃO

Abatimento/dedução e compensação são institutos distintos e, no caso dos autos, não há falar em compensação, afinal não houve comprovação de nenhuma obrigação apta a ser extinta em face da posição concomitante de credor e devedor das partes (art. 368 do CC/2002 e arts. 477, § 5 º e 767 da CLT). Rejeito, assim, o pedido de compensação.

Autorizo, contudo, para evitar o enriquecimento sem causa (art. 884 do CC/2002) da parte autora, o abatimento/dedução dos valores pagos sob igual título àqueles deferidos nesta sentença.

Custas processuais no importe de R$ 600,00, calculadas sobre R$ 30.000,00, valor atribuído à condenação para tal fim, pela parte ré.

Expeçam-se os ofícios determinados na fundamentação.

Notifiquem-se as partes e a União (art. 832, § 5º, da CLT)."

4. Sentenças moderadas

4.1. Prova de sentença do TRT 05 – 2014 (Maria Elisabete Soares da Silva X Empresa de Processamento de Dados San Salvador Ltda. X Banco Santana do Nordeste S.A)

CONCURSO PARA JUIZ DO TRABALHO SUBSTITUTO ESTADO DA BAHIA
PROVA PRÁTICA – ELABORAÇÃO DE SENTENÇA
REALIZADA EM 9 DE MARÇO DE 2014

(ATENÇÃO: DISPENSA-SE A ELABORAÇÃO DE RELATÓRIO)

I - PETIÇÃO INICIAL

Excelentíssimo Sr. Dr. Juiz da Vara do Trabalho de Salvador- BA

RECLAMAÇÃO TRABALHISTA COM PEDIDO DE CONCESSÃO DE LIMINAR DE REINTEGRAÇÃO NO EMPREGO

MARIA ELISABETE SOARES DA SILVA, brasileira, casada, bancária, Analista de dados, portadora do CPF n. 900.540.792-00, CTPS n. 044459, série 0079 BA, residente e domiciliada à rua do Comércio, 153, Centro, Salvador – Bahia, por intermédio de seu advogado, constituído conforme procuração anexa, propõe **Reclamação Trabalhista, com Pedido Liminar de Reintegração,** em face da **EMPRESA DE PROCESSAMENTO DE DADOS DA CIDADE DE SALVADOR LTDA.**, pessoa jurídica de direito privado, inscrita no CNPJ sob o n. 02.357.003/0001-8, domiciliada à rua São Geraldo, 146, 1º Andar, Farol, Salvador, e, solidariamente, contra o **BANCO SANTANA DO NORDESTE S/A.**, pessoa jurídica de direito privado, inscrita no CNPJ sob o n. 02.333.476/0005-5, com domicílio à rua São Geraldo, 146, Térreo, Farol, Salvador, pelos fatos e fundamentos a seguir expostos.

Justificativa do litisconsórcio passivo
Explica a Autora que a primeira Ré integra o mesmo grupo econômico ao qual pertence o segundo Réu, prestando-lhe serviços exclusivos, mediante atendimento à sua carteira de clientes.

Pedido de Reintegração no Emprego – Liminar - Rescisão arbitrária – gravidez – direito à reintegração imediata
A Autora afirma que foi contratada pela primeira Ré para exercer a função de Analista de Dados em 20.9.2000, e por ela dispensada em 09.12.2013, muito embora estivesse grávida. Pede o **deferimento de antecipação de tutela para que seja determinada a imediata reintegração no emprego**, com o pagamento dos salários vencidos e vincendos, férias, com 1/3, 13° salário e depósitos do FGTS referentes ao período que abrange a rescisão do contrato até a efetiva reintegração, além do restabelecimento do Plano de Saúde e cominação de multa, na hipótese de descumprimento pelos Réus das obrigações de fazer, revertidas em favor da Reclamante.
Por extrema cautela postula – em sucessivo – que, caso indeferido o pedido de reintegração no emprego (liminarmente ou não), condene os Réus a pagar-lhe os direitos decorrentes da rescisão imotivada, considerando o período de estabilidade: aviso prévio proporcional, com integração ao tempo de serviço para todos os efeitos legais, inclusive baixa na CTPS, indenização alusiva à garantia de emprego (salários e demais direitos vincendos, férias com 1/3 e 13° salário proporcionais, FGTS com 40%,), multa do art. 477 da CLT e indenização compensatória alusiva ao seguro desemprego.

Direitos da Categoria Profissional dos Bancários. Previsão em instrumentos coletivos: diferença salarial, auxílio refeição, auxílio cesta alimentação, abono por tempo de serviço, participação nos lucros e resultados e reajustes salariais.
A Autora alega que percebia 4 (quatro) salários mínimos mensais ao ser dispensada, e que também auferiu comissões variáveis, na ordem de 2 (dois) salários mínimos mensais, fruto de negócios que realizava com os clientes do segundo Réu, por ordem da primeira Ré. Destaca que não recebia os direitos assegurados aos bancários, pedindo a condenação dos Réus ao pagamento dos títulos acima referenciados, e constantes dos instrumentos normativos, com reflexos no repouso remunerado, nas férias com 1/3, nas gratificações natalinas e nos depósitos do Fundo de Garantia.

Jornada de trabalho – Horas extras e repercussões

2

A Autora diz que, ao longo da relação de emprego, trabalhava das 8h:00 às 18h:00, com 2 (duas) horas de intervalo, de 2ª a 6ª feira, sem receber os valores alusivos às horas excedentes da 6ª (sexta) por dia. Pleiteia a condenação dos Réus ao pagamento desse título com o adicional legal, e reflexos em todos os direitos trabalhistas, aplicando-se o divisor de 150 (cento e cinquenta) para o cálculo porque nos instrumentos normativos consta que "o sábado é dia de descanso remunerado para o bancário" (cláusula 20ª). Postula que todas as verbas de natureza salarial, inclusive as consignadas nos instrumentos coletivos, sejam consideradas na apuração.

Intervalo especial, após o transcurso da jornada legal – horas extras com o adicional.
A Autora alega que deveria trabalhar 6 (seis) horas diárias, mas extrapolava esse limite. Adianta que, considerando que a primeira Ré não lhe concedia o intervalo especial, após o transcurso das 6 (seis) horas de serviço - antes de começar a trabalhar a sétima e a oitava horas - faz jus ao valor alusivo a tal descanso não usufruído, com o adicional de horas extras, como previsto em lei.

Diferenças de Repouso Semanal Remunerado
Pretende a Reclamante a condenação dos Réus ao pagamento das diferenças de férias, com 1/3; gratificações natalinas e depósitos do FGTS, em face das diferenças de repouso semanal remunerado, resultantes das horas extras habitualmente prestadas.

Desconto salarial ilegal
A Autora denuncia que a primeira Ré, anualmente, realizava desconto salarial, alegando previsão nas Convenções Coletivas firmadas entre o Sindicato dos Empregadores das Empresas de Processamento de Dados e o Sindicato da Categoria profissional correspondente, no importe de R$ 200,00 (duzentos reais), a título de "taxa para custeio do sistema confederativo". Reputando abusivos os descontos porque não era associada do Sindicato, nem os autorizou, pede sejam os Réus condenados a devolver R$ 200,00 (duzentos reais) alusivos a cada ano, em dobro.

Adicional de Transferência
A Autora afirma que, em maio de 2009, a primeira Ré a transferiu para Itabuna, continuando a executar as tarefas anteriores, em igual jornada, até fevereiro de 2010, quando foi determinado seu regresso para Salvador. Diz

que nesse período não recebia o adicional previsto em lei, pedindo a condenação dos Réus ao pagamento desse título. Realça que deve ser considerado o salário de bancária e demais parcelas salariais, constantes nos instrumentos coletivos, acrescido do valor das horas extras, com integração ao tempo de serviço para os fins de depósitos do FGTS, férias, com 1/3 e gratificação natalina proporcionais, tudo referente ao marco temporal em que perdurou a transferência.

Indenização por danos morais - Acidente de Trabalho – Assalto no interior do estabelecimento bancário

A Autora narra que em 1º de outubro de 2011- quando trabalhava no estabelecimento do segundo Réu - assaltantes armados ingressaram no local. Diz que, na ocasião, ela e a colega, Rosana Piedade, foram reféns dos bandidos, recebendo coronhadas na cabeça e desfalecendo. Esclarece que passou a gozar benefício previdenciário acidentário, reassumindo suas funções no primeiro dia útil seguinte ao término dessa licença (26 de março de 2012). Destaca que os Réus não dispunham de todos os mecanismos de segurança indispensáveis ao empreendimento, em que pese haver vigilantes e câmeras - que não impediram o fácil ingresso dos assaltantes no estabelecimento. Explica que em razão do acidente começou a sentir angústia, medo, diante da possibilidade de novos assaltos no local de trabalho. Desde então, submete-se a acompanhamento psiquiátrico particular. Entende que os Réus feriram a sua integridade física e psíquica, ao serem negligentes quanto à proteção que deveriam conferir aos empregados. Pede a condenação dos Reclamados ao pagamento de indenização por danos morais no valor de R$ 100.000,00 (cem mil reais).

Indenização por danos morais por Assédio Moral e Ressarcimento dos valores com o Tratamento Psiquiátrico

A Reclamante afirma que a partir do final de maio de 2012, o Sr. Carlos Bustamante, Gerente da primeira Ré, passou a intimidá-la. Diz que esse senhor lhe exigia - com rispidez e ameaça de punição - que atingisse metas de vendas para o segundo Réu superiores a sua capacidade. Explica que o Sr. Carlos também lhe enviava mensagens eletrônicas, com termos grosseiros, simbolizando coação psicológica. Aduz que o procedimento do Gerente acirrou sua ansiedade, deflagrada com o assalto sofrido, pois chorava constantemente, instalando-se um quadro psicológico sem antecedentes em sua história profissional e pessoal. Destaca que o assédio moral, aliado ao mencionado temor de novos assaltos, motivaram o seu afastamento do serviço algumas vezes para gozo de licença médica. Pede que condene os

Reclamados a pagar indenização por danos morais (assédio), no importe de R$ 100.000,00 (cem mil reais) e o valor de R$ 20.000,00 (vinte mil reais), pelos danos materiais (ressarcimento de despesas com psiquiatra).

Diferenças salariais – salário variável - comissões suprimidas
A Autora informa que a partir de 03 de julho de 2012 a primeira Ré não mais lhe autorizou executar negócios de interesse do primeiro Réu, suprimindo o pagamento das comissões, que sempre auferira. A Reclamante atribui tal decisão ao fato de, após retornar da licença decorrente do acidente de trabalho (assalto no interior do Banco réu), continuar o tratamento psicológico, afastando-se do serviço em alguns momentos para consultas e licenças médicas. Os documentos anexados provam as faltas justificadas ao trabalho e o acompanhamento psiquiátrico. Pede a condenação dos Réus ao pagamento das comissões suprimidas desde 3 de julho de 2012, com integração ao contrato de trabalho para todos os fins de direito (férias com 1/3, gratificações natalinas, depósitos do FGTS e repouso remunerado).

Honorários de advogado
Entende a Autora ser o advogado indispensável à administração da Justiça, pedindo sejam condenados os Réus a pagar os honorários advocatícios, calculados sobre a condenação corrigida.

Encargos Fiscais
A Reclamante postula a responsabilidade dos Réus pelos encargos fiscais ou, de forma alternativa, o cálculo do Imposto de Renda pelo regime de competência, ao fundamento de que, ao receber os valores acumulados dos créditos trabalhistas não pode sofrer o encargo de incidência de uma maior alíquota sobre o total auferido.

Juros de mora e correção monetária
A Autora pede que sobre o total da condenação incidam juros e correção monetária.

Justiça gratuita
A Autora declara não ter condições de arcar com as despesas de honorários de advogado e custas processuais sem prejuízo de seu sustento e da família, e busca o benefício da assistência gratuita.

A Reclamante requer, por fim, a notificação dos Reclamados, nos endereços fornecidos, protestando pela aplicação da pena de revelia e confissão, bem como a produção de provas, postulando a condenação dos Réus com relação aos seguintes títulos:

A título de **antecipação de tutela, requer, inicialmente, a declaração de nulidade da dispensa em face de sua estabilidade, com reintegração no emprego e pagamento de salários vencidos e vincendos, além de férias, com 1/3, 13º salários e depósitos do FGTS, desde seu afastamento e até sua efetiva reintegração, bem como o restabelecimento do Plano de Saúde Coletivo (no qual não contempla assistência psiquiátrica), com cominação de multa diária a ser fixada por V. Excelência, sugerindo o importe de R$ 2.000,00, em face da capacidade econômica dos Réus, caso descumpridas as obrigações de fazer, revertidas em favor da** Autora.

E, **na hipótese de ser considerado indevido o pleito de reintegração, requer, sucessivamente, sejam condenados os Réus, solidariamente, ao pagamento de aviso prévio proporcional, com integração ao tempo de serviço, inclusive para efeito de baixa na CTPS, indenização alusiva à garantia de emprego (salários vincendos, férias com 1/3 e 13º salário proporcionais e FGTS com 40%), multa dos arts. 467 e 477 da CLT e indenização compensatória do seguro desemprego.**

Requer, ainda, a condenação solidária dos Réus ao pagamento das seguintes verbas:

a) **Devolução dos valores descontados a título de taxa assistencial, relativos ao período trabalhado, em dobro.**

b) **Indenização por danos morais, no valor de R$ 100.000,00 (cem mil reais), em face do assalto;**

c) **Indenização por danos morais, no valor de R$ 100.000,00 (cem mil reais) fruto do assédio moral que lhe foi dirigido pela primeira Reclamada;**

d) **Indenização por danos materiais (tratamento psiquiátrico – valor total dos recibos anexos), no importe de R$ 20.000,00 (vinte mil reais);**

e) **Adicional de Transferência referente ao período em que esteve trabalhando na cidade de Itabuna- BA, com as repercussões referidas na parte da exposição;**

f) Diferença Salarial decorrente da redução salarial provocada pela alteração da forma de pagamento (fixo acrescido de comissões), com repercussões nas verbas mencionadas na parte da exposição;

g) Horas excedentes da 6ª diária (de 2ª a 6ª feira), com o adicional legal, considerando a remuneração composta de salário base e comissões, repercutindo no repouso remunerado, nas férias com 1/3, nas gratificações natalinas, nos depósitos do Fundo de Garantia alusivos a todo o contrato de trabalho, bem como a multa de 40% legais (esta última, caso não lhe seja deferida a reintegração);

h) Horas extras acrescidas do adicional legal, pela não fruição do intervalo especial antes do início do trabalho extraordinário, ao longo do contrato de trabalho, com as repercussões perseguidas na alínea "g";

i) Divisor 150 para o cálculo das horas extras;

j) Diferenças de Remuneração decorrentes dos Repousos semanais nas férias, com 1/3, nas gratificações natalinas, e nos depósitos do FGTS, com respectiva integração ao salário para os mesmos efeitos vindicados na alínea "g";

k) Direitos decorrentes da Categoria Profissional dos Bancários: diferença salarial entre o valor fixo percebido e a remuneração constante dos instrumentos coletivos, auxílio refeição e auxílio cesta alimentação, abono por tempo de serviço, participação nos lucros e resultados e reajustes salariais, alusivos a todo o tempo de serviço.

l) Reflexos dos direitos decorrentes da Categoria Profissional dos Bancários nas férias com 1/3, nas gratificações natalinas, no repouso remunerado e nos valores do FGTS, bem como a multa de 40%, caso não lhe seja deferida a reintegração;

m) Honorários advocatícios de 20% sobre o valor da condenação, corrigida.

Protesta por todos os meios de prova em direito admitidos e dá-se à causa o valor de R$ 500.000,00.

Pede deferimento
Salvador, 20 de fevereiro de 2014

7

Com a inicial, foram juntados os seguintes documentos:
- cópia da CTPS da Autora com o registro do contrato de trabalho com a primeira Ré, constando a data de admissão em 20.9.2000 e a função de Analista de Dados;
- procuração do advogado particular;
- declaração da Reclamante de que não detinha condições de arcar com as despesas alusivas a advogado, bem como as despesas processuais em geral;
- cópia do exame médico, datada de 7 de fevereiro de 2014, que confirma estar a Autora com 03 (três) meses de gravidez;
- 10 mensagens (via e-mails), com datas de maio, junho e julho de 2012, dirigidas à Autora pelo Gerente Sr. Carlos Lira, com determinação expressa e grosseira para a obtenção de melhores metas e admoestação sobre a possibilidade de perda das comissões e do emprego, caso não as alcançasse.
- cópias das Convenções Coletivas da Categoria Profissional dos Bancários referentes a todo o contrato de trabalho;
- recibos da psiquiatra, Dra. Alice Gomes, no valor total de R$ 20.000,00 (vinte mil reais), alusivos ao período de abril de 2012 a fevereiro de 2014.
- laudo da psiquiatra, Drª. Alice Gomes, datado de novembro de 2012, do qual consta que a Autora é portadora de "*síndrome ansiosa depressiva reativa*".
- atestados referentes às licenças médicas em razão de transtorno psicológico, alusivos aos meses de maio (3 dias), junho (2 dias) e julho (5 dias), tudo do ano de 2012.
- cópia de Comunicação de Acidente de Trabalho, de 1º de outubro de 2011 (assalto ao estabelecimento do segundo Réu);
- certidão do INSS (concessão de benefício de acidente de trabalho referente a 1º de outubro de 2011 a 26 de março de 2012).

8

II - CONTESTAÇÃO DA PRIMEIRA RECLAMADA

Excelentíssimo Sr. Dr. Juiz da 90ª Vara do Trabalho de Salvador- BA

A EMPRESA DE PROCESSAMENTO DE DADOS DA CIDADE DE SALVADOR LTDA., qualificada nos autos da reclamação trabalhista movida por **MARIA ELISABETE SOARES DA SILVA**, por seu advogado, vem, perante V. Excelência oferecer **CONTESTAÇÃO**, expondo o seguinte:

1. Da Gratuidade Judiciária
Afirma a Ré que não deve ser conferido o benefício da Assistência Judiciária à Autora, uma vez que auferia 4 (quatro) salários mínimos, quando foi despedida, não demonstrando, ademais, o seu estado de insuficiência financeira.

2. Reintegração e pedidos consectários
Inicialmente, a Reclamada contesta o pedido de reintegração no emprego, ao argumento que desconhecia a gravidez da Autora, quando a dispensou. Ressalta que a concessão do aviso prévio indenizado opera efeitos limitados às vantagens econômicas, obtidas no respectivo período, sendo ato perfeito e acabado, extinguindo o contrato e sua projeção é mera ficção jurídica. Aduz que, assim, a Autora não tem direito à reintegração no emprego, quer de forma liminar, quer após a instrução processual, ficando contestado o pedido de reintegração, salários vencidos e vincendos, bem como a pretensão de obter antecipação de tutela, pois não atendidos os requisitos legais para sua concessão. Adianta que eficaz a despedida, também descabe o pleito de restabelecimento do Plano de Saúde, que segue a sorte do pedido principal.

3. Devolução de desconto alusivo à taxa assistencial
Alega que se trata de parte ilegítima para responder à demanda quanto ao tema "devolução de desconto de taxa assistencial" porque repassou os valores ao Sindicato dos Trabalhadores em Empresas de Processamento de Dados, beneficiário das normas coletivas. Acrescenta que consta da Convenção o direito de oposição dos empregados, e que a Autora concordou com o desconto, e contra ele jamais se insurgiu.

4. Jornada de trabalho
Diz a Ré que a jornada apontada pela Autora está correta, revelando a ausência de horas extras, pois não ultrapassada a duração diária e/ou semanal legal, prevista na ordem jurídica. Aduz que a Trabalhadora não fazia jus à jornada dos bancários, pois a Empresa se dedica ao processamento de dados.

5. Horas extras em face da ausência do intervalo especial, antes do trabalho nas sétimas e oitavas horas.
A Ré afirma a improcedência do pedido, quer porque legítimo o labor após a 6ª (sexta hora diária), quer porque a Constituição da República consagra igualdade de direitos e obrigações a todos.

6. Repouso semanal remunerado. Integração. Horas extras. Repercussão.
A Ré contraria o pedido da Autora porque configura injustificável "bis in idem", pois o aumento do valor do repouso remunerado semanal, fruto da integração das horas extras não assegura a repercussão pedida, até porque já se encontra embutido no salário.

7. Direitos decorrentes da Categoria Profissional dos Bancários: diferença salarial, auxílio refeição, auxílio cesta alimentação, abono por tempo de serviço, participação nos lucros e reajustes salariais.
A Ré contesta os pedidos em epígrafe, tendo em vista que a Autora não era bancária. Destaca que a execução de tarefas pela Empregada de venda de títulos do segundo Réu não a transmuda em bancária. Esclarece que a atividade da Reclamada é de execução de trabalhos de compilação e computação eletrônica de dados, não atrelada à atividade fim do Banco. Realça que a Autora prestava serviços próprios à sua categoria: a de processadores de dados, enquadrando-se no Sindicato dos Trabalhadores em Processamento de Dados do Estado da Bahia. Aduz que, por não integrar a

Categoria Econômica de Empresas de Crédito, a Ré desobriga-se de cumprir normas que lhe são estranhas.

8. Diferenças salariais – salário variável - comissões suprimidas

Em relação ao pedido em epígrafe, a Reclamada afirma que a Autora não sofreu prejuízo, sendo o ato lícito, decorrendo do seu *jus variandi*. Esclarece que subtraiu parte das atividades antes desenvolvidas pela Reclamante (que lhe permitiam o recebimento de comissões) porque ela não estava atingindo as metas estabelecidas pela Empresa. Diz que o recebimento de comissões sem trabalho configuraria enriquecimento sem causa. Realça que, considerando que a Empregada se ausentava do serviço para participar de sessões psiquiátricas, reduziu o volume de suas atividades, agindo, portanto, no benefício pessoal da Trabalhadora.

9. Indenização por danos morais - Acidente de Trabalho – Assalto no interior do estabelecimento da Empregadora

Quanto ao pedido discriminado, a Contestante diz que deve ser indeferido porque o acidente que motivou o afastamento e a percepção do benefício previdenciário não decorreu de comportamento negligente, imperícia ou imprudência da Empregadora. Assevera que o assalto não ocorreu no interior do seu estabelecimento, e que, de toda sorte, o Banco réu dispunha de vigilantes e portas especiais. Aduz que cabe ao Estado zelar pela segurança dos cidadãos, sendo sua a responsabilidade pela violência que assola a cidade. Pondera que o Banco teve prejuízo com o roubo de numerário e outros bens, além de restar danificado o maquinário. Destaca que havia outros empregados e clientes na ocasião do infortúnio, mas apenas a Reclamante e uma colega foram atingidas, sem maior gravidade. Noticia que a colega da Autora, Sra. Rosana Piedade – também ferida no assalto -, após o retorno do benefício previdenciário não revelou pânico ou medo, trabalhando normalmente. Entende que eventual desencadeamento de síndrome é fruto da natureza frágil da Reclamante. Lembra que o sistema de saúde no Brasil é público e universal, cabendo ao Estado arcar com o tratamento. Considera que, ausentes culpa ou dolo da Ré, não existe ato ilícito, sendo indevida a indenização por dano moral. Acrescenta ser abusivo e sem parâmetro o valor pretendido, motivo pelo qual pede a redução para R$ 5.000,00 (cinco mil reais).

10. Indenização por danos morais e materiais – Assédio Moral e Tratamento Psiquiátrico

A Ré nega que o Gerente tratasse a Autora com excessivo rigor, cobrando-lhe metas inatingíveis, pois apenas lhe pedia melhores resultados junto aos clientes do primeiro Réu, em face do decréscimo constatado após o retorno do benefício acidentário. Destaca que o superior hierárquico agia de forma discreta, em recinto fechado, durante as reuniões das quais participavam outros empregados, sem a presença de pessoas estranhas ao quadro da Empresa. Assevera que o referido Gerente usava palavras hábeis ao incentivo funcional, justificando a necessidade de aumentar o volume dos negócios da Empresa, sem intuito de ferir a dignidade dos trabalhadores. Acrescenta que o cumprimento de metas decorre do poder diretivo do Empregador, aspecto necessário à organização do trabalho e ao alcance do lucro e prosperidade do empreendimento. Argumenta ser excessivo o valor pretendido a título de indenização por danos morais, requerendo, na hipótese remota de condenação, a redução para R$5.000,00 (cinco mil reais).

11. Adicional de Transferência

A Ré afirma que, possuindo filial em Itabuna, poderia determinar que seus empregados trabalhassem naquele município. Adianta que o contrato de trabalho tinha cláusula de transferência, motivo pelo qual era desnecessária autorização da Empregada para promover a mudança do local de trabalho, sendo indevido o adicional.

12. Multa do art. 477, § 8º, da CLT

Diz a Reclamada que a Autora não tem direito à multa em epígrafe porque foi ela quem não aceitou sequer a comunicação de dispensa imotivada, sendo responsável pelo fato de não haver recebido as parcelas decorrentes da rescisão contratual.

13. Multa do art. 467 da CLT

A Reclamada afirma ser improcedente este pedido porque todos os títulos perseguidos pela Autora são controvertidos, como se percebe pelos termos da contestação.

14. Honorários de advogado

A Ré contesta a pretensão da Autora porque incabível na Justiça do Trabalho, salvo se o trabalhador estiver assistido pelo Sindicato da Categoria Profissional.

15. Encargos Fiscais
A Reclamada contraria o pedido da Reclamante porque a matéria tem norma expressa em sentido contrário ao perseguido, revelando-se a postulação lesiva à ordem jurídica.

Conclui sua defesa, invocando a prescrição, no que couber, e a incidência de IR (inclusive sobre juros moratórios) e INSS.

Requer a improcedência da reclamação, protestando por todos os meios de prova admitidos em direito.

Pede deferimento.
Salvador, 06 de março de 2014.

A **EMPRESA DE PROCESSAMENTO DE DADOS DA CIDADE DE SALVADOR LTDA.** juntou os seguintes documentos:
- comprovação em cópia autenticada do repasse anual do desconto referente à taxa assistencial ao Sindicato dos Trabalhadores das Empresas de Processamento de Dados da cidade de Salvador.
- instrumento de procuração.

III - CONTESTAÇÃO DO SEGUNDO RECLAMADO

Excelentíssimo Sr. Dr. Juiz da 90ª. Vara do Trabalho de Salvador- BA

BANCO SANTANA DO NORDESTE S/A, qualificado nos autos da reclamação trabalhista movida por **MARIA ELISABETE SOARES DA SILVA**, vem, por seu advogado, oferecer **CONTESTAÇÃO**, com base nos seguintes fatos e argumentos:

1. Preliminarmente

1.1. Ilegitimidade passiva
Assevera o Banco que a Autora não era sua empregada motivo pelo qual entende que é parte ilegítima para figurar no processo, realçando que na inicial foi indicada como empregadora a primeira Ré. Diz que, embora compondo o mesmo grupo econômico da primeira Ré, ela não era obrigada a lhe prestar serviços exclusivos, tendo ambas personalidades jurídicas próprias. Aduz que aquela Empresa possui conhecimento na área de processamento de dados, podendo celebrar negócios para empresas da área bancária e instituições distintas (não bancárias) que sequer integram o grupo econômico do Réu. Alude que tal contexto dificulta a defesa específica do Banco, e pede a declaração da ilegitimidade de parte, extinguindo-se o processo, sem resolução de mérito.

1.2. Impossibilidade jurídica do pedido - Pleitos embasados nas Convenções Coletivas da Categoria Profissional dos Empregados Bancários
Declara que os fatos denotam a ausência de responsabilidade do Réu, daí porque, sendo parte ilegítima para figurar na lide, devem ser extintos os

pedidos fundados nos instrumentos normativos da Categoria dos bancários. Diz que a Autora não deve ser considerada bancária, pois as tarefas que executava não se enquadravam como típicas de empregada de estabelecimento de crédito.

2. Mérito

2.1. Diferenças salariais – salário variável - comissões suprimidas
A Contestante argumenta que não determinou à Autora que deixasse de vender seus títulos, tratando-se de decisão da sua Empregadora, não sendo responsável por ato praticado pela primeira Reclamada. Aduz que, caso superada a preliminar de ilegitimidade de parte, seja afirmada a improcedência do pedido em relação a sua pessoa.

2.2. Pedidos fundados na jornada de trabalho
Alega o Banco que, não sendo empregador da Reclamante não tem, sequer, condições objetivas de apresentar defesa específica. Diz ser do seu conhecimento que a primeira Reclamada respeitava as normas jurídicas fixadas na CLT, não tendo procedência o pedido de pagamento de horas extras e repercussões vindicadas. Destaca - por extremo amor ao debate – que caso se conclua pela procedência desse pedido, deduzam-se do seu cômputo os períodos de afastamento, tais como: licenças médicas, férias, feriados nacionais e regionais, observando-se que sobre a parte alusiva às comissões não incidem horas extras, mas apenas o adicional legal.

2.3. Pleitos embasados nas Convenções Coletivas da Categoria Profissional dos Bancários: auxílio refeição, auxílio cesta alimentação, adicional (abono) por tempo de serviço e participação nos lucros
Defendendo-se, diz o Banco que a Autora não faz jus a tais títulos porque não era bancária. Aduz que sequer comprovou que o Réu tenha obtido lucro para distribuir entre os trabalhadores, condição essencial para o deferimento do pedido de participação nos lucros.

2.4. Multas dos arts. 467 e 477 da CLT
O Reclamado contraria os pedidos. O primeiro, em face da irrecusável controvérsia que recai sobre toda a matéria objeto da lide. O segundo porque a Autora não concordou em receber as verbas trabalhistas, quando da rescisão contratual.

2.5. Assistência Judiciária Gratuita

Diz o Banco que a concessão de assistência judiciária gratuita tem regra própria na CLT, somente devendo ser deferida àqueles que percebam até 2 (dois) salários mínimos, ou que comprovem não poder demandar sem prejuízo econômico familiar. Adianta que a Autora percebia remuneração superior a esse limite e não provou carência financeira ou econômica, sendo improcedente o pedido.

2.6. Honorários de advogado

O Contestante assevera que na Justiça do Trabalho não é assegurado o direito de a parte vencedora perceber honorários da parte vencida, sendo inaplicável o princípio da sucumbência.

2.7. Encargos Fiscais

O Banco destaca que a matéria é de ordem pública, devendo o Magistrado observar as normas jurídicas em vigor, sob pena de ofensa ao inciso II do art. 5º da Constituição Federal.

2.8. Juros de Mora e Correção Monetária

Assevera o Réu que a condenação ao pagamento de juros de mora deve considerar o marco temporal compreendido entre a data do ajuizamento da ação até a garantia real da execução.

2.9. Prescrição

O Contestante pede a aplicação da prescrição, no que couber.

Diante do exposto, protestando por todos os meios de prova em, direito admitidos, requer o reconhecimento da ilegitimidade de parte e, superada essa preliminar, a improcedência da reclamação.

E. deferimento.
Salvador, 06 de março de 2014

O Banco reclamado juntou cópia autenticada do instrumento de procuração.

16

O Juiz se reservou a apreciar o pedido de antecipação dos efeitos da tutela por ocasião da prolação da sentença, fixando o valor de alçada de acordo com a inicial.

As partes não se manifestaram sobre os documentos apresentados e afirmaram não ter novas provas a oferecer.

O Juiz encerrou a instrução.

As partes ofereceram razões finais remissivas.

Foi renovada a proposta de conciliação, sem êxito, sendo designado o julgamento para o dia 9 de março de 2014, às 14 horas.

BOA PROVA

17

PARA EXERCITAR

MODELO DE RESPOSTA DA PROVA DE SENTENÇA DO TRT 05 – 2014 (MARIA ELISABETE SOARES DA SILVA X EMPRESA DE PROCESSAMENTO DE DADOS SAN SALVADOR LTDA. X BANCO SANTANA DO NORDESTE S.A)

"RELATÓRIO

Dispensado pela comissão examinadora.

FUNDAMENTAÇÃO

CONSIDERAÇÕES INICIAIS. EFICÁCIA INTERTEMPORAL DAS NORMAS DE DIREITO MATERIAL E DE DIREITO PROCESSUAL

Inicialmente, cumpre destacar que, considerando a data do ajuizamento da presente ação trabalhista, não há falar em aplicação do disposto na Lei n. 13.467/2017, razão pela qual os dispositivos legais aplicáveis são aqueles vigentes no momento do ajuizamento da ação, sobretudo no que toca a sistemática relativa aos requisitos da petição inicial, regularidade de representação das partes na audiência, concessão da justiça gratuita e deferimento de honorários advocatícios.

Ademais, considerando a data de ocorrência dos fatos, também não há falar em aplicação do disposto na Lei n. 13.467/2017 sobre o tema, razão pela qual os dispositivos legais aplicáveis são aqueles vigentes no momento da ocorrência dos fatos.

TRAMITAÇÃO PREFERENCIAL

Determino, por força da Recomendação Conjunta n.º 1/GP.CGJT, de 03/05/2011, a retificação dos autos e demais assentamentos para fazer constar a prioridade na tramitação do presente feito, por envolver acidente de trabalho.

ILEGITIMIDADE PASSIVA (SUSCITADA PELA SEGUNDA PARTE RÉ)

A exclusão pretendida pela segunda parte ré, sob o argumento de que a parte autora não era sua empregada, é matéria de mérito, e, como tal, deve ser apreciada, afinal as condições da ação devem ser aferidas em abstrato, através do teor da petição inicial (teoria da asserção).

Rejeito.

ILEGITIMIDADE PASSIVA (SUSCITADA PELA PRIMEIRA PARTE RÉ)

A ilegitimidade passiva suscitada pela primeira parte ré, sob o argumento de que repassou os valores ao Sindicato dos Trabalhadores em Empresas de Processamento de Dados, beneficiário das normas coletivas, é matéria de mérito, e, como tal, deve ser apreciada, afinal as condições da ação devem ser aferidas em abstrato, através do teor da petição inicial (teoria da asserção).

Rejeito.

IMPOSSIBILIDADE JURÍDICA DO PEDIDO (SUSCITADA PELA SEGUNDA PARTE RÉ)

Com o advento da Lei n. 13.105/2015 (CPC/2015), a possibilidade jurídica do pedido deixou de ser condição da ação e, portanto, viabilizar a extinção do processo sem resolução do mérito (art. 485, VI, do CPC/2015, aplicável ao processo do trabalho por força do art. 15 do CPC/2015 e do art. 769 da CLT).

São condições da ação, portanto, a partir de então, somente a legitimidade da parte e o interesse processual, razão pela qual não há mais falar em preliminar de impossibilidade jurídica do pedido, devendo o tema, portanto, ser apreciado tão somente como questão de mérito.

Ademais, mesmo na hipótese de admitir a possibilidade jurídica do pedido como preliminar, a impossibilidade jurídica do pedido só existe quando o pedido é vedado pelo ordenamento jurídico, o que não ocorreu no caso dos autos, afinal as alegações da segunda parte ré são genéricas, na medida em que sequer cuidou de indicar norma legal proibindo a pretensão da parte autora ao reconhecimento dos direitos indicados nas normas coletivas, juntadas com a petição inicial.

Rejeito.

PRESCRIÇÃO

Arguida pelas partes rés, genericamente, cabe a apreciação nas mais diversas modalidades.

Tendo em vista que a extinção do contrato de trabalho ocorreu em 09/12/2013 e o ajuizamento da ação em 20/02/2014, não há falar em prescrição bienal.

No que tange à alteração da forma de pagamento do salário em 03/07/2012, mesmo que se admita a tese da prescrição total (Súmula n. 294 do TST), não há falar em prescrição no caso em questão, afinal o ajuizamento da ação observou o prazo de cinco anos contados da data da alteração do pactuado.

Quanto ao acidente de trabalho, sendo incontroversa a ocorrência em 01/10/2011, após, portanto, da EC 45/2004, aplica-se o prazo de prescrição trabalhista (cinco anos), não se encontrando prescritas, portanto, as pretensões relacionadas.

Por outro lado, declaro a prescrição das pretensões condenatórias exigíveis antes de 20.02.2009, extinguindo o processo, quanto aos pedidos correspondentes, com resolução do mérito (art. 487, II, do CPC/2015; art. 7º, XXIX, da CRFB/88).

REINTEGRAÇÃO. DECLARAÇÃO DE NULIDADE DA DISPENSA

A tese da parte autora lançada na petição inicial é no sentido de que fora dispensada injustamente no dia 09/12/2013, momento em que se encontrava grávida. Requer a reintegração no emprego, e, sucessivamente, o pagamento das parcelas referentes ao período estabilitário.

A primeira parte ré, por sua vez, sustenta que desconhecia o estado gravídico da parte autora, ao passo que a segunda parte ré sequer se manifestou acerca dos fatos.

Ao exame.

De início, aponto que, ao contrário do quanto afirmado pela primeira parte ré, a parte autora já se encontrava grávida no momento da comunicação da dispensa, não sendo o caso, portanto, sequer de se perquirir acerca da possibilidade de reconhecimento da estabilidade no curso do aviso prévio.

Isto porque o exame médico de fl. 08, datado de 07/02/14, confirma estar a parte autora com 03 (três) meses de gravidez. Desse modo, mesmo considerada uma margem de erro utilizada em exames de tal espécie, de 3 a 7 dias, conclui-se que a parte autora já se encontrava em estado gravídico na época em que foi dispensada (comunicada da dispensa), afinal a dispensa ocorreu no dia 09/12/2013, sendo que a parte autora, de acordo com o referido exame, já se encontrava grávida desde 07/11/2013.

Registre-se, ademais, que é irrelevante o conhecimento, pelo empregador, em relação ao estado de gravidez da empregada. É que o art. 10, II, b, do ADCT veda a dispensa arbitrária ou imotivada da empregada gestante desde a confirmação da gravidez até cinco meses após o parto, de sorte que a norma constitucional em tela estabelece a responsabilidade objetiva do empregador pelos salários e garantias próprias ao contrato de trabalho, durante todo o período ao longo do qual é assegurada a estabilidade, e o único pressuposto para que a empregada tenha reconhecido seu direito é a concepção do nascituro no curso do contrato de trabalho.

No mesmo sentido, a Convenção nº 103 da OIT, ratificada pelo Brasil, que protege a mulher que se encontra em estado gravídico, prevendo o direito a manutenção do emprego e a licença remunerada (paga com recursos do Estado).

De igual modo, o TST (Súmula n. 244, I), entende ser irrelevante o conhecimento pelo empregador a respeito da gravidez da empregada.

Inválida, portanto, a concessão do aviso prévio, ante a estabilidade da parte autora no momento da sua comunicação (TST, Súmula n. 348). Ademais, mesmo se a gravidez tivesse ocorrido no curso do aviso prévio, a garantia de emprego existiria, conforme disposto no art. 391-A da CLT (incluído pela Lei n. 12.812, de 16 de maio de 2013).

Assim, declaro a nulidade da dispensa, e, tendo em vista que, na data da prolação dessa sentença (09/0372014), ainda não decorreu o período estabilitário, afinal a parte autora encontra-se no 4º mês de gravidez, julgo procedentes os pedidos para determinar: a reintegração da parte autora, no prazo de 48 horas, a contar do recebimento do mandado de reintegração, sob pena de multa diária de R$ 200,00; o restabelecimento do plano de saúde da parte autora, no prazo de 48 horas, a contar do recebimento do mandado de reintegração, sob pena de multa diária de R$ 200,00. Destaco, por oportuno, que o valor pretendido pela parte autora a título de multa diária (R$ 2.000,00 – dois mil reais) se mostra excessivo, motivo pelo qual, nos termos do art. 536, § 1º, do CPC/2015, fixo-a, como já determinado, no valor de R$ 200,00 para cada obrigação de fazer.

Determino a expedição do mandado de reintegração.

Julgo procedente, ainda, o pagamento dos valores referentes ao período de afastamento (desde a dispensa até a efetiva reintegração), compostos por salários devidos em 10/12/13 até a efetiva reintegração, décimo terceiro salários, férias com um terço e depósitos do FGTS (o recolhimento deverá ser realizado na conta vinculada da parte autora - art. 26, parágrafo único, da Lei n. 8.036/90).

Prejudicada a análise do pedido sucessivo de pagamento de verbas resilitórias, bem assim das multas previstas nos arts. 467 e 477 da CLT, além da indenização das parcelas do seguro-desemprego e indenização de 40% do FGTS.

ANTECIPAÇÃO DOS EFEITOS DA TUTELA

Considerando o reconhecimento da ilegalidade do ato de dispensa da parte autora por meio de sentença (cognição exauriente), que demonstra a plausibilidade do direito pretendido, bem assim o fundado receio de dano irreparável, já que a parte autora encontra-se em estado gravídico e a demora da prestação jurisdicional pode pôr em risco o sustento próprio e do nascituro, julgo procedente o pedido de antecipação dos efeitos da tutela, determinando a reintegração na função anteriormente ocupada, no prazo de 48 horas, a contar do recebimento do mandado de reintegração, sob pena de multa diária de R$ 200,00, bem assim, no mesmo prazo e sob as mesmas condições, o restabelecimento do plano de saúde e o pagamento dos valores referentes ao período de afastamento, dada a natureza alimentar dos salários (art. 100, § 1º, da CRFB/88) e a possibilidade de levantamento de dinheiro na execução provisória (art. 475-O, do CPC/73 - art. 520 IV c/c art. 521, I, ambos do CPC/2015). Determino a expedição do mandado de reintegração.

ENQUADRAMENTO SINDICAL. DIREITOS PREVISTOS NAS NORMAS COLETIVAS

Alega a parte autora que realizava atividades bancárias, requerendo o reconhecimento dos direitos inerentes a tal categoria.

A primeira parte ré aduz que é empresa do ramo de processamento de dados, e não de serviços bancários. Admite, entretanto, que vendia produtos (títulos) da segunda parte ré.

A segunda parte ré limita-se a afirmar que a parte autora não era bancária. Reconhece, entretanto, a ocorrência de grupo econômico.

Inicialmente, cumpre destacar que não há prova de que a primeira parte ré prestava serviços para outras empresas bancárias ou não, encargo que lhe incumbia (art. 818, CLT e art. 333, II, do CPC/73 - art. 373, I, CPC/2015).

Com efeito, como se sabe, é comum que bancos constituam empresas de processamento de dados, direcionando o seu trabalho bancário informatizado, até mesmo como forma de otimizar a gestão de sua atividade.

Contudo, o certo é que tal procedimento não tem o condão de afastar a aplicabilidade das normas legais da categoria dos bancários, desde que haja a exclusividade da prestação de serviços por parte da empresa de processamento de dados ao banco do mesmo grupo econômico.

E, no presente caso, como visto, não há prova de que a primeira ré tenha prestado serviços para outra empresa, que não a segunda parte ré.

É, portanto, o caso de aplicação da Súmula n. 239 do TST, segundo a qual é bancário o empregado de empresa de processamento de dados que presta serviço a banco integrante do mesmo grupo econômico, exceto quando a empresa de processamento de dados presta serviços a banco e a empresas não bancárias do mesmo grupo econômico ou a terceiros.

Ademais, restou confessado pelas partes rés que a parte autora também laborava com venda de papéis de banco, tanto assim que auferia comissões pelas vendas.

Por fim, ante o reconhecimento do grupo econômico, considerado como empregador único para fins trabalhistas (art. 2º, § 2º, CLT; Súmula n. 129, TST), irrelevante que a primeira parte ré tenha participado da negociação coletiva que deu origem a norma coletiva dos bancários.

Destarte, tem a parte autora direito às parcelas previstas nas normas coletivas acostadas com a petição inicial.

Ante o exposto, julgo procedentes os pedidos de pagamento de: a) diferenças salariais entre o piso normativo (observados os reajustes concedidos à categoria) e os valores efetivamente pagos pelo empregador, com reflexos em depósitos do FGTS, sem indenização de 40% em face da reintegração (devem ser recolhidos à conta vinculada - art. 26, parágrafo único, da Lei n. 8.036/90), décimo terceiro salários e férias com um terço, julgando improcedente o reflexo no RSR em face do fato de que a parte autora era mensalista, já estando incluído o valor em questão no valor do salário mensal; b) abono por tempo de serviço, com reflexos em depósitos do FGTS, sem indenização de 40% em face da reintegração (devem ser recolhidos à conta vinculada – art. 26, parágrafo único, da Lei n. 8.036/90), décimo terceiro salários e férias com um terço, julgando improcedente o reflexo no RSR em face do fato de que a parte autora era mensalista, já estando incluído o valor em questão no valor do salário mensal; c) auxílio-refeição e cesta-alimentação (inteligência da Súmula n. 241, TST), com reflexos em depósitos do FGTS, sem indenização de 40% em face da reintegração (devem ser recolhidos à conta vinculada – art. 26, parágrafo único, da Lei n. 8.036/90), décimo terceiro salários e férias com um terço e RSR, ante a presunção de fornecimento apenas nos dias de trabalho; d) participação nos lucros e resultados, valendo destacar que, quanto a PLR, ao contrário do quanto alega a segunda parte ré, incumbe ao empregador comprovar a ausência de lucro (art. 818, CLT e art. 333, II, CPC/73 – art. 373, II, do CPC/15). Julgo improcedentes os reflexos da PLR, ante a ausência de natureza salarial da parcela (artigo 7º, inciso XI, da CFRB/88).

DIFERENÇAS DE COMISSÕES

A primeira parte ré admite a supressão das comissões, alegando, entretanto, que a alteração contratual é lícita, pois baseada no "jus variandi", bem assim que não houve prejuízo para a parte autora.

A segunda parte ré sequer impugna os fatos que embasam o presente pedido.

Pois bem.

De início, oportuno lembrar que o fato da parte autora ter sido contratada efetivamente pela primeira parte ré e as comissões recebidas serem decorrentes das vendas de títulos e papéis da segunda parte ré não afasta a natureza salarial, nos termos do art. 457, § 1º, da CLT. É que não deixa de ser uma atividade que beneficia ambas partes rés, que, além disso, integram o mesmo grupo econômico.

Aplica-se, pois, o entendimento contido na Súmula nº 93 do TST, segundo a qual integra a remuneração do bancário a vantagem pecuniária por ele auferida na colocação ou na venda de papéis ou valores mobiliários de empresas pertencentes ao mesmo grupo econômico, se exercida essa atividade no horário e no local de trabalho e com o consentimento, tácito ou expresso, do banco empregador.

Ressalte-se que, no presente caso, havia não apenas consentimento das partes rés, mas, também, estipulação de metas, conforme admitido em defesa.

Por outro lado, não obstante o reconhecimento da ordem jurídica ao "jus variandi" do empregador, corolário do poder diretivo (art. 2º, CLT), o certo é que ele deve ser exercido em consonância com as demais normas e princípios do Direito do Trabalho, sobretudo da irredutibilidade salarial e da inalterabilidade contratual lesiva (arts. 7º, VI, da CRFB/88 e 468, CLT).

E, no presente caso, é incontroverso, pois não contestado especificamente (art. 302, CPC/73 - art. 341, CPC/2015), que a parte comissionada do salário correspondia a uma média equivalente ao valor de dois salários mínimos por mês, valor bastante expressivo, considerando que a partir de então a parte autora passou a receber apenas o salário fixo, que, na época da rescisão contratual, tinha valor aproximado de quatro salários mínimos.

Por fim, cumpre destacar que o fato da parte autora ter de se ausentar do trabalho para consulta médica ou licença para tratamento psicológico, conforme demonstram os recibos e atestados existentes nos autos, não justificam a alteração do pactuado, afinal as referidas ausências apenas reduziriam o valor das comissões, recebidas de forma proporcional às vendas efetuadas, de modo que não há falar em enriquecimento sem causa.

Ante o exposto, julgo procedente o pedido de pagamento de diferenças de comissões, desde 03/07/12, devendo ser observada a média mensal observada no período anterior, com reflexos em férias, décimo terceiro salários, depósitos do FGTS e RSR (Súmula n. 27 do TST), entre os quais se incluem os sábados, conforme normas coletivas trazidas aos autos (documento de fl. 08).

ADICIONAL DE TRANSFERÊNCIA

A alegação da parte autora no sentido de que, em maio de 2009, foi transferida para Itabuna, permanecendo até fevereiro/2010, quando foi determinado seu regresso para Salvador, não foi impugnada especificamente pelas partes rés, afinal a primeira parte ré se limitou a aduzir que há cláusula contratual que a permite, e a segunda parte ré sequer impugna os fatos que embasam o presente pedido. Desse modo, nos termos do art.

302 do CPC/73 (art. 341 do CPC/2015), presumem-se verdadeiros os fatos alegados pela parte autora nesse particular, que comprovam a transferência e sua provisoriedade.

Sucede que a existência de cláusula de transferibilidade no contrato de trabalho não retira o direito ao adicional, pois o único requisito para sua percepção é a provisoriedade da transferência (art. 469, § 3º, da CLT). Nesse sentido, inclusive, a OJ n. 113 da SDI 1 do TST.

Julgo procedente, assim, o pedido de pagamento de adicional de transferência, no período entre maio de 2009 e fevereiro de 2010, no percentual de 25%, com reflexos no FGTS (que devem ser recolhidos à conta vinculada), décimo terceiro salários e férias com um terço. Quanto à base de cálculo, deve levar em consideração o piso normativo da categoria dos bancários, abono por tempo de serviço e comissões.

DEVOLUÇÃO DOS DESCONTOS – TAXA ASSISTENCIAL

A parte autora pretende a devolução dos descontos realizados a título de taxa assistencial.

A primeira parte ré, em sua defesa, invoca a previsão normativa dos descontos, ao passo que a segunda parte ré nada menciona a respeito.

Assim, os descontos tornaram-se incontroversos.

Com efeito, a Constituição Federal de 1988, em seus arts. 5º, XX, e 8º, V, assegura o direito à livre associação e sindicalização, sendo ofensiva a tais direitos a cláusula de acordo ou convenção coletiva que fixa o desconto nos salários de todos os componentes da categoria, independentemente de serem sindicalizados aos sindicatos.

A par disso, tal procedimento viola, também, os princípios da irredutibilidade e da intangibilidade salarial. Neste sentido a Súmula Vinculante n. 40 do Supremo Tribunal Federal, bem assim o Tribunal Superior do Trabalho, que editou o Precedente normativo n. 119 e Orientação Jurisprudencial n. 17 SDC.

Registre-se que, no caso dos autos, a despeito da alegação da primeira parte ré no sentido de que consta da norma coletiva o direito de oposição dos empregados, e que a parte autora concordou com o desconto, não houve prova da existência da cláusula de oposição (art. 818 da CLT e art. 333, II, do CPC/73 – art. 373, II, do CPC/2015), nem tampouco da concordância da parte autora que, conforme disposto no art. 545 da CLT, tem que ser prévia e expressa.

Além disso, o fato da parte ré ter comprovado o repasse dos valores ao sindicato (documento de fl. 13) não lhe exime da responsabilidade pelos descontos efetuados, dada a ilicitude de sua conduta.

Ante o exposto, julgo procedente o pedido de pagamento dos valores dos descontos efetuados a título de taxa assistencial, de forma simples, contudo, por ausência de previsão legal quanto à devolução em dobro.

PEDIDOS VINCULADOS À JORNADA DE TRABALHO

A jornada da petição inicial (08h00min às 18h00min, com 02h00min de intervalo intrajornada, de segunda a sexta-feira) não foi objeto de impugnação pelas partes rés.

Reconhecida a qualidade de bancária, tem a parte autora direito à jornada prevista no art. 224, CLT, de modo que, como prestava serviços durante oito horas por dia, tem direito a receber as horas trabalhadas além da sexta hora diária a título de horas extraordinárias (art. 7º, XVI, da CRFB/88).

Quanto ao intervalo previsto no art. 384, CLT, tem-se que ele se justifica em razão das diferenças fisiológicas entre homens e mulheres, se compatibilizando com o princípio da isonomia, em sua dimensão material, previsto no art. 5º, caput, da CRFB/88. Nesse sentido, inclusive, a jurisprudência do TST e do STF sobre o tema.

Assim, já que, sendo a sétima e oitava horas diárias, nesse caso, horas extras, devido o pagamento do período correspondente, a título de horas extras, por aplicação analógica do disposto no § 4º do art. 71 da CLT.

Julgo procedente, assim, os pedidos de pagamento, a título de horas extraordinárias, no que exceder a 6ª diária, e do intervalo de 15 minutos previsto no art. 384 da CLT.

Observem-se os seguintes parâmetros:

a) horário a ser observado: 08h00min às 18h00min, com duas horas de intervalo intrajornada, de segunda a sexta-feira;

b) base de cálculo a ser observada: soma do valor do salário base e das demais verbas de natureza salarial, nos termos da Súmula n. 264 do TST;

c) acréscimo do adicional de 50% e pagamento apenas do adicional de horas extras com relação à parte comissionada do salário, pois já remuneram todas as horas trabalhadas (TST, Súmula n. 340 e OJ n. 397, da SDI 1, TST), exceto quanto às horas extras decorrentes da inobservância do intervalo do art. 384 da CLT, quando, mesmo com relação à parte comissionada, deve incidir o valor da hora acrescido do adicional;

d) observância da evolução salarial;

e) exclusão dos dias não trabalhados;

f) divisor de 150, em face da disposição mais benéfica prevista na norma coletiva da categoria (fls. 8), conforme Súmulas n. 113 e 124, I, "a", TST;

g) em face da habitualidade e, portanto, de sua natureza salarial, determino os reflexos sobre o RSR, incluído, inclusive, por força de norma coletiva nesse sentido, o sábado (na forma da Súmula n. 172 do TST e observada a regra prevista na OJ n. 394 da SDI-1 do TST), décimos terceiros salários, férias acrescidas de um terço e FGTS, sem indenização de 40% em face da reintegração.

Julgo improcedente, assim, em face da aplicação do disposto na OJ n. 394 da SDI-1 do TST, o pedido de diferenças de remuneração decorrentes dos repousos semanais nas férias, com 1/3, nas gratificações natalinas, e nos depósitos do FGTS.

INDENIZAÇÃO POR DANOS MORAIS. ASSALTO NA AGÊNCIA

Narra a parte autora que, no dia 01/10/2011, no momento em que prestava serviços na agência da segunda parte ré, ocorreu um assalto. Relata que ficou, juntamente com outro colega, em poder dos bandidos, recebendo "coronhadas" na cabeça, tendo, inclusive, desfalecido.

Afirma que gozou de benefício previdenciário, voltando ao serviço apenas em 26.03.2012.

Destaca que as partes rés, apesar da presença de vigilantes e de câmeras, não se valeram de todos os instrumentos necessários para impedir a ocorrência de assalto.

Destaca, ainda, que, em razão do assalto, passou a temer a ocorrência de outros eventos de violência, necessitando de acompanhamento psiquiátrico.

A primeira parte ré, por sua vez, alega, em síntese, que o acidente foi fruto da violência praticada por terceiro, não tendo atuado com culpa ou dolo, e que a responsabilidade pelos fatos praticados é do Estado, por se tratar de questão de segurança pública. Alega, ainda, que o fato não ocorreu em seu estabelecimento.

A segunda parte ré sequer contesta os fatos.

De início, destaco que a parte autora sofreu acidente de trabalho. É fato incontroverso que o assalto ocorreu no local e no momento da prestação de serviços, e, conforme vaticina o art. 19 da Lei nº 8.213/91, acidente do trabalho é o que ocorre pelo exercício do trabalho a serviço de empresa ou de empregador doméstico ou pelo exercício do trabalho dos segurados referidos no inciso VII do art. 11 desta Lei, provocando lesão corporal ou perturbação funcional que cause a morte ou a perda ou redução, permanente ou temporária, da capacidade para o trabalho.

Além disso, o art. 21, II, "b", da mesma lei, deixa claro que se equipara a acidente de trabalho o ato de violência sofrido pelo obreiro, ainda que praticado por terceiro, ou seja, a exata situação debatida na presente demanda.

Ainda quanto a esse ponto, relevante notar que a primeira ré chegou a emitir a CAT e a parte autora percebeu benefício previdenciário decorrente de acidente do trabalho (documentos de fls. 08).

Ademais, pontuo ainda que a administração da segurança pública é da alçada do Estado (CRFB/88, art. 6º), a quem se atribui, portanto, a responsabilidade pelas mazelas e ondas de violência que permeiam o dia a dia do cidadão brasileiro, cabendo, de outro lado, aos particulares, a investida na preservação de um ambiente de trabalho (arts. 200, VIII e 225, ambos da CRFB/88) o mais seguro possível, mormente quando têm por escopo a movimentação de valores, atividade esta que, por natural, aguça a cobiça dos criminosos (fortuito interno), conforme determinado no art. 7º, XXII, da CRFB/88, e na linha da eficácia horizontal dos direitos e garantias fundamentais.

Neste contexto, é exigida do particular a previdência necessária em razão da constante possibilidade ameaça de assalto ao seu estabelecimento, com riscos aos seus empregados e ao público em geral, de sorte a minorar as possibilidades de ocorrência de crimes, sendo, nesse caso, o assalto, considerado um caso fortuito interno, inapto, portanto, para figurar como excludente de responsabilidade.

Com efeito, a responsabilidade civil possui pressupostos sem os quais não se configura, estando consagrada no art. 186 do Código Civil, de acordo o qual aquele que, por ação ou omissão voluntária, negligência ou imprudência, violar direito e causar dano a outrem, ainda que exclusivamente moral, comete ato ilícito.

Da análise do artigo supra, pode-se concluir que a responsabilidade civil tem como pressupostos: a) conduta humana (comissiva ou omissiva); b) dano ou prejuízo; c) nexo de causalidade; d) culpa ou dolo do agente.

No caso em questão, como visto, as partes rés não provaram culpa da parte autora no evento. Além disso, não provaram a adoção de qualquer medida apta a minorar os riscos de ocorrência de crime (conduta omissiva), decorrendo daí a culpa nos eventos, e, por conseguinte, a responsabilidade civil pelos danos causados. O fato de a parte autora admitir a existência de vigilantes e câmeras de segurança apenas demonstra que a conduta da parte ré não foi adequada para impedir o fato.

Se não bastasse, possível invocar o disposto no art. 927, parágrafo único, do Código Civil, aplicável ao Direito do Trabalho, em face do princípio da proteção e da norma mais favorável (art. 7º, caput, da Constituição Federal), de sorte a compreender que a atividade da segunda parte ré, com a guarda de grande quantia de numerário, expõe os seus trabalhadores a um risco anormal, ou seja, bem superior ao suportado pelos demais membros da sociedade.

Vale dizer, a atividade é de risco, devendo ser considerada como hipótese de responsabilidade civil de natureza objetiva, pelo que o dever de indenizar existe independentemente de culpa.

O dano sofrido pela parte autora, ao ser mantida refém dos bandidos, com a agressão também a sua integridade física, mediante o uso das chamadas "coronhadas", é inquestionável, sendo patente a violação aos direitos da personalidade, sobretudo na sua integridade física e psíquica.

Como se vê, de qualquer ângulo que se analise o caso, deve haver condenação, na medida em que as circunstâncias evidenciam a ocorrência de violação aos direitos da personalidade, constitucionalmente assegurados (art. 5º, V e X, da Constituição da República Federativa do Brasil).

À míngua de critérios objetivos da Lei, a quantificação do montante devido a título de indenização por danos morais, cabe ao prudente arbítrio do julgador, sendo que os arts. 944 e 953 do Código Civil trazem parâmetros mínimos para tal quantificação, que são a extensão do dano e a equidade.

Destarte, o arbitramento deve levar em consideração a posição social e econômica do ofensor, o grau de culpa deste, o dano e o caráter pedagógico da indenização.

Tendo em vista tais critérios, arbitro o valor de R$ 20.000,00 para a indenização por danos morais e julgo procedente o pedido nesse particular.

INDENIZAÇÃO POR DANOS MORAIS E MATERIAIS. ASSÉDIO MORAL

Assevera a parte autora que foi vítima de assédio moral, sob o argumento de que foi intimidada pelo preposto da primeira parte ré, com estipulação de metas inalcançáveis e cobranças abusivas, com rispidez e ameaça de punição.

A primeira parte ré, por sua vez, nega os fatos, aduzindo que não havia rigor excessivo, mas, apenas, cobranças por melhores resultados, as quais eram realizadas em recinto fechado, tudo no exercício do "jus variandi".

A segunda parte ré sequer contesta os fatos.

Pois bem.

A Constituição Federal de 1988 garante o respeito aos direitos da personalidade, resguardando a incolumidade moral do indivíduo.

Conforme art. 5º, V e X, da CRFB/88, é assegurado o direito de resposta proporcional ao agravo, além da indenização por dano material, moral ou à imagem, sendo invioláveis a intimidade, a vida privada, a honra e a imagem das pessoas.

Ademais, os direitos fundamentais, entre eles os direitos da personalidade, são oponíveis também na relação entre particulares, inclusive na relação de emprego, sendo reconhecida a eficácia horizontal dos direitos fundamentais.

Desse modo, não obstante seja reconhecido ao empregador o "poder empregatício", corolário do poder diretivo (art. 2º, CLT), com a possibilidade de controlar e fiscalizar a prestação dos serviços, deve exercê-lo em conformidade com a Constituição Federal, sob pena de incorrer em abuso de direito (art. 187, do CC), e, consequentemente, ser obrigado a indenizar o obreiro.

Não se pode perder de vista que a dignidade da pessoa humana (art. 1º, IV, da CRFB/88) é fundamento da República Federativa do Brasil e vetor axiológico do ordenamento jurídico pátrio.

Deste modo, o homem é o centro das preocupações do Estado, em razão do que a propriedade somente tem razão de ser quando for utilizada em conformidade com a sua função social (art. 5º, XXII, da CRFB/88).

Especificamente quanto ao assédio moral, causa de pedir para o pedido ora analisado, consiste nos atos e comportamentos praticados de forma reiterada pelo empregador, superior hierárquico ou dos colegas, que traduzem uma atitude de contínua e ostensiva perseguição que possa acarretar danos relevantes às condições físicas, psíquicas e morais da vítima, bem como a dignidade da pessoa humana (art. 1º, III, da Constituição Federal).

No caso em tela, a despeito da alegada razoabilidade das cobranças das metas, os e-mails juntados aos autos (documentos de fl. 8) comprovam que elas eram realizadas de modo ilícito/abusivo (arts. 186 e 187, do CC 02), uma vez que atribuíram à parte autora a condição de "negligente", "incompetente", "preguiçosa", além de ameaçar a perda do cargo comissionado e do próprio emprego.

A par disso, há laudo psiquiátrico (documentos de fl. 8), não impugnado especificamente pelas partes rés, no sentido de que a parte autora é portadora de "síndrome ansiosa depressiva reativa", bem assim atestados referentes à licença médica em razão de transtorno psicológico, gozadas nos meses de maio, junho, julho de 2012.

Destarte, nesse diapasão, provado que o assalto deflagrou um quadro ansioso, que foi agravado em decorrência do assédio moral e temor de novos assaltos.

Presentes, portanto, os requisitos para a responsabilidade civil (arts. 186, 187 e 927, do CC 02).

À míngua de critérios objetivos da Lei, a quantificação do montante devido a título de indenização por danos morais, cabe ao prudente arbítrio do julgador, sendo que os arts. 944 e 953 do Código Civil trazem parâmetros mínimos para tal quantificação, que são a extensão do dano e a equidade.

Destarte, o arbitramento deve levar em consideração a posição social e econômica do ofensor, o grau de culpa deste, o dano e o caráter pedagógico da indenização.

Tendo em vista tais critérios, arbitro o valor de R$ 20.000,00 para a indenização por danos morais e julgo procedente o pedido nesse particular.

No que tange aos danos materiais, a parte autora comprovou, por meio de recibo (documento de fls. 8), a realização de gastos com tratamento psiquiátrico, pelo que julgo procedente o pedido de pagamento de indenização por danos materiais, no valor de R$ 20.000,00.

JUSTIÇA GRATUITA

Preenchidos os requisitos da CLT, art. 790, § 3º, sendo desnecessária, à época do ajuizamento da ação, a outorga de poderes especiais ao patrono da causa para firmar declaração de insuficiência econômica (TST/SDI1/OJ - 331 em vigor à época do ajuizamento da ação), e inexistindo prova que desqualifique tal declaração, concedo à parte autora os benefícios da Justiça Gratuita.

No mais, o fato de contar com um bom patamar salarial durante o contrato não afasta a condição de hipossuficiente, pois não se conhecem os seus gastos com o sustento próprio e da família, tampouco a sua situação econômica após a dispensa.

Ademais, o benefício pode ser concedido a quem recebe mais de dois salários mínimos, se estiver em situação de pobreza e as partes rés não comprovaram a suposta falsidade da declaração, que se presume verdadeira.

HONORÁRIOS DE ADVOGADO

No Direito Processual Trabalhista a condenação ao pagamento dos honorários advocatícios depende da comprovação da assistência sindical (arts. 14 a 16 da Lei n. 5.884/70 e Súmulas 219 e 329 do C. TST), o que não ocorreu no caso dos autos.

Julgo improcedente.

RESPONSABILIDADE DAS RÉS. GRUPO ECONÔMICO

O simples fato das empresas terem personalidade jurídica própria não afasta a responsabilização das empresas integrantes do grupo econômico (art. 2º, CLT e Súmula n. 129, TST), o qual já restou conhecido anteriormente.

Ante o exposto, reconheço a responsabilidade solidária das partes rés em relação aos créditos deferidos nessa decisão, julgando procedente o pedido nesse particular.

DISPOSITIVO

Ante o exposto, nos autos da ação ajuizada por MARIA ELISABETE SOARES DA SILVA em face de EMPRESA DE PROCESSAMENTO DE DADOS SAN SALVADOR LTDA. e BANCO SANTANA DO NORDESTE S.A, decido:

- rejeitar as preliminares de impossibilidade jurídica do pedido e de ilegitimidade passiva;
- declarar prescritas as pretensões condenatórias exigíveis antes de 20/02/2009, extinguindo o processo, quanto aos pedidos correspondentes, com resolução do mérito (art. 487, II, do Código de Processo Civil/2015; art. 7º, XXIX, da Constituição Federal);
- no mérito, julgar procedentes, em parte, as pretensões formuladas para declarar a nulidade da dispensa da parte autora e condenar as partes rés, solidariamente:
- quanto às obrigações de pagar, no prazo de oito dias, pagar os seguintes títulos:
- valores referentes ao período de afastamento (desde a dispensa até a efetiva reintegração), compostos por salários devidos em 10/12/13 até a efetiva reintegração, décimo terceiro salários, férias com um terço e depósitos do FGTS (o recolhimento deverá ser realizado na conta vinculada da parte autora - art. 26, parágrafo único, da Lei n. 8.036/90);
- diferenças salariais entre o piso normativo (observados os reajustes concedidos à categoria) e os valores efetivamente pagos pelo em-

pregador, com reflexos em depósitos do FGTS, sem indenização de 40% em face da reintegração (devem ser recolhidos à conta vinculada - art. 26, parágrafo único, da Lei n. 8.036/90), décimo terceiro salários e férias com um terço, julgando improcedente o reflexo no RSR em face do fato de que a parte autora era mensalista, já estando incluído o valor em questão no valor do salário mensal;

- abono por tempo de serviço, com reflexos em depósitos do FGTS, sem indenização de 40% em face da reintegração (devem ser recolhidos à conta vinculada - art. 26, parágrafo único, da Lei n. 8.036/90), décimo terceiro salários e férias com um terço, julgando improcedente o reflexo no RSR em face do fato de que a parte autora era mensalista, já estando incluído o valor em questão no valor do salário mensal;
- auxílio-refeição e cesta-alimentação (inteligência da Súmula n. 241, TST), com reflexos em depósitos do FGTS, sem indenização de 40% em face da reintegração (devem ser recolhidos à conta vinculada - art. 26, parágrafo único, da Lei n. 8.036/90), décimo terceiro salários e férias com um terço e RSR;
- participação nos lucros e resultados;
- diferenças de comissões, desde 03/07/12, devendo ser observada a média mensal observada no período anterior, com reflexos em férias, décimo terceiro salários, depósitos do FGTS e RSR (Súmula n. 27 do TST), entre os quais se incluem os sábados, conforme normas coletivas trazidas aos autos (documento de fl. 08);
- adicional de transferência, no período entre maio de 2009 e fevereiro de 2010, no percentual de 25%, com reflexos no FGTS (que devem ser recolhidos à conta vinculada), décimo terceiro salários e férias com um terço. Quanto à base de cálculo deve levar em consideração o piso normativo da categoria dos bancários, abono por tempo de serviço e comissões.
- valores dos descontos efetuados a título de taxa assistencial, de forma simples;
- a título de horas extraordinárias, o tempo que exceder a 6ª diária e o intervalo de 15 minutos previsto no art. 384 da CLT. Observem-se os seguintes parâmetros:

a) horário a ser observado: 08h00 às 18h00min, com duas horas de intervalo intrajornada, de segunda a sexta-feira;

b) base de cálculo a ser observada: soma do valor do salário base e das demais verbas de natureza salarial, nos termos da Súmula n. 264 do TST;

c) acréscimo do adicional de 50% e pagamento apenas do adicional de horas extras com relação à parte comissionada do salário, pois já remuneram todas as horas trabalhadas (TST, Súmula n. 340 e OJ n. 397, da SDI 1, TST), exceto quanto às horas extras decorrentes da inobservância do intervalo do art. 384 da CLT, quando, mesmo com relação à parte comissionada, deve incidir o valor da hora acrescido do adicional;

d) observância da evolução salarial;

e) exclusão dos dias não trabalhados;

f) divisor de 150, em face da disposição mais benéfica prevista na norma coletiva da categoria (fls. 8), conforme Súmulas n. 113 e 124, I, "a", TST;

g) em face da habitualidade e, portanto, de sua natureza salarial, determino os reflexos sobre o RSR, incluído, inclusive, por força de norma coletiva nesse sentido, o sábado (na forma da Súmula n. 172 do TST e observada a regra prevista na OJ n. 394 da SDI-1 do TST), décimos terceiros salários, férias acrescidas de um terço e FGTS, sem indenização de 40% em face da reintegração.

- R$ 20.000,00 de indenização por danos morais em face do assalto;
- R$ 20.000,00 de indenização por danos morais em face do assédio moral;
- indenização por danos materiais, no valor de R$ 20.000,00.
- quanto às obrigações de fazer:
- reintegrar a parte autora, no prazo de 48 horas, a contar do recebimento do mandado de reintegração, sob pena de multa diária de R$ 200,00;
- restabelecer o plano de saúde da parte autora, no prazo de 48 horas, a contar do recebimento do mandado de reintegração, sob pena de multa diária de R$ 200,00.

Julgo procedente o pedido de antecipação dos efeitos da tutela, determinando a reintegração na função anteriormente ocupada, no prazo de 48 horas, a contar do recebimento do mandado de reintegração, sob pena de multa diária de R$ 200,00, bem assim, no mesmo prazo e sob as mesmas condições, o restabelecimento do plano de saúde e o pagamento dos valores referentes ao período de afastamento. Determino a expedição do mandado de reintegração.

Determino a expedição do mandado de reintegração.

Concedo ainda à parte autora os benefícios da gratuidade de justiça.

PARÂMETROS DE LIQUIDAÇÃO

a) JUROS E CORREÇÃO MONETÁRIA

Às parcelas objeto da condenação devem ser acrescidos juros a partir do ajuizamento da ação (art. 883 da CLT), observado o seu propósito meramente indenizatório (OJ 400 da SDI-1 do TST), e correção monetária (na forma do art. 39, § 1º, da Lei n. 8.177/91 e da Súmula n. 381 do TST).

Ressalte-se que a aplicação do IPCA-E ou INPC contrariaria a autoridade do STF que, na Reclamação 22012, suspendeu efeitos de decisão do Tribunal Superior do Trabalho (TST) que determinou a substituição da TRD pelo IPCA na correção monetária dos débitos trabalhistas.

Quanto à indenização por danos morais, a atualização monetária é devida a partir da data da decisão de arbitramento ou de alteração do valor. Os juros incidem desde o ajuizamento da ação, nos termos do art. 883 da CLT, tudo na forma da Súmula n. 439 do TST.

b) RECOLHIMENTOS FISCAIS E PREVIDENCIÁRIOS.

Determino que a parte ré efetue os recolhimentos previdenciários incidentes sobre as parcelas objeto de condenação em pecúnia deferidas nesta sentença, na forma do art. 43 da Lei n. 8.212/91 e da Súmula n. 368 do TST, ficando autorizada a dedução da quota parte da parte autora.

Deverá ainda a parte ré (art. 46 da Lei n. 8.541/1992) efetuar o recolhimento fiscal na forma do art. 12-A da Lei n. 7.713/88 e da Instrução Normativa RFB nº 1.500, de 29/10/2014 (revogadora da IN nº 1.127/11 –

art. 114 da IN 1.500/2014), com a redação dada pela Instrução Normativa RFB nº 1558, de 31/3/2015.

Para fins do art. 832, § 3º, da CLT, as parcelas da condenação devem observar o artigo 28, § 9º, da Lei n. 8.212/91, incidindo recolhimentos fiscais e previdenciários somente sobre as parcelas de natureza salarial.

c) FORMA DE LIQUIDAÇÃO

A liquidação deve ser feita por simples cálculos.

d) ABATIMENTO/COMPENSAÇÃO

Abatimento/dedução e compensação são institutos distintos e, no caso dos autos, não há falar em compensação, afinal não houve comprovação de nenhuma obrigação apta a ser extinta em face da posição concomitante de credor e devedor das partes (art. 368 do CC/2002 e arts. 477, § 5 º e 767 da CLT). Rejeito, assim, o pedido de compensação.

Autorizo, contudo, para evitar o enriquecimento sem causa (art. 884 do CC/2002) da parte autora, o abatimento/dedução dos valores pagos sob igual título àqueles deferidos nesta sentença.

Custas processuais, pelas partes rés (art. 789, I, da CLT), no importe de R$ 2.000,00 (dois mil reais), calculadas sobre R$ 100.000,00 (cem mil reais), valor atribuído à condenação para tal fim.

Intime-se a União Federal, para efeitos da regra inserta no art. 832, § 5º, da CLT.

Determino o encaminhamento, através de endereço de e-mail institucional, de cópia da presente sentença à unidade da Procuradoria Geral Federal - PGF com atuação nessa jurisdição, a fim de subsidiar eventual ajuizamento de Ação Regressiva, nos termos do art. 120 da Lei nº 8.213/91.

Partes cientes na forma do art. 834 da CLT e Súmula n. 197 do TST."

4.2. Prova de sentença do TRT 6 – 2015 (Mário de Souza Lopes X Empresa de Telefonia de Recife S.A.)

PODER JUDICIÁRIO
JUSTIÇA DO TRABALHO
TRIBUNAL REGIONAL DO TRABALHO – SEXTA REGIÃO
XX CONCURSO PÚBLICO PARA PROVIMENTO DE CARGO DE JUIZ DO TRABALHO SUBSTITUTO

Caro candidato,

Considerando exclusivamente os dados constantes do relatório apresentado, inclusive quanto aos documentos mencionados, profira, na qualidade de Juiz do Trabalho Substituto, sentença devidamente fundamentada.

Não elabore novo relatório, nem crie fatos novos.

Considere que todas as cópias de documentos juntados aos autos estão de acordo com os originais.

Observe todas as instruções da capa do caderno de prova e identifique-se exclusivamente nos locais indicados.

Boa prova!

A Comissão Examinadora

NÃO ASSINE ESTA FOLHA
TRT6R-Juiz Trabalho Substituto-Segunda Prova Escrita-Sentença-Definitivo
3

PODER JUDICIÁRIO
JUSTIÇA DO TRABALHO
TRIBUNAL REGIONAL DO TRABALHO – SEXTA REGIÃO
XX CONCURSO PÚBLICO PARA PROVIMENTO DE CARGO DE JUIZ DO TRABALHO SUBSTITUTO

SENTENÇA (Valor: 10 pontos)

I – PETIÇÃO INICIAL

Excelentíssimo Sr. Dr. Juiz da __ Vara do Trabalho de Recife – PE.

DATA DO AJUIZAMENTO
10.2.2015

MÁRIO DE SOUZA LOPES, brasileiro, solteiro, Eletricista de Manutenção, portador do CPF nº 1954.920.820-90, CTPS nº 11976591, série 0074 PE, residente e domiciliado à rua de Santa Clara, 350, Bairro de Santo Amaro, Recife – PE, por intermédio de seu advogado, constituído conforme procuração anexa, propõe **Reclamação Trabalhista** em face da **EMPRESA DE TELEFONIA DE RECIFE S.A.**, pessoa jurídica de direito privado, inscrita no CNPJ sob o nº 04.350.920/0001-4, estabelecida à rua da Saudade, 49, Bairro da Misericórdia, Recife, pelos fatos e fundamentos a seguir expostos.

O Autor afirma que foi admitido na Reclamada em 15 de janeiro de 2009 e dispensado, sem justa causa, em 10 de março de 2014. Declara que exercia as funções de Eletricista de Manutenção e que percebia, mensalmente, 4 (quatro) salários mínimos.

Jornada de trabalho – Horas extras e repercussões
O Autor diz que, ao longo da relação de emprego, trabalhava das 8h às 18h, com intervalo de 30 minutos, de 2ª a 6ª feira, sem receber os valores alusivos às horas excedentes da 8ª (oitava) por dia. Esclarece que, diariamente, dirigia-se ao estabelecimento da Reclamada às 8h, para vestir seu uniforme de trabalho, receber do supervisor o diário de visita de clientes e o material para a execução dos serviços. Retornava ao estabelecimento reclamado ao final do expediente (18h), ocasião em que prestava contas das visitas e atendimentos realizados ao superior hierárquico. Adianta que no transcurso da jornada deveria manter contato com o supervisor, informando-o sobre todas as ocorrências através de bip e de celular. Pleiteia a condenação da Reclamada ao pagamento das horas extras com o adicional de 60%, previsto nos sucessivos Acordos Coletivos de Trabalho da Categoria Profissional, e reflexos em todos os direitos trabalhistas, a saber: repouso remunerado, férias, com 1/3, gratificações natalinas e valores do FGTS, com o adicional de 40% e no aviso prévio referentes ao período contratual.

Horas extras com o adicional de 60% – não concessão do intervalo intrajornada de 1 (uma) hora.
O Autor alega que, em face do grande número de clientes da Reclamada a atender, dispunha, diariamente, de 30 minutos de intervalo. Daí porque entende fazer jus ao correspondente a 01 (uma) hora extra por dia, com o adicional de 60%, bem como às repercussões no repouso remunerado, férias, com 1/3, gratificações natalinas e valores do FGTS, com o adicional de 40% e no aviso prévio, ao longo de todo o contrato de trabalho.

NÃO ASSINE ESTA FOLHA
TRT6R-Juiz Trabalho Substituto-Segunda Prova Escrita-Sentença-Definitivo
4

Adicional de periculosidade

O Autor afirma que exercia atividade perigosa, trabalhando em contato com sistema elétrico de consumo e de potência de forma constante, sem auferir o adicional previsto em lei. Explica que, na condição de Eletricista de Manutenção, estava sujeito a sofrer descarga elétrica e queimaduras provocadas por curto-circuito em equipamentos e instalações elétricas. Destaca que, habitualmente, subia em postes, e que a uma média de 50 centímetros de sua cabeça passavam fios de alta tensão. Como prova emprestada, requer seja anexado laudo pericial realizado em processo contra a Reclamada, referente a outro Eletricista de Manutenção, sr. Josué Madeira, também empregado da Empresa, o qual trabalhava nas mesmas condições e no mesmo período contratual do Autor. Realça que, nesse laudo, o Médico do Trabalho concluiu pela existência de periculosidade nas funções desempenhadas pelo seu colega de trabalho. Pede a condenação da Ré ao pagamento do título em epígrafe, relativamente a todo o período contratual, com repercussões nas férias, com 1/3; nas gratificações natalinas, no aviso prévio e nos valores dos depósitos do FGTS, com a multa de 40%.

Férias não gozadas

O Reclamante afirma que jamais gozou férias, recusando-se a Reclamada a lhe conceder o descanso anual ao argumento de insuficiência de trabalhador no quadro da empresa para substituí-lo. Postula a indenização correspondente às férias não usufruídas no curso da relação de emprego, em dobro e simples com adicional de 1/3.

Participação nos Lucros e Resultados

O Autor assevera que, anualmente, auferia Participação nos Lucros e Resultados, prevista nos sucessivos Acordos Coletivos de Trabalho – ACT firmados pelo seu sindicato e a Reclamada. Tal vantagem era paga no mês de janeiro do ano subsequente, em obediência às disposições contidas nas negociações coletivas. A última distribuição foi feita pela Ré em janeiro de 2014, como estabelecido no ACT vigente no marco temporal de 2012/2013. Ocorre que, quando dispensado, a Empregadora não lhe creditou o correspondente ao exercício de 2014, motivo pelo qual requer o pagamento da mencionada parcela referente ao ano de 2014.

Vale-refeição – salário utilidade

O Reclamante alega que a Ré lhe fornecia mensalmente 25/26 (vinte e cinco/vinte e seis) vales-refeição, no valor individual de R$ 13,00 (treze reais), mas não procedia a integração à base salarial para todos os fins de direito. Desta forma, requer a condenação da Reclamada ao pagamento das diferenças de aviso prévio, gratificações natalinas integrais e proporcionais, FGTS com a multa de 40%, repouso semanal remunerado, férias proporcionais, acrescidas de 1/3, bem como nos valores das férias não gozadas, também com 1/3, em razão da natureza salarial do título em epígrafe, observando-se todo o seu tempo de serviço na Reclamada.

Descontos salariais ilegais – desperdício de material

O Autor denuncia que a Ré, no curso do contrato de trabalho, mensalmente, realizava desconto salarial, alegando existir desperdício de material elétrico, na ordem de R$ 50,00 (cinquenta reais) por mês. Reputando ilegal o comportamento da Empregadora porque jamais desperdiçou material, pede que seja condenada a devolver o valor de R$ 50,00 (cinquenta reais), em dobro, correspondente a todo o contrato de trabalho.

NÃO ASSINE ESTA FOLHA

PODER JUDICIÁRIO
JUSTIÇA DO TRABALHO
TRIBUNAL REGIONAL DO TRABALHO – SEXTA REGIÃO
XX CONCURSO PÚBLICO PARA PROVIMENTO DE CARGO DE JUIZ DO TRABALHO SUBSTITUTO

Desconto salarial – taxas assistencial e de custeio do sistema confederativo

O Autor afirma que em maio de 2013 a Empregadora fez desconto ilegal em seu salário, ao argumento de que estava previsto em Acordo Coletivo firmado entre a Reclamada e o Sindicato da categoria profissional, a título de "taxa assistencial" R$ 50,00 (cinquenta reais) e "taxa para custeio do sistema confederativo" R$ 20,00 (vinte reais). Tendo em vista que não é associado do Sindicato e que não autorizou qualquer desconto, pede a restituição destas quantias em dobro.

Indenização por danos morais – Dano Existencial

O Reclamante reafirma que a Reclamada não lhe concedeu férias ao longo do contrato de trabalho, além de ter sido submetido à jornada extraordinária de forma habitual. Destaca que o procedimento da Empresa o afastou do convívio familiar e social, a par de provocar-lhe imenso desgaste físico e emocional, sobretudo em face de encontrar-se exposto a trabalho perigoso. O comportamento da Empresa caracteriza supressão de direitos trabalhistas, configurando dano existencial. Pede a condenação da Ré ao pagamento de indenização por danos morais (assédio existencial), no importe de R$ 50.000,00 (cinquenta mil reais).

Indenização por danos morais – lesão à privacidade – utilização de vestiário feminino

O Reclamante sustenta que sofreu grave ofensa à sua dignidade e privacidade a partir de junho de 2013 até o término do contrato. Explica que não obstante tenha aparência do gênero masculino, possui auto-identificação com o gênero feminino, fato de conhecimento de todos na Empresa. Assevera que comportava-se como mulher, o que lhe motivou solicitar à Empregadora a utilização dos vestiários femininos, desde a admissão. Destaca que não obstante trabalhasse externamente, precisava utilizar o vestiário da empresa, diariamente, em dois momentos: pela manhã, no início de suas atividades, para vestir o uniforme, e ao final da jornada para tomar banho e retirar o fardamento. Diz que ao ser contratado, a Empregadora, reconhecendo sua condição de gênero, e atendendo seu pedido, lhe concedeu o direito de usar o vestiário feminino, que era dotado de banheiros e chuveiros privativos. Ocorre que em junho de 2013, algumas colegas de trabalho exigiram da Empresa que o Autor não mais fizesse uso desse vestiário, sendo por ela atendidas. Esta atitude causou-lhe profundo constrangimento, pois foi compelido a utilizar diariamente o vestiário masculino. A despeito do seu reiterado apelo para voltar a usar o vestiário de mulheres, a Reclamada não aquiesceu. Entende que a Ré deveria ter continuado a respeitar o seu direito personalíssimo, não permitindo exclusão ou discriminação. Considera que o comportamento da Empregadora lhe trouxe inegável dano moral susceptível de reparação. Pede a indenização no importe de R$ 50.000,00 (cinquenta mil reais).

Multa do art. 477, § 8º, da CLT – Homologação fora do prazo legal e rescisão paga em valor inferior.

O Autor pretende a condenação da Reclamada ao pagamento da multa do art. 477, § 8º, da CLT, sob dois fundamentos. O primeiro porque as verbas rescisórias foram depositadas em sua conta corrente, mas em importância inferior a que fazia jus, como demonstra a série de direitos que foram sonegados. O segundo motivo refere à homologação pelo Sindicato da sua Categoria Profissional, efetivada mais de 1 mês após a extinção do contrato. Estando envolvidas obrigações de fazer e pagar, o acerto rescisório deveria ocorrer conforme estabelece o art. 477, § 6º, da CLT, o que não foi observado pela Empregadora.

NÃO ASSINE ESTA FOLHA

TRT6R-Juiz Trabalho Substituto-Segunda Prova Escrita-Sentença-Definitivo
6

PODER JUDICIÁRIO
JUSTIÇA DO TRABALHO
TRIBUNAL REGIONAL DO TRABALHO – SEXTA REGIÃO
XX CONCURSO PÚBLICO PARA PROVIMENTO DE CARGO DE JUIZ DO TRABALHO SUBSTITUTO

Justiça gratuita
O Reclamante assevera não ter condições de arcar com as despesas de honorários de advogado e custas processuais sem prejuízo de seu sustento e da família, pedindo o benefício da assistência gratuita.

Honorários de advogado
O Autor pede que a Reclamada seja condenada ao pagamento dos honorários advocatícios de 20% sobre a condenação corrigida, tendo em vista que o advogado é indispensável à administração da Justiça.

Juros de mora e correção monetária
O Autor postula que sobre o total da condenação incidam juros e correção monetária por ser de direito.

Diante do exposto, requer, finalmente, que Vossa Excelência considere na base de cálculo dos seus direitos trabalhistas, para fins de condenação da Reclamada, o salário base acrescido do adicional de periculosidade e vale-refeição, diante da natureza salarial que ostentam.

O Reclamante requer, por fim, a notificação da Reclamada, no endereço fornecido, protestando pela aplicação da pena de revelia e confissão, bem como a produção de provas, e a condenação do Réu com relação aos seguintes títulos:

a. Devolução dos valores descontados dos salários, em dobro, a título de material, ao longo de todo o contrato de trabalho;

b. Devolução dos valores descontados a título de taxa assistencial e de custeio do sistema confederativo, em dobro;

c. Indenização por danos morais – assédio existencial, no valor de R$ 50.000,00 (cinquenta mil reais);

d. Indenização por danos morais – lesão à privacidade – vestiário, no valor de R$ 50.000,00 (cinquenta mil reais);

e. Horas excedentes da 8ª diária (de 2ª a 6ª feira), com o adicional de 60%, repercutindo no repouso remunerado, nas férias com 1/3, nas gratificações natalinas, no aviso prévio, nos depósitos do Fundo de Garantia com a multa de 40%, alusivos a todo o contrato de trabalho;

f. Horas extras acrescidas do adicional de 60%, pela não fruição do intervalo intrajornada, ao longo do contrato de trabalho, com as repercussões e parâmetros pleiteados na alínea "e";

g. Adicional de periculosidade de 30%, com as repercussões nas férias com 1/3, nas gratificações natalinas, no aviso prévio, nos depósitos do Fundo de Garantia com a multa de 40%, alusivos a todo o contrato de trabalho;

h. Férias em dobro e simples alusivas a todo período contratual, acrescidas de 1/3;

NÃO ASSINE ESTA FOLHA

PODER JUDICIÁRIO
JUSTIÇA DO TRABALHO
TRIBUNAL REGIONAL DO TRABALHO - SEXTA REGIÃO
XX CONCURSO PÚBLICO PARA PROVIMENTO DE CARGO DE JUIZ DO TRABALHO SUBSTITUTO

i. Participação nos Lucros e Resultados do ano de 2014;

j. Diferenças de aviso prévio, férias + 1/3, gratificações natalinas, FGTS com a multa de 40%, em face da integração do vale-refeição ao salário;

k. Multa do art. 477, § 8º, da CLT;

l. Honorários advocatícios de 20% sobre o valor da condenação, corrigida;

m. Justiça Gratuita;

n. Consideração, na base de cálculo dos seus direitos trabalhistas, para fins de condenação da Reclamada, o salário base acrescido do adicional de periculosidade e vale-refeição.

Protesta por todos os meios de prova em direito admitidos e dá-se à causa o valor de R$ 500.000,00.

Pede deferimento
Recife, 10 de fevereiro de 2015.

Com a inicial, foram juntados os seguintes documentos:

- cópia da CTPS do Autor com o registro do contrato de trabalho com a Reclamada, constando a data de admissão em 15 de janeiro de 2009 e saída em 10 de março de 2014, na função de Eletricista de Manutenção, sem observação nas anotações gerais.

- procuração de advogado particular.

- declaração do Reclamante de que não detinha condições de arcar com as despesas alusivas a advogado, bem como as despesas processuais em geral.

- comprovantes de recebimento de bip e de celular, entregues pela Reclamada em 15 de janeiro de 2009 e de restituição pelo Autor à Ré na data da rescisão contratual.

- laudo pericial, datado de 5 de junho de 2014, oriundo de processo trabalhista no qual consta que o Eletricista de Manutenção, Josué Madeira, empregado da Reclamada no período de 2007 a 2013, desempenhava atividade perigosa, em face de ativar-se em sistema elétrico de potência e em sistema elétrico de consumo, ambos de forma habitual, ainda que intermitente.

- cópia do Acordo Coletivo de Trabalho firmado entre o Sindicato da Categoria Profissional dos Eletricistas e a Reclamada, vigente para o período de 2012 a 2013, constando as seguintes cláusulas: a) pagamento da Participação dos Lucros e Resultados a ser realizada no mês de janeiro de 2014; b) horas extras com adicional de 60%; c) desconto no salário dos empregados da Reclamada, em favor do Sindicato da categoria profissional para atender às rubricas "taxa assistencial" e "custeio do sistema confederativo".

NÃO ASSINE ESTA FOLHA
TRT6R-Juiz Trabalho Substituto-Segunda Prova Escrita-Sentença-Definitivo
8

PODER JUDICIÁRIO
JUSTIÇA DO TRABALHO
TRIBUNAL REGIONAL DO TRABALHO – SEXTA REGIÃO
XX CONCURSO PÚBLICO PARA PROVIMENTO DE CARGO DE JUIZ DO TRABALHO SUBSTITUTO

II – CONTESTAÇÃO DA RECLAMADA

Excelentissimo Sr. Dr. Juiz da 25ª Vara do Trabalho de Recife – Pernambuco

EMPRESA DE TELEFONIA DE RECIFE S.A., qualificada nos autos da reclamação trabalhista movida por **MÁRIO DE SOUZA LOPES**, por seu advogado, vem, perante Vossa Excelência oferecer **CONTESTAÇÃO**, expondo o seguinte:

1. **Da Gratuidade Judiciária**
A Ré não concorda com o pedido de Assistência Judiciária ao Autor, uma vez que, ao ser despedido, percebia remuneração superior àquela que caracteriza insuficiência financeira.

2. **Jornada de trabalho – horas extras e repercussões**
A Ré afirma que embora correto o horário indicado na petição inicial, o Trabalhador realizava serviços externos não sujeitos a controle. Sua tarefa era executada junto aos usuários de energia elétrica que solicitavam consertos. Aduz, ainda, que, como o Reclamante não era alvo de fiscalização estava dispensado de anotar sua jornada. Salienta que a entrega do bip e de celular ao Reclamante teve como único objetivo a possibilidade de esclarecimento de dúvidas técnicas do Autor junto ao superior hierárquico no curso do dia. Acrescenta que o fato de o Reclamante comparecer na empresa no início e no término da jornada não traduz controle de horário. Sendo assim, reputa improcedente o pedido de pagamento de horas extras e seus reflexos.

3. **Horas extras – intervalo intrajornada**
A Reclamada assevera que determinava ao Reclamante que usufruísse do intervalo de 01 (uma) hora para alimentação e descanso diário. Esclarece que, como trabalhava externamente, não tinha qualquer ingerência sobre o tempo que utilizava para esse descanso. De toda sorte, considerando que o Autor admite o gozo de 30 minutos de intervalo, requer, na possibilidade de condenação, seja limitado o pagamento a 30 (trinta) minutos e, apenas, ao mero adicional, haja vista o caráter indenizatório do título.

4. **Adicional de periculosidade**
A Reclamada contesta o pleito de adicional de periculosidade. A Empresa tem como atividade econômica atendimento e manutenção de serviços de telefonia para a indústria, o comércio e residências. Destaca que o trabalho do Reclamante consistia na colocação de cabos, instalação e reparação de linhas e aparelhos de telefonia para os segmentos de clientes mencionados. Nega a existência de contato pelo Autor com sistema elétrico de potência de forma continuada, só o fazendo de maneira intermitente. Assevera que testes periódicos eram promovidos e que concedia equipamentos de proteção adequados. Acrescenta que, esporadicamente, o Reclamante acionava linhas de alta tensão, sendo o trabalho desenvolvido em contato habitual, apenas, em relação ao sistema elétrico de consumo. Desta forma, entende indevido o adicional perseguido.

5. **Férias não gozadas**
A Reclamada sempre concedeu férias ao Reclamante, motivo pelo qual deve ser julgado improcedente o pleito.

NÃO ASSINE ESTA FOLHA

TRT6R-Juiz Trabalho Substituto-Segunda Prova Escrita-Sentença-Definitivo

9

PODER JUDICIÁRIO
JUSTIÇA DO TRABALHO
TRIBUNAL REGIONAL DO TRABALHO – SEXTA REGIÃO
XX CONCURSO PÚBLICO PARA PROVIMENTO DE CARGO DE JUIZ DO TRABALHO SUBSTITUTO

6. **Participação nos Lucros e Resultados**
A Reclamada confirma não ter concedido ao Reclamante a vantagem alusiva à Participação nos Lucros e Resultados do ano de 2014. Tal sucede porque um novo Acordo Coletivo de Trabalho somente foi celebrado em 2 junho de 2014, prevendo a distribuição dos lucros para o mês de janeiro de 2015, ocasião em que o contrato de trabalho do Autor já estava extinto. Pede, portanto, a declaração de improcedência deste título.

7. **Vale-refeição – salário utilidade – integração**
A Reclamada confirma que concedia vale-refeição ao Autor, o qual era desprovido de natureza salarial, uma vez que é participante do Programa de Alimentação ao Trabalhador – PAT. Sendo assim, é improcedente o pleito de integração ao salário para os fins das diferenças requeridas na inicial.

8. **Descontos efetuados nos salários – desperdício de material**
A Reclamada realizava os descontos nos salários do Reclamante sempre que a sobra de material elétrico não lhe era restituída, promovendo uma justa avaliação do valor do bem. Assevera que seu ato era lícito porque previsto no Regulamento da Empresa, documento do qual o Autor tinha conhecimento, pois recebeu cópia no ato de admissão.

9. **Descontos salariais – taxa assistencial e custeio do sistema confederativo**
Quanto aos descontos a título de "taxa assistencial" e "taxa para custeio do sistema confederativo" a Reclamada os realizou porque existe autorização em Acordo Coletivo firmado entre a Reclamada e o Sindicato da Categoria Profissional. Esclarece que tais quantias já foram repassadas à entidade sindical que representa o Reclamante. Desta forma, pede a improcedência do pedido de devolução do valor descontado.

10. **Indenização por danos morais – dano existencial**
A Reclamada contesta também o pedido em epígrafe por falta de previsão no sistema jurídico. Ademais, o Autor sustenta a postulação em fatos que não ocorreram, pois sempre gozou férias, não estando sujeito a controle de horário, bem como a trabalho em condições perigosas. Destaca não existir nenhum elemento revelador da criação de obstáculo pela Ré no sentido de que o Reclamante não pudesse usufruir de vida familiar e social normais. Considera excessiva a importância pretendida, requerendo, na hipótese remota de condenação, seja reduzida para R$ 1.000,00 (um mil reais).

11. **Indenização por danos morais – lesão à privacidade – utilização de vestiário feminino**
A Reclamada confirma os fatos narrados pelo Autor no sentido de ter-lhe sido assegurada no curso do contrato de trabalho a utilização de vestiário feminino. Ocorre que, como admitido pelo Reclamante, a Empresa precisou alterar essa situação porque empregadas que ingressaram na Empresa no ano de 2013 não concordavam que o Reclamante usasse o vestiário feminino. Tratou-se de uma situação que não foi provocada pela Reclamada, não podendo ser penalizada com o pagamento de indenização por dano moral. De toda sorte, na hipótese pouco provável de condenação, pede seja reduzida a importância pleiteada para R$ 1.000,00 (um mil reais).

NÃO ASSINE ESTA FOLHA

PODER JUDICIÁRIO
JUSTIÇA DO TRABALHO
TRIBUNAL REGIONAL DO TRABALHO – SEXTA REGIÃO
XX CONCURSO PÚBLICO PARA PROVIMENTO DE CARGO DE JUIZ DO TRABALHO SUBSTITUTO

12. **Multa do art. 477, § 8º, da CLT**
A Reclamada afirma ser indevido o título pleiteado porque depositou na conta corrente do Reclamante as parcelas decorrentes da rescisão contratual dentro do decênio legal. Adianta que não tem responsabilidade em face de o Sindicato dos Trabalhadores haver homologado tardiamente o termo de rescisão.

13. **Honorários de advogado**
A Reclamada não concorda com o pedido em epígrafe, haja vista que o Reclamante acha-se assistido por advogado particular.

Conclui sua defesa, requerendo a aplicação da prescrição quinquenal, no que couber, e a incidência de IR (inclusive sobre juros moratórios) e contribuições previdenciárias, na forma da legislação vigente.

Requer a improcedência da reclamação, protestando por todos os meios de prova admitidos em direito.

Pede deferimento.
Recife, 20 de fevereiro de 2015.

A EMPRESA DE TELEFONIA DE RECIFE S.A. juntou os seguintes documentos:

- instrumento de procuração.
- carta de preposição.
- atos constitutivos.
- cópia de Acordo Coletivo do Trabalho, firmada entre o Sindicato dos Trabalhadores da Categoria Profissional dos Eletricistas e a Reclamada, com vigência para 2012/2013.
- cópia do Acordo Coletivo de Trabalho entre o Sindicato dos Trabalhadores da Categoria Profissional dos Eletricistas e a Reclamada, firmado em 2 de junho de 2014, constando as seguintes cláusulas: a) pagamento da Participação dos Lucros e Resultados a ser realizada no mês de janeiro de 2015; b) horas extras com adicional de 60%; c) desconto no salário dos empregados da Reclamada, em favor do Sindicato da categoria profissional para atender às rubricas "taxa assistencial" e "custeio do sistema confederativo".
- cópia do comprovante de depósito bancário na conta corrente do Reclamante dos valores correspondentes à rescisão contratual, procedido dentro do decênio legal.

Em audiência, as partes não se manifestaram sobre os documentos apresentados e afirmaram não terem novas provas a oferecer. Declararam, ainda, a autenticidade dos documentos que acompanham as respectivas peças.

Alçada fixada de acordo com inicial.

O Juiz encerrou a instrução.

As partes ofereceram razões finais remissivas.

Foi renovada a proposta de conciliação, sem êxito, sendo designado o julgamento para o dia 19 de abril de 2015, às 8 horas.

NÃO ASSINE ESTA FOLHA

PARA EXERCITAR

MODELO DE RESPOSTA DA PROVA DE SENTENÇA DO TRT 6 – 2015 (MÁRIO DE SOUZA LOPES X EMPRESA DE TELEFONIA DE RECIFE S.A.)

"RELATÓRIO

Dispensado pela Banca Examinadora.

FUNDAMENTAÇÃO

CONSIDERAÇÕES INICIAIS. EFICÁCIA INTERTEMPORAL DAS NORMAS DE DIREITO MATERIAL E DE DIREITO PROCESSUAL

Inicialmente, cumpre destacar que, considerando a data do ajuizamento da presente ação trabalhista, não há falar em aplicação do disposto na Lei n. 13.467/2017, razão pela qual os dispositivos legais aplicáveis são aqueles vigentes no momento do ajuizamento da ação, sobretudo no que toca a sistemática relativa aos requisitos da petição inicial, regularidade de representação das partes na audiência, concessão da justiça gratuita e deferimento de honorários advocatícios.

Ademais, considerando a data de ocorrência dos fatos, também não há falar em aplicação do disposto na Lei n. 13.467/2017 sobre o tema, razão pela qual os dispositivos legais aplicáveis são aqueles vigentes no momento da ocorrência dos fatos.

IMPOSSIBILIDADE JURÍDICA DO PEDIDO (SUSCITADA PELA PARTE RÉ)

Com o advento da Lei n. 13.105/2015 (CPC/2015), a possibilidade jurídica do pedido deixou de ser condição da ação e, portanto, viabilizar a extinção do processo sem resolução do mérito (art. 485, VI, do CPC/2015, aplicável ao processo do trabalho por força do art. 15 do CPC/2015 e do art. 769 da CLT).

São condições da ação, portanto, a partir de então, somente a legitimidade da parte e o interesse processual, razão pela qual não há mais falar em preliminar de impossibilidade jurídica do pedido, devendo o tema, portanto, ser apreciado tão somente como questão de mérito.

Ademais, mesmo na hipótese de admitir a possibilidade jurídica do pedido como preliminar, a impossibilidade jurídica do pedido só existe quando o pedido é vedado pelo ordenamento jurídico, o que não ocorreu no caso dos autos, afinal a possibilidade de responsabilização por eventual indenização por "danos morais-assédio existencial" (pedido "d" da petição inicial) não encontra vedação legal, sendo certo que a procedência da pretensão é questão de mérito.

Rejeito.

PRESCRIÇÃO

Arguida pela parte ré, declaro prescritas, extinguindo o processo com resolução do mérito nesse particular (art. 269, IV, do CPC/73 - art. 487, II, do CPC/15), todas as pretensões condenatórias exigíveis antes de 10/02/2010, inclusive as diferenças de FGTS (Súmula n. 206 do TST), ressalvados tão somente, no caso em questão, pedidos de natureza declaratória, inclusive de anotação de CTPS (art. 11, § 1º, da CLT), uma vez que imprescritíveis, devendo ainda, quanto às férias, ser observado o disposto no art. 149 da CLT.

VALE-REFEIÇÃO

Busca a parte autora a condenação da parte ré nas diferenças de aviso prévio, gratificações natalinas integrais e proporcionais, FGTS com 40%, férias proporcionais e não gozadas, todas com 1/3, decorrentes da integração do vale-refeição ao seu salário.

A parte ré, por sua vez, argumenta que a parcela não tem natureza salarial, na medida em que é empresa participante do Programa de Alimentação do Trabalhador (PAT).

Sucede que não há prova de que a parte ré seja inscrita no referido programa, ônus que lhe competia (art. 333, II, CPC/73 - art. 373, II, do CPC/2015).

E, em razão do efeito expansivo circular dos salários, salvo norma legal ou convencional em sentido contrário, as utilidades habitualmente fornecidas pelo empregador ao empregado, inclusive a alimentação, integram a remuneração, a teor do disposto no art. 458, "caput", da CLT. Neste sentido a Súmula n. 241 do TST.

No mais, tem-se que não foi demonstrado o caráter instrumental parcela, nem tampouco a existência de norma coletiva dispondo em sentido contrário.

Ante o exposto, julgo procedente o pedido de integração do vale-refeição ao salário, com reflexos em aviso prévio, férias mais um terço, décimo terceiro salário, FGTS acrescido de 40%.

ADICIONAL DE PERICULOSIDADE

Busca a parte autora a condenação da parte ré no pagamento do adicional de periculosidade, argumentando, em síntese, que laborava em ambiente perigoso, em contato com sistema elétrico de consumo e de potência de forma constante.

A parte ré, por sua vez, sustenta que tem como atividade econômica o atendimento e manutenção de serviços de telefonia para a indústria, comércio e residências, sem contato com o sistema elétrico de potência, negando que o contato da parte autora com tal sistema ocorresse de modo habitual, afirmando ser meramente intermitente. Acrescenta que fornecia os equipamentos de proteção individual (EPI) e que apenas de modo esporádico a parte autora acionava linhas de alta tensão.

Pois bem.

De início, aponto que a parte ré não impugnou a prova emprestada produzida pela parte autora, consistente em perícia realizada em demanda anterior proposta por antigo empregado que exercia a mesma função nas mesmas condições do obreiro, tendo o perito concluído pela existência de perigo na atividade relacionada ao sistema elétrico de potência e em sistema elétrico de consumo, ambos de modo habitual, ainda que intermitente.

Se não bastasse, é fato incontroverso que a parte autora, ao menos de modo intermitente, laborava em contato com sistema elétrico de potência, fato que é o suficiente para reconhecer o direito ao adicional pretendido.

É que o trabalho exercido em condições perigosas, embora de forma intermitente, dá direito ao empregado a receber o adicional de periculosidade de forma integral sendo indevido apenas quando o contato se dá de forma eventual, assim considerado o fortuito, ou o que, sendo habitual, dá-se por tempo extremamente reduzido. Neste sentido, a inteligência das Súmulas nº 361 e 364 do TST.

Registre-se que para efeito do pagamento do adicional de periculosidade, ao contrário do que pretende a parte ré, é irrelevante o fato de sua atividade consistir em reparação de linhas telefônicas, e não de fornecimento de energia elétrica, pois pelo menos parte de seus empregados também estava sujeito ao mesmo risco (Orientação Jurisprudencial n. 347 da SDI 1, TST).

Por fim, registre-se que a parte ré, a despeito de suas alegações, não trouxe aos autos os recibos de fornecimento dos EPIs, ônus que lhe competia (art. 818 da CLT; art. 333, II, do CPC/73 - art. 373, II, do CPC/2015).

Ante o exposto, nos termos do art. 193, I, da CLT, julgo procedente o pedido de adicional de periculosidade à base de 30% sobre a totalidade das parcelas de natureza salarial (contrato de trabalho celebrado antes da Lei n. 12.740/2012; Súmula n. 191, III, do TST), com reflexos em aviso prévio, férias mais um terço, décimo terceiro salário, FGTS acrescido de 40%.

PARTICIPAÇÃO NOS LUCROS

A parte autora pretende o pagamento da participação nos lucros do ano de 2014.

A parte ré, em sua defesa, sustenta que a norma coletiva que regulamentou o pagamento da participação nos lucros do ano de 2014, editada em junho de ano respectivo, estipulou que o pagamento da parcela deveria ser feito apenas em janeiro de 2015, quando a parte autora não mais lhe prestava serviços.

Ocorre que, para efeito de reconhecimento do direito do empregado a participação nos lucros, é irrelevante a data em que a norma coletiva prevê o seu pagamento. O que importa é se o obreiro laborou no ano-base, de sorte a contribuir para os resultados positivos da empresa.

Neste sentido, inclusive, a Súmula nº 451 do TST, que dispõe fere o princípio da isonomia instituir vantagem mediante acordo coletivo ou norma regulamentar que condiciona a percepção da parcela participação nos lucros e resultados ao fato de estar o contrato de trabalho em vigor na data prevista para a distribuição dos lucros. Assim, inclusive na rescisão contratual antecipada, é devido o pagamento da parcela de forma proporcional aos meses trabalhados, pois o ex-empregado concorreu para os resultados positivos da empresa.

Ante o exposto, julgo procedente o pedido de pagamento da participação nos lucros referente ao ano de 2014 de forma proporcional aos meses trabalhados.

DEVOLUÇÃO DOS DESCONTOS – PERDA DE MATERIAL

Postula a parte autora a condenação da parte ré na devolução dos descontos realizados em seus salários, a título de "perda de material" utilizado na prestação de serviços.

A parte ré reconhece os descontos, mas afirma que eles só eram realizados quando as "sobras" dos materiais não eram restituídas, estando a previsão do desconto no seu regulamento interno, o qual foi entregue à parte autora no momento da admissão.

Pois bem.

Vige, no Direito do Trabalho, o princípio da intangibilidade salarial, segundo o qual, em regra, é vedada a realização de descontos nos salários do empregado, conforme art. 7º, IV e X, da CRFB/1988 e art. 462 da CLT.

De acordo o citado dispositivo legal, somente é possível efetuar descontos no salário do empregado na hipótese de (a) adiantamento salarial, (b) dispositivo de lei, (c) norma coletiva, (d) danos por ele causado, sendo certo que, se não houver dolo, somente se previamente ajustado.

No caso em tela, todavia, não há prova do ajuste prévio entre as partes acerca da possibilidade de desconto em caso de perda de material, sendo certo que a parte ré sequer cuidou de anexar o seu regulamento interno. De todo modo, não há prova de ato culposo ou doloso do obreiro, pelo que reputo ilegal o ato da parte ré.

Registro que permitir desconto no salário do trabalhador pela mera ausência/insuficiência de material é contrário ao princípio da alteridade, que coloca sob o empregador os riscos e ônus decorrentes da atividade empresarial (CLT, art. 2º).

Por outro lado, ao contrário do que sustenta a parte autora, a lei não autoriza a restituição em dobro, mas, de modo simples.

Em face do exposto, julgo procedente o pedido de devolução da quantia descontada nos holerites da parte autora, no valor de R$ 50,00 por mês (montante não impugnado pela parte ré).

DEVOLUÇÃO DOS DESCONTOS – TAXA ASSISTENCIAL E CONTRIBUIÇÃO CONFEDERATIVA

A parte autora pretende a devolução dos referidos descontos sob alegação de violação ao princípio da irredutibilidade salarial.

A parte ré, em sua defesa, invoca a previsão normativa como justificação dos descontos.

Assim, os descontos foram provados.

Com efeito, a Constituição Federal de 1988, em seus arts. 5º, XX, e 8º, V, assegura o direito à livre associação e sindicalização, sendo ofensiva a tais direitos a cláusula de acordo ou convenção coletiva que fixa o desconto nos salários de todos os componentes da categoria, independentemente de serem sindicalizados aos sindicatos.

Vale destacar que, dentre as receitas das entidades sindicais, a única que, à época da prestação de serviços da parte autora, era devida por todos os integrantes da categoria, sindicalizados ou não, era a contribuição sindical prevista nos artigos 578 e seguintes da CLT, que fora recepcionada expressamente pela Carta Magna de 1988 na parte final do inciso IV do art. 8º.

As demais receitas sindicais, dentre elas a contribuição confederativa e a contribuição assistencial não podem, sob pena de violação ao direito fundamental à liberdade sindical em sua dimensão passiva/negativa (direito de não se filiar), serem objeto de cobrança ao trabalhador sem que esse seja filiado ao sindicato ou autorize expressamente o referido desconto, situações que não restaram comprovadas nos autos. Neste sentido, a súmula vinculante n. 40 do STF.

Não há, no caso em tela, conforme já dito, elementos que comprovem a condição de filiado da parte autora nem tampouco a autorização dos descontos, razão pela qual julgo procedente o pedido de devolução dos valores descontados a título de contribuição confederativa e assistencial.

Assim como no tópico anterior, ao contrário do que sustenta a parte autora, a lei não autoriza a restituição em dobro, mas, de modo simples.

PEDIDOS VINCULADOS À JORNADA DE TRABALHO – HORAS EXTRAS.

Postula a parte autora a condenação da parte ré no pagamento de horas extraordinárias e intervalo intrajornada não concedido, argumentando que laborava em além da jornada, cumprindo carga horária das 08h00min às 18h00min, com 00h30min de intervalo intrajornada, de segunda-feira a sexta-feira.

Afirma que usava bip e celular, fornecidos pela parte ré, e que comparecia a sede da empresa no início e no final do expediente.

A parte ré sustenta que a parte autora laborava externamente e sem a possibilidade de controle de jornada de trabalho.

Pois bem.

De início, por oportuno, cumpre destacar que não há dúvida que a parte autora prestava seus serviços externamente. Neste sentido, indica tanto a petição inicial quanto a contestação.

Logo, a controvérsia fica adstrita à existência ou não de elementos de controle da jornada de trabalho da parte autora, que, desde que provados, têm o condão de elidir o quanto disposto no art. 62, I, da CLT.

Vale dizer: conquanto a norma consolidada, aprioristicamente, tenha excluído do regime do Capítulo II ("Da duração do trabalho") os profissionais que exercem atividade incompatível com a fixação da jornada de trabalho, a finalidade da norma foi tão somente excluir do direito de percepção a horas extras aqueles trabalhadores que não têm, de qualquer maneira, a sua jornada de trabalho controlada, e não de desfavorecer esses obreiros.

E, no caso em tela, há elementos que convencem sobre a existência de controle de jornada.

De um lado, porque é fato incontroverso, na medida em que não impugnado (art. 302, CPC/73 – art. 341, do CPC/2015), que o obreiro comparecia diariamente à sede da parte ré, tanto no início da jornada, a fim de vestir o uniforme da empresa, receber o diário de visitas dos clientes e material para execução dos serviços, quanto ao final da jornada, para prestar contas ao superior hierárquico das visitas e atendimentos realizados.

Possível à parte ré, assim, tendo conhecimento do horário de início e fim da jornada, bem como da carteira de clientes a serem visitados, mensurar o tempo trabalhado pela parte autora.

De outro lado, havia um segundo meio de controle de jornada, realizado mediante o uso pela parte autora do celular e do bip, os quais, segundo admitido pela própria parte ré, eram utilizados no contato do obreiro como o seu superior hierárquico.

Nesse particular, inclusive, importante salientar que o parágrafo único do art. 6º da CLT, com redação dada pela Lei n. 12.551/2011, dispõe que "Os meios telemáticos e informatizados de comando, controle e supervisão se equiparam, para fins de subordinação jurídica, aos meios pessoais e diretos de comando, controle e supervisão do trabalho alheio", comprovando, assim, que o bip e o telefone celular são, para os efeitos legais, instrumentos de comando, controle e supervisão.

Quanto à jornada efetivamente cumprida, tem-se que ela é incontroversa (das 08h00min às 18h00min, de segunda-feira a sexta-feira). A discussão gira, apenas, em torno do intervalo intrajornada.

Ocorre que, uma vez verificada a existência de elementos de controle, era ônus da parte ré comprovar o efetivo gozo do intervalo intrajornada, encargo do qual não se desvencilhou (art. 818 CLT e art. 333, II, do CPC/73 - art. 373, II, CPC/15), não procedendo, assim, como argumento válido para julgar improcedente o pleito de pagamento de horas extras nesse particular, o argumento da parte ré de que determinava que a parte autora gozasse de uma hora de intervalo.

Destarte, considero que a parte autora laborava das 08h00min às 18h00min, de segunda-feira a sexta-feira, com 00h30 min de intervalo intrajornada.

Destaco, por oportuno, que a concessão parcial no descanso não alcança a finalidade do instituto, além do que o art. 71, § 4º prevê a natureza salarial da parcela, ao fazer alusão ao termo "remunerar" o período correspondente (Súmula nº 437, III, do TST), não procedendo, assim, os pedidos da parte ré de que, em caso de condenação, fosse limitado ao tempo de 30 minutos e ao mero adicional, em face do alegado caráter indenizatório.

Ante o exposto, julgo procedente o pedido de pagamento de horas extraordinárias, assim consideradas as laboradas após a 8ª, bem assim, 44º ordinária semanal, não cumulativas, bem como uma hora por dia decorrente da ausência do intervalo intrajornada, observados os seguintes parâmetros:

a) horário a ser observado: 08h00min às 18h00min, de segunda-feira a sexta-feira, com 30min de intervalo intrajornada.

b) base de cálculo a ser observada: soma do valor do salário base e das demais verbas de natureza salarial, nos termos da Súmula n. 264 do TST;

c) acréscimo do adicional de 60% durante o período da vigência da norma coletiva e de 50% no período não abrangido pela referida norma coletiva;

d) observância da evolução salarial;

e) exclusão dos dias não trabalhados;

f) divisor de 220;

g) em face da habitualidade e, portanto, de sua natureza salarial, determino os reflexos sobre o RSR (na forma da Súmula n. 172 do TST e observada a regra prevista na OJ n. 394 da SDI-1 do TST), aviso prévio, décimo terceiro salários, férias acrescidas de 1/3 e FGTS com indenização de 40%.

FÉRIAS

Postula a parte autora a condenação da parte ré no pagamento das férias acrescidas de um terço, argumentando que jamais gozou os períodos de descanso.

A parte ré alega que sempre concedeu férias à parte autora.

Sucede que não há prova do respectivo pagamento e gozo das referidas férias. Com efeito, alegado o pagamento e a fruição, fatos extintivos do direito da parte autora, incumbia à parte ré carrear aos autos a comprovação do pagamento e da concessão (recibo de férias), consoante a Consolidação das Leis do Trabalho, arts. 135 e 818, e o art. 333, II, do CPC/73 - art. 373, II, do CPC/2015) encargo do qual não se desvencilhou, na medida em que não produziu prova a respeito.

Em face do exposto, julgo procedente o pedido de pagamento de quatro períodos férias em dobro acrescidas de um terço (15.01.2009 a 15.01.2010; 15.01.2010 a 15.01.2011; 15.01.2011 a 15.01.2012; 15.01.2012 a 15.01.2013) e um período de férias simples mais um terço (15.01.2013 a 15.01.2014).

INDENIZAÇÃO POR DANOS MORAIS (DANO EXISTENCIAL)

Narra a parte autora que a conduta da ré, ao lhe sonegar direitos trabalhistas relacionados à ausência de gozo de férias e de exigência de horas extraordinárias habituais em trabalho perigoso, lhe afastou do convívio família e social, provocando-lhe desgaste emocional e físico. Em razão disso, postula indenização por danos morais no valor de R$ 50.000,00.

A parte ré, por sua vez, alega, em síntese, que sempre concedeu férias e que o obreiro não estava sujeito a controle de jornada.

Pois bem.

A figura do dano existencial, no âmbito do Direito do Trabalho está relacionada ao conjunto de atos do empregador que impossibilita o empregado de se relacionar e de conviver em sociedade, por meio de atividades recreativas, afetivas, espirituais, culturais, esportivas, sociais e de descanso, que lhe proporcionam bem-estar físico e psíquico. Trata-se de um dano à vida de relações.

Ilustrativamente, pode se revelar por meio de excessos pelo empregador, quando há sonegação de férias por vários anos, fazendo com que o trabalhador deixe, por muitos anos, de cuidar da sua própria existência, não tendo tempo para a realização de seus projetos de vida.

É bem verdade que, no caso de prestação de horas extras habituais, não se pode presumir que este fato, por si só, gerou um dano à vida de relações, cabendo ao trabalhador com provar o dano existencial em si, o que não ocorreu no caso dos autos.

Contudo, no que tange às férias, possível entender a ausência de fruição, por diversos anos seguidos, por si só, comprova a ocorrência de um dano existencial, já que prejudica, de forma inequívoca, a vida de relações do trabalhador.

No caso em tela, conforme restou reconhecido em tópico anterior, a parte ré sonegou à parte autora o direito às férias durante todo o contrato de trabalho, que perdurou por mais de 5 anos (de 15/01/2009 a 10/03/2014), o que, sem dúvida, tem o condão de configurar o dano existencial, por obstar o obreiro de período regular de descanso com sua família, impedindo-o ainda da inserção no meio comunitário e social.

Com efeito, a responsabilidade civil possui pressupostos sem os quais não se configura, estando consagrada no artigo 186 do Código Civil, *in verbis*: "Aquele que, por ação ou omissão voluntária, negligência ou imprudência, violar direito e causar dano a outrem, ainda que exclusivamente moral, comete ato ilícito.".

Da análise do artigo supra, pode-se concluir que a responsabilidade civil tem como pressupostos: a) conduta humana (comissiva ou omissiva); b) dano ou prejuízo; c) nexo de causalidade; d) culpa do agente. Cumpre observar, dessa forma, que os pressupostos acima elencados são concorrentes. Vale dizer: a falta de um deles exonera a parte do dever de indenizar.

No caso em tela, estão presentes os requisitos, pois provado o ato ilícito culposo da ré com sonegação de direitos trabalhistas, provocando reflexos nos direitos da personalidade da parte autora, constitucionalmente assegurados (Constituição da República Federativa do Brasil de 1988, art. 5º, V e X).

À míngua de critérios objetivos da Lei, a quantificação do montante devido a título de indenização por danos morais, cabe ao prudente arbítrio do julgador, sendo que os arts. 944 e 953 do Código Civil trazem parâmetros mínimos para tal quantificação, que são a extensão do dano e a equidade.

Destarte, o arbitramento deve levar em consideração a posição social e econômica do ofensor, o grau de culpa do primeiro e o dano.

A par disso, deve-se ter em vista o caráter indenizatório e pedagógico da indenização do dano moral, pelo que o valor não pode ser fonte de enriquecimento sem causa da vítima nem meramente simbólico e irrisório para o ofensor.

Tendo em vista tais critérios, arbitro o valor de R$ 10.000,00 para a indenização por danos morais (dano existencial).

INDENIZAÇÃO POR DANO MORAL – USO DO VESTIÁRIO

Assevera a parte autora que a partir de junho de 2013 até o fim do contrato de trabalho passou a sofreu a lesão à privacidade. Afirma que, a despeito de ser do sexo masculino, sempre se identificou como pessoa do sexo feminino, fato de conhecimento de todos da empresa, o que lhe motivou a solicitar, desde a admissão, a utilização do vestiário feminino.

Prossegue aduzindo que a sua solicitação foi atendida, mas que, em junho de 2013, em virtude do questionamento por parte das demais empregadas, a parte ré determinou que passasse a utilizar o vestiário masculino, o que lhe causou constrangimento e lesão aos direitos da personalidade.

A parte ré, por outro lado, reconhece os fatos, aduzindo, entretanto, que a mudança do procedimento na utilização dos vestiários ocorreu por motivos alheios a sua vontade, já que provocado por meio da solicitação das demais empregadas, admitidas no ano de 2013.

Ocorre que a conduta da ré tem o condão de provocar a violação aos direitos da personalidade da parte autora. Isto porque é fato incontroverso que a parte autora, desde a admissão, informou a sua condição ao empregador, tendo este anuído à solicitação de uso do vestiário feminino.

Assim, a mudança acerca desse aspecto da relação de trabalho, ainda que por solicitação de outros empregados, configura ato ilícito, pois submeteu a parte autora, que tem autoidentificação com o sexo feminino, a utilizar o vestiário masculino. Vale dizer, a parte autora tinha direito a ter respeitada essa condição, de sorte que a alteração configura desrespeito ao princípio da condição mais benéfica (CLT, art. 468), de modo que cabia ao empregador exercer o denominado "dever de acomodação", buscando, assim, conciliar os interesses e necessidades da parte autora e das demais empregadas, permitindo, por exemplo, que a parte autora se utilizasse de um sanitário específico.

Assim, considerando que o dano moral, em situações fáticas como a trazida neste feito, é "in re ipsa", decorrendo dos fatos, tem-se que, apesar de não haver prova de que a parte ré tenha tido a intenção de ofender a parte autora, fica claro o nexo de causalidade entre a sua conduta e o constrangimento sofrido pelo obreiro.

A Constituição Federal de 1988 garante o respeito aos direitos da personalidade, resguardando a incolumidade moral do indivíduo.

Conforme art. 5º, V e X, da CRFB/88, é assegurado o direito de resposta proporcional ao agravo, além da indenização por dano material, moral ou à imagem, sendo invioláveis a intimidade, a vida privada, a honra e a imagem das pessoas.

Ademais, os direitos fundamentais, entre eles os direitos da personalidade, são oponíveis também na relação entre particulares, inclusive na relação de emprego, sendo reconhecida a eficácia horizontal dos direitos fundamentais.

Desse modo, não obstante seja reconhecido ao empregador o "poder empregatício", corolário do poder diretivo (art. 2º, CLT), com a possibilidade de controlar e fiscalizar a prestação dos serviços, ele deve exercê-lo em conformidade com a Constituição Federal, sob pena de incorrer em abuso de direito (art. 187, do CC), e, consequentemente, ser obrigado a indenizar o obreiro.

Não se pode perder de vista que a dignidade da pessoa humana (art. 1º, IV, da CRFB/88) é fundamento da República Federativa do Brasil e vetor axiológico do ordenamento jurídico pátrio.

Deste modo, o homem é o centro das preocupações do Estado, em razão do que a propriedade somente tem razão de ser quando for utilizada em conformidade com a sua função social (art. 5º, XXII, da CRFB/88).

Destarte, tendo em vista a condição social e econômica do ofensor, o grau de culpa deste, a extensão do dano, bem como os objetivos pedagógico e indenizatório da condenação (art. 5º, V e X, da CRFB/88; arts. 944 e 953, parágrafo único, do CC), entendo justo e razoável o valor de R$ 10.000,00, motivo pelo qual julgo procedente o pedido de pagamento de indenização por danos morais no valor de R$ 10.000,00.

MULTA PREVISTA NO ART. 477, §§ 6º E 8º, CLT

O documento juntado ao caderno processual pela parte ré comprova que as verbas resilitórias foram pagas dentro do decênio legal, em razão do que não incide a multa prevista no art. 477, §§ 6º e 8º, da CLT.

É que a penalidade em questão tem como escopo coagir o empregador, psicologicamente, a quitar o mais rápido possível as verbas resilitórias do empregado dispensado, tornando, assim, mais oneroso o pagamento após o prazo legal.

Vale dizer, a multa prevista no art. 477, §§ 6º e 8º, da CLT não está ligada à homologação rescisória, que, por motivos diversos, pode ocorrer dias após o decurso do prazo previsto no preceito legal, mesmo porque está sujeita, muitas vezes, à disponibilidade de "agenda" do sindicato obreiro para realização do ato.

Julgo improcedente.

JUSTIÇA GRATUITA

A isenção de custas na Justiça do Trabalho, na forma do § 3º do art. 790, pode ser concedida de até mesmo ofício e, considerando a data de ajuizamento da ação (ainda em vigor a OJ n. 331 da SDI- do TST), decorre da simples declaração da parte de que não pode arcar com as custas do processo sem prejuízo do sustento próprio e de sua família.

Destaca-se ainda que o fato da parte autora, quando empregada, ter recebido quantia mensal igual a quatro salários mínimos é irrelevante para esse fim, afinal, a possibilidade ou não de arcar com as custas do processo sem prejuízo do sustento próprio e de sua família deve ser analisada no momento da ação judicial.

Concedo à parte autora os benefícios da justiça gratuita.

HONORÁRIOS ADVOCATÍCIOS

No Direito Processual Trabalhista a condenação ao pagamento dos honorários advocatícios depende da comprovação da assistência sindical (arts. 14 a 16 da Lei n. 5.884/70 e Súmulas 219 e 329 do C. TST), o que não ocorreu no caso dos autos.

Julgo improcedente.

DISPOSITIVO

Ante o exposto, nos autos da ação ajuizada por MÁRIO DE SOUZA LOPES em face de EMPRESA DE TELEFONIA DE RECIFE S.A., nos termos da fundamentação, parte integrante deste dispositivo, decido:

- rejeitar a preliminar de impossibilidade jurídica do pedido;
- declarar prescritas, extinguindo o processo com resolução do mérito nesse particular (art. 269, IV, do CPC/73 - art. 487, II, do CPC/15), todas as pretensões condenatórias exigíveis antes de 10/02/2010, inclusive as diferenças de FGTS (Súmula n. 206 do TST), ressalvados tão somente, no caso em questão, pedidos de natureza declaratória, inclusive de anotação de CTPS (art. 11, § 1º, da CLT), uma vez que imprescritíveis, devendo ainda, quanto às férias, ser observado o disposto no art. 149 da CLT;
- julgar procedentes, em parte, os pedidos, condenando a EMPRESA DE TELEFONIA DE RECIFE S.A. a pagar a MÁRIO DE SOUZA LOPES, no prazo de oito dias, os seguintes títulos:
   a) diferenças de aviso prévio, gratificações natalinas integrais e proporcionais, FGTS com 40%, férias proporcionais e não

gozadas, todas com 1/3, em face da integração ao salário dos vales-refeições;

b) adicional de periculosidade à base de 30% sobre a totalidade das parcelas de natureza salarial (Súmula n. 191, III, do TST), com reflexos em aviso prévio, férias mais um terço, décimo terceiro salário, FGTS acrescido de 40%., com reflexos em aviso prévio, férias mais um terço, décimo terceiro salário, FGTS acrescido de 40%;

c) horas extraordinárias, assim consideradas as laboradas após a 8ª, bem assim, 44º ordinária semanal, não cumulativas, bem como uma hora por dia decorrente da ausência do intervalo intrajornada, observados os seguintes parâmetros:

   c.1) horário a ser observado: 08h00min às 18h00min, de segunda-feira a sexta-feira, com 00h30 min de intervalo intrajornada;

   c.2) base de cálculo a ser observada: soma do valor do salário base e das demais verbas de natureza salarial, nos termos da Súmula n. 264 do TST;

   c.3) acréscimo do adicional de 60% durante o período da vigência da norma coletiva e de 50% no período não abrangido pela referida norma coletiva;

   c.4) observância da evolução salarial;

   c.5) exclusão dos dias não trabalhados;

   c.6) divisor de 220;

   c.7) em face da habitualidade e, portanto, de sua natureza salarial, determino os reflexos sobre o RSR (na forma da Súmula n. 172 do TST e observada a regra prevista na OJ n. 394 da SDI-1 do TST), aviso prévio, décimo terceiro salários, férias acrescidas de 1/3 e FGTS com indenização de 40%;

d) quatro períodos férias em dobro acrescidas de um terço (15.01.2009 a 15.01.2010; 15.01.2010 a 15.01.2011; 15.01.2011 a 15.01.2012; 15.01.2012 a 15.01.2013); férias simples mais um terço (15.01.2013 a 15.01.2014);

e) indenização por danos morais, pela utilização do vestiário masculino (R$ 10.000,00);

f) indenização por danos morais, pelo dano existencial (R$ 10.000,00);

g) devolução da quantia descontada nos holerites da parte autora, no valor de R$ 50,00 por mês;

h) devolução da quantia descontada nos holerites da parte autora a título de contribuição confederativa e assistencial;

i) participação nos lucros referente ao ano de 2014 de forma proporcional aos meses trabalhados.

Concedo à parte autora os benefícios da gratuidade de justiça.

Julgo improcedentes os demais pedidos.

PARÂMETROS DE LIQUIDAÇÃO

a) JUROS E CORREÇÃO MONETÁRIA

Às parcelas objeto da condenação devem ser acrescidos juros a partir do ajuizamento da ação (art. 883 da CLT), observado o seu propósito meramente indenizatório (OJ 400 da SDI-1 do TST), e correção monetária (na forma do art. 39, § 1º, da Lei n. 8.177/91 e da Súmula n. 381 do TST).

Ressalte-se que a aplicação do IPCA-E ou INPC contrariaria a autoridade do STF que, na Reclamação 22012, suspendeu efeitos de decisão do Tribunal Superior do Trabalho (TST) que determinou a substituição da TRD pelo IPCA na correção monetária dos débitos trabalhistas.

Quanto à indenização por danos morais, a atualização monetária é devida a partir da data da decisão de arbitramento ou de alteração do valor. Os juros incidem desde o ajuizamento da ação, nos termos do art. 883 da CLT, tudo na forma da Súmula n. 439 do TST.

b) RECOLHIMENTOS FISCAIS E PREVIDENCIÁRIOS.

Determino que a parte ré efetue os recolhimentos previdenciários incidentes sobre as parcelas objeto de condenação em pecúnia deferidas nesta sentença, na forma do art. 43 da Lei n. 8.212/91 e da Súmula n. 368 do TST, ficando autorizada a dedução da quota parte da parte autora.

Deverá ainda a parte ré (art. 46 da Lei n. 8.541/1992) efetuar o recolhimento fiscal na forma do art. 12-A da Lei n. 7.713/88 e da Instrução Normativa RFB nº 1.500, de 29/10/2014 (revogadora da IN nº 1.127/11 - art. 114 da IN 1.500/2014), com a redação dada pela Instrução Normativa RFB nº 1558, de 31/3/2015.

Para fins do art. 832, § 3º, da CLT, as parcelas da condenação devem observar o artigo 28, § 9º, da Lei n. 8.212/91, incidindo recolhimentos fiscais e previdenciários somente sobre as parcelas de natureza salarial.

c) FORMA DE LIQUIDAÇÃO

A liquidação deve ser feita por simples cálculos.

d) ABATIMENTO/COMPENSAÇÃO

Abatimento/dedução e compensação são institutos distintos e, no caso dos autos, não há falar em compensação, afinal não houve comprovação de nenhuma obrigação apta a ser extinta em face da posição concomitante de credor e devedor das partes (art. 368 do CC/2002 e arts. 477, § 5 º e 767 da CLT). Rejeito, assim, o pedido de compensação.

Autorizo, contudo, para evitar o enriquecimento sem causa (art. 884 do CC/2002) da parte autora, o abatimento/dedução dos valores pagos sob igual título àqueles deferidos nesta sentença.

Custas processuais no importe de R$ 1.000,00 (mil reais), calculadas sobre R$ 50.000,00 (cinquenta mil reais), a cargo da parte ré (art. 789, IV, da CLT), valor atribuído à condenação para tal fim.

Intime-se a União Federal, para efeitos da regra inserta no art. 832, § 5º, da CLT.

Partes cientes na forma do art. 834 da CLT e Súmula n. 197 do TST.".

5. Sentenças complexas

5.1. *Prova de sentença do TRT 01 – 2015 (Angilita Julita X Céu Brigadeiro Transportes Aéreos Ltda. X Brigadeiro Alimentos Ltda.)*

Tribunal Regional do Trabalho da 1ª Região - 1º Grau
PJe - Processo Judicial Eletrônico
Consulta Processual

Número: 0012555-09.2015.5.01.0115
Data Autuação: 02/05/2015

Classe: Reclamação Trabalhista - Rito Ordinário

Valor da causa (R$) 150.000,00

Partes	
Tipo	Nome
RECLAMANTE	ANGILITA JULITA
ADVOGADO	VIRGÍNIA BRÁS CUBAS
RECLAMADO	CÉU DE BRIGADEIRO TRANSPORTES AÉREOS LTDA
ADVOGADO	FORTUNATO QUINCAS BORBA
RECLAMADO	BRIGADEIRO ALIMENTOS LTDA
ADVOGADO	

Documentos			
Id	Data da Juntada	Documento	Tipo
5298396	02/05/2015	Petição Inicial	Petição Inicial
5298412	02/05/2015	Documentos	Documentos diversos
5298525	25/08/2015	Contestação 1ª Reclamada	Contestação
5298652	25/08/2015	Documentos	Documentos diversos
5299632	28/08/2015	Ata de Audiência	Ata de Audiência
5299635	28/08/2015	Comprovante citação	Documentos diversos

EXMO. SR. DR. JUIZ DA VARA DO TRABALHO DO RIO DE JANEIRO

ANGILITA JULITA, brasileira, natural do Rio de Janeiro, RJ, nascida em 03.03.1980, casada, CTPS 89765 s/654, CPF nº .... identidade nº ...., expedida pelo DETRAN/RJ, filha de MARIA JULITA, residente à Rua dos Boiadeiros, 75, apartamento 601, Recreio dos Bandeirantes, Rio de Janeiro, RJ, CEP 39.456-070, por sua advogada VIRGÍNIA BRÁS CUBAS, inscrita na OAB/RJ nº 69.999, com escritório na Rua do Rosário, nº 30520, Centro, Rio de Janeiro, RJ, onde receberá intimações, vem, respeitosamente, diante de V. Exa. propor a presente

RECLAMAÇÃO TRABALHISTA

pelo rito ordinário

em face de CÉU DE BRIGADEIRO TRANSPORTES AÉREOS LTDA., CNPJ ...., localizada à Travessa Y, nº. 45, Centro, Rio de Janeiro, RJ, CEP 46.459-10, primeira reclamada, e BRIGADEIRO ALIMENTOS LTDA., CNPJ ...., localizada na Travessa Z, nº 15, 10º andar, Andaraí, Rio de Janeiro, RJ, CEP 50.011-201, segunda reclamada, pelos fatos e fundamentos adiante expostos.

DOS FATOS

1. A reclamante foi contratada como comissária de voo em 10.05.2000 e imotivadamente dispensada em 15.03.15, quando recebia o salário mensal de R$ 2.000,00 (dois mil reais), com base operacional fixa na ponte aérea Rio – São Paulo.

2. Além do salário registrado na CTPS, a reclamante recebia gratuitamente passagens aéreas nacionais, para fins pessoais, no total de seis por

ano, para qualquer local em que a companhia operasse.

As passagens eram destinadas ao lazer, a serem utilizadas em dias de repouso ou férias, não sendo cobrada da autora sequer a taxa de embarque. A parcela, que estima em R$ 1.000,00 (mil reais) por mês, integra a sua remuneração, nos termos do artigo 82 da CLT, a refletir nas férias com 1/3, décimos terceiros salários, verbas resilitórias e FGTS com 40%.

3. A reclamante faz jus ao pagamento da parcela compensação orgânica, que não integrava a sua remuneração global, conforme estipula a cláusula 3.2.2 da Convenção Coletiva de Trabalho Aviação Regular. Igualmente devida a integração nas parcelas contratuais e resilitórias.

4. Em razão de permanecer a bordo durante o abastecimento da aeronave, a reclamante tem direito ao adicional de periculosidade, jamais quitado. Invoca a NR 16, Anexo 2, e para fins de prova junta o laudo pericial que retrata situação análoga.

5. A reclamante a partir de 05.01.2012 passou a realizar vendas de produtos alimentícios da segunda reclamada aos passageiros durante o voo, além de conferir mercadorias, receber os pagamentos, emitir nota fiscal e fechar o caixa. Por essas atividades a reclamante recebia mensalmente comissões de 0,5% sobre as vendas, no valor aproximado de R$ 400,00, pago pela segunda reclamada, mas não considerado para qualquer fim.

6. Caracterizado o trabalho em duas funções, a reclamante tem direito ao adicional de acúmulo de função de 40% sobre a remuneração fixa e integração da parcela nas demais verbas contratuais e resilitórias.

7. No período da Copa do Mundo, de 10 de junho a 20 de julho de 2014,, em razão do aumento do número de passageiros, a reclamante trabalhou acima do limite da jornada contratual, prevista em lei e em convenção coletiva, como registrado nos controles da primeira ré, sem receber corretamente o valor das horas extras, razão pela qual é credora de diferenças e seus reflexos

8. A reclamante sofreu abordagens desrespeitosas por parte de passageiro habitual. Relatou o fato mais de uma vez à equipe, sem qualquer providência por parte do empregador, apesar de requerido o registro das ocorrências no diário de bordo, cuja juntada requer, especialmente nos meses de junho e julho de 2014, sob

as penas do artigo 359 do CPC. O dano moral é evidente e merece ser reparado mediante indenização de R$ 120.000,00 (cento e vinte mil reais).

9. Imotivadamente dispensada, a reclamante não recebeu até a presente data as verbas devidas pelo distrato; ficou impedida de sacar o FGTS e requerer o seguro desemprego, o que pretende com as multas dos artigos 467 e 477 da CLT, se não pagas em audiência e em razão do desrespeito ao prazo legal de quitação. A baixa na CTPS foi efetuada sem a projeção do aviso prévio. Devida, portanto, a retificação na carteira, bem como a projeção do período no cálculo das verbas resilitórias, com imposição de multa diária, a critério do julgador.

10. Tendo em vista o trabalho prestado para as duas empresas, como comissária de voo e vendedora, em atividades que se complementam, a reclamante pretende que as reclamadas sejam condenadas solidariamente.

11.Os honorários advocatícios são devidos em conformidade com o artigo 20 do CPC e 133 da CF, no percentual de 20% do valor da condenação.

Reclama, com juros e correção monetária, as seguintes parcelas:

a) Declaração da natureza salarial das passagens concedidas gratuitamente e integração nos repousos semanais remunerados, horas extras, aviso prévio, férias com 1/3, décimos terceiros salários e FGTS com 40%;

b) Pagamento da compensação orgânica e integração nos repousos semanais remunerados, horas extras, aviso prévio, férias com 1/3, décimos terceiros salários e FGTS com 40%;

c) Pagamento do adicional de periculosidade e integração nos repousos semanais remunerados, horas extras, aviso prévio, férias com 1/3, décimos terceiros salários e FGTS com 40%;

d) Integração das comissões pagas nos repousos semanais remunerados, horas extras, aviso prévio, férias com 1/3, décimos terceiros salários e FGTS com 40%;

e) Pagamento de adicional por acúmulo de funções e integração nos repousos semanais remunerados, horas extras, aviso prévio, férias com 1/3, décimos terceiros salários e FGTS com 40%;

f)Pagamento de diferenças de horas extras e reflexos nos repousos semanais remunerados, aviso prévio, férias com 1/3, décimos terceiros salários e FGTS com 40%;

g) Indenização por dano moral;

h) Pagamento do aviso prévio proporcional e projeções; férias simples e proporcionais com 1/3, décimo terceiro salário proporcional;

i) Entrega de guias para saque do FGTS e habilitação ao seguro desemprego ou indenização pelo equivalente em espécie;
j) Multas dos artigos 467 e 477 da CLT;
k) Retificação da data de saída na CTPS e multa diária;

l) Condenação solidária das reclamadas;

m) Honorários advocatícios,

Requer a citação das reclamadas para apresentação de defesas, sob pena de julgamento à revelia e reconhecimento da confissão.

Protesta pela produção de todas as provas em direito admitidas.

Atribui à causa o valor de R$ 150.000,00 (cento e cinquenta mil reais).

Pede deferimento.

Rio de Janeiro, 30 de abril de 2015

VIRGÍNIA BRÁS CUBAS

OAB/RJ nº 69.999

Considere que acompanham a petição inicial os seguintes documentos:

- cópia da CTPS da reclamante;
- cópia do documento de identidade da reclamante;
- cópia do comprovante de residência da reclamante;
- procuração com todos os poderes da cláusula *ad judicia*.

CONVENÇÃO COLETIVA DE TRABALHO AVIAÇÃO REGULAR 2013/2014

Que entre si celebram, de um lado, SINDICATO NACIONAL DOS AERONAUTAS, com sede na ...... , neste ato representado por seu Presidente, Sr. ......e de outro lado, SINDICATO NACIONAL DAS EMPRESAS AEROVIÁRIAS, com sede na ......, neste ato representado por seu Diretor Presidente, Sr. ....

1.1.Abrangência

As condições acordadas na presente convenção vigorarão para os aeronautas que operam em todo território nacional, incluídos, também, os tripulantes de empresas nacionais baseados ou operando no exterior, obedecida a conceituação da profissão, conforme o disposto na Lei 7.183/84.

1.2.Vigência

As Cláusulas desta Convenção Coletiva de Trabalho estabelecida entre o SNA e o SNEA, vigorarão de 01 de dezembro de 2013 até 30 de novembro de 2014.

2.Itens Econômicos

2.1.Salários

Os salários dos aeronautas vigentes em 30 de novembro de 2013 serão reajustados, a partir de 01 de dezembro de 2013, pelo percentual de 5,6% (cinco vírgula seis por cento).

2.2.Piso Salarial

Ressalvadas as condições mais favoráveis, após o período de experiência de no máximo 90 (noventa) dias, a soma das parcelas do Salário Base incluindo a Compensação Orgânica não poderá ser inferior ao dos pisos abaixo fixados:

- Comissário de Voo – Piso Salarial (salário base e compensação orgânica) – R$ 1.628,07 (um mil seiscentos e vinte e oito reais e sete centavos);
- Mecânico de Voo - Piso Salarial (salário base e compensação orgânica) – R$ 2.442,12 (dois mil quatrocentos e quarenta e dois reais e doze centavos);
– Copiloto – Piso Salarial (salário base e compensação orgânica) – R$ 3.256,16 (três mil duzentos e cinquenta e seis reais e dezesseis centavos);
- Comandante - Piso Salarial (salário base e compensação orgânica – R$ 3.850,18 (três

Time Coordinates (Coordenadas de Horas Universal).

3.2.6.Reserva e sobreaviso

Os aeronautas terão as horas de trabalho na situação de reserva e sobreaviso remuneradas da seguinte forma: -As horas na situação de reserva serão pagas pelo mesmo valor atribuído à hora de voo normal e as de sobreaviso serão remuneradas na base de 1/3 (um terço) do valor da hora normal e serão computadas no cálculo da garantia mínima de 54 (cinquenta e quatro) horas por mês, ressalvadas as condições mais favoráveis.

3.2.7.Valor da parte variável da remuneração

A parte variável da remuneração será calculada com base no valor do quilômetro ou hora de voo do mês anterior ao da data do pagamento.

Exemplificativamente: a parte variável correspondente às horas ou quilômetros realizados no mês de setembro terá que ser paga com os valores correspondentes ao mês de outubro, até o 5º (quinto) dia útil de novembro.

3.2.8.Desconto por faltas ao trabalho

O desconto por falta injustificada ao trabalho será igual a 1/30 do valor da parte fixa da remuneração.

3.2.9.Discriminação e comprovação do pagamento da remuneração

As empresas fornecerão comprovantes de pagamento que contenham a identificação da empresa, as parcelas pagas e a discriminação dos descontos, assim como total de horas voadas, horas de trabalho diurnas e noturnas e número de reservas e sobreavisos pagos.

3.3.Do regime de trabalho

3.3.1.Da ampliação da jornada

Nos casos de necessidade de ampliação de jornada, previstos no artigo 22 e suas letras "A", "B" e "C" da Lei 7.183/84, esta hora será remunerada com adicional de 50% (cinquenta por cento).

3.3.2.Afastamento da escala de aeronautas grávidas

....

3.3.3.Dispensa de reserva

....

.3.3.4.Escala de tripulantes

A empresa fixará em local de fácil acesso a Escala de Serviço de seus tripulantes com a antecedência prevista na Lei 7183/84.

3.3.5.Horário da condução fornecida pela empresa

3.3.6.Horário *In Itinere*

O tempo despendido pelo empregado, em condução fornecida pelo empregador, até o local de trabalho de difícil acesso ou não servido por transporte regular público, e para o seu retorno, é computável na jornada de trabalho.

3.3.7.Jornada Semanal

O limite semanal de 44 (quarenta e quatro) horas será observado para todos os aeronautas. Superado o limite previsto nesta cláusula, a hora excedente será objeto de compensação ou de pagamento.

3.3.8.Prazos durante o sobreaviso - local de apresentação

Acionado em sobreaviso em GRU, CGH, GIG, SDU, CNF e PLU, o aeronauta deverá se apresentar no aeroporto ou outro local determinado, até 150 minutos após receber comunicação para o início de nova tarefa.

Parágrafo primeiro: será respeitado o tempo de repouso mínimo legal após programação de sobreaviso quando o aeronauta não for acionado para programação de voo ou reserva.

3.4.Das folgas

3.4.1.Dos dias de inatividade

Se, a pedido do aeronauta, a empresa, a seu critério, marcar dia determinado para a inatividade, esse dia não será descontado nas férias ou dos salários.

3.5.Do deslocamento

3.5.1.Tripulante extra

Não será vedado ao tripulante extra, da própria empresa, que viajar por motivo particular, assento na cabine de passageiros, em havendo disponibilidade de lugar.

3.5.2.Passe livre

Observadas as regras estabelecidas em Comissão Paritária Intersindical de 2014, os aeronautas com contrato de trabalho ativo poderão utilizar voos domésticos entre as empresas aéreas atendendo as seguintes premissas:

- Utilização máxima de 5 (cinco) assentos por voo, sem reserva (Stand by);
- Necessidade de viajar uniformizado e identificado pelo crachá funcional;
- Último ranking de priorização.

3.6.Das férias

....

3.8.Da saúde do aeronauta

....

3.9.Dos uniformes

....

4.Da Organização Sindical

....

5.Das penalidades

....

6.Das disposições transitórias

....

São Paulo, 20 de dezembro de 2013.

SNEA – SINDICATO NACIONAL DAS EMPRESAS AEROVIÁRIAS
Diretor - Presidente

SNA - SINDICATO NACIONAL DOS AERONAUTAS
Presidente

CONVENÇÃO COLETIVA DE TRABALHO AVIAÇÃO REGULAR
2014/2015

Que entre si celebram, de um lado, SINDICATO NACIONAL DOS AERONAUTAS, com sede na ...... , neste ato representado por seu Presidente, Sr. ......e de outro lado, SINDICATO NACIONAL DAS EMPRESAS AEROVIÁRIAS, com sede na ......, neste ato representado por seu Diretor Presidente, Sr. ....

1.1.Abrangência

As condições acordadas na presente convenção vigorarão para os aeronautas que operam em todo território nacional, incluídos, também, os tripulantes de empresas nacionais baseados ou operando no exterior, obedecida a conceituação da profissão, conforme o disposto na Lei 7.183/84.

1.2.Vigência

As Cláusulas desta Convenção Coletiva de Trabalho estabelecida entre o SNA e o SNEA, vigorarão de 01 de dezembro de 2014 até 30 de novembro de 2015.

2.Itens Econômicos

2.1.Salários

Os salários dos aeronautas vigentes em 30 de novembro de 2014 serão reajustados, a partir de 01 de dezembro de 2014, pelo percentual de 7,0% (sete por cento).

2.2.Piso Salarial

Ressalvadas as condições mais favoráveis, após o período de experiência de no máximo 90 (noventa) dias, a soma das parcelas do Salário Base incluindo a Compensação Orgânica não poderá ser inferior ao dos pisos abaixo fixados:

1 -Comissário de Voo–Piso Salarial (salário base e compensação orgânica) –R$ 1.742,04(um mil setecentos e quarenta e dois vinte e oito reais e quatro centavos);

2–Mecânico de Voo-Piso Salarial (salário base e compensação orgânica) –R$ 2.613,07(dois mil seiscentos e treze reais e sete centavos);

3 –Copiloto–Piso Salarial (salário base e compensação orgânica) –R$ 3.484,09 (três mil

quatrocentos e oitenta e quatro reais e nove centavos);

4-Comandante-Piso Salarial (salário base e compensação orgânica –R$ 4.119,69(quatro mil, cento e dezenove reais e sessenta e nove centavos).

Parágrafo único – Os salários normativos acima estabelecidos serão corrigidos na mesma época e nos mesmos percentuais em que forem corrigidos os demais salários.

2.3.Diárias

....

2.4.Vale alimentação

....

3.Itens Sociais

3.1.Da Empregabilidade

3.1.1.Garantia de emprego, por três anos, às vésperas da aposentadoria por tempo de contribuição, junto à Previdência Social.

Parágrafo único - A presente disposição somente produzirá efeito após comunicação do aeronauta dirigida à empresa de ter atingido esta condição.

3.1.2.Normas em caso de necessidade de redução da força de trabalho

....

3.1.3.Garantia de emprego ao acidentado

....

3.1.4.Salário substituição

....

3.1.5.Recrutamento interno

....

3.1.6.Dispensa por justa causa

A demissão por justa causa deverá ser comunicada, por escrito, ao aeronauta, com especificidade de motivos.

3.1.7.Garantia no retorno da licença previdenciária

....

3.1.8.Estabilidade após transferência por iniciativa do empregador

....

3.1.9.Garantia à aeronauta gestante

....

3.1.10.Complementação do benefício previdenciário

....

3.1.11.Comunicação de acidente de trabalho

3.2.Da remuneração

3.2.1.Cálculos do variável para fins de férias e de décimo terceiro

Ressalvadas as condições mais favoráveis, a remuneração das férias e do décimo - terceiro salário do aeronauta será calculada pela média das horas ou quilômetros voados no periodo aquisitivo, aplicando-se-lhe o valor na data da concessão.

3.2.2.Compensação orgânica

Para todos os efeitos legais, identifica-se,na composição da remuneração fixa do aeronauta, como parcela dela integrante, 20% (vinte por cento) de seu valor, sob o título de indenização de "Compensação Orgânica" pelo exercício da atividade aérea, sem que isso modifique o valor original da remuneração fixa para qualquer fim.

3.2.3.Correção das verbas estimadas em valores fixos

As gratificações e outros componentes da remuneração, estimadas em valores fixos, serão reajustados, nas mesmas épocas e pelo mesmo índice de correção salarial.

3.2.4.Indenização

As empresas pagarão a remuneração correspondente ao trabalho não realizado quando o aeronauta não exercer sua atividade prevista, por motivo alheio à sua vontade, se outra equivalente não lhe for atribuída no lugar daquela não realizada dentro do mesmo mês.

O valor a ser pago pela parte variável não poderá ser menor que aquele resultante do planejamento da escala ao iniciar o mês.

3.2.5.Domingos e feriados

Ressalvadas aquelas empresas que, por força de acordo coletivo, estabelecerem condições diferenciadas do aqui acordado, as horas voadas nos domingos e nos feriados

(os feriados na base domiciliar do aeronauta) serão pagas em dobro.
Parágrafo único - Para efeito de definição de domingos e feriados, as empresas poderão adotar o horário internacionalmente utilizado na aviação, conhecido como UTC - Universal Time Coordinates (Coordenadas de Horas Universal).

3.2.6.Reserva e sobreaviso
Os aeronautas terão as horas de trabalho na situação de reserva e sobreaviso remuneradas da seguinte forma: -As horas na situação de reserva serão pagas pelo mesmo valor atribuído à hora de voo normal e as de sobreaviso serão remuneradas na base de 1/3 (um terço) do valor da hora normal e serão computadas no cálculo da garantia mínima de 54 (cinquenta e quatro) horas por mês, ressalvadas as condições mais favoráveis.

3.2.7.Valor da parte variável da remuneração
A parte variável da remuneração será calculada com base no valor do quilômetro ou hora de voo do mês anterior ao da data do pagamento.
Exemplificativamente: a parte variável correspondente às horas ou quilômetros realizados no mês de setembro terá que ser paga com os valores correspondentes ao mês de outubro, até o 5º (quinto) dia útil de novembro.

3.2.8.Desconto por faltas ao trabalho
O desconto por falta injustificada ao trabalho será igual a 1/30 do valor da parte fixa da remuneração.

3.2.9.Discriminação e comprovação do pagamento da remuneração
As empresas fornecerão comprovantes de pagamento que contenham a identificação da empresa, as parcelas pagas e a discriminação dos descontos, assim como total de horas voadas, horas de trabalho diurnas e noturnas e número de reservas e sobreavisos pagos.

3.3.Do regime de trabalho

3.3.1.Da ampliação da jornada
Nos casos de necessidade de ampliação de jornada, previstos no artigo 22 e suas letras "A", "B" e "C" da Lei 7.183/84, esta hora será remunerada com adicional de 50% (cinquenta por cento).

3.3.2.Afastamento da escala de aeronautas grávidas

....

3.3.3.Dispensa de reserva

....

3.3.4.Escala de tripulantes

A empresa fixará em local de fácil acesso a Escala de Serviço de seus tripulantes com a antecedência prevista na Lei 7183/84.

3.3.5.Horário da condução fornecida pela empresa

As empresas que fornecem condução de e para o local de trabalho, divulgarão em local adequado, para conhecimento dos aeronautas, os horários e locais em que a mesma possa ser apanhada.

3.3.6.Horário *In Itinere*

O tempo despendido pelo empregado, em condução fornecida pelo empregador, até o local de trabalho de difícil acesso ou não servido por transporte regular público, e para o seu retorno, é computável na jornada de trabalho.

3.3.7.Jornada Semanal

O limite semanal de 44 (quarenta e quatro) horas será observado para todos os aeronautas. Superado o limite previsto nesta cláusula, a hora excedente será objeto de compensação ou de pagamento.

3.3.8.Prazos durante o sobreaviso - local de apresentação

Acionado em sobreaviso em GRU, CGH, GIG, SDU, CNF e PLU, o aeronauta deverá se apresentar no aeroporto ou outro local determinado, até 150 minutos após receber comunicação para o início de nova tarefa.

Parágrafo primeiro: será respeitado o tempo de repouso mínimo legal após programação de sobreaviso quando o aeronauta não for acionado para programação de voo ou reserva.

3.4.Das folgas

3.4.1.Dos dias de inatividade

Se, a pedido do aeronauta, a empresa, a seu critério, marcar dia determinado para a inatividade, esse dia não será descontado nas férias ou dos salários.

3.5.Do deslocamento

3.5.1.Tripulante extra

Não será vedado ao tripulante extra, da própria empresa, que viajar por motivo particular, assento na cabine de passageiros, em havendo disponibilidade de lugar.

3.5.2.Passe livre

Observadas as regras estabelecidas em Comissão Paritária Intersindical de 2014, os aeronautas com contrato de trabalho ativo poderão utilizar voos domésticos entre as empresas aéreas atendendo as seguintes premissas:

- Utilização máxima de 5 (cinco) assentos por voo, sem reserva (Stand by);
- Necessidade de viajar uniformizado e identificado pelo crachá funcional;
- Último ranking de priorização.

3.6.Das férias

....

3.8.Da saúde do aeronauta

....

3.9.Dos uniformes

....

4.Da Organização Sindical

....

5.Das penalidades

....

6.Das disposições transitórias

....

São Paulo, 29 de janeiro de 2015.

SNEA – SINDICATO NACIONAL DAS EMPRESAS AEROVIÁRIAS

Diretor - Presidente

SNA - SINDICATO NACIONAL DOS AERONAUTAS

Presidente

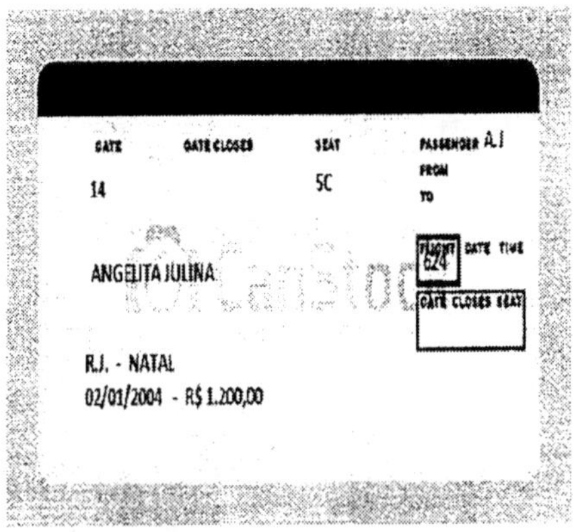
GATE
GATE CLOSES
SEAT
PASSENGER A.J
FROM
TO
14
5C
ANGELITA JULINA
FLIGHT 624
DATE TIME
GATE CLOSES SEAT
R.J. - NATAL
02/01/2004 - R$ 1.200,00

GATE
GATE CLOSES
SEAT
PASSENGER A.J.
FROM
TO
20
4B
ANGILITA JULITA
FLIGHT 226
DATE TIME
GATE CLOSES SEAT
R.J. - FLORIANÓPOLIS
20/06/2006 - R$ 860,00

GATE
GATE CLOSES
SEAT
PASSENGER A.J.
FROM
TO
12
4B
ANGELITA JULITA
FLIGHT DATE TIME
737
GATE CLOSES SEAT
R.J. - SALVADOR
20/06/2002 - R$ 420,00

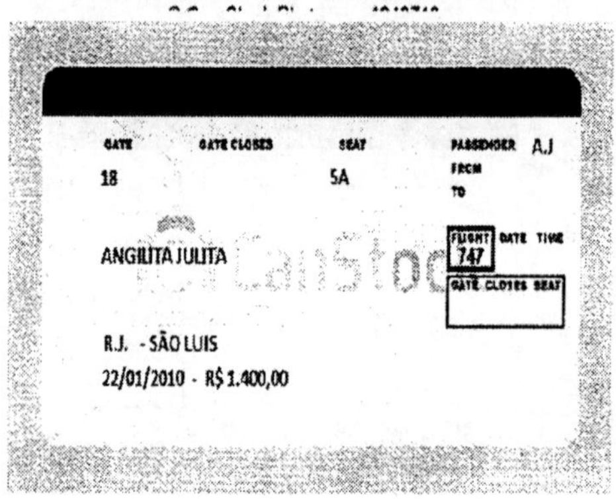
GATE
GATE CLOSES
SEAT
PASSENGER A.J
FROM
TO
18
5A
ANGILITA JULITA
FLIGHT DATE TIME
747
GATE CLOSES SEAT
R.J. - SÃO LUIS
22/01/2010 - R$ 1.400,00

GATE
GATE CLOSES
SEAT
PASSENGER A.J.
14
22E
FROM
TO
FLIGHT
823
DATE TIME
GATE CLOSES SEAT
ANGILITA JULITA
R.J. - BELÉM
01/02/2012 - R$ 280,00

GATE
GATE CLOSES
SEAT
PASSENGER A.J
20
22F
FROM
TO
FLIGHT
222
DATE TIME
GATE CLOSES SEAT
ANGILITA JULITA
R.J. - BELO HORIZONTE
20/01/2013 - 120,00

EXMO. SR. DR. JUIZ DE DIREITO DA 114ª VARA DO TRABALHO DO RIO DE JANEIRO - RJ.
Processo: 0010000-22.2013.5.01.0114

ALAN DA CONCEIÇÃO, Perito do Juízo na presente Reclamação Trabalhista em que são partes **ORLANDO BATISTA** e **CÉU DE BRIGADEIRO TRANSPORTES AÉREOS LTDA.**, após concluir as diligências pertinentes vem perante V.Exa. apresentar o seu Laudo Técnico Pericial de Periculosidade.

Aproveitando a oportunidade, mui respeitosamente, solicita a liberação de alvará para pagamento de honorários periciais, que serão suportados pela parte sucumbente **ao final**, de acordo com o ATO 015/2014.

Nestes Termos,
Pede deferimento.

LAUDO PERICIAL

I – INFORMAÇÕES PRELIMINARES

Como de praxe, independentemente da notificação feita pelo TRT, o Perito notificou as partes do início da diligência, o que ocorreu no dia 23.09.14, às 10h., no pátio de estacionamento de aeronaves do Aeroporto SANTOS DUMONT.

Foram entregues ao Perito os seguintes documentos: PPRA, PCMSO, FICHA DE EPI, FICHA DE REGISTRO e DESCRIÇÃO DOS CARGOS.

Foram entrevistados na oportunidade os Srs. Antonio Augusto Mariano e José da Cunha, ambos Agentes de Bagagem e Rampa, o primeiro desde desde maio de 2013 e o segundo desde abril de 2009 na empresa Ré, de forma que foram tomados como paradigmas. Eles confirmaram o exercício da função de Agente de Bagagem e Rampa, durante os abastecimentos das aeronaves, sob exposição a inflamáveis.

Cumpre informar que a função Auxiliar de Rampa, passou a ser chamada de Agente de Bagagem e Rampa.

O Perito na diligência presenciou o seguinte procedimento: Início do processo de abastecimento com a chegada da aeronave AIR BUS, A 319, pertencente à empresa aérea Reclamada e que ficou estacionada no Finger 1. Às 11:40 horas teve início à operação de transferência de combustível feita pela empresa SNOW, através do veículo abastecedor de placa FGJ-9247 operado pelo Motorista SÉRGIO ALCIDES, que concluiu a operação de abastecimento às 11:50 horas, com a transferência de 5.174 litros de combustível QAV. No momento do abastecimento, vários equipamentos estavam estacionados no pátio, dentre estes Tratores, Pranchas, Escadas, Push Back, Carretas.

II – DO ENQUADRAMENTO LEGAL

O Presente LAUDO TÉCNICO PERICIAL visa realizar um levantamento técnico para caracterização da ambiência e condições de trabalho, de modo a identificar fatores de riscos ambientais, que sejam capazes de configurar como Elementos Técnicos, Contemplados e acolhidos nas normalizações legais, segundo o estabelecido na NR 16, Anexos 2, item 1, Alínea "c" e Anexo 2 , Item 3, Alínea "g" e Art. 193, da CLT.

III – DO AUTOR - ORLANDO BATISTA

De 7/8/2007 até 31/10/2011 – FUNÇÃO: AUXILIAR DE RAMPA E AGENTE DE BAGAGEM E RAMPA;
De 01/11/2011 até 11/6/2013 – FUNÇÃO: AUXILIAR DE DESPACHO DE BAGAGEM.

IV - DAS ATIVIDADES DO RECLAMANTE

Auxiliar de Rampa ou Bagagem e Rampa:
Abastecer aeronave com bagagens e retirar as mesmas quando de sua chegada ao aeroporto, fazer balizamento de aeronaves, colocar cones ao redor da aeronave conforme MPR, encostar escadas não motorizadas na aeronave, fazer a triagem de bagagens e cargas, considerando conexões e destinos, estender tapete vermelho e colocar pedestal, limpar, lavar e polir os equipamentos de rampa motorizados, relacionar bagagens danificadas vindas de outros destinos, relacionar bagagens não identificadas pelo Check-in como danificadas, apoiar a equipe de Check-in.

Auxiliar de Despacho de Bagagem: Auxiliar a liberação de voos nacionais e internacionais. Trabalhar no setor de Check-in, dar apoio aos passageiros do desembarque ou embarque, adentrar no pátio externo (pista) somente eventualmente, de acordo com as necessidades dos passageiros (cadeirantes, necessidades especiais, etc.)

V - DA JORNADA DE TRABALHO

Total de 48.00 horas semanais.

VI - DO LOCAL DE TRABALHO

O local de trabalho do Reclamante era o TERMINAL DE EMBARQUE do Aeroporto Santos Dumont.

VII – RISCOS LEVANTADOS

No tocante à exposição a produtos inflamáveis existe a identificação junto ao produto "inflamável – QAV " - no ambiente de trabalho, ou seja, o Autor na função de **AUXILIAR DE RAMPA OU AGENTE DE BAGAGEM E RAMPA** cabia efetuar o procedimento de transporte de carga e bagagens no momento do abastecimento de aeronaves, conforme se observou no local, onde foi feita a operação de abastecimento da aeronave de propriedade da reclamada.

VIII - DAS CONDIÇÕES PERIGOSAS DE TRABALHO

As "atividades e operações perigosas são aquelas enquadradas nas delimitações impostas pela NR 16 e Anexos" – Portaria 3214/78 Mtb. A NR 16, em seu Anexo 2, item 1, alínea "c" e no Anexo 2, item 3, alínea "g", determina o pagamento do adicional de periculosidade a todos os trabalhadores envolvidos nas atividades de abastecimento de aeronaves ou que laboram na área de operação.

Entende-se por área de operação, segundo o Ministério da Aeronáutica, toda a área em torno do avião onde se realizam as atividades necessárias à continuidade do voo, tais como limpeza, carregamento de carga, descarregamento de carga, comissaria, serviço auxiliar de rampa e fiscalização de pátio.

A NR 16 não menciona tempo de exposição no local e distâncias a que possa estar alguém dos produtos inflamáveis na área de operação de abastecimento de aeronaves e que participa direta ou indiretamente do abastecimento de aeronaves. Neste aspecto a NR 16 não aborda operações aeroportuárias e sim o abastecimento.

Pelo que foi demonstrado ao Perito do Juízo durante as diligências, a frequência do abastecimento é variável de acordo com os planos de voos das aeronaves, onde se define a quantidade de combustível a ser transferida a qualquer dia e hora. O tempo médio de abastecimento acompanhado pelo Perito foi de 10 (dez) minutos.

Área de Risco é o local onde se opera sob exposição a um agente perigoso, existindo ainda as condições de Risco Acentuado, que são aquelas em que *se manuseiam produtos com os quais, a qualquer tempo, pode ocorrer um inesperado sinistro que expõe a vida do operário em exercício neste local.*

No entendimento do Perito do Juízo, o que caracteriza a ÁREA DE RISCO e as CONDIÇÕES DE RISCO ACENTUADO é o fato de o Autor estar presente no local de abastecimento da aeronave no momento quando são transferidos milhares de litros de combustível QAV, que é um agente inflamável.

A NR 16, Anexo 2, Item 1, Alínea "c" e Anexo 2, Item 3, Alínea "g" é suficientemente clara ao afirmar que todos que permanecem no local onde a aeronave está estacionada para receber o abastecimento (ÁREA DE OPERAÇÃO) fazem jus ao adicional, pois estes operam em condições de risco acentuado, expostos a inflamáveis.

De fato, os locais onde as aeronaves estacionam para serem abastecidas e receberem o carregamento e descarregamento de cargas, são considerados como áreas de risco e nestes locais, conhecidos como envelopes, permanecem inúmeras pessoas e equipamentos durante o procedimento. Além do carro abastecedor,outros veículos permanecem no local e são muitos operários envolvidos na operação, tais como: Tratoristas, Agentes de Carga, Mecânicos, Supervisores e outros que a empresa aérea julgar necessário. O fator determinante da presença do Autor durante as operações de abastecimento é a necessidade de se fazer o carregamento e descarregamento das aeronaves, alimentar com energia secundária e abastecer com água e remover o esgoto.

Para dirimir a dúvida a respeito, a ANAC atendeu ao pedido feito pelo MINISTÉRIO DO TRABALHO E EMPREGO, via Ofício e editou o PARECER TÉCNICO Nº 12, assinado à época pelo, Engenheiro José Marques, CREA RJ 901024717/D, cedido à ANAC naquela oportunidade. O Parecer Técnico mencionado considera a área de estacionamento e abastecimento de aeronaves, delimitada nos pátios de aeronaves, como área de risco.

São consideradas atividades ou operações perigosas, conferindo aos trabalhadores que se dedicam a essas atividades ou operações, bem como aqueles que operam na área de risco adicional de 30 (trinta) por cento, as realizadas, dentre outras, nos postos de reabastecimento de aeronaves. Todos os trabalhadores nessas atividades ou que operam na área de risco.

Continuando, são consideradas áreas de risco, dentre outras, abastecimento de aeronaves, toda a área de operação.

IX – PPRA E PCMSO

O PPRA e o PCMSO não abordam, e nem sequer mencionam o risco de exposição à inflamáveis, se omitindo de descrever as tarefas exercidas pelo Autor no momento dos abastecimentos das aeronaves e se limitando apenas em descrever a exposição ao agente agressivo ruído aeronáutico, e no caso do PCMSO, os exames clínicos obrigatórios e a audiometria.

X – PERFIL PROFISSIOGRÁFICO PREVIDENCIÁRIO –PPP

A empresa Reclamada entregou ao Perito do Juízo o Perfil Profissiográfico Previdenciário constando somente os fatores de risco ambientes do risco físico ruído.

XI – RESPOSTAS AOS QUESITOS

A– Quesitos Gerais:

1 – Queira o Sr. Perito informar e descrever detalhadamente a evolução funcional do Reclamante com datas de início e fim e informando ainda quais as atividades exercidas em cada função.
Resposta: Resposta nos itens III e IV da primeira parte do Laudo.

2 – Queira o Sr. Perito descrever detalhadamente o(s) local(is) e ambiente(s) em cada uma dessas funções.
Resposta: Consta na primeira parte do Laudo.

3 – Queria o Sr. Perito informar quais os EPIs que o Reclamante utilizou em cada uma dessas funções.
Resposta: A Ré entregou ficha de EPI informando o uso de protetor auricular tipo concha, cinturão lombar e luvas.

4 – Os EPIs fornecidos são hábeis a elidir eventuais agentes periculosos?
Resposta: No caso de exposição a inflamáveis existe o risco de explosão, neste caso não existem EPI'S.

5 – O Reclamante recebeu treinamentos operacionais e de segurança do trabalho para executar suas funções?
Resposta: Não foi comprovado pela Reclamada através de documentos.

B – Quanto à periculosidade:

1 - Esclareça o Senhor Perito qual o local de trabalho do reclamante.
Resposta: Já respondido na primeira parte do Laudo.

2 - Como agente de bagagem e rampa, informe se o reclamante desenvolvia alguma

tarefa de cunho administrativa. Em caso positivo, informe qual atividade era desenvolvida, bem como o local onde era realizada.
Resposta: Não. Somente quando exerceu o cargo de Auxiliar de Despacho de Bagagem.

3 - Informe quem realizava o abastecimento das aeronaves no aeroporto onde o(a) reclamante labutava. Os veículos de reabastecimentos possuem equipamentos de segurança?
Resposta: No momento da perícia, um funcionário da empresa Snow. Sim, válvula do homem morto, retentores de fagulhas e fio terra.

4 - Indique qual a distância compreendida entre o(s) local(is) de trabalho do(a) Reclamante e os estoques de combustíveis das concessionárias abastecedoras e o local de abastecimento.
Resposta: Segundo o Sr. Reinaldo Oliveira, Técnico de Segurança do Trabalho da Reclamada, os estoques de combustíveis das concessionárias ficam na cabeceira da pista. Mas o caminhão abastecedor fica dentro da área de risco, envelope, ao lado da aeronave, na qual transferiu em apenas dez minutos a quantidade de 5.174 litros de querosene de aviação.

5 - Informe o Sr. Perito se a área onde ocorre o abastecimento da aeronave é devidamente isolada. É o funcionário da companhia abastecedora quem isola a área?
Resposta: Sim. Sim, e era dentro do envelope.

6 - Queira o Sr. Perito esclarecer se o(a) reclamante tinha ciência que não poderia ingressar na área considerada de risco, haja vista que é realizado o isolamento da área.
Resposta: O Autor tinha ciência de que não podia entrar na área demarcada pelo funcionário da empresa abastecedora, mas essa área era menor que a área do envelope, ou seja, ela fica dentro do envelope, onde também atuava o Autor.

7 - Esclareça o Sr. Perito se o sistema de abastecimento é subterrâneo ou através de caminhão tanque.
Resposta: Caminhão Tanque.

8 - Informe o Sr. Perito se os passageiros permanecem dentro das aeronaves durante a operação de abastecimento. Este é um procedimento permitido pela própria INFRAERO?
Resposta: Não.

9 - Quanto tempo dura o abastecimento?
Resposta: Este abastecimento no momento da perícia durou aproximadamente dez minutos.

10 - Informe se a reclamada utiliza 'QUEROSENE DE AVIAÇÃO -1" ou "Jet A1" abastecer as aeronaves. Qual seu ponto de fulgor Resposta: Sim. De acordo com a Ficha de Informação de Segurança de Produto Químico – FISPQ do Querosene de Aviação, o ponto de fulgor é de 40ºC (vaso fechado).

11 - Esclareça se tal combustível foi desenvolvido pela NASA, bem como se esta classificado como combustível classe II.
Resposta: O querosene de Aviação está classificado, de acordo com a FISPQ – FICHA DE INFORMAÇÕES DE PRODUTOS QUÍMICOS, como CLASSE III, ALTAMENTE INFLAMÁVEL.

12 - O abastecimento da aeronave obedece às normas internacionais de segurança? Existem normas expedidas pelo DAC - Departamento de Aviação Civil, relacionadas à proibição de isqueiros e cigarros acesos no perímetro da pista?
Resposta: Sim, em todos os aeroportos do País.

13 - Quantos acidentes já foram registrados no Aeroporto envolvendo o abastecimento de aeronaves, causando vítimas?
Resposta: O Perito do Juízo não possui esta estatística.

14 - Em caso de constatação da existência de agentes periculosos, queira o Sr. Perito determinar o a frequência, bem como o tempo de exposição da reclamante a tais agentes, em razão da Súmula 364 do TST.
Resposta: A NR 16 não menciona tempo de exposição no local e distâncias a que possa estar alguém dos produtos inflamáveis na área de operação de abastecimento de aeronaves e que participa direta ou indiretamente do abastecimento de aeronaves. Neste aspecto a NR 16 não aborda operações aeroportuárias e sim o abastecimento.

XII – PARECER CONCLUSIVO:

O Reclamante laborava exposto a inflamáveis exercendo a função de Auxiliar de Rampa/Agente de Bagagem e Rampa, em condições de risco acentuado, perfeitamente enquadrado na NR 16 e no ART. 193 DA CLT. O agente era o QAV inflamável, do qual as aeronaves são abastecidas. Existia periculosidade na tarefa exercida pelo Autor e esta é definida por um único percentual de 30%.

Rio de Janeiro, 03 de Outubro de 2014.

ALAN DA CONCEIÇÃO
PERITO DO JUÍZO
CREA – RJ 901001270/D

EXMO. SR. JUIZ DA 115ª VARA DO TRABALHO DO RIO DE JANEIRO

PROCESSO Nº. 0012555-09.2015.5.01.0115

CÉU DE BRIGADEIRO TRANSPORTES AÉREOS LTDA., nos autos da ação trabalhista acima epigrafada, em que contende com ANGILITA JULITA, vem apresentar a V. Exa. CONTESTAÇÃO, na forma dos fatos e fundamentos a seguir expostos:

Preliminarmente, a reclamada argui a inépcia do pedido de pagamento de diferenças de horas extras, porque não informado o horário, o valor e nem a quantidade de horas extras pagas e postuladas. O processo merece ser extinto sem resolução do mérito, na forma do artigo 295, I, do CPC.

Argui a prescrição, na forma do artigo 11 da CLT e artigo 7º da CF.

A reclamante exerceu a função de comissária de voo e recebeu por último o salário fixo de R$ 2.000,00, já incluída a compensação orgânica postulada, conforme estipula a norma coletiva da categoria.

A reclamante não recebia gratuitamente passagens da empresa. Como praxe na atividade aérea, havendo disponibilidade de vagas em determinados voos, o empregado pode solicitar a viagem, o que depende da apreciação e aprovação do setor operacional. No caso da autora, o uso de passagens foi eventual, por ocasião de algumas férias anuais, não alcançando o valor pretendido, ora impugnado.

A reclamada jamais ajustou ou pagou qualquer comissão à reclamante em virtude das vendas alegadas na exordial, ressaltando que as atividades por ela descritas se inserem no conjunto de atribuições próprias de uma comissária de voo, sem exigência de acréscimo de jornada ou responsabilidade que justifique qualquer adicional, nem mesmo por acúmulo de funções.

Quanto ao adicional de periculosidade, indevido. A reclamante não estava exposta aos riscos do artigo 193 da CLT, muito embora, por liberalidade, a reclamada pagasse adicional por risco de explosão, no percentual de 30% sobre o salário base, apenas como medida de proteção aos seus empregados.

Ademais, as condições perigosas deverão ser necessariamente objeto de perícia, na forma do artigo 195 da CLT, a ser custeada pela reclamante, desservindo o laudo juntado, relativo a outro empregado, como prova do fato constitutivo do direito.

A reclamante foi dispensada por justa causa em 15.02.15, por ter se recusado injustificadamente a tripular a aeronave no dia anterior, em rota fixa regular, desfalcando a equipe necessária e trazendo transtornos de remanejamento de pessoal. O incidente ocasionou atraso na saída do voo e aplicação de multa pela ANAC, maculando a imagem da empresa, além de ter gerado reclamações e litígios judiciais por parte dos passageiros, o que tornou inviável a manutenção do vínculo empregatício.

Em razão do prejuízo causado, requer a condenação da reclamante ao ressarcimento do valor da multa aplicada pela ANAC, no importe de R$ 10.000,00 (dez mil reais).

A reclamada desconhece qualquer situação que tenha gerado constrangimento à reclamante em voo, especialmente em virtude de comportamento inadequado por algum dos passageiros. Os diários de bordo não retratam qualquer notícia dos fatos denunciados pela reclamante. De toda sorte, essa documentação de bordo não é de guarda obrigatória e nem serve para registros dessa natureza.

Não se constata ato ilícito praticado pelo empregador, nem a culpa ou o dano alegado. O pedido de indenização por dano moral deve ser julgado improcedente.

Por cautela, em caso de condenação ao pagamento da indenização, o valor a ser fixado deverá considerar critérios de proporcionalidade e moderação, observado o artigo 5º, V, da CF.

Em razão da justa causa, a reclamante não tem direito ao aviso prévio, férias proporcionais com 1/3 e décimo terceiro salário proporcional, assim como ao saque do FGTS, indenização de 40% e seguro desemprego.

Não existe parcela incontroversa a justificar a aplicação da multa do artigo 467 da CLT.

Não há parcela pendente que caracterize o atraso no pagamento de verbas rescisórias para a aplicação da multa do parágrafo oitavo do artigo 477 da CLT, tampouco se aplica a sanção nas hipóteses em que se alega justa causa.

Ultrapassada a preliminar de inépcia, afirma a reclamada que a reclamante cumpriu jornada regular, devidamente registrada em controles de frequência, dentro dos limites legais e dos fixados pela norma coletiva da categoria, inclusive durante os jogos da Copa, quando não houve aumento de demanda para voos nacionais. As eventuais horas extras estão registradas e foram pagas nos contracheques, nada sendo devido a tal título.

A solidariedade decorre da lei ou da vontade das partes, conforme artigo 265 do CCB, o que não é a hipótese nos autos, devendo ser rejeitada a pretensão. A reclamada destaca que a relação entre as empresas é de natureza estritamente comercial.

Os honorários advocatícios são indevidos porque não observados os requisitos previstos na Lei nº 5584/70.

A correção monetária das verbas eventualmente deferidas há de obedecer a época própria em que devido o crédito. Para a indenização por danos morais deverá ser observada a data da publicação da sentença ou de sua modificação.

Requer a improcedência dos pedidos deduzidos pela autora e sua condenação ao ressarcimento acima postulado.

Protesta por todo o gênero de provas em direito admitido, em especial documental e depoimento pessoal da autora sob pena de confissão.

Rio de Janeiro, 25 de agosto de 2015.

FORTUNATO QUINCAS BORBA

OAB/RJ n º 53333

Considere que acompanham a contestação da primeira reclamada os seguintes documentos:

- contrato social da primeira reclamada;
- carta de preposição da primeira reclamada e
- procuração com todos os poderes da cláusula *ad judicia*.

CARTÃO DE PONTO

ANGILITA JULITA		1090844	BASE SANTOS DUMONT
COMISS VOO		JORNADA 11/44/176	0	06/14

CÉU DE BRIGADEIRO — CNPJ 00.0

DIA	1º PERÍODO		2º PERÍODO		3º PERÍODO		OCORRÊNCIA
	ENTRADA	SAÍDA	ENTRADA	SAÍDA	ENTRADA	SAÍDA	
1 SE	07:00:00	18:.00:00					
2 TER	07:10:00	19:10:00					
3 QUA	08:10:00	18:10:00					
5 QUI							
6 SEX	08:20:00	18:20:00					
7 SAB	08:20:00	18:20:00					
8 DOM	08:20:00	18:20:00					
9 SE	08:20:00	18:20:00					
10 TER	08:20:00	18:20:00					
11 QUA							
12 QUI							
13 SEX	08:20:00	18:20:00					
14 SAB	08:20:00	18:20:00					
15 DOM	08:20:00	18:20:00					
16 SE							
17 TER	07:10:00	23:10:00					
18 QUA	07:10:00	20:10:00					
19 QUI	07:00:00	15:00:00					
20 SEX							
21 SAB							
22 DOM	07:10:00	20:10:00					
23 SE	07:40:00	18:40:00					
24 TER	08:10:00	19:10:00					
25QUA							
26 QUI	08:10:00	20:10:00					
27 SEX	08:30:00	19:30:00					
28 SAB	08:10:00	21:10:00					
29 DOM							
30 SE							

CARTÃO DE PONTO

FUNCIONÁRIO	MATRÍCULA	BASE
ANGILITA JULITA	1090844	SANTOS DUMOI

CARGO	SINDICATO	JORNADA	TIPO	
COMISS VOO		11/44/176	0	07/14

CÉU DE BRIGADEIRO

DIA	1º PERÍODO		2º PERÍODO		3º PERÍODO	
	ENTRADA	SAÍDA	ENTRADA	SAÍDA	ENTRADA	SAÍDA
1 SE	08:00:00	18::00:00				
2 TER	08:10:00	20:10:00				
3 QUA						
5 QUI	08:05:00	19:05:00				
6 SEX	08:05:00	18:05:00				
7 SAB	08:05:00	18:05:00				
8 DOM	08:05:00	18:05:00				
9 SE						
10 TER	08:05:00	19:05:00				
11 QUA	08:05:00	18:05:00				
12 QUI						
13 SEX	08:05:00	19:05:00				
14 SAB	08:05:00	18:05:00				
15 DOM	08:05:00	18:05:00				
16 SE						
17 TER	07:10:00	23:10:00				
18 QU	07:10:00	18:10:00				
19 QUI						
20 SEX	07:10:00	15:10:00				
21 SAB						
22 DOM	07:10:00	20:10:00				
23 SE	08:10:00	18:10:00				
24 TER	08:10:00	19:10:00				
25QUA						
26 QUI	08:50:00	19:50:00				
27 SEX	08:30::00	19:30:00				
28 SAB						
29 DOM						
30 SE	08:40:00	19:40:00				
31 TER	07:30:00	20:30:00				

CÉU DE BRIGADEIRO		**DEMONSTRATIVO DE PAGAMENTO**	
FUNCIONÁRIO ANGILITA JULITA			TIPO DE PAGAMENTO SALÁRIO
Matrícula 1090844	BASE S.DUMONT	FUNÇÃO COMISS VOO	REFERÊNCIA JUNHO/2014

COD	DESCRIÇÃO	HORAS	PROVENTOS
001	HORA NORMAL	176,00	1800,00
006	AD EXPL RISCO		540,00
007	HORAS EXTRAS 50%	11	135,00
100	HORAS EXTRAS 100%	23	470,45
371	INSS		
	CONVÊNIO MÉDICO		

AGÊNCIA	CONTA BANCÁRIA	DEPÓSITO FGTS		TOTAL BRUTO
3457	1234.562-1	235,63		2945,45

CÉU DE BRIGADEIRO			**DEMONSTRATIVO DE PAGAMENTO**	
FUNCIONÁRIO: ANGILITA JULITA				TIPO DE PAGAMENTO: SALÁRIO
Matrícula: 1090844	BASE: S.DUMONT	FUNÇÃO: COMISS VOO		REFERÊNCIA: JULHO/2014

COD	DESCRIÇÃO	HORAS	PROVENTOS
001	HORA NORMAL	176,00	1800,00
006	AD EXPL RISCO		540,00
007	HORAS EXTRAS 50%	8	98,18
100	HORAS EXTRAS 100%	23	470,45
371	INSS		
	CONVÊNIO MÉDICO		

AGÊNCIA	CONTA BANCÁRIA	DEPÓSITO FGTS		TOTAL BRUTO
3457	1234.563-1	232,69		2908,63

ANAC

DADOS DO INTERESSADO		
NOME CÉU DE BRIGADEIRO TRANSPORTES AÉREOS LTDA		
ENDEREÇO TRAVESSA Y Nº 45		
CIDADE	BAIRRO	UF
RIO DE JANEIRO	CENTRO	RJ
CPF/CNPJ	CÓDIGO ANAC PILOTO	MAR
0		

OCORRÊNCIA		
DATA	HORA	LOCAL
14/02/15	11:00:00	AEROPORTO SANTOS DUMONT
Código		Descrição da ocorrência:

A AERONAVE XYK 307-B SEGUIU VIAGEM COM TRIPULAÇÃO INSUFICIENTE.

APLICA-SE À EMPRESA A MULTA DE R$ 10.000,00

Capitulação Artigo da Lei 7.565/86 - Código Brasieiro de Aeronáutica

NOTA FISCAL

NOTA FISCAL N°004569

EMITENTE

NOME / RAZÃO SOCIAL [X] SAIDA [ ] ENTRADA

BRIGADEIRO ALIMENTOS LTDA

ENDEREÇO BAIRRO/DISTRITO ANDARAÍ

Travessa Z, nº 15, 10º andar,

MUNICÍPIO Rio de Janeiro UF Rio de Janeiro

1ª VIA

FONE / FAX CEP 50.011-201,

DESTINATÁRIO: CÉU DE BRIGADEIRO TRANSPORTES AÉREOS LTDA

CGC

REMETENTE

NATUREZA DA OPERAÇÃO	CFOP	INSCRIÇÃO ESTADUAL DO SUBSTITUTO TRIBUTÁRIO	INSCRIÇÃO ESTADUAL

DATA LIMITE PARA EMISSÃO

DESTINATÁRIO REMETENTE

NOME / RAZÃO SOCIAL			CGC / CPF	DATA DA EMISSÃO
				25032015
ENDEREÇO	BAIRRO / DISTRITO		CEP	DATA DA SAÍDA / ENTRADA
MUNICÍPIO	FONE / FAX	UF	INSCRIÇÃO ESTADUAL	HORA DA SAÍDA

FATURA

DADOS DO PRODUTO

CÓDIGO PRODUTO	DESCRIÇÃO DOS PRODUTOS	CLASSIFICAÇÃO FISCAL	SITUAÇÃO TRIBUTÁRIA	UNIDADE	QUANTIDADE	VALOR UNITÁRIO	VALOR TOTAL	ALÍQUOTAS ICMS	ALÍQUOTAS IPI	VALOR DO IPI
001	AMENDOIM				50 PCT	10,00	500,00			
005	BISCOITO				100 PC	8,00	800,00			
010	COCA COLA				200 LT	2,00	400,00			
013	ÁGUA MINERAL				300 GR	1,00	300,00			
021	GUARANÁ				100 LT	2,00	200,00			

CÁLCULO DO IMPOSTO

BASE DE CÁLCULO DO ICMS	VALOR DO ICMS	BASE DE CÁLCULO ICMS SUBSTITUIÇÃO	VALOR DO ICMS SUBSTITUIÇÃO	VALOR TOTAL DOS PRODUTOS
VALOR DO FRETE	VALOR DO SEGURO	OUTRAS DESPESAS ACESSÓRIAS	VALOR TOTAL DO IPI	VALOR TOTAL DA NOTA
				2.200,00

TRANSPORTADOR / VOLUMES TRANSPORTADOS

NOME / RAZÃO SOCIAL		FRETE POR CONTA 1 EMITENTE 2 DESTINATÁRIO	PLACA DO VEÍCULO	UF	CGC / CPF
ENDEREÇO		MUNICÍPIO		UF	INSCRIÇÃO ESTADUAL
QUANTIDADE	ESPÉCIE	MARCA	NÚMERO	PESO BRUTO	PESO LÍQUIDO

DADOS ADICIONAIS

INFORMAÇÕES COMPLEMENTARES	RESERVADO AO FISCO	Nº DE CONTROLE DO FORMULÁRIO
		000.000

ATA DE AUDIÊNCIA

Aos 28 dias do mês de agosto de 2015, às 13h, na Sala de Audiências desta Vara, na presença do (a) MM Juiz(a) do Trabalho , foram apregoados os litigantes: ANGILITA JULITA, reclamante, CÉU DE BRIGADEIRO TRANSPORTES AÉREOS LTDA., primeira reclamada, e BRIGADEIRO ALIMENTOS LTDA., segunda reclamada.

Reclamante presente, assistida pela Dra. VIRGÍNIA BRÁS CUBAS, OAB/RJ n° 69.999.

Primeira reclamada presente, representada pelo preposto, Sr. Anibal dos Reis, CPF nº ...., assistida pelo Dr. FORTUNATO QUINCAS BORBA, OAB/RJ nº 53333.

Ausente a segunda reclamada, devidamente notificada, conforme comprovante de CE, neste ato juntado aos autos.

Conciliação recusada. Alçada fixada no valor da inicial.

Recebida a contestação da primeira reclamada, com documentos, retirado o sigilo neste ato.

Manifestação da parte autora para requerer o julgamento à revelia da segunda reclamada e reconhecimento da confissão, o que será apreciado na sentença.

A reclamante impugna os recibos porque não contém o pagamento de todas as horas extras prestadas. Refuta a alegação de justa causa porque sua recusa em tripular o voo foi motivada pelo assédio denunciado na petição inicial, sem qualquer providência por parte da empregadora, mesmo ciente de que o passageiro que causara o constrangimento estava embarcado. Quanto ao ressarcimento pretendido pela empresa, sustenta que decorre do risco da atividade econômica e a multa não pode ser repassada à autora.

Manifestação do patrono da primeira reclamada, opondo-se à declaração de revelia da segunda reclamada, porque foi informado que o preposto da Brigadeiro Alimentos encontra-se a caminho.

DEPOIMENTO DA RECLAMANTE: Inquirida, respondeu que fazia horas extras, anotadas ao embarcar e desembarcar, sem que fosse contado o tempo de deslocamento até a saída do aeroporto, o que demorava mais ou menos trinta minutos, pois tinha que fazer várias coisas na aeronave, como pegar sua mala, passar na administração etc; que durante os jogos da Copa do Mundo trabalhou quase o dobro do número de horas normais, o que aconteceu a partir de 20 de junho de 2014 até 15 de julho de 2014, sem receber por esse trabalho; que só vendia os produtos da segunda reclamada, cobrava, dava troco, conferia o estoque e recebia um valor muito pequeno, já que era também vendedora; que não tinha contato com qualquer funcionário da segunda reclamada; que recebia comissões, em torno de R$ 400,00 por mês, valor depositado em sua conta todo dia 20, sem constar nos recibos salariais; que também atendia passageiros, servindo, quando não realizavam compras; que o passageiro que a perseguia chamava-se Roberval e lhe dizia que ela era muito bonita e não devia estar trabalhando ali, que tinha coisa melhor para oferecer, comentava sobre seu cabelo e até a cor do seu esmalte; que era simpática com ele, porque tinha que ser com todos, mas ele sempre passava do limite, que esse passageiro viajava todas as segundas-feiras às 10 horas para São Paulo; que não via o Sr. Roberval fazer comentários com as outras comissárias; que cansou de comentar com o chefe da equipe que não estava gostando daquilo, mas nada foi feito; que no dia em que não embarcou estava nervosa e envergonhada e avisou ao comandante, mas ele disse para fazer o seu trabalho e ignorar o passageiro; que foi proibida por seu marido de tripular quando esse passageiro viajasse e o Sr. Roberval estava nesse voo; nesse dia seu marido queria tirar satisfações com o passageiro, mas ela própria não deixou, para evitar desavenças; que pediu aos chefes de equipe, várias vezes, para registrar no diário de bordo; que nunca procurou uma chefia superior porque não queria ser despedida; que sabe que o voo atrasou e que isso poderia trazer punição para a empresa, mas foi substituída por outra comissária; que no dia seguinte se apresentou e disseram que estava dispensada e para aguardar em casa; que as duas reclamadas são uma empresa só, embora não saiba bem como elas funcionavam; que utilizou todas as passagens que foram concedidas pela primeira reclamada, sem qualquer custo; que todas as passagens eram previamente solicitadas e não precisava esperar a aprovação.

DEPOIMENTO DO PREPOSTO: Inquirido, respondeu que a empresa de alimentação nada tem a ver com a reclamada, porque não são os mesmos donos; que a reclamante anotava todo o horário de trabalho nos controles de frequência que ficavam nas salas que a empresa tem nos aeroportos do Rio e de São Paulo, todos os dias, mesmo no período da Copa do Mundo, quando aumentou o movimento; que todas as horas extras eram pagas; que a venda dos produtos alimentícios em nada alterava a rotina do voo, porque se não houvesse a venda dos produtos, outros seriam servidos gratuitamente, que não sabe nada sobre o Sr. Roberval, que a reclamante nunca comunicou sobre o fato de ser incomodada ao setor de pessoal da empresa; que a reclamante se recusou a embarcar e recebeu justa causa no dia seguinte, porque a empresa foi obrigada a deslocar comissária de outro voo que seguiu viagem com tripulação menor, mas não sabe sobre a multa aplicada pela ANAC; que foi um corre-corre e ouviu muitas reclamações de passageiros por causa do atraso do voo; que a reclamante não precisava permanecer na aeronave durante o abastecimento, mas às vezes os comissários ficam por comodidade; que os diários de bordo não são guardados por muito tempo e não servem para registrar queixas da tripulação, mas apenas para anotações técnicas; que a primeira reclamada não pagava comissões.

DEPOIMENTO DA PRIMEIRA TESTEMUNHA DA RECLAMANTE

Joel Marinho dos Santos, CPF nº ..., residente .... Advertida e compromissada

Interrogado, informa que era agente de serviço ao passageiro, trabalhava no *check in*, *check out* e embarque no aeroporto do Rio de Janeiro; que trabalhou de março de 2008 a julho de 2015, quando pediu demissão; que em fevereiro viu a reclamante sair chorando de uma aeronave, enquanto cuidava do embarque de dois passageiros; que não falou com ela, mas depois uma comissária do mesmo voo lhe disse que a reclamante largou o voo porque não queria viajar com um certo passageiro que estava na aeronave; que suas horas extras eram pagas de acordo com o que marcava no cartão, mas trabalhava além do horário e não recebia tudo; que comentavam entre si que sempre faltava alguma coisa; que não vendia produtos da empresa de alimentação e não recebia comissão, mas sabe que os comissários recebem pelas vendas, tipo R$ 250,00 por mês e mais nada; que vê as aeronaves sendo abastecidas do seu local de trabalho e sabe que os comissários já estão em seu interior naquele momento, arrumando equipamentos e seus pertences; que não sabe o motivo da dispensa da reclamante.

DEPOIMENTO DA SEGUNDA TESTEMUNHA DA RECLAMANTE

Carolina dos Anjos Almeida, CPF nº......, residente ..... Advertida e compromissada

Indagada, informou que trabalha para a primeira reclamada desde 2010, como comissária de voo; que já fez algumas viagens com a reclamante na Ponte Aérea Rio-São Paulo, mas não é fixa nessa rota; que não recebia por todo o tempo de trabalho, pois assinava o ponto e ainda tinha que resolver muitas coisas antes de deixar o aeroporto; que também já foi incomodada por passageiros, mas nunca passaram do limite; que a reclamante sempre comentava que o Sr. Roberval era inconveniente, porque a elogiava muito e só queria ser atendido por ela, que ouviu alguns elogios dirigidos à reclamante, assim como "você hoje está mais bonita do que nunca", sobre a cor do cabelo e das unhas nunca ouviu nada; que estava perto da reclamante no dia em que o Sr. Roberval disse que ela merecia coisa melhor; que não é muito normal esse tipo de comentário e que acha que isso deixou a reclamante envergonhada; que soube pela própria reclamante que o marido dela não gostava dessas abordagens; que não sabe o motivo da dispensa da reclamante; que ouviu dizer que foi porque ela se recusou a tripular um voo, mas não estava presente no dia; que sabe que não tripular traz consequências para a empresa e é considerado muito grave; que quando vendem produtos estão sendo vendedoras, porque comissária não tem que vender, tem que atender os passageiros; que recebe comissão e o valor varia, em média R$ 500,00 (quinhentos reais) por mês; que recebeu passagens e que nunca deixaram de aprovar as suas solicitações e que esse era o procedimento padrão.

DEPOIMENTO DA PRIMEIRA TESTEMUNHA DA PRIMEIRA RECLAMADA

Antonio Armando da Cunha, CPF nº .... residente.... Advertida e compromissada. Interrogado, informa que é piloto comandante da primeira reclamada desde 1999, que na ponte aérea Rio-São Paulo já voou com a reclamante, que estava comandando o voo no dia que a reclamante não tripulou, que foi abordado por ela e ela solicitou para ser remanejada em razão da presença de um passageiro que a incomodava, que disse à autora que não haveria condições de remanejamento e que ela permanecesse a bordo, que ela disse que ia embora, virou as costas e saiu da aeronave, que nunca soube de qualquer abordagem desrespeitosa por parte do Sr. Roberval à reclamante ou a qualquer outra comissária, que conhece o Sr. Roberval porque ele é um passageiro habitual, que o Sr. Roberval é conhecido como um senhor brincalhão, que sabe que ele só queria ser atendido pela reclamante, mas isso é comum com passageiros habituais, que a reclamante não lhe solicitou qualquer registro no diário de bordo, que o diário é para o registro de condições de voo e não de ocorrências com passageiros e tripulantes, que a venda de produtos durante o voo faz parte da atividade do comissário, que não recebe comissões e não sabe se a venda é comissionada, que a reclamante foi dispensada por justa causa e que a recusa a tripular é considerada falta grave, que houve reclamações de passageiros no dia em razão do atraso, que sabe que houve multa da ANAC e não sabe o valor, que os comissários embarcam antes dele.

DEPOIMENTO DA SEGUNDA TESTEMUNHA DA PRIMEIRA RECLAMADA

Saura Mira dos Reis, CPF nº ....., residente..... Advertida a compromissada.

nterrogada, informa que não trabalha para as reclamadas, mas estava no voo de fevereiro de 2015 porque ganhou de presente do seu irmão uma passagem para São Paulo, que é arquiteta autônoma, que estava no primeiro assento da aeronave e viu a reclamante discutindo com o piloto na entrada, que ouviu quando a reclamante disse que não iria permanecer embarcada e que o piloto teria que "dar um jeito", que a reclamante estava alterada e o piloto calmo,que o piloto falou para a reclamante que ela não podia se retirar porque era sua obrigação compor a equipe e que sua ausência traria consequências graves; que ouviu a reclamante solicitar ao piloto que ele retirasse um passageiro da aeronave, que não sabe quem seria esse passageiro, que viu a reclamante se retirar subitamente, que o voo atrasou bastante e o comandante informou que estavam aguardando a autorização para a saida do voo.

Colhidos os depoimentos da reclamante e do preposto da primeira reclamada, inquiridas quatro testemunhas, sem mais provas, encerrou-se a instrução.

Neste momento, a advogada da Reclamante informa que tomou ciência de que a segunda testemunha da primeira reclamada é irmã do preposto da primeira ré, pretendendo que seja desconsiderado o depoimento, o que foi confirmado pelo preposto. O requerimento será apreciado na sentença.

Em razões finais orais, as partes se reportaram aos elementos dos autos, aduzindo a patrona da autora que a nomenclatura das reclamadas denuncia a solidariedade.

Partes inconciliadas.

Autos conclusos para leitura de sentença em 27 de setembro de 2015.

Partes cientes.

E, para constar, eu, Analista Judiciário, lavrei a presente ata, que segue assinada na forma da lei.

Juiz(a) do Trabalho

<table>
<tr><td>CE - COMPROVANTE DE ENTREGA
REMESSA LOCAL
JUSTIÇA DO TRABALHO - TRT 1ª REGIÃO</td><td colspan="2">DOC ID Nº.: 5299630

PROCESSO: 0012555-09.2015.5.01.0115</td><td></td></tr>
<tr><td>DESTINATÁRIO:

Brigadeiro Alimentos Ltda
Travessa Z, nº 15, 10º andar
Andaraí, Rio de Janeiro, RJ
CEP 50.011-201</td><td colspan="2">ENDEREÇO PARA DEVOLUÇÃO:
AV PRESIDENTE ANTÔNIO CARLOS, 251,
CENTRO, RIO DE JANEIRO - RJ - CEP: 20020-010</td><td>CARIMBO (UNID ENTREGADORA)</td></tr>
<tr><td colspan="3">OCORRÊNCIA</td><td rowspan="2">RUBRICA E MATRÍCULA DO CARTEIRO</td></tr>
<tr><td>( ) Mudou-se
( ) End. Insuficiente
( ) Não Existe o Nº
( ) Falecido
( ) Outros</td><td>( ) Desconhecido
( ) Recusado
( ) Ausente
( ) Não Procurado</td><td>( ) Informação prestada pelo porteiro ou síndico
( ) Reintegrado ao Serviço Postal em ___/___/_____

DATAS DAS VISITAS E HORÁRIOS:</td></tr>
<tr><td colspan="3">ASSINATURA DO RECEBEDOR DO OBJETO</td><td rowspan="2">DATA DA ENTREGA DO OBJETO
15/06/2015</td></tr>
<tr><td colspan="3">GILMAR M. REIS
NOME LEGÍVEL DO RECEBEDOR</td></tr>
</table>

PARA EXERCITAR

MODELO DE RESPOSTA DA PROVA DE SENTENÇA DO TRT 01 – 2015 (ANGILITA JULITA X CÉU BRIGADEIRO TRANSPORTES AÉREOS LTDA. X BRIGADEIRO ALIMENTOS LTDA.)

CONSIDERAÇÕES INICIAIS. EFICÁCIA INTERTEMPORAL DAS NORMAS DE DIREITO MATERIAL E DE DIREITO PROCESSUAL

Inicialmente, cumpre destacar que, considerando a data do ajuizamento da presente ação trabalhista, não há falar em aplicação do disposto na Lei n. 13.467/2017, razão pela qual os dispositivos legais aplicáveis são aqueles vigentes no momento do ajuizamento da ação, sobretudo no que toca a sistemática relativa aos requisitos da petição inicial, regularidade de representação das partes na audiência, concessão da justiça gratuita e deferimento de honorários advocatícios.

Ademais, considerando a data de ocorrência dos fatos, também não há falar em aplicação do disposto na Lei n. 13.467/2017 sobre o tema, razão pela qual os dispositivos legais aplicáveis são aqueles vigentes no momento da ocorrência dos fatos.

"REQUERIMENTO DE DESCONSIDERAÇÃO DO DEPOIMENTO DE TESTEMUNHA (APRESENTADO PELA PARTE AUTORA)

A fim de evitar futuras alegações de nulidade, analiso, ainda como questão processual, a alegação da parte autora, apresentada após a instrução processual, da existência de parentesco entre o preposto da primeira parte ré e a primeira testemunha por ele indicada.

Sucede que, uma vez tomado o compromisso legal, preclusa a oportunidade de apresentar eventual contradita (art. 414, § 1º, CPC/73 - art. 457, § 1º, CPC/15, aplicado subsidiariamente ao processo do trabalho por força do artigo 769 da CLT), de modo que já admitida a produção da prova.

Desse modo, uma vez admitida a produção da prova, eventual ausência de ânimo para depor deve ser verificada quando da sua valoração, o que ocorrerá.

Rejeito.

INÉPCIA DA PETIÇÃO INICIAL (SUSCITADA PELA PRIMEIRA PARTE RÉ)

Suscitada pela primeira parte ré, sob o argumento de que a parte autora não declinou o horário de trabalho, não informou os valores, nem a quantidade de horas extras pagas e postuladas.

No caso em tela, de fato, não consta da petição inicial o horário de trabalho, dado que, a princípio, é essencial para a regularidade da demanda.

Com efeito, deve a petição inicial preencher os requisitos previstos nos arts. 840, § 1º, CLT e 282, do CPC/73 - art. 319, do CPC/15, devendo a parte autora, entre outras coisas, formular pedidos certos e determinados, especificando a respectiva causa de pedir, mediante a exposição dos fatos, mesmo que breve.

Entretanto, não se pode perder de vista que a inépcia da petição inicial é um juízo de validade negativo, de sorte que somente deve ser reconhecido quando provocar prejuízo de ordem processual.

Sucede que, no presente caso, o horário de trabalho em si não está em debate, tanto assim que sequer indicado pela parte ré. A controvérsia cinge-se ao efetivo pagamento das horas extraordinárias laboradas durante determinado período, valendo destacar que, nesse particular, a prova documental juntada pela parte ré (cartões de ponto) não foi objeto de impugnação pela parte autora.

Vale dizer, então, que o vício da petição inicial foi sanado com o comportamento das partes em juízo, não havendo, desse modo, motivo para a declaração da inépcia da petição inicial.

Rejeito.

CARÊNCIA DE AÇÃO – ILEGITIMIDADE PASSIVA DA PARTE AUTORA QUANTO AO PEDIDO CONTRAPOSTO

A parte autora, ao, oralmente, afirmar que "(...) a multa não pode ser repassada à parte autora" suscita, implicitamente, preliminar de carência da ação (ilegitimidade passiva) quanto ao pedido contraposto formulado pela parte ré, razão pela qual passo a analisar a preliminar em questão.

Pois bem. A legitimidade da parte, tanto ativa quanto passiva, consistente na pertinência subjetiva da ação, de acordo com a teoria adotada pelo ordenamento jurídico pátrio (teoria da asserção), deve ser analisada abstratamente.

Vale dizer: quanto à legitimidade passiva, se a parte ré é indicada na petição inicial como a pessoa responsável para suportar eventual sucumbência, sob o ponto de vista processual, é parte legítima. No que tange à legitimidade ativa, a manifestação da parte autora como titular de um determinado direito a torna parte legítima para pleiteá-lo. Num caso ou no outro, a procedência ou não do pedido é questão relativa ao mérito, e nele será apreciada.

Em face ao exposto, rejeito a preliminar.

REVELIA DA SEGUNDA PARTE RÉ

A segunda parte ré, a despeito de devidamente citada, conforme comprovante de entrega constante dos autos, não compareceu à audiência, com a finalidade de apresentar defesa.

A despeito da manifestação da primeira parte ré, no sentido de que o preposto da segunda estava a "caminho", a lei não autoriza atraso da parte, que deve estar presente na audiência no horário devidamente designado (art. 844, CLT; OJ n. 245, SDI 1, TST). Ademais, o referido preposto não se apresentou em momento algum ao longo da audiência realizada.

Com efeito, no Processo do Trabalho, a contestação é ato da audiência (art. 845 e 847 da Consolidação das Leis do Trabalho), devendo obedecer, basicamente, a duas regras: da concentração da defesa ou da eventualidade e do ônus da impugnação especificada, o que significa dizer que cabe ao réu formular toda sua defesa na contestação, consoante prescreve o 300, do CPC/73 – art. 336, CPC/15, de aplicação subsidiária, sob pena de preclusão, e que não se admite defesa genérica (art. 302, do CPC/73 - art. 341, do CPC/15), devendo os fatos trazidos à baila pelo autor serem impugnados, sob pena de o fato não impugnado ser havido como existente, salvo se do contrário resultar das provas dos autos.

De outra parte, vaticina o art. 320, I, CPC/73 - art. 345, I, CPC/15, aplicado subsidiariamente ao Processo do Trabalho, em face da omissão no texto celetista e falta de incompatibilidade com o Processo Laboral, que a revelia não produz o seu efeito material (confissão ficta) se, havendo pluralidade de litisconsortes, algum deles contestar a ação.

Logo, no caso em tela, diante da defesa apresentada pela primeira parte ré, há se de examinar em relação a cada fato/pretensão a ocorrência de confissão, na medida em que apenas na ausência de impugnação específica pela primeira parte ré é que se poderá presumir verdadeira a alegação da parte autora.

PRESCRIÇÃO (ARGUIDA PELA PRIMEIRA PARTE RÉ)

Arguida pela parte ré, declaro prescritas as pretensões condenatórias exigíveis antes de 02/05/2010, extinguindo o processo, quanto a essas, com resolução do mérito (art. 269, IV, do CPC/73 - art. 487, II, CPC/15; art. 7º, XXIX, CRFB/88). Não há falar em prescrição quanto ao pedido de retificação da CTPS, pois se trata de pleito declaratório, portanto, não sujeito à prescrição (§ 1º do art. 11 da CLT).

EXTINÇÃO DO CONTRATO DE TRABALHO

Alega a parte autora que foi dispensada sem justa causa e não recebeu as verbas inerentes a tal modalidade de dispensa. Alega, ainda, que foi abordada de modo desrespeitoso por passageiro, oportunidade em que informou o fato ao superior hierárquico, que não adotou providência.

A parte ré sustenta que a dispensa se deu por justa causa, por ter a parte autora se recusado a tripular aeronave, o que ocasionou transtornos de remanejamento de pessoal, atraso na saída e voo e aplicação de multa pela ANAC. Além disso, nega a ocorrência de problemas entre a parte autora e passageiro, afirmando que os diários de bordo não retratam os fatos informados pela parte autora.

Pois bem.

De início, relevante destacar que o fato indicado pela parte ré para a dispensa por justa causa, ou seja, a recusa de tripular aeronave, é incontroverso, limitando-se a parte autora, quando da manifestação da defesa e documentos, a afirmar que a recusa foi motivada pelo fato do "assédio denunciado na petição inicial, sem qualquer providência por parte da empregadora, mesmo ciente de que o passageiro que causara constrangimento estava embarcado".

Desse modo, importante notar a existência de documento dando conta da multa imposta pelo Órgão Regulador da Aviação Civil (ANAC), em razão do remanejamento de comissárias de voo, fazendo com que avião fosse colocado em operação com quantidade de tripulantes inferior ao permitido, cujo comprovante anexado não foi impugnado pela parte autora.

Resta claro, assim, a gravidade da conduta da parte autora que se negou a prestar serviços, deixando de tripular aeronave para a qual estava designada, deixando de cumprir ordem específica e individualizada do seu chefe imediato, no caso, o comandante da aeronave, Sr. Antônio Armando da Cunha. Neste ponto, digno de nota o depoimento da segunda testemunha ouvida a requerimento da ré, Sra. Saura Pires, que, na condição de passageira do voo, estava no primeiro assento da aeronave no momento dos fatos: "viu a reclamante discutindo com o piloto na entrada, que ouviu quando a reclamante disse que não iria permanecer embarcada (...); que a reclamante estava alterada e o piloto calmo, que o piloto falou que ela não podia se retirar porque era sua obrigação compor a equipe e que a sua ausência traria consequências graves (...); que o voo atrasou bastante (...)."

Registre-se que o conteúdo do depoimento de tal testemunha coincide com o depoimento prestado pela primeira testemunha indicada pela parte ré (Sr. Antônio Armando da Cunha), sendo, pois, irrelevante eventual ausência de ânimo para depor desta nesse particular, na medida em que os fatos informados foram confirmados por outro depoimento prestado sob compromisso de verdade.

Por outro lado, não há prova da ocorrência do assédio sustentado pela parte autora. A primeira testemunha por ela indicada (Sr. Joel M. Santos), não estava presente no momento dos fatos, apenas tendo visto a obreira sair chorando da aeronave, sabendo apenas por meio de terceiros, que isso teria ocorrido por problemas com um passageiro.

Quanto ao depoimento da segunda testemunha indicada pela parte autora (Sra. Carolina), igualmente não presenciou os fatos, apesar de já ter feito da parte da escala de trabalho com a obreira no mesmo número de voo (rota) em que os fatos ocorreram. De acordo com tal testemunha, de fato, o passageiro de nome Roberval agia de modo inconveniente com a obreira, ora tecendo elogios, ora se insinuando, com frases como a que "ela merecia coisa melhor".

Entretanto, a despeito do inegável inconveniente que as situações podem provocar, não está provado ato excessivo ou desrespeitoso, que transborde o limite do aceitável em relações pessoais/profissionais, ou seja, alguma conduta que viole a razoabilidade, com ofensas à moral, honra ou imagem da obreira, os seus direitos da personalidade, enfim, de modo a tornar necessária alguma medida da parte ré com o objetivo de cessá-la.

Com efeito, a justa causa consiste na prática de ato doloso ou culposamente grave por uma das partes e pode ser motivo determinante da resolução do contrato, devendo cumprir requisitos objetivos, subjetivos e circunstancias para a sua configuração.

Uma vez ocorrida a justa causa, a fidúcia, inerente ao contrato de emprego, fica abalada, razão pela qual é facultada a uma das partes a resolução do pacto. Entretanto, como visto, necessário avaliar a gravidade do ato.

No presente caso, a recusa da parte autora em permanecer em serviço, em manifesto descumprimento a ordem direta de seu superior, faz incidir o disposto no art. 482, "i", CLT, por se configurar justa causa, na modalidade de insubordinação. Do mesmo modo, provado o descumprimento pela parte autora ao regime de escala de serviços fixado pelo empregador, o que implica violação ao disposto no art. 17, da Lei n. 7.183/84.

E, na linha do que foi visto, não se pode deixar de levar em consideração que a recusa da parte autora em prestar serviços gerou transtornos para terceiros, com atrasos no voo, afetando, portanto, a coletividade, além de prejuízo à parte ré, que foi multada em virtude de deslocamento tripulantes, de modo a substituir a obreira no voo que estava designada.

Ante o exposto, julgo improcedentes os pedidos de aviso prévio indenizado, 13° salário proporcional, férias proporcionais acrescidas de 1/3, pagamento da indenização de 40% do FGTS, bem assim a entrega das guias para seu levantamento e habilitação no programa do seguro-desemprego, uma vez que são parcelas indevidas na hipótese de dispensa por justa causa.

Entretanto, no que tange ao pedido de pagamento de férias simples, não houve sequer contestação específica, tratando-se, portanto, de parcela rescisória incontroversa. Isso porque as férias simples, ao contrário das férias proporcionais, não ficam prejudicadas pelo acolhimento da justa causa do obreiro, de modo que, ante a ausência de contestação e ausência de prova de seu pagamento e concessão, encargo que incumbia à parte ré (arts. 135 e 818, CLT; art. 333, II, do CPC/73 - art. 373, II, CPC/15), julgo procedente o pedido, condenando a parte ré ao pagamento das férias simples mais um terço, acrescida da penalidade do art. 467 da CLT nesse particular.

Diante do acolhimento do pedido de férias simples mais um terço, bem assim da sua natureza de verba rescisórias, assim englobadas aquelas pendentes e antecipadas por ocasião da extinção do contrato de trabalho, julgo procedente o pedido de pagamento da multa prevista no art. 477, § 8º, da CLT, em face do não tempestivo pagamento.

PASSAGENS AÉREAS. INTEGRAÇÃO AO SALÁRIO

Sustenta a parte autora que as passagens concedidas pela parte ré, no total de seis por ano devem integrar ao salário, na medida em que destinada ao uso pessoal.

A parte ré argumenta que não fornecia passagens, apenas permitia que a obreira solicitasse em caso de vaga, o que dependia da apreciação de seu setor operacional. Sustenta, ainda, que era eventual, por ocasião das férias.

Pois bem.

A despeito de negar a concessão de passagens, o certo é que os documentos anexados aos autos pela parte autora comprovam a concessão regular de tais passagens, sempre que requerido pelos funcionários, fato que foi confirmado pela segunda testemunha ouvida em juízo (Sra. Carolina Almeida), que declarou que "recebeu passagens e que nunca deixaram de aprovar as suas solicitações e que esse era o procedimento padrão".

Destarte, embora negado o caráter habitual da parcela, o fato é que, diante dos demais elementos de prova, sobretudo do depoimento da mencionada testemunha, era da parte ré o ônus de provar a eventualidade do fornecimento das passagens, encargo do qual não se desvencilhou (art. 333, II, do CPC/73 - art. 373, II, CPC/15), valendo destacar que as demais testemunhas ouvidas em juízo em nada contribuíram para elucidação dos fatos.

Assim, tratando-se de utilidade fornecida como contraprestação ao serviço prestado (pelo trabalho) e de forma habitual, aplicável ao caso o disposto no art. 458, caput, da CLT, evidenciando a natureza salarial das passagens aéreas fornecidas.

Quanto ao valor, diante da ausência de impugnação específica, acolho os valores indicados pela parte autora, arbitrando o montante em R$ 1.000,00, por mês.

Ante o exposto, julgo procedente o pedido de integração ao salário do valor de R$ 1.000,00, por mês, a título de passagens aéreas, condenando a parte ré nas diferenças de férias mais um terço, décimo terceiro salário e FGTS. Julgo improcedente o pedido de reflexos no RSR, em face do pagamento da parcela em periodicidade mensal, bem como o pedido de reflexos em aviso prévio e indenização de 40% do FGTS, em face da dispensa por justa causa.

COMPENSAÇÃO ORGÂNICA

Pretende a parte autora o pagamento e a integração ao salário da parcela denominada compensação orgânica.

A parte ré, por sua vez, argumenta que a parcela era paga em conjunto com o salário, e não em separado, conforme autorizado pela norma coletiva, bem como que não há falar em natureza salarial.

Ao exame.

A compensação orgânica é uma verba criada através de negociação coletiva para compensar o trabalhador (aeronauta) que desempenha suas atividades sob condições penosas, conforme a nomenclatura assim o indica. Trata-se de verba, a princípio, com nítido caráter salarial, cujo escopo é a contraprestação do labor do empregado mais exigido física e mentalmente, diante das circunstâncias especialíssimas que permeiam o trabalho do aeronauta.

Entretanto, tratando-se de verba de criada por força da norma coletiva, deve-se lembrar que a CRFB/88 concedeu aos sindicatos amplos poderes para a criação de normas jurídicas e estabelecimento de condições de trabalho (arts. 7º, XXVI e 8º, III e VI). Assim, no exercício da autonomia privada coletiva, os acordos e convenções coletivas podem prever a forma de pagamento da parcela, bem como afastar a natureza salarial de uma parcela por eles mesmos criada, sem que seja possível reconhecer violação aos direitos fixados nas normas editadas pelo Estado, sobretudo à CRFB/88.

Assim, quanto ao pagamento, a cláusula 3.2.2 da norma coletiva existente nos autos aponta que "identifica-se, na composição da remuneração fixa do aeronauta, como parcela dela integrante, 20% (vinte por cento) de seu valor, sob o título de indenização de 'Compensação Orgânica' (...)".

Desse modo, considerando que os recibos de pagamento existentes nos autos comprovam que a parte autora recebia corretamente o valor devido a título de salário ("hora normal"), conclui-se que, conforme previsão em norma coletiva, 20% desse valor abrangia justamente a indenização de Compensação Orgânica, o que comprova o seu regular pagamento.

No que tange à natureza jurídica da parcela, a norma coletiva é clara quanto ao caráter indenizatório, motivo pelo qual não há falar em integração ao salário nesse sentido. Ademais, admitindo a fixação da natureza indenizatória da parcela intitulada compensação orgânica, é a jurisprudência do TST.

Julgo improcedentes os pedidos.

COMISSÕES

Alega a parte autora que, a partir de 05.01.2012, passou a realizar venda de produtos alimentícios em favor da segunda parte ré, além de conferir mercadorias, receber pagamento, emitir nota fiscal e fechar o caixa, em razão do que recebia comissão de 0,5% sobre as vendas, no valor aproximado de R$ 400,00, o qual era pago pela segunda parte ré, mas não integrava as demais verbas.

A primeira parte ré afirma que não ajustou ou pagou comissões a parte autora, bem assim que as atividades eram desempenhadas no mesmo horário e local, não havendo que falar em acréscimo de remuneração.

A segunda parte ré, como se viu, foi revel.

Pois bem.

De início, cumpre registrar que a defesa da primeira parte ré, no particular, não aproveita a segunda, já que ela se restringiu a negar o ajuste e pagamento por si, sem fazer referência a negativa de eventual pagamento feito pela segunda parte ré, exatamente sustentado pela parte autora, tornando o fato (pagamento de determinada parcela pela segunda parte ré à parte autora) incontroverso.

Se não bastasse, as duas testemunhas ouvidas por indicação da parte autora confirmaram a tese de pagamento de "comissões" pela segunda parte ré em favor dos trabalhadores da primeira parte ré que vendiam seus produtos para os passageiros. Nesse ponto, digno de destaque que a segunda testemunha (Sra. Carolina A. Almeida), que exercia a mesma função que a parte autora, declarou que recebia comissões, ao passo que a primeira testemunha ouvida por indicação da parte autora (Sr. Joel Marinho), a despeito de não receber tais comissões, declarou ter conhecimento de que os comissários recebiam.

As testemunhas ouvidas a requerimento da parte ré nada souberam informar acerca dos fatos.

Quanto ao valor percebido, acolho o valor indicado na petição inicial (R$ 400,00, por mês), não impugnado pelas partes rés. Inviável considerar, nesse ponto, o valor (R$ 500,00, por mês) informado pela testemunha Carolina A. Almeida, pois, além de não coincidir com o afirmado pela testemunha Joel Marinho, é superior ao pretendido pela parte autora.

Cabe lembrar, por oportuno, que o simples fato de uma parcela ser paga ao empregado por terceiro, ou seja, pessoa distinta do seu empregador, não é capaz de retirar o caráter remuneratório, pois não deixa de ser um ganho decorrente da prestação de serviços, que, além de beneficiar o empregador, favorece, direta ou indiretamente, o terceiro. É o caso, por exemplo, das gorjetas e da parcela denominada de "gueltas".

É devida a integração, portanto. Todavia, tal como as gorjetas e as "gueltas", pela especificidade da causa e origem do pagamento, a integração deve ser feita de acordo com a Súmula n. 354, TST, aplicada analogicamente, não podendo servir de base de cálculo para as horas extraordinárias, aviso prévio (quando devido, o que não é o caso dos autos, ressalve-se) e RSR.

Ante o exposto, julgo procedente o pedido de integração ao salário do valor de R$ 400,00, por mês, a título das comissões sobre as vendas, condenando a parte ré nas diferenças de férias mais um terço, décimo terceiro salário e FGTS. Julgo improcedente o pedido de reflexos no RSR em face do disposto na Súmula n. 354, TST, bem como julgo improcedente o pedido de reflexos em aviso prévio, indenização de 40% do FGTS, em face da dispensa por justa causa.

ACÚMULO DE FUNÇÃO

Sob o argumento de que, além de comissária, efetuava venda de produtos da segunda parte ré, busca a parte autora o reconhecimento do direito ao "adicional de acúmulo de função".

A parte ré não nega aos fatos, ao passo que a segunda parte ré foi revel.

A despeito das alegações da parte autora, o simples fato de, no atendimento aos passageiros, proceder a venda de produtos, em vez de os oferecer gratuitamente, não tem o condão de caracterizar o acúmulo de função, na medida em que a atividade em si permanece a mesma, tanto que a própria parte autora confessou que "também atendia passageiros, servindo, quando não realizavam compras".

Com efeito, o contrato de trabalho é bilateral e sinalagmático. Vale dizer, ambos os contratantes assumem direitos e obrigações, sendo a principal por parte do empregado prestar serviços, e, a do empregador, remunerar. Frise-se, todavia, que o caráter sinalagmático se refere a todo o contrato de trabalho, não havendo que falar em equivalência entre prestação e contraprestação.

De todo modo, tendo em vista o poder diretivo do empregador (art. 2º, CLT), lhe é facultado promover pequenas alterações no contrato de trabalho (*jus variandi*), inclusive acrescer às atividades do trabalhador outras tarefas necessárias ao bom andamento do serviço, sem qualquer acréscimo salarial, pois entende-se "que o empregado se obrigou a todo e qualquer serviço compatível com a sua condição pessoal" (art. 456, parágrafo único, CLT).

Ademais disso, no caso dos comissários de voo, há previsão legal específica no sentido de que ele é "o auxiliar do Comandante, encarregado do cumprimento das normas relativas à segurança e atendimento dos passageiros a bordo e da guarda de bagagens, documentos, valores e malas postais que lhe tenham sido confiados pelo Comandante" (art. 6º, "f", da Lei n. 7.183/84). Ou seja, incumbe ao comissário o atendimento aos passageiros, sem haver restrição quanto ao tipo de tal atendimento.

Julgo improcedente, portanto, o pedido.

ADICIONAL DE PERICULOSIDADE

Sob o argumento de que permanecia a bordo da aeronave durante o abastecimento, busca a parte autora o pagamento do adicional de periculosidade, juntando, como prova emprestada, laudo pericial que retrata situação análoga.

A parte ré, por seu turno, afirma que a parte autora não estava sujeita a riscos, mas, ainda assim, pagava, espontaneamente, adicional por risco de explosão.

De início, aponto que a prova emprestada (laudo pericial produzido em outra demanda) não socorre a parte autora, na medida em que diz respeito a empregado que exercia função completamente diversa da exercida pela obreira, bem como, sobretudo, em condições completamente diversas, já que a parte autora, como comissária, trabalhava a bordo de aeronave, ao passo que o empregado referido no Laudo Pericial juntado, como auxiliar de rampa ou de despacho de bagagem, trabalhava na pista de voo, não traduzindo, pois, a mesma situação fática.

Por outro lado, o certo é que o raio de 7,5 m a que se refere a NR 16, que é contado a partir do bico da mangueira, não deve ser medido na diagonal nem na vertical, de sorte a compreender a área como de risco. Desse modo, e conforme a Súmula n. 447, TST, os tripulantes e demais empregados em serviços auxiliares de transporte aéreo que, no momento do abastecimento da aeronave, permanecem a bordo da aeronave, não têm direito ao adicional de periculosidade a que aludem o art. 193 da CLT e o Anexo 2, item 1, "c", da NR 16 do MTE.

Se não bastasse, registre-se que é fato incontroverso que a parte ré procedia ao pagamento espontâneo de parcela denominada "adicional por risco de explosão", rubrica finalisticamente similar ao adicional legal de periculosidade, de modo que novo pagamento configuraria "bis in idem".

Julgo improcedente o pedido.

HORAS EXTRAORDINÁRIAS

Argumenta a parte autora que, durante a copa do mundo, entre 10/06 a 20/07 de 2014, laborou em jornada extraordinária, a qual foi devidamente registrada nos cartões de ponto, mas não foi paga corretamente.

A parte ré, por sua vez, afirma que toda jornada, inclusive as horas extraordinárias, foi devidamente registrada nos cartões de ponto e pagas em contracheque.

Sucede que do cotejo entre os cartões de ponto e os contracheques anexados aos autos, possível perceber a existência de horas extraordinárias sem o respectivo pagamento. É que, ilustrativamente, quanto aos dias de domingo, a despeito do registro de pagamento de 23 horas extraordinárias mensais, os cartões de ponto dão conta do labor de 33 horas extraordinárias mensais aos domingos.

Ante o exposto, julgo procedente o pedido de pagamento das horas trabalhadas além da 44ª ordinária semanal a título de horas extras, observando-se, para esse fim, os seguintes parâmetros:

a) horário a ser observado: os efetivamente registrados nos cartões de ponto;
b) base de cálculo a ser observada: soma do valor do salário base e das demais verbas de natureza salarial, nos termos da Súmula n. 264 do TST;
c) observância do adicional de 50%, sendo de 100% nos dias de labor aos domingos;
d) observância da evolução salarial;
e) exclusão dos dias não trabalhados;
f) divisor de 220;
g) reflexos no FGTS e repouso semanal remunerado (Súmula nº 172 do Colendo TST), sendo improcedentes os demais reflexos, seja por conta do reconhecimento da justa causa, seja pela ausência de habitualidade a permitir os reflexos em determinadas parcelas;
h) dedução das parcelas pagas a idêntico título.

INDENIZAÇÃO POR DANO MORAL

Consoante analisado no tópico da extinção do contrato de trabalho, foi reconhecida a validade da dispensa por justa causa perpetrada pela parte ré, sem a ocorrência de prática de ato ilícito por parte desta a justificar a reparação pretendida (arts. 186 e 927 do CC/2002), na medida em que não provada conduta ilegal e/ou abusiva da parte ré.

Assim, julgo improcedente o pleito.

RESPONSABILIDADE DAS PARTES RÉS

Em que pesem as alegações da parte autora, não há evidência da existência de grupo econômico. Ao contrário do sustentado pela parte autora, a mera semelhança nos nomes das empresas não enseja o reconhecimento de identidade de tais empresas, nem muito menos conduz ao reconhecimento da solidariedade.

Além disso, a nota fiscal anexada aos autos demonstra que a relação travada entre a primeira e a segunda parte ré era de natureza estritamente comercial, decorrente da venda de produtos dessa por aquela.

À vista do exposto, julgo improcedente o pedido de responsabilização da segunda parte ré.

HONORÁRIOS ADVOCATÍCIOS

No Direito Processual Trabalhista, a condenação ao pagamento dos honorários advocatícios depende da comprovação da assistência sindical (arts. 14 a 16 da Lei n. 5.884/70 e Súmulas 219 e 329 do C. TST), o que não ocorreu no caso dos autos.

Julgo improcedente.

PEDIDO CONTRAPOSTO DA PRIMEIRA PARTE RÉ. MULTA IMPOSTA PELA ANAC

Em que pese a argumentação da parte ré, o certo é que o mero reconhecimento do ilícito trabalhista praticado pela parte autora, ou seja, a extinção do contrato de trabalho por prática de justa causa, em virtude da negativa de embarcar em aeronave para a qual estava designada, descumprindo ordem específica de seu superior hierárquico (art. 482, i, CLT), causando transtornos e atrasos no voo, bem assim aplicação de multa à parte ré, não autoriza a imediata responsabilização civil da obreira pelo valor dispendido.

É que a ausência de funcionários, decorrente dos mais diversos motivos, tais como faltas e atrasos, é um ônus que deve ser suportado pelo empregador, que é o fornecedor de serviços para a coletividade e a quem incumbe os riscos inerentes ao negócio (art. 2º, CLT).

Desse modo, embora seja inegável a presença de nexo de causalidade entre a recusa da trabalhadora em seguir voo e a multa aplicada, o certo é que o remanejamento dos empregados, em última análise, é tarefa do empregador, que deve contar com equipe de funcionários suficiente para fazer frente aos imprevistos.

Julgo improcedente o pedido contraposto.

DISPOSITIVO

Ante o exposto, nos autos da ação ajuizada por ANGILITA JULITA em face de CÉU BRIGADEIRO TRANSPORTES AÉREOS LTDA e BRI-

GADEIRO ALIMENTOS LTDA., nos termos da fundamentação, parte integrante desse dispositivo, decido:

- rejeitar a preliminar de inépcia da petição inicial e rejeitar a preliminar de carência da ação (ilegitimidade passiva);
- declaro prescritas as pretensões condenatórias exigíveis antes de 02/05/2010, extinguindo o processo, quanto a essas, com resolução do mérito (art. 269, IV, do CPC/73 – art. 487, II, do CPC/15; art. 7º, XXIX, CRFB/88). Não há falar em prescrição quanto ao pedido de retificação da CTPS, pois se tratar de pleito declaratório, portanto, não sujeito à prescrição (§ 1º do art. 11 da CLT);
- julgar improcedentes os pedidos em face da segunda parte ré.
- julgar procedentes, em parte, os pedidos deduzidos na ação trabalhista, condenando a primeira parte ré no seguinte:
- quanto às obrigações de pagar, no prazo de oito dias, os seguintes títulos:
- férias simples mais um terço, acrescida da penalidade do art. 467 da CLT nesse particular;
- multa prevista no art. 477, § 8º, da CLT;
- diferenças de férias mais um terço, décimo terceiro salário e FGTS em face da integração ao salário do valor de R$ 1.000,00, por mês, a título de passagens aéreas;
- diferenças de férias mais um terço, décimo terceiro salário e FGTS em face da integração ao salário do valor de R$ 400,00, por mês, a título das comissões sobre as vendas;
- horas trabalhadas além da 44ª ordinária semanal a título de horas extras, observando-se, para esse fim, os seguintes parâmetros:
    a) horário a ser observado: os efetivamente registrados nos cartões de ponto;
    b) base de cálculo a ser observada: soma do valor do salário base e das demais verbas de natureza salarial, nos termos da Súmula n. 264 do TST;
    c) observância do adicional de 50%, sendo de 100% nos dias de labor aos domingos;

d) observância da evolução salarial;

e) exclusão dos dias não trabalhados;

f) divisor de 220;

g) reflexos no FGTS e repouso semanal remunerado (Súmula nº 172 do Colendo TST), sendo improcedentes os demais reflexos, seja por conta do reconhecimento da justa causa, seja pela ausência de habitualidade a permitir os reflexos em determinadas parcelas;

h) dedução das parcelas pagas a idêntico título;

PARÂMETROS DE LIQUIDAÇÃO

a) JUROS E CORREÇÃO MONETÁRIA

Às parcelas objeto da condenação devem ser acrescidos juros a partir do ajuizamento da ação (art. 883 da CLT), observado o seu propósito meramente indenizatório (OJ 400 da SDI-1 do TST), e correção monetária (na forma do art. 39, § 1º, da Lei n. 8.177/91 e da Súmula n. 381 do TST).

Ressalte-se que a aplicação do IPCA-E ou INPC contrariaria a autoridade do STF que, na Reclamação 22012, suspendeu efeitos de decisão do Tribunal Superior do Trabalho (TST) que determinou a substituição da TRD pelo IPCA na correção monetária dos débitos trabalhistas.

b) RECOLHIMENTOS FISCAIS E PREVIDENCIÁRIOS.

Determino que a parte ré efetue os recolhimentos previdenciários incidentes sobre as parcelas objeto de condenação em pecúnia deferidas nesta sentença, na forma do art. 43 da Lei n. 8.212/91 e da Súmula n. 368 do TST, ficando autorizada a dedução da quota parte da parte autora.

Deverá ainda a parte ré (art. 46 da Lei n. 8.541/1992) efetuar o recolhimento fiscal na forma do art. 12-A da Lei n. 7.713/88 e da Instrução Normativa RFB nº 1.500, de 29/10/2014 (revogadora da IN nº 1.127/11 – art. 114 da IN 1.500/2014), com a redação dada pela Instrução Normativa RFB nº 1558, de 31/3/2015.

Para fins do art. 832, § 3º, da CLT, as parcelas da condenação devem observar o artigo 28, § 9º, da Lei n. 8.212/91, incidindo recolhimentos fiscais e previdenciários somente sobre as parcelas de natureza salarial.

c) FORMA DE LIQUIDAÇÃO

A liquidação deve ser feita por simples cálculos.

d) ABATIMENTO/COMPENSAÇÃO

Abatimento/dedução e compensação são institutos distintos e, no caso dos autos, não há falar em compensação, afinal não houve comprovação de nenhuma obrigação apta a ser extinta em face da posição concomitante de credor e devedor das partes (art. 368 do CC/2002 e arts. 477, § 5 º e 767 da CLT). Rejeito, assim, o pedido de compensação.

Autorizo, contudo, para evitar o enriquecimento sem causa (art. 884 do CC/2002) da parte autora, o abatimento/dedução dos valores pagos sob igual título àqueles deferidos nesta sentença.

Custas processuais, pela primeira parte ré, no importe de R$ 140,00, calculadas sobre R$ 7.000,00, valor atribuído à condenação para tal fim (art. 789, IV, da CLT).

Intime-se a União Federal, para efeitos da regra inserta no art. 832, § 5º, da CLT.

Partes presentes cientes na forma do art. 834 da CLT e da Súmula n. 197 do TST.

Intime-se a parte ré revel (arts. 852 e 841, § 1º, ambos da CLT)."

5.2. Prova de sentença do TRT 2 – 2016 (Nelson Roberto da Sorte X Serviços Contábeis Santa Cruz S/C Ltda. X Escritório de Contabilidade Ilha dos Números S/C Ltda. X Rita Guedes dos Dias Passados X Vitor Hugo da Anunciação Dos Dias Futuros)

PODER JUDICIÁRIO FEDERAL

Tribunal Regional do Trabalho – 2ª Região

XLI CONCURSO PÚBLICO PARA INGRESSO NA MAGISTRATURA DO TRABALHO DA 2ª REGIÃO

PROVA PRÁTICA – SENTENÇA – 03 DE JULHO DE 2016

INSTRUÇÕES GERAIS

a) Use somente caneta esferográfica azul ou preta.

b) Não rubrique, não assine a prova e não use corretivo.

c) A prova será considerada nula, e o candidato eliminado, se nela houver indícios de identificação.

d) Os fiscais não darão esclarecimentos sobre a prova.

e) É autorizada a consulta à legislação desacompanhada de anotações ou comentários e vedada a consulta a obras doutrinárias, súmulas e orientações jurisprudenciais.

f) Não é permitido conversar após o sinal, nem permitido empréstimo de livros e materiais.

g) A Reclamação foi ajuizada em 24 de abril de 2016.

h) Os documentos acostados pelas partes restringem-se às procurações e documentos de representação (contrato social, estatuto social) e carta de preposição.

i) As defesas constantes da prova foram juntadas pelo Pje-JT, antes da audiência e foram precedidas da necessária habilitação dos advogados signatários.

j) Os dados necessários para a elaboração da prova já constam em seu conteúdo. Não invente dados.

k) **É DISPENSÁVEL ELABORAR O RELATÓRIO**

DURAÇÃO DA PROVA: **(04) (QUATRO) HORAS**

COMISSÃO EXAMINADORA

DESEMBARGADOR FRANCISCO FERREIRA JORGE NETO

DESEMBARGADOR NELSON BUENO DO PRADO

ADVOGADO OTAVIO PINTO E SILVA

DESEMBARGADORA ROSANA DE ALMEIDA BUONO

JUIZ MARCOS NEVES FAVA

ADVOGADO HORÁCIO CONDE SÂNDALO FERREIRA

1

EXCELENTÍSSIMO SENHOR DOUTOR JUIZ DA MM. ____ VARA DO TRABALHO DE SÃO PAULO.

Distribuição da ação: 24 de abril de 2016.

NELSON ROBERTO DA SORTE, brasileiro, solteiro, auxiliar administrativo, nascido em 08 de abril de 1990, filho de Lindalva Inocêncio da Sorte, portador do RG nº 24.380.325, da CTPS nº 55.333, série 0239/SP, inscrito no PIS sob o nº 131.233.444-21, e com o CPF/MF nº 141.949.309-58, residente e domiciliado na Avenida Inglaterra, nº 788, apto 73, Bairro: Monte Vicioso, Cidade: São Paulo, Estado: São Paulo, CEP: 01508-001.

Por seu advogado infra-assinado, vem, respeitosamente à presença de Vossa Excelência, ajuizar a presente DEMANDA TRABALHISTA, pelo rito ordinário, em face de:

1) SERVIÇOS CONTÁBEIS SANTA CRUZ S/C LTDA (1ª Reclamada), CNPJ nº 565758/0001-7, com endereço na Avenida Sinfrônio Corleone, nº 7, Bairro: Vista das Virtudes, Cidade: São Paulo, Estado: São Paulo, CEP: 03041-151, a qual deverá ser citada na pessoa dos sócios abaixo indicados (3ª e 4ª Reclamadas).

2) ESCRITORIO DE CONTABILIDADE ILHA DOS NÚMEROS S/C LTDA (2ª Reclamada), CNPJ nº 676867/0001-9, com endereço na Avenida da Fantasia, nº 3.300, Bairro: Vista das Virtudes, Cidade: São Paulo, Estado: São Paulo, CEP: 03150-151.

3) RITA GUEDES DOS DIAS PASSADOS (3ª Reclamada), brasileira, contadora, RG nº 14.333.777-9, CPF nº 555.333.444-33, com endereço na Avenida dos Algarismos, nº 4.400, Bairro: Vista das Virtudes, Cidade: São Paulo, Estado: São Paulo, CEP: 03151-152.

4) VITOR HUGO DA ANUNCIAÇÃO DOS DIAS FUTUROS (4ª Reclamada), brasileiro, economista, RG nº 15.444.888-0, CPF nº 666.444.555.44, com endereço na Avenida dos Dinheiros, nº 3.300, Bairro: Vista das Virtudes, Cidade: São Paulo, Estado: São Paulo, CEP: 03152-151.

Pelos motivos de fato e de direito abaixo expostos:

2

1. Assistência Judiciária.

O Reclamante requer os benefícios da assistência judiciária (art. 99, CPC). Para tanto, procede à juntada da declaração nos moldes da Lei 7.115/93.

2. Grupo Econômico/Sucessão.

Os sócios da 1ª Reclamada são: Rita Guedes dos Dias Passados e Vitor Hugo da Anunciação dos Dias Futuros (contrato social).

Quando os trabalhadores compareceram para o trabalho no dia 10 de janeiro de 2016, tiveram o desprazer de constatar que a empresa – 1ª Reclamada estava fechada.

Surpresos com o fato, os trabalhadores procuraram os sócios, por telefone, contudo, não conseguiram contato, como forma de obterem resposta a essa situação.

Por diligências dos trabalhadores, pode-se afirmar que a 2ª Reclamada é uma empresa sucessora e ou integrante do grupo econômico, visto que: (a) explora ramo idêntico de atividade comercial; (b) está localizada no mesmo bairro; (c) os sócios são: Felipe Costa Noites (ao que nos parece companheiro da Sra. Rita) e Ana Fala Demais (companheira do Sr. Vitor); (d) pelos laços de parentesco, configuram-se laços de subsidiariedade.

Logo, com base nos arts. 10 e 448, CLT, além do art. 2º, § 2º, CLT, o Reclamante requer que a 2ª Reclamada seja condenada de forma subsidiária/solidária, ante a sua condição de sucessora/grupo econômico.

3. Desconsideração da Personalidade Jurídica.

Pela aplicação do NCPC (art. 133 e segs.), o Reclamante requer a Vossa Excelência a desconsideração da personalidade jurídica (art. 50, CC), visto que a 1ª Reclamada: (a) fechou as portas, sem pagar os seus fornecedores, credores e, precipuamente, os seus funcionários; (b) não tem bens; (c) não é localizada.

Pelo contexto da demanda, o Reclamante, ante a formulação da desconsideração da personalidade jurídica da 1ª Reclamada, pleiteia a responsabilidade cumulativa dos seus sócios (3ª e 4ª Reclamadas).

4. Contrato de Trabalho.

O Reclamante foi admitido pela 1ª Reclamada em 15 de dezembro de 2007, para exercer as funções de auxiliar administrativo.

Recebia por último o salário de R$ 1.000,00 (por mês).

3

No dia 10 de janeiro de 2016, face aos fatos acima indicados, houve o término do contrato de trabalho, de forma imotivada, sem a percepção dos direitos trabalhistas.

5. Verbas rescisórias.

Diante da dispensa ocorrida no dia 10 de janeiro de 2016, o Reclamante tem direito ao aviso prévio (com a proporcionalidade – 60 dias) e os reflexos em férias (4/12) + 1/3, FGTS + 40% e no 13º salário (3/12).

Além dos títulos acima mencionados, o Reclamante pleiteia o salário do mês de janeiro de 2016 (12 dias).

Pela dispensa direta, tem direito ao saque do FGTS (código 01), com o acréscimo da multa de 40% e a liberação do seguro desemprego.

Como há os requisitos legais, o Reclamante solicita a tutela provisória de urgência antecedente estabilizada (art. 303, NCPC, em sua aplicação cumulativa) quanto à percepção de tais direitos, além do saque do FGTS e do seguro sem emprego (por alvarás judiciais).

Os valores acima devem ser calculados com base no valor de R$ 1.000,00.

No que for cabível, a inicial também solicita as multas dos arts. 478 e 477, CLT.

6. Jornada de Trabalho.

O Reclamante laborava de segunda a quinta-feira, no horário das 7:00 às 17:00 e na sexta-feira, das 7:00 às 16:00. Não tinha horário de intervalo. De vez em quando, também laborava nos sábados das 7:00 às 11:00 horas.

Nunca recebeu as horas extras.

Diante dos fatos, o Reclamante pleiteia horas extras (acima da 8ª e/ou 44ª; inexistência do horário de intervalo), com o adicional de 55% e o divisor de 180 horas, com reflexos (acréscimos dos domingos e feriados) em férias, abono de férias, 13º salário, FGTS + 40% e no aviso prévio (30 dias).

7. Tutela Provisória de Evidência

Diante das dificuldades financeiras da 1ª Reclamada, o Reclamante solicita o arresto dos bens dos sócios da 1ª e 2ª Reclamadas, face ao caráter salarial dos direitos trabalhistas.

4

8. Diante do acima exposto, o Reclamante pleiteia:

(a) caracterização do **Grupo Econômico/Sucessão,** com a condenação subsidiária/solidária da 2ª Reclamada;

(b) ante a formulação da desconsideração da personalidade jurídica da 1ª Reclamada, pleiteia a responsabilidade cumulativa dos seus sócios (3ª e 4ª Reclamadas);

(c) aviso prévio (60 dias) e os reflexos em férias (4/12) + 1/3, FGTS + 40% e no 13º salário (3/12);

(d) salário do mês de janeiro de 2016 (12 dias);

(e) saque do FGTS (código 01), com o acréscimo da multa de 40% e a liberação do seguro desemprego.

(f) tutela provisória de urgência **antecedente estabilizada** (art. 303, NCPC, em sua aplicação cumulativa) quanto à percepção de tais direitos (letras "c" e "d"), além do saque do FGTS e do seguro sem emprego (por alvarás judiciais);

(g) multas dos arts. 478 e 477, CLT;

(h) horas extras (acima da 8ª e de forma sucessiva 44ª; inexistência do horário de intervalo), com o adicional de 55% e o divisor de 180 horas, com reflexos (acréscimos dos domingos e feriados) em férias, abono de férias, 13º salário, FGTS + 40% e no aviso prévio (30 dias);

(i) **indisponibilidade dos bens dos sócios da 1ª e 2ª Reclamadas**, face ao caráter salarial dos direitos trabalhistas.

9. Requerimentos.

Para tanto, requer se digne esse Emérito Magistrado Monocrático em determinar a citação das Reclamadas para ver-se processar, comparecendo em audiência previamente designada por Vossa Excelência, e, nesta oportunidade, ofereçam contestações como forma de defesa, sob pena de, em não o fazendo, seja aplicada à pena de revelia, além da confissão, quanto à matéria fática, e ao final, sejam os pedidos julgados procedentes, condenando as Reclamadas (**solidária/subsidiária**) ao pagamento de todas as verbas postuladas, acrescidas de juros e correção monetária (IPCA-E), custas processuais e quaisquer outras cominações legais.

Requer, ainda, sejam desde já concedidos os beneplácitos da Justiça Gratuita, conforme o art. 99 da Lei nº 1.060/50, por se tratarem de pessoas pobres, não possuindo meios com os quais possam arcar com custas do processo sem detrimento do sustento próprio, bem como o de sua família, não tendo como custear as despesas processuais, sem implicar na manutenção própria e de seus dependentes.

5

Provará o alegado por todos os meios de prova em Direito admitidas, em especial pelo depoimento pessoal dos representantes das Reclamadas ou seus prepostos, sob pena de confissão, oitiva de testemunhas, juntada de novos documentos, perícias técnicas e médicas, bem como os demais elementos de provas que se fizerem necessárias à formação do livre convencimento deste Insigne Magistrado.

Dá-se à causa o valor de R$ 40.000,00 (quarenta mil reais).

Termos em que pede deferimento.

São Paulo, 28 de fevereiro de 2016.

Dr. Nelson Rodrigues
OAB/SP 500.001

6

EXCELENTÍSSIMO SENHOR DOUTOR JUIZ DA 77ª VARA DO TRABALHO DE SÃO PAULO - SP

PROCESSO Nº 100721-73.2016.5.02.0077

SERVIÇOS CONTÁBEIS SANTA CRUZ S/C LTDA, pessoa jurídica de direito privado, neste ato representada em conformidade com o seu contrato social, por seu advogado e procurador infra-assinado, nos autos da ***RECLAMAÇÃO TRABALHISTA*** movida por **NELSON ROBERTO DA SORTE**, vem, respeitosamente à presença de Vossa Excelência, apresentar sua **CONTESTAÇÃO**, consoante os fatos e fundamentos a seguir expostos:

INÉPCIA DA PETIÇÃO INICIAL: DA NARRAÇÃO DOS FATOS NÃO DECORRE LOGICAMENTE A EXISTÊNCIA DE GRUPO ECONÔMICO OU SUCESSÃO

Preliminarmente, argui-se a inépcia da petição inicial, a teor do disposto no art. 330, inciso I e §1º, inciso III, do CPC, tendo em vista que da narração dos fatos não decorre logicamente a conclusão quanto à alegada existência de grupo econômico ou sucessão com a segunda reclamada.

A presença dos requisitos constitutivos a viabilizar o direito de ação deve ocorrer de forma cumulativa e a falta de qualquer um deles implicará a consequente resolução do processo sem julgamento de mérito.

No caso, o reclamante se vale de meras conjecturas quanto a um suposto parentesco entre os sócios das empresas ou de exercício de idêntica atividade comercial entre as reclamadas, sem qualquer prova concreta a respeito.

Diante da flagrante inépcia do pedido de letra "a", deve este ser extinto, sem resolução de mérito, nos termos do art. 485, inc. I, do CPC.

INÉPCIA DO PEDIDO DE DESCONSIDERAÇÃO DE PERSONALIDADE JURÍDICA

Não sendo declarada a inépcia informada acima, o que admite apenas por cautela, cumpre informar que não há causa de pedir que justifique a pretendida desconsideração da personalidade jurídica da primeira reclamada nessa fase processual (art. 330, inciso I e §1º, inciso I, do CPC).

Isso porque o requerimento deve demonstrar o preenchimento dos pressupostos legais específicos para desconsideração da personalidade jurídica (art. 134, §4º, do CPC), não havendo qualquer razão para que os sócios da 1ª reclamada sejam

7

compelidos a se defender em juízo na fase de conhecimento, eis que a empresa continua ativa e foi regularmente citada.

Diante disso, requer seja o pedido de letra "b" extinto sem resolução do mérito, nos termos do art. 485, inc. I, do CPC, com a consequente alteração do polo passivo da ação e exclusão das pessoas naturais (3ª e 4ª reclamadas).

INÉPCIA DO PEDIDO DE HORAS EXTRAS

Alega o autor que laborava "de vez em quando" aos sábados das **7:00 às 11:00**, razão pela qual pleiteia o pagamento de horas extras. O pedido deve ser rejeitado nos termos do art. 330, inciso I e §1º, inciso II, do CPC, uma vez que formulado de forma indeterminada, o que impede a reclamada de se defender.

Isso porque cabe ao autor demonstrar o fato constitutivo de seu direito (art. 373, §1º, do CPC), não havendo na inicial a indicação de quando teria ocorrido o alegado trabalho aos sábados.

Diante disso, requer seja o pedido de letra "h" extinto sem resolução do mérito, nos termos do art. 485, inc. I, do CPC

NÃO CABIMENTO DA TUTELA ANTECIPADA

De acordo com o disposto no art. 9º do CPC, não se proferirá decisão contra uma das partes sem que ela seja previamente ouvida. Não há qualquer evidência que justifique o pedido formulado pelo autor de aplicação do art. 303 do CPC para arresto de bens ou outra medida equivalente, uma vez que a 1ª reclamada segue ativa e responde integralmente por suas obrigações.

A petição inicial deve ser indeferida quanto a esse aspecto, por carência de ação em face da falta de interesse de agir, baseado no binômio "necessidade + adequação", nos termos do disposto no art. 330, inciso III combinado com o art. 485, inc. VI, do CPC.

PRESCRIÇÃO

Argui a reclamada a prescrição de eventuais direitos que possam ser deferidos ao autor, referentes ao período que extrapole os cinco anos anteriores à data da propositura da ação, nos termos do disposto no art. 7º, inc. XXIX, da CF.

DEFESA DE MÉRITO: DA IMPUGNAÇÃO DOS FATOS

Antes de tudo, cumpre consignar que ficam, para todos os efeitos, expressamente impugnadas as assertivas contrárias a essa defesa, visto que inverídicas e despidas de fundamentação.

O Reclamante foi contratado pela Reclamada em **15/12/2007**, na **função de auxiliar administrativo** e dispensado **POR JUSTA CAUSA** em **20/01/2016** em razão de **ABANDONO DE EMPREGO**, pois deixou de comparecer ao serviço desde antes do Natal, sem dar qualquer explicação, não restando quaisquer diferenças de verbas rescisórias a serem adimplidas.

8

Em que pese o inconformismo obreiro em relação a sua **DISPENSA POR JUSTA CAUSA**, esta jamais poderá ser revertida, eis que legalmente embasada e corretamente aplicada, inclusive sob o ponto jurisprudencial, conforme restará devidamente demonstrado.

De exórdio, cumpre reforçar que, em que pese na causa de pedir conste o requerimento de dispensa imotivada, não há pedido completo quanto a este ponto e, muito menos, ao pedido prévio de nulidade da justa causa aplicada, devendo ser declarada a inépcia da petição inicial. Contudo, caso não seja este o entendimento deste juízo, o que se considera apenas por cautela, seguem as razões de mérito que convergem a improcedência do pedido.

De início, cumpre frisar que a justa causa é faculdade legalmente conferida ao empregador para que possa exercer o poder de disciplina sobre seus subordinados, permitindo o rompimento do vínculo laboral existente quando verificado efeito emanado de ato ilícito do empregado que, viole alguma obrigação legal ou contratual.

O Reclamante **falta com a verdade quando afirma que no dia 10 de janeiro de 2016 encontrou a empresa fechada**, uma vez que esse dia era um domingo e ele sabia que o retorno das férias coletivas deveria ocorrer no dia seguinte, uma 2ª feira.

Portanto, correta a dispensa motivada aplicada pela Reclamada, nos termos do artigo 482, alínea "i" da CLT, em face da lamentável omissão do trabalhador no desempenho de suas atribuições, restando improcedentes todas as suas pretensões.

A dispensa por justa causa já torna indevido o pagamento de verbas rescisórias, das multas dos arts. 477 e 478 da CLT, bem como o levantamento do FGTS+40% e o encaminhamento do seguro desemprego. Inclusive, impende consignar que o TRCT do Reclamante ficou zerado em decorrência de adiantamento de férias coletivas concedido e da quitação da 2ª parcela do 13º salário em dezembro/2015.

Pleiteia o Reclamante recebimento do Seguro Desemprego e do FGTS+40%, mas razão não lhe assiste.

A Reclamada não está obrigada a fornecer ao Reclamante as guias para percebimento das parcelas referentes ao seguro desemprego, em virtude da **dispensa por justa causa.**

Ressalte-se que o seguro desemprego não consiste em direito trabalhista em sentido estrito. Desta forma, sua concessão como pagamento direto é pretensão excluída da competência desta Justiça Especializada.

Nem se alegue ser cabível indenização do seguro desemprego, uma vez que as guias do seguro desemprego correspondem uma obrigação de entrega, não podendo ser convertido em indenização, simplesmente, por ausência de previsão legal.

Conforme acima dito, a **justa causa foi corretamente aplicada**, não havendo, de forma alguma, violação dos direitos do Reclamante. Ademais, ao empregador, ante o seu poder diretivo, é dada a possibilidade de rescindir o contrato de trabalho, por justa causa, do trabalhador.

9

Ora Excelência, a dispensa por justa causa, mesmo que seja revertida judicialmente, não enseja o direito à indenização por danos morais. A Reclamada é **pessoa jurídica idônea** que jamais age de forma ilícita ou capaz de prejudicar seus empregados.

Não há o que se falar, portanto, em responsabilidade na reparação de danos morais, uma vez que ausentes os requisitos legais que amparem tal pretensão.

Ad argumentandum, se sobrevier condenação, o que não se admite, mas argumenta, o montante da indenização deve restringir-se aos danos efetivamente sofridos, sob pena de se proporcionar a Reclamante autêntico enriquecimento sem causa.

A indenização por danos morais tem caráter compensatório e não restitutivo do patrimônio. Destarte, esta espécie de dano só pode ser indenizada nos parâmetros fixados pelo Juiz a partir do arbitramento do valor da condenação.

Somente após a fixação do valor é que se poderá falar em mora do devedor. Em face do exposto, espera-se que a atualização tenha como marco inicial a data da prolação da respeitável sentença originária.

DAS ALEGADAS HORAS EXTRAS

Afirma o Reclamante que seu horário contratual era das **7:00 às 17:00**, de 2ª a 5ª feira, e das **7:00 às 16:00** às 6ª feiras, sem horário de intervalo intrajornada. Aduz ainda que laborava "de vez em quando" aos sábados das **7:00 às 11:00**. Sustenta que jamais teve as horas extraordinárias remuneradas corretamente.

Após expor suas razões, requer o pagamento de horas extras que excedem à 8ª diária e 44ª semanal, de todo o período, acrescidas do adicional de 55%, bem como incidência nos domingos e feriados e respectivos reflexos nas férias + 1/3, 13º salários, aviso prévio e FGTS+40%. Sem razão o pleito do Reclamante, senão vejamos.

Cumpre informar que o Reclamante, desde a admissão até o seu abandono de emprego laborava das **7:00 às 17:00**, de 2ª a 5ª feira, e das **7:00 às 16:00** às 6ª feiras, com os sábados livres, respeitando, dessa forma o disposto no artigo 74, §2º da CLT, bem como a jornada prevista no artigo 58 norma consolidada.

Observe ainda Excelência que durante todo o labor do Reclamante esse costumava se atrasar cerca de 20 a 30 minutos no horário de entrada, e sempre usufruiu de uma hora de intervalo para refeição e descanso.

Somente trabalhou aos sábados no mês de abril de 2015, por ocasião da preparação de declarações de imposto de renda para clientes da reclamada, mas não há que se falar em horas extras eis que mesmo naquela ocasião não foi extrapolada a jornada semanal de 44 horas.

De maneira que não há qualquer fundamento ou comprovação do Reclamante acerca da alegação de não ter recebido qualquer valor a título de jornada extraordinária, o que de fato é verdade, ou seja, nunca recebera qualquer valor a este título, uma vez que todas as horas laboradas além do limite legal foram devidamente compensadas.

10

Dessa forma Excelência, pode-se observar que a Reclamada cumpriu com o seu dever legal, enquanto o Reclamante pretende distorcer a realidade dos fatos a fim de obter vantagem pecuniária não devida, o que não deve ser admitido por este juízo, cuja decisão não deve ser diferente da improcedência do presente pleito, já que eventual pagamento a título de horas extras acarretaria *bis in idem* que é plenamente vedado por esta justiça.

BENEFÍCIOS DA JUSTIÇA GRATUITA

A justiça gratuita só pode ser deferida com o preenchimento de todos os requisitos elencados pelas Leis n. 1.060/50, 5.584/70 e 7.115/83, sem os quais fica impedida a concessão de tal benefício.

Tais requisitos compreendem a **(i)** assistência pelo sindicato representativo de sua categoria profissional (artigo 14, caput da Lei 5.584/70); **(ii)** a afirmação quanto à impossibilidade de arcar com as custas processuais e honorários advocatícios, que deve ser prestada por meio de declaração firmada nos termos da lei (artigo 4º, caput e § 1º da Lei 1060/50); **(iii)** a responsabilização criminal pelo declarado (artigo 1º da Lei 7.115/83); bem como **(iv)** o percebimento de salário inferior ao dobro do mínimo legal.

No presente caso não estão preenchidos todos os requisitos acima apontados, já que o obreiro não se encontra assistido pelo sindicato profissional bem como percebe salário superior ao dobro do mínimo não havendo que se falar na concessão dos benefícios da justiça gratuita.

Indevidos honorários advocatícios vez que a concessão destes na Justiça do Trabalho continua subordinada ao preenchimento dos requisitos contidos na Lei nº 5.584/70, bem como ao estipulado pelo TST, que no presente caso, estão ausentes.

JUNTADA DE DOCUMENTOS

A Reclamada junta à presente os documentos necessários ao deslinde da ação, ressaltando desde já, que não está obrigada a trazer documentos simplesmente porque o autor os entende necessários, já que incumbe ao Juízo a condução do processo. Não há, portanto, que se falar em aplicação de penalidades à Reclamada, que não está cometendo irregularidade alguma.

Por oportuno, inexiste determinação judicial para que a Reclamada proceda a juntada dos documentos solicitados na exordial, o que de plano afasta a aplicação da regra prevista no art. 396 do CPC.

Assim, caso essa MM. Vara do Trabalho entenda que há necessidade na apresentação de documentos, além daqueles que ora se apresenta, requer-se, desde já, seja-lhe deferido prazo para juntada.

IMPUGNAÇÃO DE DOCUMENTOS

Com relação aos documentos juntados com a inicial, restam expressamente impugnados eis que não servem de base para qualquer dos supostos direitos alegados na demanda, em razão de forma e conteúdo não servirem como meio válido de prova, nos termos do artigo 830 da CLT.

11

JUROS E DA ATUALIZAÇÃO MONETÁRIA

Na hipótese de ser a Reclamada condenada ao pagamento de alguma verba, o que também só se admite por cautela, quando da atualização dos eventuais créditos devidos ao Reclamante deverá ser aplicada a taxa de juros simples de 1% ao mês, de acordo com o que determina a legislação aplicável.

No que se refere aos índices de correção monetária, é certo que os mesmos são fixados para serem aplicados sobre os créditos trabalhistas exigíveis no início do mês, uma vez que se referem à atualização monetária de um mês completo (trinta dias).

Portanto, aplicando-se sobre o salário do próprio mês da prestação do labor, estar-se-ia corrigindo a remuneração do empregado, antes mesmo da prestação dos serviços, assim, independentemente das verbas salariais serem pagas no mês ou quinto dia útil do mês subsequente é a partir do vencimento da obrigação e não da prestação de serviço que começa fluir a correção monetária.

Outrossim, requer a composição dos cálculos com aplicação da correção monetária considerando os índices dos meses subsequentes, obedecendo-se o preceituado no art. 6º da Lei nº 7.738/89 e Lei nº 8.177/91.

RETENÇÃO DAS PARCELAS PREVIDENCIÁRIAS E DO IR

Na hipótese incogitável de condenação, o que se admite apenas para argumentar, requer a Demandada seja admitida a dedução da cota previdenciária e do imposto de renda retido na fonte, nos termos contidos no Provimento nº 01/96 da Corregedoria da Justiça do Trabalho e na forma da Súmula 368 do C.TST Os descontos fiscais devem ser calculados mês a mês, não havendo falar em inconstitucionalidade do artigo 46 da Lei n.º 8.541/92 Frise-se, ainda, que aludidas retenções, por decorrerem de normas de ordem pública, são obrigatórias.

Neste contexto, da leitura deste artigo legal, apenas é possível concluir que o imposto de renda será retido na fonte no momento em que se torne disponível ao beneficiário, ou seja, quando o Reclamante receber a totalidade do crédito ao final do processo.

A dedução e recolhimento das contribuições previdenciárias decorrem de preceito contido no art. 43 da Lei nº 8.212/91, com redação dada pela Lei nº 8.620/93. Frise-se, quanto aos descontos previdenciários, que o artigo 195, II, da CF estabelece que a seguridade social será financiada por meio das contribuições sociais dos empregadores e trabalhadores.

Como consequência, se imputada exclusivamente ao empregador a responsabilidade pelos recolhimentos das contribuições previdenciárias, restaria violado o artigo 150, II, também da CF, que veda tratamento desigual entre os contribuintes. Entendimento este já pacificado pelo TST através da OJ 363, da SDI-1.

COMPENSAÇÃO

Em vista ao princípio da eventualidade, requer a Contestante sejam compensadas, no momento de eventual e incrível condenação, as verbas pagas ao Reclamante sobre os mesmos títulos pleiteados na exordial.

12

DA CONCLUSÃO

À vista do exposto, requer a reclamada:

a) A produção de provas, especialmente apresentação de novos documentos ou daqueles que se fizerem necessários ao contraditório, com a vedação da decisão surpresa (art. 10 do CPC);
b) Seja integralmente acatada a contestação, com o acolhimento das preliminares arguidas ou, no mérito, a consequente rejeição de todos os pleitos propostos na inicial;
c) A rejeição dos pedidos de tutela antecipada, Justiça Gratuita e de honorários advocatícios, eis que não existe fundamento para a sua concessão.

Termos em que, pede deferimento.

São Paulo, 07 de junho de 2016.

Ruy Diaz

OAB/SP 300.000

13

EXCELENTÍSSIMO SENHOR DOUTOR JUIZ DO TRABALHO DA 77ª VARA DO TRABALHO DA CAPITAL DO ESTADO DE SÃO PAULO – TRT 2ª REGIÃO

PROCESSO N. 100721-73.2016.5.02.0077

ESCRITÓRIO DE CONTABILIDADE ILHA DOS NÚMEROS S/C LTDA., pessoa jurídica de direito privado inscrita no CNPJ/MF sob o n. 676867/0001-9, com sede nesta Capital do Estado de São Paulo, sito na Av. da Fantasia, 3.300, Bairro Vista das Virtudes, CEP 03150-151, vem, com o acatamento e respeito devidos, à elevada presença de Vossa Excelência, nos autos da Ação Reclamatória Trabalhista que lhe move **NELSON ROBERTO DA SORTE**, processo em epígrafe, por intermédio de seu advogado que ao final desta subscreve, com fundamento no art. 336, da Legislação Adjetiva Civil, c/c o art. 847 da CLT, por **DEFESA**, expor e ao final requerer o quanto segue-se:

I. A VESTIBULAR

Em apertada síntese, insurge-se o Reclamante alegando, no que respeita à 2ª Reclamada, que esta seria uma "empresa sucessora e ou integrante do grupo econômico" [*sic*] da 1ª, em capítulo intitulado "Grupo Econômico/Sucessão" [*sic*].

Aduz que por explorar o mesmo ramo econômico da 1ª Ré, bem como por fatores como estar "localizada no mesmo bairro", ou por supostos "laços de parentesco", que configurariam "laços de subsidiariedade" [*sic*], a 2ª Reclamada deveria ser condenada "de forma subsidiária/solidária, ante a sua condição de sucessora/grupo econômico" [*sic*], ao pagamento das verbas requeridas na peça proemial.

É o resumo do essencial.

Entretanto, *concessa venia*, a presente ação reclamatória trabalhista não retrata a realidade fática; e, por isso, deverá nos termos desta defesa ser julgada.

14

II. AS PRELIMINARES

II.I. INÉPCIA DA INICIAL

Nos termos do art. 330, inciso I, parágrafo único, incisos I, II, III e IV do CPC, a petição inicial é inepta.

Há, na peça de início, inépcias necessárias de serem afastadas para, a bem do contraditório e da ampla defesa, poder a Reclamada exercer seu direito de se defender integralmente.

II.I.I. A IMPOSSIBILIDADE DE SE CONHECER DOS PEDIDOS DE "CARACTERIZAÇÃO DO GRUPO ECONÔMICO/SUCESSÃO", DE "CONDENAÇÃO SUBSIDIÁRIA/SOLIDÁRIA DA 2ª RECLAMADA" E DE "HORAS EXTRAS" – PEDIDOS INDETERMINADOS – CPC. ART. 330, I, PARÁGRAFO ÚNICO, II

No que toca aos pleitos em comento, uma obscuridade ímpar atrai a pecha da inépcia à vestibular, por apresentar pedidos indeterminados.

Com efeito, não há como se determinar, pela leitura da peça inaugural, aquilo que pretende o Autor.

A uma, porque são figuras juridicamente distintas o "Grupo Econômico" e a "Sucessão", valendo o mesmo para a condenação subsidiária e a solidária.

A duas, porque igualmente não há como se determinar, por exemplo, se pretende a condenação solidária com base no suposto Grupo ou na suposta Sucessão; ou, então, se tais seriam fundo para a condenação subsidiária desta Reclamada.

Não fosse apenas isto, a utilização de uma barra (sinal "/" [O Reclamante requer a caracterização de "Grupo Econômico/Sucessão" e a condenação "subsidiária/solidária"]) não informa sequer se o pleito é alternativo, subsidiário ou sucessivo.

A três, porquanto diante da expressão "de vez em quando, também laborava aos sábados" [*sic*] não há como se aferir (i) quantas vezes e em quais oportunidades tal labor teria ocorrido, nem (ii) quais e quantas horas extras pretende receber o trabalhador, impedindo, também neste especial, o avançar para a análise do mérito questão. Afinal, em quantos sábados isto teria ocorrido? E em quantas vezes por mês? Ou por ano?

15

Por conta disto, sendo indeterminados os pedidos postos na alíneas "(a)" e "(h)" do item 8. da inicial, requer-se seja reconhecida a inépcia daquela peça, determinando-se o arquivamento do feito sem a resolução de seu mérito.

II.I.II. A IMPOSSIBILIDADE DE SE CONHECER DO PEDIDO DE "CARACTERIZAÇÃO DO GRUPO ECONÔMICO/SUCESSÃO" – PEDIDOS INCOMPATÍVEIS ENTRE SI – CPC. ART. 330, I, PARÁGRAFO ÚNICO, IV

Ainda que superado o item preliminar anterior, tem-se ainda outro motivo pelo qual o pedido de "condenação subsidiária/solidária da 2ª Reclamada" não pode ser conhecido.

Isso porque os requisitos para a caracterização da existência de Grupo Econômico, previstos no art. 2º, § 2º da CLT, são distintos e até mesmo incompatíveis com aqueles necessários para a demonstração de sucessão de empregadores, encontrados no art. 448 da mesma Consolidação.

Nesta esteira, enquanto que, para um (Grupo), há que haver a "personalidade jurídica própria", tendo uma empresa "direção, controle ou administração de outra", para outro (Sucessão), o requisito é justamente inverso, sendo necessário haver uma única empresa, embora com "mudança na propriedade" – havendo, pois, nítida falta de compatibilidade entre eles.

Por conta disto, sendo incompatíveis os pedidos postos na alínea "(a)" do item 8. da inicial, requer-se seja reconhecida a inépcia daquela peça, determinando-se o arquivamento do feito sem a resolução de seu mérito.

II.I.III. A IMPOSSIBILIDADE DE SE CONHECER DOS PEDIDOS DE "TUTELA PROVISÓRIA DE URGÊNCIA ANTECEDENTE ESTABILIZADA" – FALTA DE CAUSA DE PEDIR – CPC. ART. 330, I, PARÁGRAFO ÚNICO, I, SEGUNDA PARTE

Além dos já apontados, há na peça inicial ainda outros fatores denotadores de inépcia, também por ter sido apresentada com deficiência na causa de pedir.

É que a tutela de urgência será concedida quando forem demonstrados elementos que indiquem a probabilidade do direito, além do perigo na demora da prestação da tutela jurisdicional (perigo de dano ou o risco ao resultado útil do processo), sendo que ela não será concedida quando houver perigo de irreversibilidade dos efeitos da decisão.

Já a tutela antecedente (ou "Antecipada requerida em caráter antecedente") é procedimento diverso, que demanda urgência "contemporânea à propositura da ação". Isto tudo sem nos aprofundarmos no fato de que a estabilização demanda providência negativa da parte contrária – no caso, os Réus.

16

A inicial, porém, não trouxe prova alguma do cumprimento de tais requisitos, nem mesmo alegação (causa de pedir) acerca da reversibilidade dos efeitos da decisão.

Por conta disto, não havendo causa de pedir, requer-se, quanto à alínea "(f)" do item 8. da inicial, seja reconhecida a inépcia daquela peça, determinando-se o arquivamento do feito sem a resolução de seu mérito.

II.I.IV. A IMPOSSIBILIDADE DE SE CONHECER DO PEDIDO DE RECONHECIMENTO DE "DISPENSA OCORRIDA NO DIA 10 DE JANEIRO DE 2016" – DA NARRAÇÃO DOS FATOS NÃO DECORRE LOGICAMENTE A CONCLUSÃO – CPC. ART. 330, I, PARÁGRAFO ÚNICO, III

Em sua exposição primária o Reclamante informa que trabalhava de segunda a sexta-feira; e "de vez em quando" aos sábados. Mais à frente, informa que em 10 de janeiro de 2016, "os trabalhadores compareceram para o trabalho", quando "tiveram o desprazer de constatar que a empresa – 1ª Reclamada estava fechada" [*sic*]; e que, por este motivo, considera "houve o término do contrato de trabalho".

Entretanto, destes fatos (empresa estar fechada) não decorre logicamente a conclusão (estar o contrato rescindido) porque o dia 10 de janeiro recaiu num domingo, quando, pela própria narrativa do Autor, não havia expediente na empresa.

Por conta disto, não decorrendo dos fatos narrados a conclusão pretendida, os pedidos postos nas alíneas "(c)", "(d)" e "(e)" denotam clara inépcia da peça inicial, devendo ser determinado o arquivamento do feito sem a resolução de seu mérito.

II.I.V. OS REFLEXOS JURÍDICOS DOS ITENS II.II.I A II.II.IV

Nos dois itens imediatamente anteriores demonstrou-se a inépcia que paira sobre vários pontos da petição inicial.

À Reclamada é dado o Direito de se defender de fatos específicos e razoavelmente delimitados, e não de alegações genéricas, de forma que tenha de comprovar a legalidade de sua conduta, a todo tempo, no caso concreto; tudo em homenagem ao princípio constitucional do devido processo legal (CR, art. 5º, II).

Forte nestes motivos, requer-se sejam acolhidas as preliminares apresentadas para o fim de se reconhecer as inépcias apontadas.

17

II.I.VI. ILEGITIMIDADE DE PARTE DA 2ª RECLAMADA

Não há razão para que a 2ª Reclamada figure no pólo passivo da presente reclamatória, vez que é parte ilegítima.

Conforme será abaixo demonstrado, a ilegitimidade passiva *ad causam* da 2ª Ré há de ser admitida tendo em vista que:

(i) É incontroverso nos autos que jamais foi empregadora do Reclamante;
(ii) É incontroverso nos autos que jamais tomou serviços do Reclamante;
(iii) É incontroverso nos autos que jamais teve qualquer ingerência no contrato de trabalho mantido entre o Reclamante e a 1ª Ré;
(iv) Sequer pode ser considerada responsável solidária ou subsidiariamente, uma vez que não há prova de qualquer relação de "parentesco" indicada na inicial entre os sócios das Rés.

III. PREJUDICIAL DE MÉRITO – PRESCRIÇÃO

O Reclamante trabalhou para a 1ª Reclamada a partir de 15/12/2007 e propôs esta Reclamação em 24/04/2016.

Não havendo notícia de suspensão ou interrupção do prazo previsto no art. 7º, XXIX da Constituição Federal, para os mesmos pedidos, é de se declarar a prescrição quanto a eventuais direitos exigíveis no período anterior a 24/04/2011, extinguindo o processo com resolução de mérito, em relação a tais direitos, a forma do art. 487, II do CPC/2015, c/c o art. 769 da CLT – inclusive no que respeita às parcelas relativas ao FGTS, na forma da Súmula 362 do C. TST.

IV. O MÉRITO

Caso, entretanto, entenda-se por bem optar não acatar quaisquer das razões expostas em preliminar – o que não se espera – apenas em atenção aos princípios da eventualidade e da concentração da prova, para a salvaguarda de seus direitos, a Reclamada adere, no mérito, à defesa da 1ª Reclamada, ressaltando que:
- Não há grupo econômico;
- Na extrema hipótese de o juízo ultrapassar os argumentos anteriores, requer-se que o adicional aplicado seja o de 50%, à medida em que não há previsão legal para o pagamento em 55%;
- Correção monetária e juros, na remota hipótese de procedência, deverão ser atualizados aplicando-se os ditames da Lei n.º 8177/91, que revogou através de seu art. 39, § 2º, a Lei 7738/89.

18

V. DO REQUERIMENTO FINAL

Diante de todo exposto e pelo mais que dos autos consta, requer a Reclamada o acolhimento das preliminares arguidas para a finalidade de ser decretada extinção do processo sem o julgamento de seu mérito.

Na hipótese de superação destas, requer-se o acolhimento da prejudicial de mérito oposta; e, por fim, na eventualidade da superação também desta, que no mérito sejam julgados improcedentes os pedidos da presente reclamação. Requer-se, para comprovação do alegado, a produção de todas as provas em Direito admitidas, desde já protestando pela juntada de outros documentos, realização de perícias, *etc.*; bem como pela intimação do Reclamante para prestar depoimento pessoal, sob pena de confissão, nos termos da Súmula n.º 74 do E. TST.

Requer, ainda, que a partir da presente todas as publicações, intimações, notificações e comunicações referentes a este feito sejam realizadas em nome do Advogado **JOÃO JOSÉ DA SILVA**, OAB/SP 123.456, sob pena de nulidade (TST, Súmula 427), bem assim que, nos casos em que se fizer necessário, sejam as mesmas encaminhadas para o endereço do escritório profissional do mesmo, sito na rua Abc, 1.000, Paraíso, São Paulo/SP, CEP 12345-678, e-mail contato@joaojosedasilva.adv.br .

São estes os termos em que
pede e aguarda deferimento.
São Paulo, 07 de junho de 2016.

JOÃO JOSÉ DA SILVA
ADVOGADO – OAB/SP N. 123.456

19

EXCELENTÍSSIMO SENHOR DOUTOR JUIZ FEDERAL DA 77ª VARA FEDERAL DO TRABALHO DE SÃO PAULO, SEGUNDA REGIÃO

Processo 100777-00.2016.5.02.0000

VICTOR HUGO DA ANUNCIAÇÃO DOS DIAS FUTUROS, brasileiro, economista, RG 15.444.888-0, CPF 666.444.555-44, domiciliado na Avenida dos Dinheiros, 3.300, por meio de seu advogado, apresenta, respeitosamente, sua

DEFESA

aos termos da ação que contra si vê movida por *NELSON ROBERTO DA SORTE*, qualificado na inicial, nos termos de fato e direito a seguir alinhavados:

(1) <u>Preliminares</u>

Inepta deve ser proclamada a inicial, porque o valor atribuído à causa, aleatório, visou apenas a escapar do dever de liquidar os pedidos, como ordena a Lei, para o rito sumariíssimo. Leitura, ainda que superficial, da exordial dá conta de que a soma dos itens postulados não ultrapassa quarenta salários mínimos. A extinção sem resolução do mérito é medida que se impõe.

O contestante não é, nem nunca foi, parte legítima para responder aos termos da presente reclamação trabalhista. A uma, porque as pessoas física e jurídica não se confundem e a empresa reclamada encontra-se ativa, não existindo motivo para, desde logo, incluir-se o sócio no polo passivo. Depois, porque deixou ele a sociedade, transferindo onerosamente as quotas para outrem, medida que lhe dá direito a não ser processado, senão em ação regressiva. A inclusão de ex-sócio no polo passivo não prescinde do prévio arrolamento dos <u>sócios</u> atuais, que são, como demonstram os documentos anexos, Felipe Costa Noites e Ana Fala Demais. Sua exclusão, com a extinção do processo sem resolução do mérito, é medida que atende à boa justiça e ora se requer.

É, ainda, inepta a inicial, porque não indica o fundamento jurídico do pedido de horas extras. A jornada explicitada - claro deve ficar, desde logo, que nunca houve labor em sábados - não ultrapassa o limite constitucional das 44 horas. Deixando o reclamante de explicar o motivo pelo qual deseja ver pagas horas extras a partir da oitava, ignorando o acordo tácito de compensação - efetiva - dos sábados, lança seu petitório em abismo inútil. O pleito de horas extras não pode ser apreciado, pena de vilipendiar o direito constitucional de ampla defesa.

Todas as parcelas anteriores a cinco anos da distribuição da demanda devem proclamar-se prescritas, à luz do artigo 7º, XXIX, da Constituição, inclusive o FGTS.

(2) <u>Mérito</u>

Na remota hipótese de o feito superar a fase das questões preliminares, por amor ao argumento e ante o princípio da concentração, formula o contestante, as razões pelas quais o pedido deve ser julgado improcedente.

20

Desde logo, é mentira acintosa a alegação de que a empresa fechou e os sócios sumiram. Ana Fala Demais e Felipe Costa Noites estão estabelecidos onde sempre estiveram e, ao que sabe o ora peticionante, nenhum único dia houve interrupção dos trabalhos.

A prestação de serviços a terceiros - contabilidade - provocou, em face da notória crise econômica mundial, a redução de demanda, em razão da qual os empregados, inclusive o reclamante, que agora se faz de rogado, foram postos em licença remunerada, até que as coisas melhorem. Os contratos continuam ativos e, portanto, não há falar em rescisórias e consequentes. Não fora o advogado anterior da empresa, Dr. Sumiço, ter perdido os documentos, o contestante juntaria os recibos de salários, até o mês de abril, quando se iniciou esta aventura jurídica.

O que interessa, quanto às horas extras, é dizer que o intervalo de refeição sempre foi igual ou superior a uma hora. Empresa sem serviço, como sabe qualquer um, não tem exigência de trabalho sequer para oito horas diárias, quanto mais para nove! Abuso do reclamante em litigar nesses termos, punição que, na forma da Lei, requer.

Absurdamente, o reclamante pleiteia indenização do artigo 478, da CLT, sem ostentar a condição de estável decenal. Nenhuma indenização é cabível, porque o contrato não acabou. Se acabasse, ou se vier a acabar, o autor não faz jus a qualquer indenização prevista no artigo em testilha.

Por fim, os laços de parentesco entre os antigos sócios da primeira reclamada e os atuais da segunda, sozinhos, não perfazem nenhum elemento de direito que beneficie o reclamante. Já decidiu o TST, por sua SBDI-1, que o vínculo que sustenta grupo econômico deve incluir, necessariamente, controle de uma por outra. Na hipótese, a confusa inicial diz apenas que os sócios seriam - como não são - parentes. Aí não há, só por isso, falar em subsidiariedade ou solidariedade, menos ainda em grupo econômico.

Nos termos expostos, pugna, pois, pela oitiva dos sócios atuais da empresa, pela oitiva do reclamante, além de testemunhas que levará à audiência, e todos os meios de prova em direito admitidas, para, ao final, acolher-se qualquer das preliminares, decretar-se a extinção do processo sem resolução do mérito, punir o reclamante por litigância de má-fé e, se for o caso, julgar improcedente o pedido inicial, condenando o abusado em custas e honorários de advogado.

Termos em que
aguarda
deferimento.

pp Dr. ANÍSIO ATUANTE e ATENTO
Advogado, OAB-SP 500.002

21

ATA DE AUDIÊNCIA

PROCESSO TRT/SP 100721-73.2016.05.02.0077
RECLAMANTE: NELSON ROBERTO DA SORTE
RECLAMADAS: SERVIÇOS CONTÁBEIS SANTA CRUZ S/C LTDA, ESCRITÓRIO DE CONTABILIDADE ILHA DOS NÚMEROS S/C LTDA, RITA GUEDES DOS DIAS PASSADOS E VITOR HUGO DA ANUNCIAÇÃO DOS DIAS FUTUROS.

Em 07 de junho de 2016, na sala de audiências da M.M. 77ª Vara do Trabalho de São Paulo/SP, sob a presidência do Exmo. Juiz Washington Xavier Gouveia, realizou-se audiência relativa ao processo identificado em epígrafe.

Às 14h37min., aberta a audiência, foram, de ordem do Exmo. Juiz do Trabalho, apregoadas as partes, constatando-se a presença do Reclamante, acompanhado do seu advogado, Dr. Nelson Rodrigues, OAB/SP. 500.001.

Presente a primeira Reclamada, Serviços Contábeis Santa Cruz S/C Ltda, representada pelo preposto, Sr. Policarpo Quaresma, RG. 9.0008.009/SSP/SP, acompanhado do advogado Dr. Rui Diaz, OAB/SP 300.000.

Presente a terceira Reclamada.

Ausente a quarta Reclamada. Presente seu advogado, Dr. Anísio Atuante e Atento, OAB/SP 500.002.

Ausente, também, a segunda Reclamada, Escritório de Contabilidade Ilha dos Números S/C Ltda, mas presente seu advogado, Dr. João José da Silva, OAB/SP 123.456.

Conciliação rejeitada.

Consultando-se os autos do processo judicial eletrônico, constata-se a existência de contestações antecipadamente juntadas pela primeira, segunda e quarta Reclamadas, todas com requerimento de ocultação até a audiência, inclusive para os documentos, acompanhadas de procurações, contratos sociais e documentos. Contestações abertas neste ato, por determinação deste Juízo, dando-se ciência ao Reclamante, por intermédio de seu advogado.

22

A terceira Reclamada esclarece que contratou advogado para defender seus interesses, na condição de sócia, tendo-lhe entregue os documentos, identificando-o como sendo o Dr. Sumiço da Costa, que misteriosamente não se faz presente. Requer o adiamento da audiência, alegando não ter condições de se defender em Juízo, sem a presença de seu advogado, tendo direito a defesa técnica.

Manifestando-se sobre as contestações apresentadas e requerimento formulado pela terceira Reclamada, o ilustre advogado do Reclamante alega que, em relação às contestações, são meramente procrastinatórias e não provam o adimplemento das verbas relativas a pretensão deduzida em Juízo, razão pela qual reitera os termos da petição inicial, requerendo a procedência da ação. Quanto ao requerimento de adiamento, requer o indeferimento, por falta de amparo legal.

Também requer a aplicação da pena de revelia e confissão quanto a matéria de fato em relação a segunda e quarta Reclamadas ausentes e também à terceira, por ausência de contestação.

Reitera os termos da inicial, requerendo o depoimento pessoal da terceira Reclamada, bem como a oitiva de sua testemunha.

Indefiro o requerimento de adiamento da audiência, por falta de amparo legal.

Quanto aos requerimentos de aplicação de revelia e confissão, serão apreciados quando da prolação da sentença. Protestos.

As partes presentes, por intermédio de seus advogados, comunicam que convencionaram sobre o ônus da prova da jornada de trabalho, atribuindo-o ao Reclamante, com fundamento no NCPC. A validade da convenção será decidida na sentença.

Defiro os depoimentos pessoais e oitiva de testemunhas.

Interrogatório do Reclamante: Trabalhou para a primeira Reclamada desde 15 de dezembro de 2007, exercendo a função de auxiliar administrativo, cumprindo horário de trabalho das 7:00 às 17:00 horas, de segunda a quinta e às sextas das 7:00 às 16:00 horas, trabalhando também alguns sábados das 7:00 às 11:00 horas, normalmente um no final do mês, para fechamentos contábeis diversos; não havia intervalo para refeição, sendo esta ingerida no próprio local de trabalho, na cozinha existente no local, em aproximadamente 20 ou 30 minutos, retornando imediatamente ao trabalho; no dia 11 de janeiro de 2016, segunda feira, o depoente e outros oito empregados compareceram normalmente ao trabalho, tendo constatado que a Reclamada se encontrava fechada e não foi aberta pelos sócios, não conseguindo contato com os mesmos para obter resposta a essa situação, continuando fechada até o presente; que obtiveram informações a respeito de que o Escritório de Contabilidade Ilha dos Números tem como proprietários os companheiros dos senhores Vitor e Rita, estando estabelecido no mesmo bairro e explorando o mesmo ramo de atividade. Nada mais.

Dispensado o depoimento pessoal do preposto.

Interrogatório de Rita Guedes dos Santos Passados: Confirma o horário de trabalho do Reclamante, exceto no tocante ao intervalo para refeição, integralmente concedido e trabalho aos sábados, que não ocorria; esclarece que houve encerramento das atividades da primeira Reclamada, por impossibilidade de continuidade, considerando o inadimplemento dos clientes, em razão da crise econômica que assola o país, estando a Reclamada devendo os valores dos aluguéis do prédio onde se encontrava instalada, além de contas de energia elétrica, água, IPTU e outros impostos incidentes sobre a atividade explorada, inclusive encargos trabalhistas, não restando outra alternativa, senão encerrar as atividades, estando atualmente procurando uma vaga de contadora no mercado do trabalho; que os bens utilizados para exploração da atividade pela primeira Reclamada foram retidos pelo proprietário do imóvel, como garantia do recebimento dos aluguéis pendentes de pagamento, recusando-se a liberá-los, o que foi objeto de boletim de ocorrência policial; que Felipe Costa Noites é seu companheiro, vivendo maritalmente com o mesmo há cinco anos; conhece Ana Fala Demais, podendo afirmar que vive maritalmente com o Sr. Vitor há aproximadamente quatro anos, sendo que ambos são proprietários do Escritório de Contabilidade Ilha dos Números S/C Ltda, estabelecida no mesmo bairro, explorando a mesma atividade; que os clientes de ambos são diferentes, embora alguns tenham contratado referido escritório, após o encerramento das atividades da primeira Reclamada, celebrando novos contratos de prestação de serviços contábeis. Nada mais.

Depoimento da única testemunha do Reclamante: Semprônio Setembrino Simplício, brasileiro, solteiro, mensageiro, RG. 000000/SSP, residente e domiciliado à Rua das Neves, 001, bairro da Ponte Grande, São Paulo.

O advogado do Reclamante requer formulação direta de perguntas à testemunha, com fundamento no artigo 459 do NCPC. O advogado da segunda Reclamada, pede a palavra para se insurgir contra o requerimento, ao fundamento que induzirá as respostas, incumbindo ao juiz e não às partes a inquirição das testemunhas. Indefiro o requerimento pelos fundamentos que aduzirei na sentença. Protestos.

24

Advertido e compromissado, respondeu: Trabalhou na primeira Reclamada no período de 15 de julho de 2013 a 20 de outubro de 2015, na função de mensageiro, no horário das 7:00 às 17:00 horas, de segunda a quinta e às sextas das 7:00 às 16:00 horas, trabalhando ao menos um sábado ao mês das 7:00 às 11:00 horas; que não havia intervalo para refeição, o mesmo ocorrendo em relação ao Reclamante, que cumpria idêntico horário; como mensageiro, tinha a incumbência de retirar e entregar documentos aos clientes do escritório, permanecendo a maior parte do tempo realizando este mister, não tendo horário certo para ingerir sua refeição, mas algumas vezes o fez no mesmo horário do Reclamante; que também trabalhou com o Reclamante alguns sábados; que sua dispensa no ano de 2015 foi sem motivo, sob a alegação de dificuldade financeira decorrente do não pagamento dos serviços contratados por alguns clientes. Nada mais.

Testemunha da 1ª Reclamada: Tício das Neves, brasileiro, casado, auxiliar de limpeza, RG. 000002/SSP/SP, residente e domiciliado à Rua Sem Nome, 02, bairro Itaquera, São Paulo, SP.

Contraditada a testemunha ao fundamento de ser amigo íntimo da terceira Reclamada no facebook, mantendo relacionamento permanente com a mesma, compartilhando mensagens diárias e que irá beneficiá-lá com seu depoimento. Indagada a testemunha nega ser amigo íntimo, embora admita compartilhar mensagens com a Sra. Rita pelo facebook. A testemunha será advertida e compromissada, na forma da lei, podendo este Juízo, se assim entender, quando da prolação da sentença, considerar o depoente testemunha ou informante, atribuindo ao depoimento o valor que entender adequado. Protestos do advogado do Reclamante.

Advertido e compromissado, indagado respondeu: Que trabalhou para a primeira Reclamada no período de junho de 2014 a julho de 2015, como diarista, três dias por semana, das 9:00 às 17:00 horas, mais ou menos, não trabalhando aos sábados; fazia uma refeição no local de trabalho, dispondo do tempo necessário, pois não tinha nenhum controle de horário; que ao terminar sua refeição reiniciava seu trabalho, não sabendo informar exatamente quanto tempo dispunha para tanto; que muitas vezes almoçou junto com o Reclamante, que também não tinha controle de horário para refeição, podendo ficar na cozinha o tempo que quisesse; o Reclamante terminava o trabalho no mesmo horário que o depoente, sendo que o escritório fechava nesse horário, saindo todos juntos. Nada mais.

Registro que foram indeferidas as seguintes perguntas formuladas pelo patrono do Reclamante: Se a testemunha trabalhava nos demais dias da semana no Escritório de Contabilidade Ilha dos Números, se havia trabalho na primeira

25

Reclamada aos sábados, quanto tempo o Reclamante dispunha para ingerir sua refeição, se na sexta feira também trabalhava até às 17:00 horas. Protestos.

Com a expressa concordância das partes, declaro encerrada a instrução processual.

A requerimento do advogado da segunda Reclamada, registro que neste momento adentra a sala de audiência o sócio da segunda Reclamada, Sr. Felipe Costa Noites, que se identificou perante o Juízo. O advogado requer que o mesmo seja ouvido pelo Juízo, neste ato, rejeitando de vez o requerimento de aplicação da pena de revelia e confissão.

Indefiro o requerido pelos fundamentos que aduzirei na sentença. Protestos do advogado da segunda Reclamada.

Em razões finais, o Reclamante, por seu advogado, reitera os termos da inicial, os requerimentos formulados nesta sessão e os protestos.

O advogado da quarta Reclamada reitera os termos da contestação, requerendo a improcedência da ação.

O advogado da segunda Reclamada reitera os termos da contestação, bem como os protestos.

A terceira Reclamada lamenta a ausência de seu advogado, impossibilitando sua defesa, alegando ter sido prejudicada com o não adiamento da audiência, acrescentando que o Reclamante não tem direito ao que pleiteia.

A primeira Reclamada reitera o pedido de improcedência, reportando-se aos termos de sua defesa.

Designo julgamento para o dia 03 de julho de 2016, às 13 horas.

Ciência da decisão na forma da Súmula 197 do C. TST.

Audiência encerrada às 15:05 horas.

Cientes as partes. Nada mais.

WASHINGTON XAVIER GOUVEIA
Juiz do trabalho

26

PARA EXERCITAR

MODELO DE RESPOSTA DA PROVA DE SENTENÇA DO TRT 2 – 2016 (NELSON ROBERTO DA SORTE X SERVIÇOS CONTÁBEIS SANTA CRUZ S/C LTDA. X ESCRITÓRIO DE CONTABILIDADE ILHA DOS NÚMEROS S/C LTDA. X RITA GUEDES DOS DIAS PASSADOS X VITOR HUGO DA ANUNCIAÇÃO DOS DIAS FUTUROS)

"RELATÓRIO

Dispensado pela Banca Examinadora.

FUNDAMENTAÇÃO

CONSIDERAÇÕES INICIAIS. EFICÁCIA INTERTEMPORAL DAS NORMAS DE DIREITO MATERIAL E DE DIREITO PROCESSUAL

Inicialmente, cumpre destacar que, considerando a data do ajuizamento da presente ação trabalhista, não há falar em aplicação do disposto na Lei n. 13.467/2017, razão pela qual os dispositivos legais aplicáveis são aqueles vigentes no momento do ajuizamento da ação, sobretudo no que toca a sistemática relativa aos requisitos da petição inicial, regularidade de representação das partes na audiência, concessão da justiça gratuita e deferimento de honorários advocatícios.

Ademais, considerando a data de ocorrência dos fatos, também não há falar em aplicação do disposto na Lei n. 13.467/2017 sobre o tema, razão pela qual os dispositivos legais aplicáveis são aqueles vigentes no momento da ocorrência dos fatos.

REVELIA E CONFISSÃO DA SEGUNDA, TERCEIRA E QUARTA PARTES RÉS

No que tange à segunda e quarta partes rés, tendo havido apresentação eletrônica das contestações e estando representas, em audiência, por advogado munido de procuração, fica evidente o animus de defesa, razão pela qual não há falar em revelia. Nesse sentido, inclusive, o disposto na tese jurídica prevalecente n. 01 do TRT da 02ª Região, exceto quanto à confissão que, no caso dos autos, também não se aplica, já que deve ser observado o disposto no art. 345, I, do CPC/2015, no sentido de que a revelia não acarreta confissão quando, havendo pluralidade de réus, algum deles contestar a ação, o que ocorreu no presente feito, tendo em vista a contestação apresentada pela primeira parte ré.

Registre-se, inclusive, quanto à segunda parte ré, que a ausência de sua oitiva, quando do seu ingresso na sala de audiência, não lhe causou nenhum prejuízo, já que não há falar em revelia, nem tampouco confissão da segunda parte ré.

Rejeito.

Quanto à terceira parte ré, tendo comparecido pessoalmente à audiência para a qual foi notificada, conforme autorizado pelo art. 791 da CLT, não há falar em revelia (art. 844, da CLT), tampouco em confissão, já que deve ser observado o disposto no art. 345, I, do CPC/2015, no sentido de que não há confissão quando, havendo pluralidade de réus, algum deles contestar a ação, o que ocorreu no presente feito, tendo em vista a contestação apresentada pela primeira parte ré.

Rejeito.

NULIDADE DA CONVENÇÃO SOBRE O ÔNUS DA PROVA.

Considerando o disposto no art. 74, § 2º, da CLT, bem como na Súmula n. 338 do TST, a convenção sobre o ônus da prova da jornada realizada, atribuindo-o à parte autora, é nula, afinal tal possibilidade prevista no CPC/2015 (art. 373, §§ 3º e 4º) é incompatível com o processo do trabalho (art. 769 da CLT).

CONTRADITA DA TESTEMUNHA DA PRIMEIRA PARTE RÉ.

O mero vínculo de amizade virtual (Facebook) entre a testemunha da primeira parte ré e a terceira parte ré não comprova a amizade íntima necessária para tornar a testemunha suspeita (art. 829 da CLT e art. 447, § 3º, I, do CPC/2015), razão pela qual era o caso de rejeitar a contradita, devendo o depoimento ser valorado à luz do princípio do livre convencimento motivado (art. 371 do CPC/2015).

Rejeito o protesto formulado.

INQUIRIÇÃO DIRETA DA TESTEMUNHA DA PARTE AUTORA.

Considerando o disposto no art. 820 da CLT, que prevê a inquirição das testemunhas diretamente pelo Juiz, não se aplica ao processo do trabalho, em razão da incompatibilidade (art. 769, da CLT), o disposto no art. 459 do CPC/2015.

Rejeito o protesto formulado.

INDEFERIMENTO DE PERGUNTAS À TESTEMUNHA DA PRIMEIRA PARTE RÉ.

Sendo o Juiz o destinatário da prova, a qual é produzida em benefício de seu convencimento, não há nulidade na hipótese do Juiz indeferir as perguntas que entende desnecessárias (art. 370, parágrafo único, do CPC/2015).

Rejeito o protesto formulado.

INCOMPETÊNCIA DA JUSTIÇA DO TRABALHO – SEGURO DESEMPREGO (SUSCITADA PELA PRIMEIRA PARTE RÉ).

Ao contrário do quanto sustentado pela primeira parte ré, o pedido de expedição de alvará para habilitação no seguro desemprego, por encontrar-se vinculado, no caso dos autos, à relação de trabalho mantida entre as partes, insere-se na competência da Justiça do Trabalho, por força do art. 114, I, da CRFB/88.

Rejeito.

INÉPCIA DA PETIÇÃO INICIAL – VALOR DA CAUSA (SUSCITADA PELA QUARTA PARTE RÉ).

No processo do trabalho, conforme art. 840, § 1º, da CLT, o valor da causa não é requisito da petição inicial, não sendo, portanto, sua ausência ou sua incompatibilidade com os montantes dos pedidos formulados, hipótese de inépcia da petição inicial, o que, por si só, já levaria à rejeição da preliminar suscitada. Ademais, no caso em questão, o valor atribuído à causa corresponde à soma das pretensões deduzidas pela parte autora.

Rejeito.

INÉPCIA DA PETIÇÃO INICIAL – TUTELAS PROVISÓRIAS (SUSCITADA PELA SEGUNDA PARTE RÉ).

Não há falar em inépcia da petição inicial por ausência de causa de pedir quanto aos pedidos de tutela provisória (de urgência e de evidência), afinal, nos dois casos, a parte autora trouxe a breve exposição dos fatos (art. 840, § 1º, da CLT) necessária para regularidade da petição inicial quais sejam: dificuldades financeiras da primeira parte ré (no caso da tutela de evidência) e ausência de recebimento, até a presente data, das verbas rescisórias (no caso da tutela de urgência).

Rejeito.

INÉPCIA DA PETIÇÃO INICIAL – DESCONSIDERAÇÃO DA PERSONALIDADE JURÍDICA (SUSCITADA PELA PRIMEIRA PARTE RÉ).

Não há falar em inépcia da petição inicial por ausência de causa de pedir quanto ao pedido de desconsideração da personalidade jurídica, afinal, na petição inicial, a parte autora trouxe a breve exposição dos fatos (art. 840, § 1º, da CLT) necessária para sua regularidade, especificamente o "fechamento das portas" pela primeira parte ré, sem pagar fornecedores e trabalhadores, sendo, portanto, o cabimento ou não da desconsideração matéria de mérito e, como tal, deve ser apreciada.

Rejeito.

INÉPCIA DA PETIÇÃO INICIAL – GRUPO ECONÔMICO E SUCESSÃO EMPRESARIAL (SUSCITADAS PELA PRIMEIRA E SEGUNDA PARTES RÉS).

Ao formular, na petição inicial, o pedido de responsabilização solidária/subsidiária da segunda parte ré, a parte autora formulou pedido alternativo, que decorreu do contexto fático apresentado e compatíveis entre si, até porque a responsabilidade subsidiária nada mais é do que uma responsabilidade solidária, com benefício de ordem. Ademais, ao fundamentar tais pedidos, alegando, para tanto, a ocorrência de grupo econômico/sucessão empresarial, a parte autora trouxe a breve exposição dos fatos (art. 840, § 1º, da CLT) necessária para regularidade da petição inicial, afinal, trazendo aos fatos, compete ao Juiz, no mérito, dar o devido enquadramento jurídico ao contexto fático alegado e, eventualmente, provado, não havendo, portanto, nem incompatibilidade, nem tampouco indeterminação, quanto aos fatos alegados (grupo econômico/sucessão empresarial), nem quanto aos pedidos formulados (responsabilidade subsidiária/solidária).

Rejeito.

INÉPCIA DA PETIÇÃO INICIAL – HORAS EXTRAS (SUSCITADAS PELA PRIMEIRA, SEGUNDA E QUARTA PARTES RÉS).

Não há falar em inépcia da petição inicial por indeterminação do pedido quanto ao pedido de pagamento de horas extras, afinal, na petição inicial, a parte autora, ao alegar que "de vez em quando" trabalhava aos sábados, trouxe a breve exposição dos fatos (art. 840, § 1º, da CLT) necessária para sua regularidade, sendo, portanto, o cabimento ou não da pretensão matéria de mérito e, como tal, deve ser apreciada. Ademais, a CLT, no art. 840, § 1º, não exige, como requisito da petição inicial, a fundamentação jurídica do pedido.

Rejeito.

INÉPCIA DA PETIÇÃO INICIAL – DISPENSA SEM JUSTA CAUSA.

Outrossim, não há falar em inépcia da petição inicial quanto ao pedido de reconhecimento da dispensa sem justa causa em 10/01/2016, afinal, na petição inicial, a parte autora, ao trazer os fatos relativos à forma da dispensa, trouxe a breve exposição dos fatos (art. 840, § 1º, da CLT) necessária para sua regularidade, sendo, portanto, o cabimento ou não da pretensão matéria de mérito e, como tal, deve ser apreciada, analisando, inclusive, eventual contradição com o restante dos fatos alegados na petição inicial.

Rejeito.

ILEGITIMIDADE PASSIVA (SUSCITADA PELAS SEGUNDA E QUARTA PARTES RÉ).

A legitimidade da parte, tanto ativa quanto passiva, consistente na pertinência subjetiva da ação, de acordo com a teoria adotada pelo ordenamento jurídico pátrio (teoria da asserção), deve ser analisada abstratamente.

Vale dizer: quanto à legitimidade passiva, se a parte ré é indicada na petição inicial como a pessoa responsável para suportar eventual sucumbência, sob o ponto de vista processual, é parte legítima. No que tange à legitimidade ativa, a manifestação da parte autora como titular de um determinado direito a torna parte legítima para pleiteá-lo. Num caso ou no outro, a procedência ou não do pedido é questão relativa ao mérito, e nele será apreciada, motivo pelo qual rejeito as preliminares suscitadas pela segunda a quarta partes rés.

AUSÊNCIA DE INTERESSE DE AGIR – ARRESTO DOS BENS.

Tendo a parte autora, na petição inicial, fundamentado sua pretensão de arresto dos bens dos sócios da primeira e segunda partes rés nas dificuldades financeiras da primeira parte ré, demonstrou a parte autora seu interesse processual, motivo pelo qual rejeito a preliminar.

PRESCRIÇÃO.

Uma vez arguida pela primeira, segunda e quarta partes rés, destaco, inicialmente, que, em que pese a parte autora ter sido admitida no dia 15/12/2007, o que foi confirmado pela primeira parte ré, ou seja, com apenas 17 anos de idade, não ajuizou ação trabalhista dentro dos cinco anos posteriores à data em que completou 18 anos, não se beneficiando, assim, da causa impeditiva do fluxo do prazo prescricional (art. 440 da CLT), motivo pelo qual declaro prescritas, nos termos do art. 7º, XXIX, da CRFB/88, extinguindo o processo com resolução do mérito nesse particular (artigo 487, II, do CPC/2015), todas as parcelas condenatórias exigíveis antes de 24/04/2011, inclusive as diferenças de FGTS (Súmula n. 206 do TST), ressalvados tão somente os depósitos mensais de FGTS (artigo 23, § 5º, da Lei n. 8.036/90 c/c Súmula n. 362 do TST), que, no caso em questão, em face da modulação dos efeitos da decisão proferida pelo STF quanto à inconstitucionalidade do art. 23, § 5º, da CRFB/88 (nova redação da Súmula n. 362 do TST), não estão sujeitos à prescrição e os pedidos de natureza declaratória, uma vez que, no caso desses últimos, imprescritíveis.

EXTINÇÃO DO CONTRATO.

Além da primeira parte ré, apesar da alegação, não ter comprovado, ônus que lhe competia (art. 818 da CLT; art. 373, II, do CPC/2015 e Súmula n. 212 do TST), o abandono de emprego alegado, a terceira parte ré, em seu depoimento pessoal, confessou que houve encerramento das atividades da primeira parte ré, em face de problemas financeiros, decorrentes da inadimplência de clientes, o que comprova a tese da parte autora quanto ao encerramento das atividades da primeira parte ré em janeiro/2016.

Importante ainda destacar que a tese da quarta parte ré de colocação dos empregados em licença remunerada também não foi comprovada, já que nenhuma prova foi produzida, nem mesmo documental, nesse sentido.

Por fim, cumpre destacar que a informação prestada pela parte autora, na petição inicial, no sentido de que os trabalhadores compareceram, no dia 10/01/2016, um domingo, para trabalhar, ocasião na qual perceberam que a empresa estava fechada, ao passo que, na mesma petição inicial, afirmou que trabalhava somente de segunda a sexta e, de vez em quando, aos sábados, além de não ter o condão de impedir o reconhecimento da dispensa sem justa causa, afinal nada impediria que, mesmo num dia de domingo, fosse percebido o encerramento das atividades da empresa, no caso dos autos, a data de 10/01/2016 informada na breve exposição dos fatos da petição inicial, considerando o depoimento pessoal da parte autora no sentido de que o comparecimento ocorreu no dia 11/01/2016 (uma segunda-feira), foi um erro material, tanto que, quando da formulação do pedido respectivo, a parte autora requereu o pagamento de saldo de salário de 12 (doze) dias, já deixando claro que, até, no mínimo, o dia 11/01/2016, estava à disposição do seu empregador.

Assim, considerando que a primeira parte ré, em sua contestação, confessa que o retorno das férias coletivas somente ocorreria no dia 11/01/2016, data em que, conforme depoimento pessoal da parte autora, os trabalhadores compareceram para trabalhar e descobriram que a empresa havia encerrado suas atividades, concluo que a parte autora foi dispensada, sem justa causa, no dia 11/01/2016 e, por não ter, até a presente data, recebido o pagamento das verbas rescisórias devidas, julgo procedente os pedidos de pagamento de:

- aviso prévio proporcional ao tempo de serviço de 54 (cinquenta e quatro) dias (considerando a proporcionalidade prevista na Lei n. 12.506/2011, com acréscimo de 03 dias de aviso prévio para cada ano de trabalho completo, na forma da Nota Técnica n. 184/2012 CGRT/SRT/MTE, bem como a regra contemplada na Súmula n. 441 do TST), com sua integração ao tempo de serviço para todos os efeitos legais (art. 487, § 1º, da CLT), devendo ser considerado o dia 05/03/2016 o dia da saída para todos os efeitos legais, na forma das Orientações Jurisprudenciais de nº 82 e de nº 83, ambas da SDI-1 do TST;
- férias proporcionais a 03/12 (15/12/2015 a 05/03/2016) acrescidas de 1/3, já considerando a integração do aviso prévio proporcional ao tempo de serviço e observando a proporcionalidade prevista

no artigo 146, parágrafo único, da CLT, bem como considerando a fração igual ou superior a 14 (quatorze) dias de trabalho como mês integral para esse fim, na forma do referido dispositivo;

- 13º salário proporcional a 02/12 relativo ao ano de 2016 (já considerando a integração do aviso prévio proporcional ao tempo de serviço e observando a proporcionalidade prevista no § 1º do artigo 1º da Lei n. 4.090/1962, bem como considerando a fração igual ou superior a 15 (quinze) dias de trabalho como mês integral para esse fim, na forma do § 2º do artigo 1º da Lei n. 4.090/1962);
- depósitos de FGTS quanto ao período do aviso prévio (art. 15, § 6º, da Lei n. 8.036/90 e Súmula n. 305 do TST) e indenização de 40% sobre os depósitos de FGTS existentes na data da efetiva dispensa sem justa causa, desconsiderada a projeção do aviso prévio indenizado nesse particular, por ausência de previsão legal (OJ n. 42, II, da SDI-1 do TST);
- multa do art. 477, § 8º, da CLT, em razão da não comprovação do pagamento das verbas rescisórias devidas;
- expedição de alvará para liberação do FGTS que se encontra depositado na conta vinculada da parte autora, bem como para habilitação no seguro desemprego.

Julgo improcedente, contudo, o pedido de pagamento da indenização do art. 478, da CLT, afinal trata-se de indenização inaplicável aos trabalhadores sob o regime do FGTS, bem como o pedido de pagamento de saldo de salário, afinal a parte autora, em sua manifestação, não contestou a alegação da primeira parte ré no sentido de que, até o dia 10/01/2016, a parte autora encontrava-se gozando de férias coletivas, não havendo, assim, prestação de serviços efetiva a justificar o pagamento de saldo de salário no mês de janeiro de 2016.

TUTELA PROVISÓRIA DE URGÊNCIA – VERBAS RESCISÓRIAS E EXPEDIÇÃO DE ALVARÁ PARA SAQUE DO FGTS E HABILITAÇÃO NO SEGURO DESEMPREGO.

A despeito de a parte autora ter, na petição inicial, requerido a concessão de tutela provisória de urgência antecedente, o fez de forma incidental no presente feito, motivo pelo qual, em face dos princípios da fungibilidade (art. 305, parágrafo único, do CPC/2015, aplicado analogicamente) e da primazia da decisão de mérito (art. 4º do CPC/2015), bem como em face do art. 294, parágrafo único, do CPC/2015, que prevê que "A tutela provisória de urgência, cautelar ou antecipada, pode ser concedida em caráter antecedente ou incidental.", todos aplicados ao processo do trabalho por força do art. 769 da CLT e do art. 15 do CPC/2015, aprecio o pedido na forma do art. 300 do CPC/2015.

Assim, tendo sido comprovada a dispensa sem justa causa e comprovado que, até a presente data, a parte autora não recebeu as verbas rescisórias devidas, presentes a probabilidade do direito (já em grau de certeza, em face da cognição exauriente) e o perigo de dano (em face da natureza alimentar do crédito trabalhista - art. 100, § 1º, da CRFB/88) necessários para a concessão da tutela provisória de urgência antecipada, motivo pelo qual julgo procedente o pedido de concessão da tutela provisória de urgência antecipada para a imediata expedição de alvará, pela Secretaria da Vara, para que a parte autora saque o FGTS que se encontra depositado em sua conta vinculada e se habilite no seguro desemprego.

No que tange ao pedido com relação ao pagamento em si das verbas rescisórias, considerando que a CLT, no art. 899, permite a execução provisória somente até a penhora, e que o CPC/2015, no art. 300, § 3º, prevê que "A tutela de urgência de natureza antecipada não será concedida quando houver perigo de irreversibilidade dos efeitos da decisão", julgo improcedente o pedido de concessão de tutela provisória de urgência antecipada para pagamento das verbas rescisórias.

HORAS EXTRAS

Declarada a nulidade da convenção sobre o ônus da prova feita pelas partes, cabia à parte ré, nos termos do art. 74, § 2º, da CLT e da Súmula n. 338 do TST, trazer aos autos os cartões de ponto da parte autora. Não o fazendo, presume-se verdadeiro o horário de trabalho indicado na petição inicial, com as delimitações da prova oral produzida, contudo.

Nesse particular, quanto ao horário de trabalho efetivo, há de se considerar o horário indicado pela parte autora em seu depoimento pessoal e comprovado por sua testemunha, valendo destacar, desde já, que o depoimento da testemunha da parte ré, nesse particular, não foi apto para comprovar nem os horários de entrada e de saída, nem tampouco o tempo de intervalo intrajornada, afinal trabalhava apenas 3 (três dias por semana), como diarista, não trabalhando aos sábados e, quando perguntado especificamente quanto aos horários de intervalo e o horário de intervalo, fez afirmações vagas, acompanhadas das expressões "mais ou menos" e "não sabendo informar exatamente quanto tempo dispunha para tanto".

Assim, restou comprovado que a parte autora trabalhava das 07h00min às 17h00min, com 25min de intervalo intrajornada, em média; das 07h00min às 16h00min, às sextas-feiras, com 25min de intervalo intrajornada, em média e; aos sábados, sendo um por mês (ao final de cada mês), das 07h00min às 11h00min, horário de trabalho esse que, à luz dos arts. 7º, XIII e XVI, da CRFB/88, 71, caput e § 4º da CLT e da Súmula n. 437 do TST, garantem à parte autora o direito ao recebimento das horas trabalhadas além da 08ª diária e 44ª semanal, de forma não cumulativa, a título de horas extras, bem como da hora relativa ao intervalo intrajornada mínimo de 01h (devido apenas de segunda a sexta, já que, aos sábados, o trabalho não superava 04h00min), também a título de horas extras.

Em face do exposto, julgo procedente o pedido de pagamento das horas trabalhadas após a 08ª diária e 44ª semanal, de forma não cumulativa, a título de horas extras, bem como aquela (uma hora integral) relativa ao intervalo intrajornada não concedido integralmente (devido apenas de segunda a sexta, já que, aos sábados, o trabalho não superava 04h00min), observando os parâmetros a seguir:

a) horário a ser observado: 07h00min às 17h00min, com 25min de intervalo intrajornada, em média; das 07h00min às 16h00min, às sextas-feiras, com 25min de intervalo intrajornada, em média e; aos sábados, sendo um por mês (ao final de cada mês), das 07h00min às 11h00min;

b) base de cálculo a ser observada: soma do valor do salário base e das demais verbas de natureza salarial, nos termos da Súmula n. 264 do TST;

c) acréscimo do adicional de 50%, afinal não há norma, no caso dos autos, contemplando o adicional de 55% pleiteado;

d) observância da evolução salarial;

e) exclusão dos dias não trabalhados;

f) divisor de 220, afinal a jornada semanal da parte autora era de 44h, não havendo, assim, razão para aplicação do divisor de 180 pleiteado;

g) observância do disposto nos itens III e IV da Súmula n. 85 do TST;

h) em face da habitualidade e, portanto, de sua natureza salarial, determino os reflexos sobre o RSR (na forma da Súmula n. 172 do TST), aviso prévio (nesse caso, de apenas 30 dias, conforme limite do pedido formulado na petição inicial - arts. 141 e 492 do CPC/2015), 13º salário, férias acrescidas de 1/3 e FGTS + 40%, não havendo, contudo, falar em acréscimos dos domingos e feriados, por não ter tido sequer alegação de trabalho em domingos e feriados.

RESPONSABILIDADE DA SEGUNDA PARTE RÉ.

Apesar de ter ficado comprovado, pelo depoimento da terceira parte ré, bem como pela contestação da quarta parte ré, que, no mesmo bairro onde funcionava a primeira parte ré, instalou-se a segunda parte ré, cujos sócios são seu companheiro Felipe Costa Noites e a companheira da quarta parte ré. Sra. Ana Fala Demais, explorando a mesma atividade econômica, tais elementos não são suficientes para configuração de grupo econômico, nem tampouco de sucessão empresarial.

Isso porque, quanto ao grupo econômico (art. 2º, § 2º, da CLT), para sua configuração, não se faz suficiente o parentesco entre os sócios das duas empresas, mas sim é imprescindível que haja, entre as empresas, uma relação de direção, controle ou administração, o que não foi comprovado nos autos.

No que tange à sucessão empresarial, por sua vez (arts. 10 e 448 da CLT), para sua configuração, necessário que haja uma transferência da unidade produtiva da empresa sucedida para a empresa sucessora, bem como a exploração da mesma atividade econômica.

No caso dos autos, contudo, a despeito de ter havido comprovação da manutenção, pela segunda parte ré, da exploração da mesma atividade econômica da primeira parte ré, não houve comprovação e, diga-se de passagem, nem mesmo alegação na petição inicial, de que tenha havido uma transferência da unidade produtiva da primeira parte ré para a segunda parte ré, seja por qual título de transferência (venda, arrendamento etc.) fosse.

O que foi alegado pela parte autora e confirmado pelas partes rés foi tão somente que a segunda parte ré, após o encerramento das atividades pela primeira parte ré, instalou-se no mesmo bairro no qual a primeira parte ré desenvolvia suas atividades, o que não é suficiente para a configuração da transferência da unidade produtiva, afinal a primeira parte ré funcionava, inclusive, em um imóvel locado junto a terceiros.

Ademais, cumpre destacar que o fato da terceira parte ré ter afirmado que alguns dos clientes da primeira parte ré, após o encerramento das atividades dessa, celebraram novos contratos com a segunda parte ré, também não comprova, por si só, a transferência da unidade produtiva, já que não fora comprovado que isso se deu por intermédio ou qualquer ação da primeira parte ré.

Por fim, importante salientar que o fato da quarta parte ré, em contestação, ter afirmado que jamais houve solução de continuidade na prestação de serviços e que o contrato de trabalho da parte autora ainda está em vigor, agora sob a responsabilidade dos novos sócios (sócios da segunda parte ré), além de tratar-se de fato estranho a todos os demais fatos alegados pela parte autora e pelas demais partes rés e comprovados, tratam-se de alegações que não prejudicam os demais litisconsortes (art. 117 do CPC/2015), não sendo aptas, portanto, para comprovar a alegada sucessão empresarial ou grupo econômico.

Em face do exposto, não havendo falar em grupo econômico ou sucessão empresarial, julgo improcedentes os pedidos de responsabilização subsidiária ou solidária da segunda parte ré.

DESCONSIDERAÇÃO DA PERSONALIDADE JURÍDICA.

Restou comprovado, diante da contestação da primeira e da quarta partes rés, bem como pelo depoimento da terceira parte ré, que a primeira parte ré passou por grave crise financeira, que ocasionou o encerramento de suas atividades, deixando débitos, inclusive, relativos a encargos trabalhistas, o que, nos termos do art. 28, caput, parte final e § 5º, da Lei n. 8.078/90 (CDC), é suficiente para autorizar a desconsideração da personalidade jurídica da primeira parte ré.

Em face do exposto, nos termos dos arts. 134, § 2º e 795 do CPC/2015 (aplicáveis ao processo do trabalho por força do art. 769 da CLT e do art.

15 do CPC/2015), julgo procedente o pedido de desconsideração da personalidade jurídica da primeira parte ré, responsabilizando, assim, terceira e quarta partes rés, através de seus bens particulares, observado, contudo, o benefício de ordem previsto no § 1º do referido artigo 795.

Vale destacar, inclusive, que a quarta parte ré não comprovou ter se retirado da sociedade antes do seu encerramento, o que, mesmo que tivesse ocorrido, não impediria sua responsabilidade, tendo em vista o disposto no art. 1.032 do CC/2002.

TUTELA DE EVIDÊNCIA – ARRESTO DE BENS.

A despeito de a parte autora ter, na petição inicial, requerido a concessão de tutela de evidência para que seja determinado o arresto dos bens da terceira e da quarta partes rés, bem como dos sócios da segunda parte ré, em verdade, trata-se de pedido de tutela provisória de urgência cautelar, motivo pelo qual, em face dos princípios da fungibilidade (art. 305, parágrafo único, do CPC/2015, aplicado analogicamente) e da primazia da decisão de mérito (art. 4º do CPC/2015), bem como em face do art. 294, parágrafo único, do CPC/2015, que prevê que "A tutela provisória de urgência, cautelar ou antecipada, pode ser concedida em caráter antecedente ou incidental.", todos aplicados ao processo do trabalho por força do art. 769 da CLT e do art. 15 do CPC/2015, aprecio o pedido na forma do art. 301 do CPC/2015.

Em primeiro lugar, quanto aos pedidos formulados em face dos sócios da segunda parte ré, tendo em vista a improcedência dos pedidos de responsabilização subsidiária e solidária dessa, não há falar em possibilidade de arresto dos bens dos sócios da segunda parte ré. Julgo improcedente o pedido nesse particular.

No que tange aos pedidos formulados em face dos sócios da primeira parte ré, tendo em vista o benefício de ordem previsto no § 1º do artigo 795 do CPC/2015, em princípio, não há falar em afetação (indisponibilidade) dos bens dos sócios da sociedade antes de tentar, por todos os meios, a satisfação dos direitos através dos bens dessa.

Contudo, no caso dos autos, a própria sócia da primeira parte ré (terceira parte ré) confessou que os bens da primeira parte ré foram retidos pelo proprietário do imóvel, motivo pelo qual, presentes os requisitos da probabilidade (já em grau de certeza em face da cognição exauriente) do

- férias proporcionais a 03/12 (15/12/2015 a 05/03/2016) acrescidas de 1/3, já considerando a integração do aviso prévio proporcional ao tempo de serviço e observando a proporcionalidade prevista no artigo 146, parágrafo único, da CLT, bem como considerando a fração igual ou superior a 14 (quatorze) dias de trabalho como mês integral para esse fim, na forma do referido dispositivo;
- 13º salário proporcional a 02/12 relativo ao ano de 2016 (já considerando a integração do aviso prévio proporcional ao tempo de serviço e observando a proporcionalidade prevista no § 1º do artigo 1º da Lei n. 4.090/1962, bem como considerando a fração igual ou superior a 15 (quinze) dias de trabalho como mês integral para esse fim, na forma do § 2º do artigo 1º da Lei n. 4.090/1962);
- depósitos de FGTS quanto ao período do aviso prévio (art. 15, § 6º, da Lei n. 8.036/90 e Súmula n. 305 do TST) e indenização de 40% sobre os depósitos de FGTS existentes na data da efetiva dispensa sem justa causa, desconsiderada a projeção do aviso prévio indenizado nesse particular, por ausência de previsão legal (OJ n. 42, II, da SDI-1 do TST);
- multa do art. 477, § 8º, da CLT, em razão da não comprovação do pagamento das verbas rescisórias devidas;
- expedição de alvará para liberação do FGTS que se encontra depositado na conta vinculada da parte autora, bem como para habilitação no seguro desemprego;
- horas trabalhadas após a 08ª diária e 44ª semanal, de forma não cumulativa, a título de horas extras, bem como aquela (uma hora integral) relativa ao intervalo intrajornada não concedido integralmente (devido apenas de segunda a sexta, já que, aos sábados, o trabalho não superava 04h00min), observando os parâmetros a seguir:
  a) horário a ser observado: 07h00min às 17h00min, com 25min de intervalo intrajornada, em média; das 07h00min às 16h00min, às sextas-feiras, com 25min de intervalo intrajornada, em média e; aos sábados, sendo um por mês (ao final de cada mês), das 07h00min às 11h00min;
  b) base de cálculo a ser observada: soma do valor do salário base e das demais verbas de natureza salarial, nos termos da Súmula n. 264 do TST;

c) acréscimo do adicional de 50%, afinal não há norma, no caso dos autos, contemplando o adicional de 55% pleiteado;

d) observância da evolução salarial;

e) exclusão dos dias não trabalhados;

f) divisor de 220, afinal a jornada semanal da parte autora era de 44h, não havendo, assim, razão para aplicação do divisor de 180 pleiteado;

g) observância do disposto nos itens III e IV da Súmula n. 85 do TST;

h) em face da habitualidade e, portanto, de sua natureza salarial, determino os reflexos sobre o RSR (na forma da Súmula n. 172 do TST), aviso prévio (nesse caso, de apenas 30 dias, conforme limite do pedido formulado na petição inicial - arts. 141 e 492 do CPC/2015), 13º salário, féria acrescidas de 1/3 e FGTS + 40%, não havendo, contudo, falar em acréscimos dos domingos e feriados, por não ter tido sequer alegação de trabalho em domingos e feriados.

Julgo ainda procedente o pedido de concessão da tutela provisória de urgência antecipada para a imediata expedição de alvará, pela Secretaria da Vara, para que a parte autora saque o FGTS que se encontra depositado em sua conta vinculada e se habilite no seguro desemprego.

Julgo, por fim, procedente, nos termos do art. 301 do CPC/2015, o pedido de concessão de tutela provisória de urgência cautelar e determino o arresto de tantos bens, de propriedade da terceira e quarta partes rés, quantos forem necessários para satisfação dos créditos da parte autora.

Concedo à parte autora os benefícios da gratuidade de justiça.

Julgo improcedentes os demais pedidos.

PARÂMETROS DE LIQUIDAÇÃO

a) JUROS E CORREÇÃO MONETÁRIA

Às parcelas objeto da condenação devem ser acrescidos juros a partir do ajuizamento da ação (art. 883 da CLT), observado o seu propósito meramente indenizatório (OJ 400 da SDI-1 do TST), e correção monetária (na forma do art. 39 da Lei n. 8.177/91 e da Súmula n. 381 do TST).

Ressalte-se que a aplicação do IPCA ou INPC contrariaria a autoridade do STF que, na Reclamação 22012, suspendeu efeitos de decisão do Tribunal

Superior do Trabalho (TST) que determinou a substituição da TRD pelo IPCA na correção monetária dos débitos trabalhistas.

b) RECOLHIMENTOS FISCAIS E PREVIDENCIÁRIOS.

Determino que a parte ré efetue os recolhimentos previdenciários incidentes sobre as parcelas objeto de condenação em pecúnia deferidas nesta sentença, na forma do art. 43 da Lei n. 8.212/91 e da Súmula n. 368 do TST, ficando autorizada a dedução da quota parte da parte autora.

Deverá ainda a parte ré (art. 46 da Lei n. 8.541/1992) efetuar o recolhimento fiscal na forma do art. 12-A da Lei n. 7.713/88 e da Instrução Normativa RFB nº 1.500, de 29/10/2014 (revogadora da IN nº 1.127/11 – art. 114 da IN 1.500/2014), com a redação dada pela Instrução Normativa RFB nº 1558, de 31/3/2015.

Para fins do art. 832, § 3º, da CLT, as parcelas da condenação devem observar o artigo 28, § 9º, da Lei n. 8.212/91, incidindo recolhimentos fiscais e previdenciários somente sobre as parcelas de natureza salarial.

c) FORMA DE LIQUIDAÇÃO

A liquidação deve ser feita por simples cálculos.

d) ABATIMENTO/COMPENSAÇÃO

Abatimento/dedução e compensação são institutos distintos e, no caso dos autos, não há falar em compensação, afinal não houve comprovação de nenhuma obrigação apta a ser extinta em face da posição concomitante de credor e devedor das partes (art. 368 do CC/2002 e arts. 477, § 5 º e 767 da CLT). Rejeito.

Autorizo, contudo, para evitar o enriquecimento sem causa (art. 884 do CC/2002) da parte autora, o abatimento/dedução dos valores pagos sob igual título àqueles deferidos nesta sentença.

Custas processuais no importe de R$ 800,00 (oitocentos reais), calculadas sobre R$ 40.000,00 (cinquenta mil reais), valor atribuído à condenação para tal fim (art. 789, IV, da CLT).

Intime-se a União Federal, para efeitos da regra inserta no art. 832, § 5º, da CLT.

Partes cientes na forma do art. 834 da CLT e Súmula n. 197 do TST.".

5.3. Prova de Sentença do I Concurso Nacional da Magistratura do Trabalho (José da Silva X Eletroeletrônico Sol Poente LTDA, Leva Rápido Super Entregas LTDA e Antônio de Sousa)

enamat ESCOLA NACIONAL DE FORMAÇÃO E APERFEIÇOAMENTO DE MAGISTRADOS DO TRABALHO

I Concurso Público Nacional Unificado para Ingresso na Carreira da Magistratura do Trabalho

Juiz do Trabalho Substituto

INSTRUÇÕES ESPECÍFICAS PARA A PROVA DE SENTENÇA DO I CONCURSO PÚBLICO NACIONAL UNIFICADO PARA INGRESSO NA CARREIRA DA MAGISTRATURA DO TRABALHO

1. Este caderno contém 70 páginas numeradas.
2. O caso apresentado, o teor das peças processuais, as partes e demais pessoas físicas e jurídicas constantes da prova são fictícios.
3. Não crie fatos novos e considere existentes apenas os documentos que constam das listas de documentos apresentados.
4. **FICA DISPENSADO O RELATÓRIO DA SENTENÇA.**

NÃO ESCREVA NESTA PÁGINA

EXCELENTÍSSIMO SENHOR DOUTOR JUIZ DO TRABALHO DA _ _VARA DO TRABALHO DE BRASÍLIA – DF

Data de ajuizamento da ação trabalhista: 23/1/2017

JOSÉ DA SILVA, brasileiro, casado, motorista, RG número 11.111.111-1, CPF número 222.222.222.22, residente e domiciliado à Quadra 9, Lote 2, Bloco A, 231, Brasília, Distrito Federal, vem, por seu advogado, ajuizar **RECLAMAÇÃO TRABALHISTA** contra **ELETROELETRÔNICO SOL POENTE LTDA.**, empresa inscrita no CNPJ sob nº XXXXXXXXXX, estabelecida à Quadra 9, Lote 5, Bloco C, 111, Brasília, Distrito Federal, **LEVA RÁPIDO SUPER ENTREGAS LTDA.**, empresa inscrita no CNPJ sob nº YYYYYYYYYY, estabelecida à Quadra 9, Lote 5, Bloco C, 112, Brasília, Distrito Federal, e **ANTÔNIO SOUSA**, brasileiro, empresário, RG número 33.333.333-3, CPF número 555.555.555.55, residente e domiciliado à Quadra 12, Lote 8, Bloco D, 333, Brasília, Distrito Federal, pelos fatos e fundamentos jurídicos a seguir expostos:

I. DO CONTRATO DE TRABALHO:

O Reclamante foi admitido aos serviços da primeira Reclamada em 16/6/2006 para exercer a função de vendedor, recebendo salário em comissão em percentuais variáveis de 1% a 3% sobre as vendas realizadas, totalizando o importe médio mensal de R$ 2.000,00 (dois mil reais), além de um prêmio produtividade de R$ 300,00 (trezentos reais) por mês, unilateralmente suprimido pelo empregador em fevereiro de 2011.

Em 1/4/2013, o Reclamante passou a exercer cumulativamente a função de supervisor de vendas, sem aumento salarial em relação ao exercício da nova e mais complexa função.

Em 1/4/2015, o Reclamante foi transferido para a segunda Reclamada, passando a exercer a função de motorista profissional, acumulando as tarefas excedentes e não pactuadas de carregamento e descarregamento das mercadorias, recebendo o salário fixo de R$ 3.000,00 (três mil reais) por mês, além de comissões oficiosas – extrafolha e sem registro contábil – sobre os fretes no percentual de 0,3%, totalizando as aludidas comissões o importe mensal de R$ 500,00 (quinhentos reais). Foi lançada nas anotações gerais de sua CTPS a aludida transferência para a segunda Reclamada, empresa do mesmo grupo econômico.

A primeira e segunda Reclamadas são controladas por uma terceira empresa, Antônio Sousa Ltda., e o terceiro Reclamado é sócio de todas, motivo pelo qual o Reclamante pretende sejam todos responsabilizados solidariamente por todos os créditos, inclusive o sócio, a fim de salvaguardar a satisfação do crédito trabalhista, na medida em que existem indícios de que as Reclamadas enfrentam dificuldades financeiras.

O Reclamante sofreu acidente de trabalho típico em 20/1/2016, permanecendo afastado com percepção de auxílio-doença acidentário até alta médica em 22/3/2016, oportunidade em que foi indevidamente despedido por justa causa.

II. DAS HORAS EXTRAS:

Nas funções de vendedor e de supervisor de vendas, o Reclamante trabalhava das 7h30 às 21h, com 45 minutos de intervalo intrajornada, todos os dias, inclusive feriados, com exceção da sexta-feira santa, Natal e 1º dia do ano, com duas folgas mensais concedidas aos domingos. Desde já ficam impugnados os cartões de ponto, uma vez que não correspondem aos horários efetivamente trabalhados.

Já na função de motorista profissional, passou a trabalhar das 5h às 22h, com um único intervalo intrajornada de 15 minutos, todos os dias, inclusive todos os feriados, com exceção da sexta-feira santa, Natal e 1º dia do ano, com duas folgas mensais concedidas aos domingos.

NÃO ASSINE ESTA FOLHA

III. DA EQUIPARAÇÃO SALARIAL, DO DESVIO/ACÚMULO DE FUNÇÕES:

Em 1/4/2013 o Reclamante, sem aumento salarial, passou a exercer cumulativamente a função de supervisor de vendas, oportunidade em que assumiu a função anteriormente exercida pelo supervisor de vendas Alaor da Costa e Silva, que fora imotivadamente despedido.

Como supervisor, o Reclamante passou a ser o responsável pelo setor de vendas, coordenando as atividades dos demais vendedores.

Pontua-se que o paradigma recebia para tal fim a gratificação de função de R$ 500,00 (quinhentos reais) por mês.

Como motorista profissional, a partir de 1/4/2015 o Reclamante acumulou as tarefas excedentes e não pactuadas de carregamento e descarregamento das mercadorias. Sendo assim, é devido o *plus* salarial de 10% do salário normativo, conforme Convenção Coletiva de Trabalho da categoria profissional.

IV. DO PRÊMIO PRODUTIVIDADE SUPRIMIDO:

Como vendedor, em conformidade com a norma interna do primeiro Reclamado, o Reclamante tinha direito a receber prêmio produtividade de R$ 300,00 (trezentos reais) por mês pelo atingimento das metas de vendas, até 31/3/2015. Em fevereiro de 2011, a primeira Reclamada suprimiu unilateralmente o aludido pagamento, apesar de o Reclamante continuar cumprindo as metas mensalmente.

V. DAS INDENIZAÇÕES POR DANOS MORAIS, ESTÉTICOS E MATERIAIS – DO ACIDENTE DE TRABALHO:

Em 1/4/2015, o Reclamante foi transferido para a segunda Reclamada, passando a exercer a função de motorista de entrega de mercadorias, conduzindo um veículo utilitário para carga leve, fazendo entregas rápidas em perímetro urbano.

Em 20/1/2016, por determinação do supervisor, o Reclamante foi instado a dirigir um caminhão, uma vez que o motorista que o conduzia habitualmente faltou, caminhão com especificações e características inteiramente distintas das do veículo cuja direção sempre lhe foi confiada, sendo certo que jamais dirigira aquele tipo de veículo, para o qual nunca fora oferecido o devido treinamento. Isso nada obstante as ponderações que fez ao supervisor responsável pela unidade empresarial específica.

Ao fazer uma curva na Rodovia Transbrasiliana, o caminhão repentinamente derrapou, vindo a capotar no acostamento da pista.

Após o acidente de trabalho sofrido, o Reclamante permaneceu afastado, percebendo auxílio-doença acidentário até 22/3/2016, oportunidade em que, ao se apresentar no serviço, foi indevidamente despedido por justa causa.

Do acidente resultou para o Reclamante grave lesão em seu braço direito, que gerou a perda total dos movimentos desse membro, além das visíveis cicatrizes queloidianas, duras e hipertrofiadas, em sua face, e afundamento de crânio em região temporal direita. O Reclamante, que nascera em 5/1/1971, contava com apenas 45 anos na data do acidente e se encontra totalmente impossibilitado de exercer a função de motorista.

Conforme notas fiscais anexas, o Reclamante teve gastos com despesas médicas que devem ser ressarcidas.

Com a despedida por justa causa, o Reclamante foi excluído do plano de saúde, o que lhe acarreta enormes prejuízos, além de afrontar a Convenção Coletiva de Trabalho da categoria profissional.

Sendo assim, imperiosa a concessão da tutela de urgência cautelar, a ser concedida em caráter antecipatório liminar para fins de imediato restabelecimento do plano de saúde.

VI. DA REVERSÃO DA JUSTA CAUSA EM DESPEDIDA IMOTIVADA:

Ao se apresentar ao trabalho após alta previdenciária em 22/3/2016, o Reclamante foi indevidamente despedido por justa causa, com a alegação de que teria praticado os atos faltosos previstos nas alíneas "b" e "e"

NÃO ASSINE ESTA FOLHA

do artigo 482 da CLT – mau procedimento e desídia – ao causar acidente de trabalho por sua exclusiva imperícia ao conduzir o veículo de propriedade da segunda Reclamada.

O Reclamante não foi culpado pelo acidente de trabalho ocorrido, uma vez que, além dos motivos já expostos, trafegava em velocidade compatível com a permitida, motivo pelo qual requer o afastamento da despedida por justa causa, e, caso não acolhida a reintegração, o reconhecimento da despedida imotivada com o pagamento das verbas correspondentes.

A empregadora não quitou quaisquer valores ao Reclamante por ocasião da resolução contratual, motivo pelo qual são devidos, além desses valores, as multas dos artigos 477 e 467 da CLT.

VII. DA REINTEGRAÇÃO AO EMPREGO OU, SUCESSIVAMENTE, DA INDENIZAÇÃO SUBSTITUTIVA:

O Reclamante permaneceu afastado pelo INSS, com percepção de auxílio-doença acidentário, obtendo alta médica em 22/3/2016, motivo pelo qual é detentor da garantia provisória de emprego estatuída no artigo 118 da Lei nº 8.213/91 e na cláusula 13ª da Convenção Coletiva de Trabalho.

Havendo elementos que evidenciam a probabilidade do direito ou perigo de dano, na hipótese de o Reclamante ter que aguardar o trânsito em julgado da decisão, o que poderá ocorrer após o término do período estabilitário, requer a concessão de tutela de urgência para fins de imediata reintegração ao emprego, em função compatível com sua atual capacidade laborativa.

VIII. DAS FÉRIAS:

As Reclamadas têm por norma conceder as férias sempre no primeiro dia útil do mês de fruição. Embora durante todo o período contratual tenham quitado as férias acrescidas do terço constitucional, não respeitaram o prazo legal para o pagamento, sempre efetivado no quinto dia útil do mês da fruição.

Sendo assim, é devido o pagamento das férias vencidas acrescidas do terço constitucional em dobro por toda a vigência laboral.

IX. DA HIPOTECA JUDICIAL:

Pleiteia o Reclamante a inscrição da sentença condenatória *na forma prescrita na Lei de Registros Públicos* no cartório de imóveis de Brasília, DF, uma vez que vale como título constitutivo de hipoteca judiciária.

X. DOS HONORÁRIOS ADVOCATÍCIOS ASSISTENCIAIS:

O Reclamante se encontra devidamente assistido pelo sindicato de sua categoria profissional, motivo pelo qual pleiteia honorários advocatícios assistenciais no percentual de 15% (quinze por cento) do valor líquido da condenação a serem revertidos ao sindicato assistente.

XI. DA ASSISTÊNCIA JUDICIÁRIA GRATUITA:

Pleiteia o Reclamante a concessão dos benefícios da Assistência Judiciária Gratuita por ser pobre, na acepção jurídica do termo, e não ter como arcar com os gastos do processo sem prejuízo do sustento próprio e de sua família.

XII. IPCA-E:

Pleiteia o Reclamante que os créditos oriundos da presente ação trabalhista sejam atualizados de acordo com o IPCA-E.

NÃO ASSINE ESTA FOLHA

XIII. INDENIZAÇÃO CORRESPONDENTE AO IMPOSTO DE RENDA:

Pleiteia o Reclamante a condenação dos Reclamados ao pagamento de uma indenização substitutiva correspondente aos valores por ele devidos a título de Imposto de Renda.

XIV. DOS PEDIDOS:

1. responsabilização solidária dos Reclamados;

2. horas extras acrescidas de adicionais normativos excedentes à oitava diária e quadragésima quarta semanal, bem como pela não concessão dos intervalos intrajornada e interjornadas, além do pagamento em dobro das horas extras laboradas em domingos e dias feriados, sendo que todas as horas extras deverão ser refletidas no saldo de salário, no aviso prévio, nas gratificações natalinas, nas férias acrescidas do terço constitucional, nos descansos semanais remunerados, no prêmio produtividade, no *plus* salarial pelo acúmulo de funções, na multa do artigo 477, da CLT, na multa do artigo 467, da CLT e as incidências dos depósitos do FGTS 8% + 40%;

3. diferenças salariais oriundas da equiparação salarial com o paradigma apontado, ou sucessivamente o arbitramento de um *plus* salarial pelo desvio/acúmulo de função em relação ao exercício da função de supervisor de vendas de 1/4/2013 a 31/3/2015, pelo aumento de responsabilidade, com reflexos no saldo de salário, no aviso prévio, nas gratificações natalinas, nas férias acrescidas do terço constitucional, nos descansos semanais remunerados, no prêmio produtividade, nas horas extras, na multa do artigo 477, da CLT, na multa do artigo 467, da CLT e as incidências dos depósitos do FGTS 8% + 40%;

4. o arbitramento de um *plus* salarial para o exercício das tarefas não pactuadas de carregamento e descarregamento de mercadorias no período de 1/4/2015 a 22/3/2016 não inferior a 10% (dez por cento) do salário normativo, pela execução de tarefas excedentes e não pactuadas, com reflexos no saldo de salário, no aviso prévio, nas gratificações natalinas, nas férias acrescidas do terço constitucional, nos descansos semanais remunerados, no prêmio produtividade, nas horas extras, na multa do artigo 477, da CLT, na multa do artigo 467, da CLT e as incidências dos depósitos do FGTS 8% + 40%;

5. prêmio produtividade de R$ 300,00 (trezentos reais) por mês desde a supressão até 31/3/2015 com reflexos no saldo de salário, no aviso prévio, nas gratificações natalinas, nas férias acrescidas do terço constitucional, nos descansos semanais remunerados, nas horas extras, no *plus* salarial pelo acúmulo de funções e tarefas, na multa do artigo 477, da CLT, na multa do artigo 467, da CLT e as incidências dos depósitos do FGTS 8% + 40%;

6. indenização por danos morais e estéticos no importe de R$ 500.000,00 (quinhentos mil reais);

7. indenização por danos materiais correspondente à última remuneração auferida, computando-se as gratificações natalinas e um terço de férias anuais, desde o dia do acidente de trabalho, observando-se a expectativa de vida do brasileiro, segundo a tabela do IBGE, de 75,2 anos, a ser paga de uma única vez, nos moldes do artigo 950, parágrafo único do Código Civil, ou, alternativamente, correspondente a uma pensão mensal e vitalícia, no importe correspondente à última remuneração auferida, computando-se as gratificações natalinas e um terço de férias anuais, parcelas vencidas e vincendas desde o dia do acidente de trabalho até inclusão em folha de pagamento, com constituição de capital;

8. indenização correspondente às despesas médicas havidas, conforme documentos anexos;

9. concessão da tutela de urgência cautelar a ser concedida em caráter antecipatório liminar para fins de imediato restabelecimento do plano de saúde, e, ao final, que lhe seja definitivamente assegurado o plano de saúde, com fulcro na cláusula 14ª da Convenção Coletiva de Trabalho;

10. afastamento da justa causa e, caso não acolhida a reintegração, o reconhecimento da despedida imotivada com o pagamento das seguintes verbas rescisórias: saldo de salário, aviso prévio com integração no tempo de serviço para todos os efeitos, inclusive para fins de anotação em CTPS, gratificação natalina proporcional, férias vencidas e proporcionais, todas acrescidas do terço constitucional, depósito do FGTS, multa de 40% sobre o FGTS, liberação dos depósitos do

NÃO ASSINE ESTA FOLHA

ENAMAT-2ª Etapa-PS-Juiz Trabalho Substituto

8

FGTS, habilitação junto ao Seguro Desemprego, multa do artigo 477, da CLT e aplicação do artigo 467, da CLT;

11. reconhecimento de ser o laborista detentor da garantia provisória de emprego do artigo 118 da Lei nº 8.213/91, com a concessão de tutela de urgência, com esteio na aplicação subsidiária do artigo 300 do CPC, para fins de imediata reintegração ao emprego, em função compatível com sua atual capacidade laborativa, com integração do período no tempo de serviço e o pagamento dos salários, 13º salários, férias acrescidas do terço constitucional, depósitos do FGTS 8%, observando-se os reajustes normativos do período de afastamento, sob pena de multa diária de R$ 500,00 (quinhentos reais);

12. sucessivamente, na hipótese de não acolhimento do pedido de reintegração ao emprego, que seja acolhido o pedido de indenização do período de garantia de emprego, com integração no tempo de serviço para fins de retificação da anotação constante em CTPS e pagamento de salários, 13º salários, férias acrescidas do terço constitucional, depósitos do FGTS 8% + 40%, observando-se os reajustes normativos;

13. pagamento das férias vencidas acrescidas do terço constitucional, em dobro, relativas a todo o pacto laboral;

14. inscrição da sentença condenatória na forma prescrita na Lei de Registros Públicos no cartório de imóveis de Brasília-DF, uma vez que vale como título constitutivo de hipoteca judiciária, nos moldes ditados pelo artigo 495 do CPC;

15. honorários advocatícios assistenciais no percentual de 15% do valor líquido da condenação a serem revertidos ao sindicato assistente;

16. concessão dos benefícios da Assistência Judiciária Gratuita;

17. que os créditos oriundos da presente ação trabalhista sejam atualizados de acordo com o IPCA-E;

18. indenização substitutiva correspondente aos valores devidos pelo laborista a título de Imposto de Renda.

Diante do exposto, requer a notificação dos reclamados, nos endereços mencionados, para que, querendo, contestem a ação, sob pena de revelia e confissão ficta. Protesta o Reclamante pela produção de todas as provas admitidas em direito, especialmente pelo depoimento pessoal das Reclamadas, oitiva de testemunhas, perícia médica, além das demais provas que se fizerem necessárias ao deslinde da lide, devendo, ao final, ser a presente Reclamação Trabalhista julgada **TOTALMENTE PROCEDENTE**, condenando-se solidariamente os Reclamados ao pagamento do principal, devidamente atualizado de acordo com o IPCA-E, juros de mora, custas e demais cominações legais, por ser medida de **JUSTIÇA**.

Dá-se à causa o valor de R$ 1.000.000,00 (um milhão de reais), valor correspondente, por estimativa, ao somatório dos pedidos.

Brasília, 23 de janeiro de 2017.

JOÃO JOSÉ BELQUIOR RUSSO
OAB/DF xxxxxx

NÃO ASSINE ESTA FOLHA

ACOMPANHAM A PETIÇÃO INICIAL OS SEGUINTES DOCUMENTOS:

1. Procuração outorgada ao advogado João José Belquior Russo, OAB/DF xxx.xxx, conferindo-lhe poderes inclusive para declarar o estado de miserabilidade jurídica em nome de seu cliente.

2. Cópia da CTPS do reclamante em que consta como data de nascimento 5/1/1971, e um único contrato de emprego, com admissão pela primeira reclamada em 16/6/2006, extinção contratual pela segunda reclamada em 22/3/2016, e transferência de uma para a outra reclamada nas anotações gerais em 1/4/2015, bem como a sujeição ao artigo 62, inciso I, da CLT.

3. CAT emitida pela segunda reclamada comunicando o acidente de trabalho típico ocorrido em 20/1/2016.

4. Carta do INSS comunicando o início da percepção do auxílio-doença acidentário.

5. Alta médica do INSS com data de 22/3/2016 constando a redução parcial e permanente da capacidade laborativa do reclamante.

6. Notas fiscais de medicamentos comprados pelo reclamante no valor de R$ 3.580,00.

7. Convenção Coletiva de Trabalho firmada entre o Sinditransporte – Sindicato dos Empregados nas Empresas de Transporte de Brasília e Região, e o Sinditransportadoras – Sindicato das Empresas de Transporte de Brasília e Região, com vigência de 1/4/2015 a 1/4/2016, estatuindo:

Cláusula 8ª: Adicional de horas extras de 60%;

Cláusula 10ª: Formas Alternativas de Pagamento do Excesso de Jornada: em se tratando de motorista externo e não sujeito a controle de jornada, que labora nos moldes do artigo 62, inciso I, da CLT, fica facultado ao empregador o pagamento de 50 (cinquenta) horas extras fixas mensais ou a comissão de 0,3% sobre os fretes como forma de quitação do eventual excesso de jornada;

Parágrafo 1º: Adotando o empregador a forma de pagamento alternativa do excesso de jornada, prevista no *caput* dessa cláusula, não serão devidas quaisquer diferenças de horas extras;

Parágrafo 2º: As 50 (cinquenta) horas extras fixas mensais e a comissão de 0,3% sobre os fretes não serão refletidas em quaisquer outras verbas;

Cláusula 11ª: Adicional pelo acúmulo de função no percentual de 10% sobre o salário normativo, sem quaisquer outros acréscimos, para o motorista que cumulativamente auxiliar no carregamento/descarregamento do caminhão, consagrando a natureza jurídica indenizatória da aludida parcela;

Cláusula 13ª: Garantia Provisória de Emprego ao empregado acidentado pelo prazo de doze meses a contar da alta médica previdenciária;

Cláusula 14ª: Assegura ao empregado vítima de acidente de trabalho o direito à manutenção do plano de saúde pelo prazo de vinte e quatro meses a contar da alta médica do INSS, totalmente custeado pelo empregador, desde que não tenha sido despedido por justa causa.

NÃO ASSINE ESTA FOLHA

ENAMAT-2ª Etapa-PS-Juiz Trabalho Substituto

10

DESPACHO DO MM JUIZ DO TRABALHO DA 1ª VARA DO TRABALHO DE BRASÍLIA-DF.

Processo nº xxxxxxx-x.2017.x.xx.xxxx

Reclamante: **JOSÉ DA SILVA**

Reclamados: **ELETROELETRÔNICO SOL POENTE LTDA., LEVA RÁPIDO SUPER ENTREGAS LTDA. e ANTÔNIO SOUSA**

Indefiro, por ora, a concessão de tutela de urgência para fins de imediata reintegração ao emprego e manutenção do plano de saúde, na medida em que na petição inicial é postulada a reversão da justa causa em despedida imotivada, matéria que depende de dilação probatória. Sendo assim, entendo ausentes, nesse momento, os pressupostos do artigo 300 do CPC.

Brasília, 25 de janeiro de 2017.

JUIZ DO TRABALHO TITULAR DA 1ª VARA DO TRABALHO DE BRASÍLIA – DF.

NÃO ASSINE ESTA FOLHA

ATENÇÃO AOS CORREIOS:

NÃO ENCONTRADO O DESTINATÁRIO, DEVOLVER EM 48 HS., CONF. PAR. ÚNICO ARTIGO 774 DA CLT.

Poder Judiciário Federal
Justiça do Trabalho – TRT 10ª Região
1ª Vara do Trabalho de Brasília
SEPN 513, Bloco B, Lotes 2/3, CEP 70.760-522

Registrado Postal nº RA 65335833 0 BR

Postado em 27/1/2017

DESTINATÁRIOS: **ELETROELETRÔNICO SOL POENTE LTDA.** (Quadra 9, Lote 5, Bloco C, 111, Brasília, Distrito Federal), **LEVA RÁPIDO SUPER ENTREGAS LTDA.** (Quadra 9, Lote 5, Bloco C, 112, Brasília, Distrito Federal) e **ANTÔNIO SOUSA** (Quadra 12, Lote 8, Bloco D, 333, Brasília, Distrito Federal).

PROCESSO nº xxxxxxx-x.2017.x.xx.xxxx

CLASSE: AÇÃO TRABALHISTA – RITO ORDINÁRIO (985)

AUTOR: **JOSÉ DA SILVA**

RÉUS: **ELETROELETRÔNICO SOL POENTE LTDA., LEVA RÁPIDO SUPER ENTREGAS LTDA.** e **ANTÔNIO SOUSA**

NOTIFICAÇÃO JUDICIAL EM PROCESSO ELETRÔNICO (PJe)

Ficam Vossas Senhorias notificadas para comparecerem à audiência que se realizará no dia **15/5/2017 às 10h40**, na sala de audiências da 1ª **Vara do Trabalho de Brasília**, situada no seguinte endereço: SEPN 513, Bloco B, Lotes 2/3, CEP 70.760-522. A petição inicial e documentos poderão ser acessados apenas em meio eletrônico, mediante consulta ao seguinte endereço na internet: **http://pje.trt10.jus.br/primeirograu/Processo/ConsultaDocumento/listView.seam**, digitando no campo "número do documento" o(s) número(s) descrito(s) como chave(s) de acesso, abaixo identificado(s):

Documentos associados ao processo:

Título	**Tipo**	**Chave de acesso****
Petição em PDF	Certidão	14061316575298700000004150240
01 – PETIÇÃO INICIAL	Petição Inicial	14061316575375900000004174593
02 – PROCURAÇÃO	Procuração	14061316574372500000004174649
03 – CTPS	CTPS	14061316574631000000004174831
04 – CAT	CAT	14061316574447800000004174772
05 – Carta do INSS	Carta do INSS	14061316580007100000004174960
06 – Alta Médica	Alta Médica	14061316574515500000004174800
07 – Notas Fiscais	Notas Fiscais	14061316574753200000004174923
08 – Convenção Coletiva de Trabalho	Convenção Coletiva de Trabalho	14061316580190500000004175002

Caso Vossas Senhorias não consigam consultá-los via internet, deverão comparecer à Unidade Judiciária (endereço acima indicado) para ter acesso a eles ou receber orientações.

PARA VISUALIZAÇÃO, UTILIZAR O NAVEGADOR MOZILLA FIREFOX.

NÃO ASSINE ESTA FOLHA
ENAMAT-2ª Etapa-PS-Juiz Trabalho Substituto
12

A audiência será INICIAL.

A defesa e os documentos deverão ser apresentados dentro do Processo Judicial Eletrônico (PJe), acessado com assinatura digital, até o horário da abertura da audiência, nos termos da Lei nº 11.419/2006 e da Resolução 136/2014 do CSJT.

Caso a antecedência não seja observada, a defesa poderá ser apresentada oralmente em audiência, nos termos do artigo 847 da CLT.

Se Vossas Senhorias não possuírem equipamento para conversão ou escaneamento de documentos em formato PDF, deverão comparecer à Unidade Judiciária para proceder à adequação dos documentos por meio dos equipamentos disponíveis na Central de Atendimento.

Na audiência referida lhe é facultado fazer-se substituir por um preposto (empregado) que tenha conhecimento direto dos fatos, bem como fazer-se acompanhar por advogado(a), sendo que o não comparecimento à audiência poderá acarretar sérios prejuízos, **presumindo-se aceitos como verdadeiros todos os fatos alegados pelo Autor e constantes da petição inicial, nos termos do Artigo 844 da CLT**, esclarecendo, por fim, que, em se tratando de pessoa jurídica, deverá apresentar com a defesa a cópia atual do estatuto constitutivo (contrato social) de forma eletrônica.

Não será aceita contestação ou qualquer outro tipo de petição relativa a esse processo eletrônico que sejam encaminhados por intermédio de e-Doc, protocolo integrado ou outros meios disponíveis no TRT da 10ª Região.

Brasília, 27 de janeiro de 2017.

NÃO ASSINE ESTA FOLHA

ENAMAT-2ª Etapa-PS-Juiz Trabalho Substituto

13

EXCELENTÍSSIMO SENHOR DOUTOR JUIZ DO TRABALHO DA 1ª VARA DO TRABALHO DE BRASÍLIA – DF

Processo nº xxxxxxx-x.2017.x.xx.xxxx

ELETROELETRÔNICO SOL POENTE LTDA., empresa inscrita no CNPJ sob nº XXXXXXXXXX, com foro e sede à Quadra 9, Lote 5, Bloco C, 111, Brasília, Distrito Federal, por seu procurador infra-assinado, nos autos da **Reclamação Trabalhista** que lhe está sendo movida por **JOSÉ DA SILVA**, vem, respeitosamente, à presença de V. Exa., **CONTESTAR** os termos da inicial, dizendo e requerendo o que segue:

PRELIMINARES:

I. DA LITISPENDÊNCIA E COISA JULGADA NO TOCANTE ÀS FÉRIAS EM DOBRO:

A pretensão da inicial, no que respeita ao pleito de férias em dobro, não pode ser processada ou conhecida, uma vez que prejudicada pela existência anterior de idêntica ação movida em 16/8/2016 pelo Sindivarejo – Sindicato dos Trabalhadores no Comércio Varejista de Brasília e Região – processo nº xxxx – perante a XX Vara do Trabalho. Embora ajuizada pelo sindicato da categoria profissional, há identidade subjetiva de partes, uma vez que os interesses que se pretendiam fossem tutelados eram de cada um dos substituídos, entre eles o Reclamante.

Naquele feito o pedido de férias em dobro já foi objeto de avaliação judicial julgada e rechaçada em sentença, situação essa impeditiva da própria avaliação de mérito, protegida que está pela litispendência/coisa julgada, do artigo 337, incisos VI e VII, parágrafos 1º a 4º do CPC.

Assim, em preliminar, impõe-se a extinção sem resolução do mérito do aludido pedido.

II. DA INVIABILIDADE DA CONCESSÃO DE TUTELA DE URGÊNCIA:

A pretensão do Autor em receber tutelas de urgência e adequadamente indeferidas pelo julgador não pode prosperar. Bem lida que foi a pretensão, tratou o julgador de não conceder a liminar pretendida de reintegração e de restabelecimento do plano de saúde, as quais, inclusive, haverão de contar com rechaço judicial em sede de sentença.

Isto porque absolutamente ausentes os pressupostos legais e fáticos autorizadores não só da antecipação, como também de sua avaliação no julgamento, devendo ser mantido o indeferimento em liminar pretendido.

No caso, não há que se falar em reintegração ao emprego, quando a despedida operou-se pós alta previdenciária com imputação de falta grave ao Autor, por sua culpa exclusiva e, portanto, legítima.

Nada justifica a pretensão liminar – ou mesmo a ser definida em sentença – de reintegração, por conta do expresso documento oficial da Polícia, que atribuiu culpa exclusiva do Autor no infortúnio.

Nada pode tirar o seu efeito de atribuição de culpa, muito menos em sede de liminar antecipada do que bem se apercebeu o julgador ao asseverar o indeferimento, o qual deverá ser mantido em sentença, é o que se requer!

NÃO ASSINE ESTA FOLHA

ENAMAT-2ª Etapa-PS-Juiz Trabalho Substituto

14

No que concerne ao restabelecimento do plano de saúde, a justa causa aplicada igualmente impede o deferimento e menos ainda em sede de liminar.

III. DA INÉPCIA DA PETIÇÃO INICIAL – AUSÊNCIA DE PEDIDO DE DECLARAÇÃO DE GRUPO ECONÔMICO:

Em razão da lealdade processual, que deve nortear a conduta de qualquer parte em um processo judicial, alguns esclarecimentos se fazem necessários.

A figura do grupo econômico tem por propósito, por conta da evolução jurídica do instituto, a proteção creditícia dos direitos patrimoniais na esfera de uma relação de emprego; a garantia se dá pela imposição de uma solidariedade passiva entre aqueles que venham a compor o referido conglomerado de empresas.

Mas não é só. O Tribunal Superior do Trabalho, ao estabilizar sua jurisprudência sobre o tema, firmou posição para só admitir a existência de grupo econômico quando houver elemento de subordinação e hierarquia de uma empresa controladora sobre as demais.

Pois bem. No caso presente, a parte autora tornou impossível o exame meritório da demanda por duas questões singelas, mas derradeiras para o desiderato que ora se pretende.

Em nenhum momento almeja e de fato não formula pedido de declaração da existência de grupo econômico, não trazendo sequer ao polo passivo a empresa controladora. Ora, se a empresa *holding*, e não se nega sua existência como já dito alhures, não figura no polo passivo, e não há pedido em face dela, mesmo o pedido declaratório de existência do grupo econômico, não há como proceder à condenação solidária das que estão efetivamente sendo demandadas. Há ineludivelmente uma prejudicialidade lógica e jurídica. A condenação das empresas rés, indistinta e solidariamente, só se faria após o exame de matéria precedente e prejudicial, qual seja, a caracterização de grupo econômico pela existência de empresa controladora e a ocorrência de nexo de efetiva subordinação e hierarquia sobre as demais.

De igual sorte, há de se destacar que o Colendo Tribunal Superior do Trabalho tem se posicionado firmemente para afastar o reconhecimento do grupo econômico sob a razão única e exclusiva de existência de sócio comum entre as empresas.

Pois é o que restou para ser analisado.

Assim, constata-se que, pela ausência de pedido de declaração de existência de grupo econômico, há apenas e tão somente – como dado fático-jurídico – a comunhão societária, elemento insuficiente para os fins pretendidos pela parte Autora.

Outrossim, impõe-se a arguição preliminar de inépcia da petição inicial por ausência de narrativa quanto à subordinação direta da parte autora ao terceiro réu. Não traz o Autor qualquer elemento de concretude, esclarecendo de que forma ocorria esta subordinação direta, constituindo fato que obstaculiza o exercício do amplo direito de defesa, conforme prevê o artigo 5º, incisos LIV e LV da CRFB.

Pelos fundamentos acima expostos, caracterizada está a inépcia da petição inicial na forma do inciso I do §1º do artigo 330 e do artigo 485 ambos do Código de Processo Civil.

IV. CARÊNCIA DA AÇÃO – ILEGITIMIDADE PASSIVA *AD CAUSAM*:

A primeira Reclamada não é parte legítima para integrar o polo passivo da presente reclamatória em período posterior à transferência do Reclamante para a segunda Reclamada, devendo a presente ação, quanto a esta Reclamada, ser extinta sem resolução do mérito, forte no artigo 485, inciso VI do CPC, por não atendidas as condições da ação, conforme determina a Lei Processual Civil.

Posto isso, requer a primeira Reclamada seja o feito extinto sem resolução do mérito em relação ao período posterior a 31/3/2015.

Além disso, o terceiro Reclamado é parte manifestamente ilegítima para figurar no polo passivo da presente ação trabalhista, na medida em que as demais Reclamadas não atravessam dificuldades financeiras. E, pelos mesmos motivos, não se vislumbra a possibilidade jurídica do pedido e o interesse processual em relação ao terceiro Reclamado.

NÃO ASSINE ESTA FOLHA

ENAMAT-2ª Etapa-PS-Juiz Trabalho Substituto

15

X. DA ALEGADA SUPRESSÃO DE PRÊMIO PRODUTIVIDADE:

O prêmio produtividade deixou de ser pago para os empregados da primeira Reclamada há muito tempo, em período prescrito, não havendo que se falar em qualquer pagamento pretendido.

Além disso, a norma interna do empregador consagra expressamente a natureza indenizatória da parcela, além de o pagamento ter sido eventual, afastando-se, assim, a possibilidade de qualquer integração noutras parcelas, em face de seu caráter não remuneratório.

Não se mantendo esta modalidade de premiação na composição do salário do autor, não há como ser acolhida a pretensão que carece de fundamento legal.

XI. DAS FÉRIAS EM DOBRO:

O Reclamante sempre usufruiu suas férias dentro do período a que se refere o artigo 134 da CLT, motivo pelo qual não é devida a dobra do artigo 137, uma vez que as férias sempre foram pagas no quinto dia útil do mês subsequente ao último trabalhado.

XII. DOS PEDIDOS REFERENTES AO PERÍODO CONTRATUAL POSTERIOR A 31/3/2015:

Em relação aos pedidos referentes ao período contratual posterior a 31/3/2015 – justa causa, garantia provisória de emprego acidentária, indenizações por danos morais, estéticos e materiais – essa contestante se reporta à defesa da segunda Reclamada, uma vez que se referem ao período em que o Reclamante foi empregado da empresa Leva Rápido.

XIII. DA COMPENSAÇÃO/DEDUÇÃO:

Requer a contestante a compensação/dedução dos valores comprovadamente quitados sob os mesmos títulos acolhidos nesta sentença, nos moldes do artigo 767 da CLT, evitando-se o pagamento em duplicidade e o enriquecimento ilícito do laborista.

XIV. HIPOTECA JUDICIÁRIA:

O Reclamante, em pedido específico, postula ver constituída hipoteca judiciária em seu favor para penhorar bens do Reclamado, até que sobrevenha o trânsito em julgado da presente ação.

Todavia, tal medida, além de mostrar-se verdadeiro excesso de cautela, face à condição econômica do demandado, representa verdadeira afronta aos princípios do contraditório e da ampla defesa, bem como ao seu direito ao devido processo legal.

Na aludida hipótese, sem o trânsito em julgado de eventual decisão em seu favor, subsistindo fundamento recursal acerca de matéria peremptoriamente controvertida, a aplicação do requerido representaria verdadeiro atropelo legal.

De plano se evidencia verdadeira ofensa ao benefício de ordem processual, cuja constrição de bens imóveis nos termos do requerimento ora rechaçado, dar-se-ia anteriormente à fixação definitiva do quantum condenatório.

Além do mais, tal medida significa desnecessário comprometimento de patrimônio do Reclamado, ainda que parcial, de forma a prejudicar o correto andamento financeiro.

Vale salientar que tal procedimento acarretará necessariamente em custos extras ao processo, tornando eventual sentença condenatória mais onerosa à parte vencida ainda que passível de integral reforma pelo E. Tribunal Regional, o que tem o significado de prejuízo irreversível ao demandado.

Desta forma, improcede o pedido.

XV. **DOS HONORÁRIOS ADVOCATÍCIOS E DA ASSISTÊNCIA JUDICIÁRIA GRATUITA:**

Carece de fundamento legal, nesta especializada Justiça do Trabalho, a pretensão de assistência judiciária gratuita e de honorários advocatícios, salvo quando o empregado estiver regularmente representado por advogado de seu Sindicato e, ainda, atendendo cabalmente aos requisitos do artigo 14 da Lei nº 5.584/70 e Súmula 219, do TST. E, ao que não comprovou o Autor dessa ação.

XVI. **DOS JUROS E DA CORREÇÃO MONETÁRIA:**

No eventual deferimento de qualquer parcela, no que não acredita, os juros e a correção monetária deverão ser contados em estrita conformidade e subordinação à cogente norma aplicável, descabendo os critérios vindicados na exordial e segundo atual orientação da Suprema Corte – STF.

XVII. **DOS DESCONTOS PREVIDENCIÁRIOS E FISCAIS:**

Requer, finalmente, por máxima cautela, que seja determinada em sentença a efetivação dos descontos previdenciários e descontos fiscais, sobre eventual condenação, na forma da lei, sendo improcedente qualquer pretensão em contrário trazida na petição inicial por absoluta falta de amparo legal. Assim, pugna pela rejeição do pedido de indenização correspondente ao Imposto de Renda.

XVIII. **DOS REQUERIMENTOS FINAIS:**

Posto isso, requer que essa Vara do Trabalho acolha as preliminares arguidas, afastando a pretendida tutela de urgência e imprópria reintegração e restabelecimento do plano de saúde e, se ultrapassadas as preliminares, confia que, no **MÉRITO,** o pedido será julgado **IMPROCEDENTE**.

PROTESTA pela produção de todos os meios de prova em direito admitidos, especialmente ouvida de testemunhas, provas periciais e depoimento pessoal do autor, sob pena de confissão, o que desde já requer.

Brasília, 3 de fevereiro de 2017.

HERMENEGILDO DO SUL
OAB/DF xxxxxx

NÃO ASSINE ESTA FOLHA
ENAMAT-2ª Etapa-PS-Juiz Trabalho Substituto
19

ACOMPANHAM A DEFESA DA PRIMEIRA RECLAMADA OS SEGUINTES DOCUMENTOS:

1. Procuração.

2. Carta de preposição.

3. Contrato social da primeira reclamada contendo o terceiro reclamado como sócio e a controladora empresa *holding* Antônio Sousa Ltda.

4. Cartões de ponto do período imprescrito até 31/3/2015 contendo a jornada de trabalho das 7h às 17h de segunda a quinta-feira e das 7h às 16h às sextas-feiras. O intervalo intrajornada de uma hora diária se encontra pré-assinalado na parte superior dos controles de frequência.

5. Certidão expedida pela Secretaria de Vara do Trabalho certificando que em 25/1/2017 foi prolatada sentença na ação coletiva movida pelo Sindivarejo – Sindicato dos Trabalhadores no Comércio Varejista de Brasília e Região – processo nº xxxx – movido perante a XX Vara do Trabalho, com extrato de julgamento no seguinte teor: "*Posto isso, julgo improcedente o pedido de pagamento em dobro de férias vencidas acrescidas do terço constitucional, uma vez que concedidas no prazo do artigo 134 da CLT*". E como extrato de fundamento, assim se pronunciou o juízo: "*Como se vê, não há norma legal que preveja o pagamento em dobro das férias se não remuneradas no prazo do artigo. Se pagas ainda no mês do gozo das férias, a irregularidade revela-se meramente administrativa, implicando apenas a cobrança das multas devidas*".
   Consta ainda a interposição de recurso ordinário em 31/1/2017.

NÃO ASSINE ESTA FOLHA

ENAMAT-2ª Etapa-PS-Juiz Trabalho Substituto

20

EXCELENTÍSSIMO SENHOR DOUTOR JUIZ DO TRABALHO DA 1ª VARA DO TRABALHO DE BRASÍLIA – DF

Processo nº xxxxxxx-x.2017.x.xx.xxxx

LEVA RÁPIDO SUPER ENTREGAS LTDA, empresa inscrita no CNPJ sob nº YYYYYYYYYY, com foro e sede à Quadra 9, Lote 5, Bloco C, 112, Brasília, Distrito Federal, por seu procurador infra-assinado, nos autos da **reclamação trabalhista** que lhe está sendo movida por **José da Silva**, vem, respeitosamente, à presença de V. Exa., **CONTESTAR** os termos da inicial, dizendo e requerendo o que segue:

PRELIMINARES

I. DA INVIABILIDADE DA CONCESSÃO DE TUTELA DE URGÊNCIA:

A pretensão do Autor em receber tutelas de urgência e adequadamente indeferidas pelo julgador não pode prosperar. Bem lida que foi a pretensão, tratou o julgador de não conceder a liminar pretendida de reintegração e de restabelecimento do plano de saúde, as quais, inclusive, haverão de contar com rechaço judicial em sede de sentença.

Isto porque absolutamente ausentes os pressupostos legais e fáticos autorizadores não só da antecipação, como também de sua avaliação no julgamento, devendo ser mantido o indeferimento em liminar pretendido.

No caso, não há que se falar em reintegração ao emprego, quando a despedida operou-se pós alta previdenciária com imputação de falta grave ao Autor, por sua culpa exclusiva e, portanto, legítima.

Nada justifica a pretensão liminar – ou mesmo a ser definida em sentença – de reintegração, por conta do expresso documento oficial da Polícia, que atribuiu culpa exclusiva do Autor no infortúnio.

Nada pode tirar o seu efeito de atribuição de culpa, muito menos em sede de liminar antecipada do que bem se apercebeu o julgador ao asseverar o indeferimento, o qual deverá ser mantido em sentença, é o que se requer.

Ao que respeita com o restabelecimento do plano de saúde, a justa causa aplicada igualmente impede o deferimento e menos ainda em sede de liminar.

II. CARÊNCIA DA AÇÃO FACE À ILEGITIMIDADE PASSIVA *AD CAUSAM*:

A segunda Reclamada não é parte legítima para integrar o polo passivo da presente reclamatória em período anterior à transferência do Reclamante, devendo a presente ação, quanto a esta Reclamada, ser extinta sem resolução do mérito, forte no artigo 485, inciso VI do CPC, por não atendidas as condições da ação, conforme determina a Lei Processual Civil.

Posto isso, requer a segunda Reclamada seja o feito extinto sem resolução do mérito em relação ao período anterior a 1/4/2015.

NO MÉRITO:

III. DO CONTRATO DE TRABALHO:

Em 1/4/2015 o Reclamante passou a ser motorista profissional, função que exerceu até 22/3/2016, oportunidade em que teve seu contrato de trabalho rescindido de forma motivada.

NÃO ASSINE ESTA FOLHA

ENAMAT-2ª Etapa-PS-Juiz Trabalho Substituto

21

IV. **DA RESPONSABILIDADE SOLIDÁRIA:**

Pleiteia o Reclamante a responsabilização solidária das Reclamadas.

Sem razão, contudo, uma vez que não incluiu a empresa *holding* Antônio Sousa Ltda no polo passivo não havendo como se reconhecer a existência do grupo econômico, até mesmo porque o Colendo TST já firmou entendimento de que a mera existência de sócio em comum não é suficiente para o reconhecimento do grupo de empregadores. E mais, totalmente impertinente é a inclusão do sócio no polo passivo da ação no processo de conhecimento, uma vez que a segunda Reclamada não enfrenta dificuldades econômicas.

Sendo assim, imperiosa se faz a delimitação da condenação em relação à segunda Reclamada no período posterior a 1/4/2015.

V. **DA JORNADA DE TRABALHO:**

O Autor laborava externamente sem controle de jornada e registro de horário por incidir sobre o caso a exceção legal do artigo 62, inciso I, da CLT, não sendo credor de quaisquer horas extras.

Nada obstante se tratar de empregado externo, a segunda Reclamada orienta os motoristas a trafegarem entre 7h e 17h, solicitando que usufruam duas horas de intervalo. Consigna-se que o alegado labor em domingos e feriados é impugnado por inocorrente. Ressalte-se que sempre desfrutou os repousos remunerados e feriados na forma devida.

Por cautela e com esteio em cláusula prevista na Convenção Coletiva de Trabalho, justamente diante da impossibilidade de se controlar a jornada de trabalho do Reclamante, a segunda Reclamada pagou comissões no percentual de 0,3% sobre os fretes para remunerar o eventual excesso de jornada. Sendo assim, não são devidas as horas extras postuladas.

Por extrema cautela, caso Vossa Excelência entenda necessário essa contestante, poderá juntar os documentos extraídos do GPS do veículo utilizado pelo Reclamante – destinados exclusivamente à segurança do veículo.

Posto isso, requer a improcedência de todos os pedidos tecidos relacionados à jornada de trabalho.

VI. **DO DESVIO/ACÚMULO DE FUNÇÃO:**

O Reclamante alega que, apesar de contratado como motorista, exerceu as tarefas não pactuadas de carregamento e descarregamento do veículo, o que se impugna.

Ao contrário do que faz crer o Reclamante, sempre atuou exercendo atividades próprias à sua função que, frisa-se, foi de motorista profissional, tão somente, e para as quais sempre recebeu salário correspondente.

Não fora isto, por cautela depreende-se da cláusula 11ª da Convenção Coletiva de Trabalho que a verba pleiteada tem natureza indenizatória, não podendo gerar quaisquer reflexos.

De outro lado, o princípio da livre estipulação, consagrado pelo artigo 444 da CLT, permite que as partes estipulem livremente o conteúdo ocupacional da função contratada.

Sem contar que a regra do parágrafo único do artigo 456 da CLT autoriza o endereçamento pelo patrão de qualquer tarefa compatível com a condição pessoal do empregado se, como na espécie, o contrato não proibir.

Assim, improcedente deverá ser julgado o pedido.

VII. **DO ACIDENTE HAVIDO, DA CULPA EXCLUSIVA DO AUTOR, DA JUSTA CAUSA E DA REINTEGRAÇÃO AO EMPREGO:**

A pretensão à reintegração com reversão da justa causa aplicada ao Autor não tem mínima condição de prosperar.

NÃO ASSINE ESTA FOLHA

ENAMAT-2ª Etapa-PS-Juiz Trabalho Substituto

22

É que a punição foi adequadamente aplicada, em face da sua exclusiva participação culposa no evento acidentário.

Tal se fundamenta em fato somente atribuível ao Autor, como se conclui do Boletim Policial.

O acidente ocorreu em razão de manobra incorreta e irregular feita pelo Reclamante, quando trafegava na Rodovia Transbrasiliana com o caminhão carregado de produtos que transportava. A imperícia do Reclamante, como registrado no Boletim de Ocorrência, trouxe, inclusive, prejuízos às Reclamadas que serão objeto de reconvenção.

Efetivamente houve acidente de trabalho, tendo sido o Autor encaminhado ao INSS e por este avaliado, reabilitado e liberado. De fato concluiu o documento de alta médica que do acidente resultou redução parcial e permanente da capacidade laboral do Autor.

Contudo, dessa indesejável ocorrência não decorre a consequência pretendida de que a justa causa não tenha sido legítima ou bem aplicada, e que disto adviria dever de conversão em despedida imotivada e de reintegrar o Autor ao emprego.

É que tendo dado causa ao acidente, não há como se afastar a bem aplicada rescisão motivada do contrato, uma vez que a falta grave praticada pelo Autor subsume-se às hipóteses legais previstas nas alíneas "b" e "e" do artigo 482 da CLT – mau procedimento e desídia.

Confirmada a imperícia do Reclamante – uma vez que nenhuma causa externa contribuiu para o acidente – imodificável a punição empresarial havida, não sendo possível a pretendida reversão da causa rescisória, menos ainda reintegração ao emprego.

E em relação às verbas rescisórias, que não são devidas, tendo em vista a despedida por justa causa. Por cautela, consigna-se que os requisitos legais tendentes à incidência da penalidade capitulada pelo artigo 467 da CLT – verbas rescisórias e incontroversas – não se fizeram presentes no caso em tela, pelo que a rejeição é o caminho impositivo, devendo ser julgando improcedente o pedido.

VIII. DA INDENIZAÇÃO POR DANOS MATERIAIS – PENSIONAMENTO – DANOS MORAIS E ESTÉTICOS EM VALOR ABSURDO – MANUTENÇÃO DO PLANO DE SAÚDE:

A pretensão indenizatória em tela rende-se, por igual, aos termos da contestação em item anterior e somente pode ter como destino a improcedência.

Por cautela, impugnam-se os documentos juntados e os valores neles constantes, por irreais e alheios aos parâmetros corriqueiros de despesas desta natureza. Mais ainda, deve ser impugnado o excessivo valor pretendido de R$ 500.000,00 (quinhentos mil reais).

Isto porque, inexistindo ato ilícito do empregador, conclui-se pela culpa exclusiva da vítima. Não tivesse o Autor sido culpado, nenhum acidente aconteceria ou dano adviria, pelo que não prospera a buscada responsabilização, nem material, nem despesas médicas havidas, muito menos danos morais ou estéticos.

Incide, à espécie, a responsabilidade civil extracontratual ou aquiliana, que é aquela que decorre da violação de um dever jurídico previsto em lei, constante nos artigos 186 e 927, do Código Civil.

Tal responsabilidade está relacionada ao dever de cautela do homem médio, no sentido de agir com a prudência necessária de modo a não causar prejuízo a outrem, independentemente da relação obrigacional preexistente.

É de ter-se em mente que o dever de reparação neste enquadramento impõe como condições a existência de: a) dano; b) ato ilícito; c) nexo causal; d) dolo ou culpa.

Inicialmente, tenha-se claro que não há controvérsia sobre as circunstâncias em que ocorreu o evento acidentário causador da pretendida reparação de ordem moral trazido à baila, de culpa exclusivamente sua. Imperioso se coloca o reconhecimento de efetiva negligência sua face ao aludido evento acidentário.

Assim, além de não pairar dúvida acerca dos acontecimentos que envolveram o evento danoso, certo é que há no presente caso configuração de culpa exclusiva da vítima, pelo que eventual condenação no aspecto afrontaria diretamente o artigo 927, do Código Civil, desde já prequestionado.

NÃO ASSINE ESTA FOLHA

O Reclamante apresenta pedido de reparação moral em razão da ocorrência do aludido "*acidente de trabalho*", mas também pelas lesões estéticas.

Tal como se apresenta a presente ação trabalhista, cuja narrativa exordial é verdadeiramente desprendida da realidade, se está diante de pretensão frágil e incapaz de gerar a condenação postulada, na medida em que não se fazem cumprir os requisitos legais do instituto invocado.

O valor do dano moral dependeria efetivamente do que fosse provado pelo Reclamante, considerando a efetiva lesão sofrida e a ação injusta e/ou ilegal do Reclamado, o que não se configura no caso presente, como já demonstrado.

Registre-se que o Reclamante requer *pagamento de indenização decorrente de suposto abalo moral*, mas, para tanto, deverá comprovar de forma concreta o cumprimento dos requisitos legais previstos no Instituto jurídico da Responsabilidade Civil.

Nessa esteira, tem-se como impositiva a análise correspondente da norma processual acerca da apuração dos elementos causadores do dever de indenizar e, neste caso, o ônus da prova cabe a quem alega haver sido prejudicado, nos moldes do artigo 373, inciso I, do CPC.

Seria indispensável a prova da culpa do réu, bem como do nexo causal entre o dano alegado e o exercício das atividades laborais do trabalhador, isso se essa ocorreu e for provada, bem como nexo, o que se impugna, por inocorrente. Bem ao contrário, está provada a culpa exclusiva da vítima.

Além disso, o deferimento de pensão mensal no mesmo período em que pretende salários decorrentes da estabilidade provisória implica enriquecimento sem causa, o que não é possível.

Por cautela, na improvável hipótese de acolhimento da indenização por danos materiais – pensionamento – em parcela única, pleiteia-se, desde já, a concessão de um deságio de 40%, conforme entendimento pacificado na Corte Superior, bem como a limitação a determinada idade.

É bem verdade que as Reclamadas sempre forneceram ao Reclamante o plano de saúde "Bem Viver", custeando-o integralmente. Entretanto, como foi o Reclamante despedido por justa causa, é indevida a manutenção do aludido plano, nos termos explicitados na cláusula 14ª da Convenção Coletiva de Trabalho.

Diante da construção fática sobre a qual o pedido indenizatório se apoia, incabível a procedência dos pedidos correspondentes.

IX. DAS FÉRIAS EM DOBRO:

O Reclamante sempre usufruiu suas férias dentro do período a que se refere o artigo 134 da CLT, motivo pelo qual não é devida a dobra do artigo 137, uma vez que as férias sempre foram pagas no quinto dia útil do mês subsequente ao último trabalhado.

X. DA COMPENSAÇÃO/DEDUÇÃO:

Requer a contestante a dedução dos valores comprovadamente quitados sob os mesmos títulos acolhidos em sentença, evitando-se o pagamento em duplicidade e o enriquecimento ilícito do laborista.

Requer, ainda, com esteio no artigo 767, da CLT, na remotíssima hipótese de acolhimento do pedido de horas extras, o que não se espera e se admite apenas por amor ao debate, a compensação dos valores incontroversamente quitados a título de comissões sobre os fretes, na medida em que coletivamente pactuadas para pagamento do eventual excesso da jornada de trabalho, evitando-se, assim, o pagamento em duplicidade e o enriquecimento ilícito do laborista.

XI. HIPOTECA JUDICIÁRIA:

Em relação à hipoteca judiciária essa contestante se reporta aos termos da defesa da primeira Reclamada.

NÃO ASSINE ESTA FOLHA

ENAMAT-2ª Etapa-PS-Juiz Trabalho Substituto

24

XII. DOS HONORÁRIOS ADVOCATÍCIOS E DA ASSISTÊNCIA JUDICIÁRIA GRATUITA:

Carece de fundamento legal, nesta especializada Justiça do Trabalho, a pretensão de assistência judiciária gratuita e de honorários advocatícios, salvo quando o empregado estiver regularmente representado por advogado de seu Sindicato e, ainda, atendendo cabalmente aos requisitos do artigo 14 da Lei nº 5.584/70 e Súmula 219, do TST, ao que não cumpriu o Autor dessa ação.

XIII. DOS JUROS E DA CORREÇÃO MONETÁRIA:

No eventual deferimento de qualquer parcela, no que não acredita, os juros e a correção monetária deverão ser contados em estrita conformidade e subordinação à cogente norma aplicável, descabendo os critérios vindicados na exordial, e segundo atual orientação da Suprema Corte – STF.

XIV. DOS DESCONTOS PREVIDENCIÁRIOS E FISCAIS:

Requer, finalmente, por máxima cautela, que seja determinada em sentença a efetivação dos descontos previdenciários e descontos fiscais, sobre eventual condenação, na forma da lei, sendo improcedente qualquer pretensão em contrário trazida na petição inicial por absoluta falta de amparo legal. Assim, descabe o pedido de indenização correspondente aos valores do Imposto de Renda.

XV. DOS REQUERIMENTOS FINAIS:

Face ao exposto, requer que essa Vara do Trabalho acolha as preliminares arguidas, afastando a pretendida tutela de urgência e imprópria reintegração e restabelecimento do plano de saúde, determinando a exclusão deste demandado do polo passivo, e, se ultrapassadas as preliminares, confia que, no MÉRITO, o pedido será julgado **IMPROCEDENTE**.

PROTESTA pela produção de todos os meios de prova em direito admitidos, especialmente ouvida de testemunhas, provas periciais e depoimento pessoal do autor, sob pena de confissão, o que desde já requer.

Termos em que,

pede deferimento,

Brasília, 3 de fevereiro de 2017.

HERMENEGILDO DO SUL

OAB/DF xxxxx

NÃO ASSINE ESTA FOLHA

ENAMAT-2ª Etapa-PS-Juiz Trabalho Substituto

25

ACOMPANHAM A DEFESA DA SEGUNDA RECLAMADA OS SEGUINTES DOCUMENTOS:

1. Procuração.

2. Carta de preposição.

3. Contrato social da segunda Reclamada contendo o terceiro reclamado como sócio e a controladora empresa *holding* Antônio Sousa Ltda.

4. Carta de despedida por justa causa – comunicando o reclamante da despedida por justa causa em 22/3/2016 pela prática de desídia e mau procedimento por ser o culpado pelo acidente que ocasionou a perda total do veículo e da carga de eletroeletrônicos.

5. Boletim de Ocorrência de Acidente de Trânsito – Departamento de Polícia Rodoviária Federal, contendo o registro do veículo envolvido, circunstância do veículo, dados da carga, dados do condutor e a transcrição que segue:

   Ocorrência: Em 20/1/2016, às 19h, o caminhão acima especificado era conduzido pelo motorista José da Silva, empregado da empresa Leva Rápido Super Entregas Ltda., proprietária do veículo, transportando carga de eletroeletrônicos da empresa Eletroeletrônico Sol Poente Ltda., quando, ao fazer uma curva na Rodovia Transbrasiliana, km 64, trafegando no sentido norte, derrapou repentinamente o caminhão que conduzia, vindo a capotar no acostamento da pista. Nenhum outro veículo se envolveu no acidente. Não relatou problemas mecânicos no veículo. Do evento sofreu ferimentos, tendo sido encaminhado ao Hospital do Trabalhador da capital. Ocorreu a perda total do caminhão e da carga de eletroeletrônicos.

6. Carteira Nacional de Habilitação, classe C, do Reclamante.

NÃO ASSINE ESTA FOLHA

ENAMAT-2ª Etapa-PS-Juiz Trabalho Substituto

26

EXCELENTÍSSIMO SENHOR DOUTOR JUIZ DO TRABALHO DA 1ª VARA DO TRABALHO DE BRASÍLIA – DF

Processo nº xxxxxxx-x.2017.x.xx.xxxx

ELETROELETRÔNICO SOL POENTE LTDA. e **LEVA RÁPIDO SUPER ENTREGAS LTDA.**, pessoas jurídicas de direito privado, já qualificadas nos autos, vêm perante Vossa Excelência, por seu advogado e procurador que esta subscreve, conforme procuração anexa, nos autos da presente **Reclamação Trabalhista** apresentar

RECONVENÇÃO

Em face do Reclamante **JOSÉ DA SILVA**, pelos fundamentos de fato e de direito a seguir oferecidos.

OS FATOS E O DIREITO

O Reconvindo ajuizou reclamação trabalhista contra as Reconvintes, pleiteando, entre outras parcelas, reparação por dano moral e por danos materiais, com suporte em acidente de trânsito que o vitimara, quando conduzia o veículo da empresa LEVA RÁPIDO.

Segundo o Reconvindo, os danos teriam resultado do acidente em que se envolvera, caracterizando-se, no caso, acidente de trabalho típico.

Já está exposto nas defesas, acompanhadas de documentos idôneos, e fica aqui ratificado e assinalado, que a culpa do acidente exposto na petição inicial da reclamação trabalhista, também mencionado nas peças contestatórias e acima descrito, foi exclusivamente do Reconvindo, circunstância suficiente para atribuir-lhe a responsabilidade pelo sinistro.

O acidente ocorreu em razão de manobra incorreta e irregular feita pelo Reconvindo, quando trafegava na Rodovia Transbrasiliana com o caminhão carregado de produtos, causando danos de ordem material às Reconvintes, por conta da avaria total do veículo, que não contava com o seguro específico, e da carga que então era transportada. A imperícia do Reconvindo, como se conclui do Boletim de Ocorrência, trouxe, assim, prejuízos às Reconvintes, que, por isso, pretendem o devido ressarcimento.

Assim, constatada a culpa exclusiva do Reconvindo no acidente em questão, é dele a responsabilidade pela indenização dos danos materiais causados às Reconvintes e por elas suportados, tudo na forma dos artigos 186 e 927, *caput*, do Código Civil, aplicáveis à espécie.

Os prejuízos sofridos em razão das avarias do veículo e da carga estão demonstrados em documentos anexados à presente reconvenção, que, somados, alcançam o valor de R$ 294.123,00 (duzentos e noventa e quatro mil e cento e vinte e três reais), a ser ressarcido às Reconvintes, assim distribuídos:

- R$ 193.000,00 (cento e noventa e três mil reais) por danos materiais pertinentes à avaria do veículo;
- R$ 101.123,00 (cento e um mil e cento e vinte três reais) por danos materiais pertinentes à avaria da carga.

NÃO ASSINE ESTA FOLHA

Noutro giro, caso seja acolhido qualquer pedido constante da petição inicial da reclamação trabalhista proposta em face do(s) Reconvinte(s), o que se admite com fulcro no princípio da eventualidade, deverá haver, por imperativo de Direito, a compensação dos valores acima referidos.

OS PEDIDOS

Por todo o exposto, os Reconvintes pleiteiam:

- a condenação do Reconvindo ao pagamento de indenização no valor de R$ 294.123,00 (duzentos e noventa e quatro mil e cento e vinte e três reais), acrescidos de juros e correção monetária, na forma da lei;
- observado o princípio da eventualidade, a compensação do referido valor em caso de condenação do(s) Reconvinte(s) na reclamação trabalhista;
- a condenação do Reconvindo ao pagamento das custas e demais despesas processuais, na forma de Direito.

Pede a procedência da presente Reconvenção, nos moldes pleiteados, e a citação do Reconvindo, na forma de Direito, para, querendo, apresentar contestação, observado o devido processo legal. Protesta por todos os meios de prova admitidos em direito, inclusive depoimento pessoal do Reconvindo, oitiva de testemunhas e demais provas necessárias, cuja produção desde já requerem.

Dá-se à presente reconvenção o valor de R$ 294.123,00 (duzentos e noventa e quatro mil e cento e vinte e três reais).

Brasília, 3 de fevereiro de 2017.

HERMENEGILDO DO SUL

OAB/DF xxxxx

NÃO ASSINE ESTA FOLHA

ENAMAT-2ª Etapa-PS-Juiz Trabalho Substituto

28

DOCUMENTOS QUE ACOMPANHAM A RECONVENÇÃO:

1. Procuração outorgada ao signatário para reconvenção.
2. Orçamento do prejuízo (dano) causado pela avaria total do veículo no importe de R$ 193.000,00 (cento e noventa e três mil reais).
3. Orçamento do prejuízo (dano) causado pela avaria à carga transportada, obtido junto aos respectivos fabricantes no importe de R$ 101.123,00 (cento e um mil e cento e vinte três reais).

NÃO ASSINE ESTA FOLHA

EXCELENTÍSSIMO SENHOR DOUTOR JUIZ DO TRABALHO DA 1ª VARA DO TRABALHO DE BRASÍLIA – DF

Processo nº xxxxxxx-x.2017.x.xx.xxxx

ANTÔNIO SOUSA, brasileiro, empresário, casado, RG número 33.333.333-3, CPF número 555.555.555.55, residente e domiciliado à Quadra 12, Lote 8, Bloco D, 333, Brasília, Distrito Federal, por seu procurador infra-assinado, nos autos da **reclamação trabalhista** que lhe está sendo movida por **José da Silva**, vem, respeitosamente, à presença de V. Exa., **CONTESTAR** os termos da inicial, dizendo e requerendo o que segue:

PRELIMINARES

DAS CONDIÇÕES DA AÇÃO

A pessoa física do reclamado Sr. Antônio Sousa não é parte legítima para integrar o polo passivo da presente reclamação, uma vez que não se confunde com a pessoa jurídica das Reclamadas devendo a presente ação, quanto a este Reclamado, ser extinta sem resolução do mérito, consoante artigo 485, inciso VI do CPC, por não atendidas as condições da ação, conforme determina a Lei Processual Civil.

Depreende-se da petição inicial que o pedido formulado pelo Reclamante guarda relação com a condenação quer direta, quer solidária deste reclamado pessoa física pelos eventuais créditos decorrentes da presente demanda, o que, por óbvio, acaba por surrupiar a possibilidade jurídica ao pedido, na medida em que, em face da relação entretida entre as partes, não foi este demandado empregador do Reclamante, não havendo, portanto, possibilidade de condenação nos moldes preconizados pela exordial.

E justamente porque as pessoas jurídicas já integram o polo passivo da ação trabalhista e uma vez não comprovado qualquer estado de insolvência delas, também não se verifica o interesse de agir, na medida em que o provimento jurisdicional invocado é desnecessário.

A parte Reclamante sustenta tese pela qual seria o próprio grupo econômico o empregador.

Contudo, não cumpre ao empregado demandar contra aquele que é sócio das Rés, em legítima e integralizada participação societária que o afasta da pretendida responsabilidade.

A parte Autora confessa na exordial que foi contratada pela 1ª Reclamada e que depois passou a trabalhar na 2ª Reclamada. Porém, injustificadamente, arrola o demandado pessoa física na lide, sob o argumento de que deva ser pessoalmente responsabilizado o titular das mesmas.

A bem da verdade, Antônio Sousa não assinou qualquer contrato de trabalho com o Reclamante, não assumindo, por conseguinte, obrigações trabalhistas resultantes de uma relação jurídica processual que é corolário da relação jurídica material. Portanto, se este contestante não participou da relação jurídica material, não pode ser compelido a participar da relação jurídica processual.

Posto isso, espera o contestante que essa Vara acolha as presentes preliminares, determinando sua exclusão do polo passivo da lide por ser parte ilegítima, e por não configurados o interesse de agir e a possibilidade jurídica do pedido.

NO MÉRITO

Reporta-se integralmente às defesas das demais Reclamadas para que aqui se as considere escritas.

NÃO ASSINE ESTA FOLHA
ENAMAT-2ª Etapa-PS-Juiz Trabalho Substituto
30

Por cautela, caso não acolhida a preliminar, requer seja julgada improcedente a presente ação em relação a sua pessoa, visto que incabível a responsabilidade solidária do sócio em sede de conhecimento.

DOS HONORÁRIOS ADVOCATÍCIOS E DA ASSISTÊNCIA JUDICIÁRIA GRATUITA

Carecem de fundamento legal, nesta especializada Justiça do Trabalho, as pretensões de assistência judiciária gratuita e de honorários advocatícios, salvo quando o empregado estiver regularmente representado por advogado de seu Sindicato e, ainda, atendendo cabalmente aos requisitos do artigo 14 da Lei nº 5.584/70 e Súmula 219, do TST, o que não cumpriu o Autor dessa ação.

DOS REQUERIMENTOS FINAIS

Face ao exposto, requer que essa Vara do Trabalho acolha a **PRELIMINAR ARGUIDA** determinando a **EXCLUSÃO** deste demandado do polo passivo, e, se ultrapassadas a preliminar, confia que, no **MÉRITO,** o pedido será julgado **IMPROCEDENTE**.

PROTESTA pela produção de todos os meios de prova em direito admitidos, especialmente ouvida de testemunhas, provas periciais e depoimento pessoal do Autor, sob pena de confissão, o que desde já requer.

Termos em que,

pede deferimento.

Brasília, 3 de fevereiro de 2017.

HERMENEGILDO DO SUL

OAB/DF xxxxx

NÃO ASSINE ESTA FOLHA

ENAMAT-2ª Etapa-PS-Juiz Trabalho Substituto

31

ATA DE AUDIÊNCIA INICIAL

Processo nº xxxxxxx-x.2017.x.xx.xxxx

Aos 15 dias de maio de 2017 na sala de audiências da 1ª Vara do Trabalho de Brasília-DF, às 10h50, por determinação do MM Juiz do Trabalho foram apregoadas as partes:

Reclamante: **JOSÉ DA SILVA**

Reclamados: **ELETROELETRÔNICO SOL POENTE LTDA., LEVA RÁPIDO SUPER ENTREGAS LTDA.** e **ANTÔNIO SOUSA**

Presente o Reclamante portador do RG número 11.111.111-1, acompanhado do seu advogado Dr. João José Belquior Russo, OAB/DF xxxxx.

Presente a primeira reclamada Eletroeletrônico Sol Poente Ltda. através do preposto Jorge Luís Silva, portador do RG número 55.555.555-5, acompanhado do seu advogado Dr. Hermenegildo do Sul OAB/DF xxxxx, já apresentou contrato social, carta de preposição e procuração no PJe.

Presente a segunda reclamada Leva Rápido Super Entregas Ltda., através do preposto Luís Carlos Ponto, portador do RG número 66.666.666-6, acompanhado do seu advogado Dr. Hermenegildo do Sul OAB/DF xxxxx, já apresentou contrato social e procuração no PJe.

Ausente o terceiro reclamado Antônio Sousa. Presente seu advogado Dr. Hermenegildo do Sul OAB/DF xxxxx, já apresentou procuração no PJe.

Conciliação rejeitada

O Reclamante requer que o terceiro Reclamado seja declarado revel e confesso quanto à matéria fática, uma vez que, apesar de regularmente intimado, não compareceu à audiência em que deveria apresentar defesa, consoante artigo 844, *caput*, da CLT.

O patrono do terceiro Reclamado se insurge contra o requerimento da parte contrária, dizendo que seu cliente não pode ser considerado revel e confesso, uma vez que já apresentou defesa e documentos no PJe, evidenciando seu ânimo de defesa, bem como porque seu patrono, devidamente constituído, encontra-se presente na audiência.

Pelo juiz foi dito que o requerimento será apreciado em sentença.

A primeira e segunda Reclamadas já apresentaram defesas, reconvenção conjunta e documentos no PJe.

Concede-se ao Reclamante o prazo de 15 dias para se manifestar sobre defesas, reconvenção e documentos.

Considerando-se os pedidos de indenizações por danos morais, estéticos e materiais, determino a realização de perícia médica para apuração da alegada redução da capacidade laborativa e danos estéticos oriundos de acidente de trabalho.

Nomeia-se como perito judicial médico o Dr. Hipócrates Gregório que deverá entregar o laudo pericial até a data improrrogável de 15 de junho de 2017.

Determina-se a realização de perícia médica no dia 5/6/2017, às 15h, no consultório médico do perito judicial.

Determina-se que a primeira e segunda Reclamadas procedam ao depósito dos honorários periciais prévios no importe de R$ 350,00 (trezentos e cinquenta reais), cada uma, no prazo de 10 dias. Protestos das reclamadas invocando a Orientação Jurisprudencial 98 da SDI-2 do Colendo TST.

NÃO ASSINE ESTA FOLHA

ENAMAT-2ª Etapa-PS-Juiz Trabalho Substituto

32

Concede-se às partes o prazo comum de 10 dias, a contar da data já fixada para a entrega do laudo para impugnações. Após e por igual prazo deverá o perito apresentar seus esclarecimentos, caso requeridos.

Designa-se audiência de instrução para o dia 30 de novembro de 2017, às 13h30, oportunidade em que as partes deverão comparecer para depoimentos pessoais, sob pena de confissão ficta, nos moldes da Súmula 74, inciso I, do Colendo TST.

As Reclamadas requerem que suas testemunhas José Josuel e Emanuel Silva e Juliano Raul Júlia e Silva saiam cientes da data designada para instrução. Deferido, motivo pelo qual as testemunhas entram na sala de audiências e saem cientes da designação da audiência de instrução, devendo comparecer para depoimento, sob pena de multa de um salário mínimo.

As partes declaram que trarão suas demais testemunhas independentemente de intimação, sob pena de preclusão.

Neste momento, às 11h05, ingressa na sala de audiências o terceiro Reclamado.

O patrono do terceiro Reclamado requer que seja considerada a presença de seu cliente, para que seja rejeitado o requerimento da parte adversa de reconhecimento da revelia e confissão ficta, requerendo uma tolerância quanto ao atraso do seu cliente.

Pelo juízo foi dito que a revelia e confissão ficta do terceiro Reclamado serão analisadas em sentença, uma vez que não foi apresentada qualquer justificativa para o atraso da parte.

Cientes os presentes. Nada mais.

NÃO ASSINE ESTA FOLHA

EXCELENTÍSSIMO SENHOR JUIZ DO TRABALHO DA 1ª VARA DO TRABALHO DE BRASÍLIA – DF

Processo nº xxxxxxx-x.2017.x.xx.xxxx

JOSÉ DA SILVA, por seu advogado abaixo assinado, vem, respeitosamente, à presença de Vossa Excelência, apresentar **RÉPLICA** sobre defesas e documentos, o que o faz nos seguintes termos:

1. O Reclamante adita a petição inicial incluindo o pedido de reflexos das comissões oficiosas sobre os fretes, recebidas em todo o período contratual em que exerceu a função de motorista profissional, no percentual de 0,3%, no importe mensal de R$ 500,00 (quinhentos reais) no saldo de salário, no aviso prévio indenizado, nas gratificações natalinas, nas férias acrescidas do terço constitucional, nos descansos semanais remunerados, no prêmio produtividade, nas horas extras, na multa do artigo 477, da CLT, na multa do artigo 467, da CLT e as incidências dos depósitos do FGTS e multa de 40%.

2. Nada obstante o ajuizamento de idêntica ação pelo sindicato da categoria profissional, pontua que a preliminar de litispendência e coisa julgada não pode prosperar em não havendo identidade de partes.

3. Impugna os cartões de ponto do período de exercício das funções de vendedor e supervisor de vendas, uma vez que anotados de maneira uniforme.

4. Como motorista sempre existiu a possibilidade de controle de jornada, uma vez que em defesa a segunda Reclamada reconheceu que o veículo contava com GPS.

5. Conclui que devem prevalecer os horários de trabalho lançados na petição inicial, conforme entendimento já sumulado do Colendo TST.

6. O Reclamante não pode ser responsabilizado pelo infortúnio, conforme será comprovado em regular instrução processual.

7. A redução da capacidade laborativa, os danos estéticos e morais serão comprovados na perícia médica.

8. Por fim, sustenta que as demais matérias serão comprovadas em regular instrução processual, pugnando pelo recebimento do aditamento à petição inicial, em atenção ao princípio da priorização das decisões de mérito, consagrado no artigo 6º do CPC, e, ao final, a total procedência da ação.

Termos em que,

Pede Deferimento.

Brasília, 19 de maio de 2017.

JOÃO JOSÉ BELQUIOR RUSSO

OAB/DF xxxxx

NÃO ASSINE ESTA FOLHA

ENAMAT-2ª Etapa-PS-Juiz Trabalho Substituto

34

EXCELENTÍSSIMO SENHOR JUIZ DO TRABALHO DA 1ª VARA DO TRABALHO DE BRASÍLIA – DF

Processo nº xxxxxxx-x.2017.x.xx.xxxx

JOSÉ DA SILVA, já devidamente qualificado na presente ação trabalhista, vem **IMPUGNAR** e **CONTESTAR** a reconvenção proposta por **ELETROELETRÔNICO SOL POENTE LTDA.** e **LEVA RÁPIDO SUPER ENTREGAS LTDA.**, já qualificadas, expondo e requerendo a Vossa Excelência o seguinte:

O Reconvindo foi empregado das empresas de 16/6/2006 a 22/3/2016, que formam grupo econômico, nos termos do artigo 2º, § 2º, da Consolidação das Leis do Trabalho, tendo sido contratado como vendedor, a partir de 1/4/2013, acumulando a função de supervisor, passando a exercer a função de motorista profissional em 1/4/2015.

Para o exercício desta última função, submeteu-se a curso de capacitação oferecido pela empresa para a direção de veículo utilitário para carga leve para fazer entregas rápidas em perímetro urbano, tarefa que vinha cumprindo a contento e de modo exemplar, chegando a receber, por isso, no desempenho da sua atividade, o prêmio concedido pela empresa denominado *Volante de Ouro*, outorgado aos motoristas que se destacam como profissionais *modelo*, que nunca se envolveram em acidentes ou irregularidades na execução das tarefas.

No dia do acidente em questão, narrado em todas as peças destes autos, o reconvindo foi obrigado a dirigir um caminhão com especificações e características inteiramente distintas das do veículo cuja direção sempre lhe foi confiada, fato que ocorreu por ordem e determinação do seu supervisor, sendo certo que jamais dirigira aquele tipo de veículo e para o que nunca lhe fora oferecido o devido e necessário treinamento, não obstante as ponderações que fez ao supervisor responsável pela unidade empresarial específica.

No momento da determinação, o reconvindo tentou fazer ver ao supervisor os riscos do cumprimento da tarefa, salientando a sua temeridade, no que foi apoiado por outros empregados que se encontravam no local, tendo sido vãs as observações feitas e mantida a ordem pelo supervisor.

Diante da imposição feita pelo mencionado supervisor, o reconvindo obedeceu a determinação, envolvendo-se, sem qualquer dolo ou culpa, no acidente já narrado.

Extrai-se daí a total ausência de culpa do reconvindo e, sobretudo, a evidente responsabilidade empresarial decorrente da circunstância de determinar a execução da tarefa, sem que, para tanto, tivesse oferecido ao reconvindo os conhecimentos profissionais necessários e imprescindíveis à execução da tarefa, como já assinalado.

O procedimento da segunda Reconvinte, na adoção da inconsequente posição ostentada, caracteriza, portanto, evidente imprudência e abuso de direito no uso do seu poder diretivo, atraindo a aplicação dos artigos 186, 187 e 927, *caput*, do Código Civil Brasileiro.

Não há falar, portanto, em responsabilidade do Reconvindo e em pagamento de indenização a seu cargo, tendo em vista que não restou configurada a prática de qualquer ato faltoso de sua parte.

Tal fato evidencia, de igual modo, a impossibilidade de caracterização de ato que autorize a sua dispensa por justa causa, que fica expressamente repelida e contestada, na forma já assinalada expressamente nesta peça, o que leva à total improcedência dos pedidos reconvencionais.

Pede-se, portanto, a total improcedência e a rejeição dos pedidos formulados na reconvenção e, por conseguinte, a condenação das Reconvintes nas custas e demais despesas processuais.

Protesta por todos os meios de prova em Direito admitidos, notadamente o depoimento pessoal das reconvintes, prova testemunhal, documental e pericial, que desde logo ficam requeridas.

Termos em que,

Pede deferimento.

Brasília, 19 de maio de 2017.

JOÃO JOSÉ BELQUIOR RUSSO
OAB/DF xxxxx

NÃO ASSINE ESTA FOLHA

ENAMAT-2ª Etapa-PS-Juiz Trabalho Substituto
35

EXCELENTÍSSIMO SENHOR JUIZ DO TRABALHO DA 1ª VARA DO TRABALHO DE BRASÍLIA – DF

Processo nº xxxxxxx-x.2017.x.xx.xxxx

LAUDO MÉDICO PERICIAL

Hipócrates Gregório, brasileiro, solteiro, médico do trabalho, perito nomeado na reclamação trabalhista movida por **JOSÉ DA SILVA** em face de **ELETROELETRÔNICO SOL POENTE LTDA.**, **LEVA RÁPIDO SUPER ENTREGAS LTDA.** e **ANTÔNIO SOUSA**, honrado com sua indicação para exercer o encargo, vem, respeitosamente, perante V. Exa., a tempo e modo, apresentar o laudo pericial.

Honorários Periciais

Uma vez apresentado o presente laudo pericial, requer a imediata liberação dos honorários periciais prévios depositados pelas Reclamadas no importe total de R$ 700,00 (setecentos reais). Considerando-se a complexidade do trabalho executado, vem requerer o arbitramento dos honorários periciais definitivos em R$ 3.500,00 (três mil e quinhentos reais).

Introdução

Perícia realizada no dia 5/6/2017 na pessoa do periciado **JOSÉ DA SILVA**, brasileiro, casado, atualmente com 46 anos de idade – data de nascimento 5/1/1971 – vendedor, supervisor de vendas e motorista, RG número 11.111.111-1, CPF número 222.222.222.22, residente e domiciliado à Quadra 9, Lote 2, Bloco A, 231, Brasília, Distrito Federal.

Histórico e exposição

O periciado compareceu ao consultório deste perito no dia 5/6/2017, às 15h, na forma determinada por V. Exa., a fim de que se procedesse ao exame pericial.

O periciado, segundo noticiam os autos, foi vítima em acidente de veículo, quando conduzia o caminhão, de propriedade da segunda empresa reclamada, a serviço desta, na Rodovia Transbrasiliana, no dia 20/1/2016, por volta das 19 horas.

Na ocasião do acidente, o empregado exercia a função de motorista profissional, conforme anotação em sua CTPS e registrado em sua ficha funcional, transportando mercadorias tipo eletroeletrônicos da primeira Reclamada.

No dia do sinistro, como acima referido, o empregado conduzia um caminhão, com características distintas do veículo que lhe incumbia manejar, conforme narrado por ele e por empregados da empresa, ouvidos por este louvado.

O acidente acarretou acentuada lesão em toda a extensão do seu braço direito, com perda total de mobilidade do membro, além de nele ter causado visíveis cicatrizes queloidianas, duras e hipertrofiadas, em sua face, e afundamento de crânio em região temporal direita, medindo 1 centímetro de depressão para 3 centímetros de diâmetro.

Pela experiência clínica, cicatriz hipertrófica queloidiana é a lesão cicatricial sem as características histológicas e evolutivas do queloide, mas que não regride, mantendo-se definitivamente dura e hipertrofiada.

O Reclamante possui três cicatrizes queloidianas, duras e hipertrofiadas, em sua face, medindo de 3 a 5 centímetros de comprimento por aproximadamente 1 centímetro de espessura, cada qual.

Também se constata o visível afundamento de crânio em região temporal direita.

O exame físico direcionado revelou imobilidade do membro (braço direito), causada pelo rompimento e esfacelamento de tendões e estrutura óssea, insuscetível de reversão ou restauração funcional.

NÃO ASSINE ESTA FOLHA

Poderá haver, entretanto, reabilitação profissional para o exercício de função compatível com a incapacidade.

Tratando-se de lesão permanente, poderão ocorrer distorções da posição corporal normal mantida antes do acidente, notadamente em razão do uso de aparelhos destinados à sustentação do braço.

Respostas aos quesitos

Os Reclamados não apresentaram quesitos.

Quesitos do reclamante

1. Se o acidente sofrido reduziu a capacidade laboral do Autor.

   R. Sim.

2. Queira informar quais foram os órgãos afetados por ocasião do acidente.

   R. Membro superior direito e cabeça.

3. Se, em consequência do acidente, o Reclamante está incapacitado para o exercício de sua profissão, isto é, motorista profissional, conforme a função que exercia.

   R. Sim.

4. Se algum órgão afetado pela ocasião do acidente admite a possibilidade de reversibilidade.

   R. Segundo o atual estágio dos estudos científicos da medicina, não.

5. Se o Autor, como motorista profissional, poderá continuar no exercício de sua profissão após o acidente.

   R. Não.

6. Se o Autor terá necessidade de assistência médica constante e procedimentos fisioterápicos habituais.

   R. Sim.

7. Esclareça o Sr. Perito se o Reclamante é destro.

   R. Ao exame, constatou-se que o Reclamante é destro.

8. Se poderão ser necessárias novas intervenções cirúrgicas para recuperação do órgão danificado.

   R. Sim. Os procedimentos, contudo, não serão capazes de reverter a atual situação físico-ortopédica do periciado.

Conclusão

Este perito conclui, à luz da exposição contida no presente laudo, que o acidente sofrido pelo Reclamante provocou lesão traumática no membro superior direito, com perda total de mobilidade deste e consequente impossibilidade de movimentos, constatando-se, dessa forma, a incapacidade laborativa do Autor parcial e permanente, incapacitando-o total e definitivamente para o exercício da função de motorista profissional. De lado outro, o Autor não está incapacitado de forma total e permanente para outras atividades, podendo ser reabilitado em atividade que não dependa dos movimentos do braço direito. O Reclamante possui três cicatrizes queloidianas, duras e hipertrofiadas, em sua face, medindo de 3 a 5 centímetros de comprimento por 1 centímetro de espessura, cada qual, sem possibilidade de regressão. Constatado, por fim, o afundamento de crânio em região temporal direita oriundo de traumatismo cranioencefálico, com depressão de 1 centímetro e 3 centímetros de diâmetro.

Brasília, 15 de junho de 2017.

HIPÓCRATES GREGÓRIO

CRM nº xxxxx

NÃO ASSINE ESTA FOLHA

ENAMAT-2ª Etapa-PS-Juiz Trabalho Substituto

37

ATA DE AUDIÊNCIA DE INSTRUÇÃO

Processo nº xxxxxxx-x.2017.x.xx.xxxx

Aos 30 dias de novembro de 2017 na sala de audiências da 1ª Vara do Trabalho de Brasília-DF, às 13h30, por determinação do MM Juiz do Trabalho foram apregoadas as partes:

Reclamante: **JOSÉ DA SILVA**

Reclamados: **ELETROELETRÔNICO SOL POENTE LTDA., LEVA RÁPIDO SUPER ENTREGAS LTDA.** e **ANTÔNIO SOUSA.**

Presente o Reclamante portador do RG número 11.111.111-1, acompanhado do seu advogado Dr. João José Belquior Russo, OAB/DF xxxxx.

Presente a primeira reclamada Eletroeletrônico Sol Poente Ltda. através do preposto Jorge Luís Silva, portador do RG número 55.555.555-5, acompanhado do seu advogado Dr. Hermenegildo do Sul OAB/DF xxxxx.

Presente a segunda reclamada Leva Rápido Super Entregas Ltda., através do preposto Luís Carlos Ponto, portador do RG número 66.666.666-6, acompanhado do seu advogado Dr. Hermenegildo do Sul OAB/DF xxxxx.

Presente o terceiro reclamado Antônio Sousa, acompanhado de seu advogado Dr. Hermenegildo do Sul OAB/DF xxxxx.

Registra-se que as partes não impugnaram o laudo pericial.

CONCILIAÇÃO REJEITADA

O patrono do Reclamante requer a inversão da oitiva dos depoimentos pessoais e testemunhais, uma vez que é das Reclamadas o ônus de comprovar a justa causa e que os horários de trabalho não seriam aqueles apontados na petição inicial.

Pelo Juízo foi indeferido o requerimento de inversão da oitiva dos depoimentos pessoais e testemunhais, uma vez que existem outras matérias cujo ônus da prova é do Reclamante, motivo pelo qual a aludida inversão em nada facilitaria a instrução processual. Protestos do patrono do Reclamante.

DEPOIMENTO PESSOAL DO RECLAMANTE: que foi admitido aos serviços da primeira Reclamada em junho de 2006 para exercer a função de vendedor; que em abril de 2013 o supervisor de vendas, Sr. Alaor da Costa e Silva, foi imotivadamente despedido e o depoente passou a exercer cumulativamente a função de supervisor, antes exercida pelo Sr. Alaor, motivo pelo qual, além de vender, também era responsável pelos vendedores do setor, elaborando as metas de vendas, coordenando as férias, controlando as jornadas dos demais vendedores do setor; em abril de 2015, o depoente pediu para mudar de função, uma vez que não suportava mais tanta pressão no setor de vendas, e, assim, foi transferido para a segunda reclamada, passando a exercer a função de motorista; que, apesar de ter sido combinado que apenas seria motorista, o depoente laborava sem ajudante, motivo pelo qual acumulou as tarefas de carregamento e descarregamento das mercadorias; que, como vendedor e supervisor de vendas, o depoente laborou das 8h30 às 19h, com 50 minutos de intervalo intrajornada, de segunda-feira a sábado, e em um domingo por mês, no mesmo horário, sem folga compensatória; como vendedor e supervisor de vendas, não laborou em dias feriados; que não anotava os controles de frequência, uma vez que eram preenchidos pelo RH da empresa e o depoente se limitava a assiná-los; que, como motorista, trabalhava das 8h às 20h, com um único intervalo intrajornada de uma hora, todos os dias, inclusive feriados, com duas folgas mensais concedidas aos domingos; que trabalhou em todos os feriados, com exceção da sexta-feira santa, Natal e 1º dia do ano; que em dezembro de 2016, por determinação do supervisor de logística da segunda reclamada, Sr. Juliano, o depoente foi obrigado a fazer entregas de eletrodomésticos, dirigindo um caminhão com carroceria, veículo totalmente distinto da picape que utilizava nas entregas que fazia, sempre em perímetro urbano; que o depoente tentou argumentar com o Sr. Juliano, mas ele não lhe deu ouvidos e lhe ordenou que

NÃO ASSINE ESTA FOLHA

ENAMAT-2ª Etapa-PS-Juiz Trabalho Substituto

38

dirigisse o veículo; que não se submeteu a prévio treinamento; que, ao fazer uma curva na Rodovia, o caminhão repentinamente derrapou vindo a capotar no acostamento da pista; que o depoente acredita que o veículo estava com algum problema; que a polícia rodoviária federal concluiu que o motivo do acidente foi a imperícia do depoente, com o que não concorda, sob hipótese alguma; que, quando retornou do afastamento, foi despedido por justa causa, não chegando a trabalhar. Nada mais.

DEPOIMENTO PESSOAL DA PRIMEIRA RECLAMADA: que a primeira e segunda reclamadas pertencem a um mesmo grupo econômico, porém possuem administração distinta; que o reclamante foi vendedor até passar a trabalhar na segunda reclamada; que jamais foi supervisor de vendas; que, após a saída do supervisor Alaor, a primeira reclamada não teve outro supervisor de vendas; que, após ser reinquirido, afirma que nenhum vendedor assumiu as atribuições de Alaor; que a primeira reclamada pagava um prêmio produtividade no valor fixo de R$ 300,00 por mês aos vendedores que atingiam as metas de vendas; que não sabe dizer se essa norma foi alterada e se outros empregados ainda recebem esse prêmio; que não sabe dizer por que o aludido prêmio não mais foi pago ao reclamante desde fevereiro de 2011, uma vez que era um bom vendedor e sempre conseguia atingir as metas; que, como vendedor, o reclamante trabalhava das 7h às 17h, de segunda a quinta-feira, e das 7h às 16h, às sextas-feiras, sempre com 1h de intervalo intrajornada; que praticou horas extras, anotando-as nos cartões de ponto; que o reclamante pediu para trabalhar como motorista, porque já tinha exercido essa função em emprego anterior; que a primeira reclamada concordou que o reclamante fosse trabalhar para a segunda reclamada. Nada mais.

DEPOIMENTO PESSOAL DA SEGUNDA RECLAMADA: que a primeira e segunda reclamadas pertencem a um mesmo grupo econômico, porém com administração distinta; que o reclamante pediu para trabalhar como motorista, porque já tinha exercido essa função em emprego anterior; que a primeira reclamada concordou que o reclamante fosse trabalhar para a segunda reclamada; que o reclamante trabalhava externamente; que a reclamada não fiscalizava a jornada de trabalho do reclamante; que os veículos conduzidos pelo reclamante eram rastreados via satélite; que não era possível que o reclamante tratasse de assuntos particulares durante a jornada sem que a segunda reclamada ficasse sabendo; que, como motorista, o reclamante trabalhava das 9h às 17h, de segunda a sexta-feira, sempre com duas horas de intervalo intrajornada; que o reclamante foi despedido por justa causa por ter causado um acidente por sua culpa e imperícia; que, assim que retornou do afastamento previdenciário, o reclamante foi imediatamente despedido por justa causa, nem chegou a trabalhar; que, ao fazer uma curva na Rodovia Transbrasiliana o caminhão derrapou vindo a capotar no acostamento da pista; que o veículo não apresentava problemas mecânicos; que a polícia rodoviária federal concluiu que o motivo do acidente foi a imperícia do reclamante; que o reclamante recebeu o prêmio denominado Volante de Ouro; que o aludido prêmio é concedido aos motoristas que se destacam como profissionais modelo. Nada mais.

TESTEMUNHA ÚNICA DO RECLAMANTE EDSON ED E SILVA: brasileiro, casado, vendedor, portador do RG 8.888.888-88, residente e domiciliado à Quadra 9, Lote 2, Bloco A, 232, Brasília, Distrito Federal. **Advertida e compromissada na forma da lei**. Inquirida, disse: que foi admitido aos serviços da primeira reclamada em agosto de 2011 para exercer a função de vendedor; que sempre trabalhou com o reclamante, no mesmo setor e na mesma jornada de trabalho; que inicialmente o reclamante era vendedor; que, com a saída do supervisor de vendas Sr. Alaor da Costa e Silva, o reclamante assumiu sua função, passando a ser vendedor e supervisor de vendas, que não se recorda ao certo quando o reclamante assumiu a função de supervisor de vendas, mas acredita que foi aproximadamente dois anos após a admissão do depoente; que, como supervisor de vendas, o reclamante era uma espécie de líder do setor, elaborando as metas de vendas, coordenando as férias, controlando as jornadas dos demais vendedores do setor; que o reclamante também era responsável pelo controle de estoque de mercadorias; que, como supervisor de vendas o reclamante não tinha autonomia para contratar, despedir ou punir os empregados da primeira reclamada, tampouco detinha procuração para assinar em nome dela perante terceiros; que o depoente trabalhava das 9h às 18h30, sem intervalo intrajornada, de segunda-feira a sábado, e em um domingo por mês, no mesmo horário, sem folga compensatória; que quando trabalhou em domingos, viu o reclamante trabalhando também; que não trabalhou em dias feriados; que, quando o depoente chegava para trabalhar, constatava que o reclamante já estava trabalhando; que, quando o depoente encerrava sua jornada de trabalho, percebia que o reclamante continuava trabalhando; que não sabe dizer quanto tempo o reclamante tinha de intervalo intrajornada; que nenhum dos vendedores do setor anotava corretamente os controles de frequência, uma vez que eram preenchidos pelo RH da empresa e se limitavam a assiná-los; que não teve mais contato com o reclamante depois que passou a trabalhar na segunda reclamada, mas tem certeza que o reclamante pediu para trabalhar na segunda reclamada, queria ser motorista, gostava de dirigir. Nada mais.

TESTEMUNHA ÚNICA DA PRIMEIRA RECLAMADA: JOSÉ JOSUEL E EMANUEL SILVA: brasileiro, solteiro, caixa, portador do RG 9.999.999-99, residente e domiciliado à Quadra 8, Lote 1, Bloco C, 88, Brasília, Distrito Federal. **Advertida e compromissada na forma da lei**. Inquirida, disse: que foi admitido aos serviços da primeira reclamada em agosto de 2001; que sempre exerceu a função de caixa; que não trabalhou no mesmo setor que o reclamante, uma vez que ele era vendedor, mas o depoente sabe os seus horários de trabalho, porque do local em que trabalhava era possível enxergar o reclamante trabalhando; que o depoente e o reclamante trabalhavam das 7h às 17h, de segunda a quinta-feira, e das 7h às 16h, às sextas-feiras, sempre com

NÃO ASSINE ESTA FOLHA

ENAMAT-2ª Etapa-PS-Juiz Trabalho Substituto

39

1h de intervalo intrajornada; que anotavam corretamente a efetiva jornada nos controles de frequência; que, melhor esclarecendo, praticavam horas extras, cerca de três dias na semana, quando laboravam até as 18h, em média; que trabalhavam em um sábado por mês, das 7h às 12h; que jamais trabalharam em domingos, uma vez que a loja não abria aos domingos; que não sabe dizer quem assumiu a função de supervisor de vendas quando da despedida do Sr. Alaor da Costa e Silva; que não se lembra de o reclamante ter exercido outra função além da de vendedor, mas não tem certeza disso, porque eram de setores distintos. Nada mais.

TESTEMUNHA ÚNICA DA SEGUNDA RECLAMADA: JULIANO RAUL JÚLIA E SILVA: brasileiro, casado, supervisor de logística, portador do RG 7.777.777-77, residente e domiciliado à Quadra 5, Lote 6, Bloco F, 61, Brasília, Distrito Federal. **Contraditada a testemunha** sob a alegação de que é amigo íntimo do terceiro reclamado. Inquirida, disse que não é amiga do terceiro reclamado. Indagado se pretende instruir a contradita, o patrono do reclamante requereu o adiamento da audiência a fim de que possa instruir a contradita. Indeferido por inoportuno. Protestos do patrono do reclamante. **Advertida e compromissada na forma da lei.** Inquirida, disse: que o depoente foi admitido aos serviços da segunda reclamada em janeiro de 1999; que inicialmente foi motorista, passando a supervisor de logística em setembro de 2010; que o reclamante era um dos subordinados do depoente; que o reclamante disse para o depoente que não aguentava mais a pressão de ser supervisor de vendas e que queria ser motorista; que, como o reclamante era um empregado antigo, o depoente concordou com o pedido do reclamante, que passou a trabalhar na segunda reclamada em meados de 2015; que o reclamante fazia entregas com um pequeno veículo, tipo picape; que trabalhava externamente, sem controle de jornada; que o veículo era rastreado via satélite, motivo pelo qual a segunda reclamada sabia sua exata localização ao longo de toda a jornada de trabalho; que não era possível que o reclamante tratasse de assuntos particulares durante a jornada de trabalho, sem que a segunda reclamada ficasse sabendo, justamente em razão do eficiente sistema de monitoramento; que, como o depoente é o supervisor de logística, decide seus próprios horários, mas, em geral, trabalha das 7h às 22h, com intervalo intrajornada de uma hora, todos os dias, inclusive feriados; que, como motorista, o reclamante trabalhava das 7h às 21h, com uma hora de intervalo intrajornada, todos os dias, inclusive feriados, com duas folgas mensais concedidas aos domingos; que justamente porque não recebiam horas extras, uma vez que eram trabalhadores externos, todos os motoristas recebiam comissões sobre os fretes no percentual de 0,3%; que o depoente era o responsável pelo pagamento das aludidas comissões, e, por isso pode afirmar que o reclamante recebia a média de R$ 500,00 (quinhentos reais) a título de comissões sobre os fretes; que as comissões não era lançadas nos recibos de pagamento porque era um benefício que a segunda reclamada resolveu pagar aos motoristas, um tipo de incentivo; que todos os motoristas sempre trabalharam sem ajudante, motivo pelo qual faziam o carregamento e descarregamento das mercadorias; que não foi combinado com o reclamante que, como motorista, também faria o carregamento e descarregamento das mercadorias; que, em janeiro de 2016, o depoente determinou que o reclamante substituísse o motorista que tinha faltado, uma vez que havia uma série de entregas de eletroeletrônicos naquele dia; que o reclamante tentou evitar dirigir aquele caminhão semipesado porque era totalmente diferente do veículo que costumava dirigir; que o reclamante aceitou; que ficou sabendo que o reclamante não conseguiu fazer uma curva e capotou o veículo; que o patrão ficou muito bravo pela falta de cuidado do reclamante com o veículo e mercadorias; que, assim que o reclamante retornou do afastamento previdenciário, foi imediatamente despedido por justa causa. Nada mais.

As partes declaram que não pretendem produzir outras provas, requerendo o encerramento da instrução processual. Deferido.

Razões finais orais pelo reclamante: *"Requer o reconhecimento das nulidades processuais pela rejeição do pedido de inversão do ônus da prova e pelo indeferimento do adiamento da audiência, uma vez que pretendia comprovar a amizade íntima entre a testemunha da segunda reclamada e o terceiro reclamado. No mais, reitera os termos da inicial e da réplica".*

Razões finais orais pela primeira e segunda reclamadas: *"As reclamadas não concordam com o aditamento à petição inicial apresentado pelo reclamante em réplica. Requer que o reclamante seja condenado como litigante de má-fé, uma vez que em depoimento pessoal confessou horários de trabalho bem menos elastecidos que aqueles declinados na petição inicial. Requer, ainda, como consequência da má-fé, o indeferimento do pedido de assistência judiciária gratuita".*

Razões finais orais pelo terceiro reclamado: *"Ratifica os argumentos lançados na defesa da primeira reclamada especialmente quanto à ilegitimidade passiva* ad causam, *impossibilidade jurídica do pedido e falta de interesse processual".*

Última tentativa conciliatória infrutífera.

Ficam cientes as partes de que a sentença será prolatada no dia 3/12/2017 às 13h, na forma da Súmula 197 do Colendo TST.

NÃO ASSINE ESTA FOLHA

ENAMAT-2ª Etapa-PS-Juiz Trabalho Substituto

40

PARA EXERCITAR

MODELO DE RESPOSTA DA PROVA DE SENTENÇA DO I CONCURSO NACIONAL DA MAGISTRATURA DO TRABALHO (JOSÉ DA SILVA X ELETROELETRÔNICO SOL POENTE LTDA, LEVA RÁPIDO SUPER ENTREGAS LTDA E ANTÔNIO DE SOUSA)

RELATÓRIO

Dispensado pela Banca Examinadora.

FUNDAMENTAÇÃO

CONSIDERAÇÕES INICIAIS. EFICÁCIA INTERTEMPORAL DAS NORMAS DE DIREITO MATERIAL E DE DIREITO PROCESSUAL

Inicialmente, cumpre destacar que, considerando a data do ajuizamento da presente ação trabalhista, não há falar em aplicação do disposto na Lei n. 13.467/2017, razão pela qual os dispositivos legais aplicáveis são aqueles vigentes no momento do ajuizamento da ação, sobretudo no que toca a sistemática relativa aos requisitos da petição inicial, regularidade de representação das partes na audiência, concessão da justiça gratuita e deferimento de honorários advocatícios.

Ademais, considerando a data de ocorrência dos fatos, também não há falar em aplicação do disposto na Lei n. 13.467/2017 sobre o tema, razão pela qual os dispositivos legais aplicáveis são aqueles vigentes no momento da ocorrência dos fatos.

TRAMITAÇÃO PREFERENCIAL

Determino, por força da Recomendação Conjunta n.º 1/GP.CGJT, de 03/05/2011, a retificação dos autos e demais assentamentos para fazer constar a prioridade na tramitação do presente feito, por envolver acidente de trabalho.

REVELIA E CONFISSÃO DA TERCEIRA PARTE RÉ – ANTÔNIO DE SOUZA.

A ausência da terceira parte ré no momento adequado para apresentação de contestação implica revelia (art. 844 da CLT), que não é elidida pela presença de seu advogado, mesmo que munido de procuração (Súmula n. 122 do TST), nem tampouco pelo apensamento eletrônico anterior da contestação e documentos (mero ato de sistema).

Ressalte-se, inclusive, que o fato da terceira parte ré ter adentrado à sala ao longo da audiência também não afasta a revelia, afinal o momento da prática do ato processual apresentação de contestação já havia ocorrido, não havendo, outrossim, tolerância a atrasos das partes (OJ n. 245 da SDI-1 do TST).

Desta forma, declaro a revelia da terceira parte ré – Antônio de Souza, com a consequente pena de confissão, destacando, contudo, que seus efeitos não alcançam as matérias de direito (art. 344 do CPC), mormente porque reiteradas pelo terceiro réu em razões finais. Destaco, ainda, que, em relação à matéria de fato, aproveitam-se as demais defesas (art. 345, inciso I, do CPC), tendo em vista o litisconsórcio unitário.

ADITAMENTO DA PETIÇÃO INICIAL.

Em sede de razões finais, a primeira e segunda partes rés manifestaram expressamente a discordância com o aditamento feito após a apresentação da contestação, razão pela qual, nos termos do art. 329, II, do CPC, rejeito o aditamento formulado.

PROTESTO – DEPÓSITO PRÉVIO DE HONORÁRIOS PERICIAIS.

A exigência de honorários prévios é incompatível com o processo do trabalho (OJ-98 da SBDI-II/TST), razão pela qual determino a expedição de alvará em nome da primeira e segunda partes rés para o levantamento dos valores respectivamente depositados a este título.

PROTESTO – INVERSÃO DA ORDEM DOS DEPOIMENTOS.

A inversão da ordem dos depoimentos constitui faculdade do magistrado, que detém ampla liberdade na condução da audiência (artigos 765 da CLT e 370 do CPC), razão pela qual não há falar em nulidade processual em virtude do indeferimento do pedido de inversão da ordem dos depoimentos.

Ademais, não houve qualquer prejuízo à parte autora, de modo que, não havendo prejuízo, não há falar em nulidade (art. 794 da CLT).

Rejeito.

PROTESTO – ADIAMENTO DA AUDIÊNCIA.

Considerando que a parte autora foi cientificada, na audiência inicial, quanto às testemunhas arroladas pelas partes rés, a ele incumbia a produção de provas da contradita na própria audiência de instrução, razão pela qual não há falar em nulidade processual em razão do indeferimento do adiamento da audiência (art. 457, § 1º, do CPC).

INÉPCIA DA PETIÇÃO INICIAL – GRUPO ECONÔMICO (AUSÊNCIA DE PEDIDO) – SUSCITADA PELA PRIMEIRA PARTE RÉ.

Suscitada pela parte ré, sob o argumento de que a parte autora não formulou pedido quanto ao reconhecimento do grupo econômico, nem trouxe a empresa controladora no polo passivo. Diz ainda que a petição inicial é inepta em face da ausência de narrativa quanto à subordinação direta da parte autora à terceira parte ré.

Sem razão.

A petição inicial está de acordo com o artigo 840, § 1º, da CLT, que exige tão somente que a petição inicial contemple a designação do Juiz a quem for dirigida, a qualificação das partes, uma breve exposição dos fatos de que resulte o dissídio, o pedido, a data e a assinatura da parte autora ou de seu representante.

O fato é que, quanto ao pedido relacionado ao grupo econômico, este se extrai do pedido de responsabilização solidária das partes rés, sendo suficiente neste sentido. Ademais, desnecessário o pedido expresso de reconhecimento do grupo econômico, uma vez que pode ser declarado "incidenter tantum".

Registre-se, ainda, que, cabe a parte autora definir quem irá compor o polo passivo da ação, não havendo obrigação de trazer todas as empresas pertencentes ao grupo econômico.

No que tange à terceira parte ré, sua responsabilidade solidária pretendida é em face da sua qualidade de sócio, não havendo necessidade de alegação de subordinação direta a este.

No mais, não houve qualquer prejuízo às defesas, permitindo o exercício do contraditório e da ampla defesa.

Rejeito.

LITISPENDÊNCIA E COISA JULGADA – AÇÃO COLETIVA RELATIVA SO PEDIDO DE FÉRIAS EM DOBRO.

De início, no que tange à questão preliminar de coisa julgada, destaco que, havendo ação em curso (certidão de fl. 20), não há trânsito em julgado a justificar a alegação de coisa julgada, art. 337, § 4º, do CPC. Rejeito.

No que tange à litispendência, tratando-se de direito individual homogêneo, o exame da arguição preliminar deve ser feito à luz do inciso III do parágrafo único do art. 81 e do art. 104 do Código de Defesa do Consumidor, razão pela qual não há falar em litispendência, afinal a parte autora não formulou pedido de suspensão da ação individual. Rejeito.

ILEGITIMIDADE PASSIVA – SUSCITADA PELAS TRÊS PARTES RÉS.

A legitimidade da parte, tanto ativa quanto passiva, consistente na pertinência subjetiva da ação, de acordo com a teoria adotada pelo ordenamento jurídico pátrio (teoria da asserção), deve ser analisada abstratamente.

Registre-se que a primeira e a segunda partes rés são partes legítimas para responder por todo o período – único contrato firmado com o grupo econômico – em que participaram da relação jurídica material, e a limitação de responsabilidade é aferida no mérito.

Quanto à terceira parte ré, sua inclusão já na fase de conhecimento está consolidada pelo CPC (art. 134, § 2º), sendo desnecessária, neste caso, a formação de incidente processual de desconsideração da personalidade jurídica.

Rejeito as preliminares.

INTERESSE DE AGIR – SUSCITADA PELA TERCEIRA PARTE RÉ.

O interesse processual da parte autora em incluir a terceira parte ré no polo passivo decorre da alegação de indícios de que a primeira e segunda partes rés atravessam dificuldades econômicas e que a inclusão do sócio é feita para salvaguardar futura execução, revelando-se a necessidade e utilidade do provimento jurisdicional invocado.

Ademais, se verifica a indiscutível adequação do provimento jurisdicional invocado, diante do parágrafo 2º, do CPC.

Por fim, a não comprovação dos mencionados "indícios de insolvência econômica" é matéria de mérito, motivo pelo qual rejeito a preliminar.

IMPOSSIBILIDADE JURÍDICA DO PEDIDO – SUSCITADA PELA TERCEIRA PARTE RÉ.

Com o advento da Lei n. 13.105/2015 (CPC/2015), a possibilidade jurídica do pedido deixou de ser condição da ação e, portanto, viabilizar a extinção do processo sem resolução do mérito (art. 485, VI, do CPC/2015, aplicável ao processo do trabalho por força do art. 15 do CPC/2015 e do art. 769 da CLT).

São condições da ação, portanto, a partir de então, somente a legitimidade da parte e o interesse processual, razão pela qual não há mais falar em preliminar de impossibilidade jurídica do pedido, devendo o tema, portanto, ser apreciado tão somente como questão de mérito.

Ademais, mesmo na hipótese de admitir a possibilidade jurídica do pedido como preliminar, a impossibilidade jurídica do pedido só existe quando o pedido é vedado pelo ordenamento jurídico, o que não ocorreu no caso dos autos.

Em face do exposto, rejeito a preliminar.

PRESCRIÇÃO

Inicialmente, quanto à alegação de prescrição total em relação aos prêmios, vale destacar que não se trata de alteração, mas mero descumprimento do pactuado (aplicabilidade das mesmas normas internas), conforme confissão do preposto (artigo 843, parágrafo 1º da CLT), afastando, assim, a incidência da Súmula 294 do TST ao caso.

No que tange à prescrição quinquenal, ajuizada a Ação Trabalhista em 23/01/2017, declaro prescritas, nos termos do art. 7º, XXIX, da CRFB/88 e do art. 11 da CLT, extinguindo o processo com resolução do mérito nesse particular (art. 269, IV, CPC/73; art. 487, II, CPC/15, todas as pretensões condenatórias exigíveis antes de 23/01/2012 (observando-se, quanto as férias, o disposto no art. 149 da CLT, de modo que pronuncio a prescrição quinquenal até o período aquisitivo 2009/10).

EXTINÇÃO DO CONTRATO – REVERSÃO DA JUSTA CAUSA – REINTEGRAÇÃO.

Discute-se nos autos a validade da justa causa atribuída à parte autora pela segunda parte ré e que autorizaria a resolução do vínculo empregatício, mesmo diante da garantia provisória no emprego existente, em decorrência do acidente de trabalho que ensejou o afastamento do trabalho da parte autora por mais de quinze dias e a percepção de auxílio-doença acidentário.

Alega a segunda parte ré, neste particular, que a dispensa por justa causa decorreu do mau procedimento e da desídia da parte autora que acarretaram o acidente por ele sofrido, decorrente se sua exclusiva participação culposa, na medida em que o acidente ocorreu em razão de uma manobra incorreta e irregular feita pela parte autora, cuja imperícia foi registrada no Boletim de Ocorrência.

A parte autora, por outro lado, destaca que, quando do acidente, dirigia um veículo com especificações e características distintas daqueles que costumada dirigir, sendo que jamais dirigira aquele tipo de veículo, para o qual nunca fora oferecido treinamento, tendo, inclusive, externado seus receios ao supervisor, que os ignorou.

Tais fatos alegados pela parte autora não foram especificamente contestados pelas partes rés, tendo sido, ainda, confirmados pela testemunha Juliano Raul Júlia e Silva, apresentada pela segunda parte ré.

Pois bem.

Não obstante a parte autora ser portadora de CNH, classe C, não se pode concluir daí que esteja apta para dirigir qualquer tipo de caminhão, sobretudo quando não tenha recebido treinamento adequado para tanto. Isto porque, nos termos dos arts. 7º, XXII, 196, 200, VIII e 225, todos da CRFB/88, bem como em razão dos artigos celetistas que versam sobre segurança e medicina do trabalho, o empregador está obrigado a fornecer todos os treinamentos necessários a assegurar que o empregado desempenhe suas atividades com segurança.

No caso concreto, a segunda parte ré não somente deixou de fornecer o treinamento adequado, como, por meio de seu preposto, ignorou os alertas feitos pela parte autora antes de sua saída com o veículo que ocorreu o acidente, agindo, assim, de maneira culposa, já que, enquanto detentora do poder de direção (art. 2º da CLT), poderia (deveria) ter colocado um motorista devidamente treinado para dirigir aquele tipo de veículo, o que não era o caso da parte autora.

Ao não fazê-lo, atraiu (o empregador) para si a responsabilidade por qualquer dano que poderia decorrer da direção de um veículo por motorista não treinado para tanto, o que acabou ocorrendo. Foi, portanto, o próprio empregador quem deu causa à imperícia do trabalhador, não havendo, portanto, falar em mau procedimento ou desídia deste, mas sim em conduta culposa daquele, o que afasta, assim, o conteúdo do Boletim de Ocorrência existente nos autos, já que houve, de forma abusiva, alteração substancial da função contratada, razão pela qual declaro nula a dispensa por justa causa perpetrada pela parte ré.

Assim, considerando que, no momento da dispensa, a parte autora era portadora de garantia de emprego acidentária (art. 118 da Lei n. 8.213/91; Súmula n. 378 do TST e cláusula 13ª da CCT existente nos autos), mas que, no momento da prolação da sentença (03/12/2017), já se exauriu o período estabilitário (findo em 22/03/2017), não há falar em reintegração, mas apenas em pagamento de indenização substitutiva (Súmula n. 396, I, do TST), motivo pelo qual julgo procedente o pedido de pagamento dos salários devidos durante o período da garantia de emprego (22/03/2016 a 22/03/2017).

No mais, considerando a reversão da dispensa por justa causa, reconheço a dispensa sem justa causa, cujos efeitos, em face da garantia provisória de emprego até 22/03/2017, são reconhecidos a partir de 23/03/2017, razão pela qual julgo procedente o pedido de pagamento das seguintes parcelas rescisórias: aviso prévio proporcional ao tempo de serviço de 60 (sessenta) dias (Lei n. 12.506/2011, com sua integração ao tempo de serviço para todos os efeitos legais (art. 487, § 1º, da CLT), devendo ser considerada como data de saída o dia 22/05/2017 (art. (OJ n. 82 da SDI-1 do TST); saldo de salário de 22 dias; 13º salário integral de 2016 (art. 3º da Lei n. 4.090/62) e proporcional a 5/12 referente a ano de 2017; férias vencidas de 2015/2016 (Súmula 171, TST) e proporcionais a 11/12, ambas acrescidas de 1/3; depósitos do FGTS no percentual de 8% relativo ao período de garantia provisória do emprego e incidente sobre as verbas rescisórias salariais (saldo de salário, aviso prévio indenizado e proporcional, gratificação natalina); indenização de 40% do FGTS (art. 18 da Lei n. 8036/90); multa do art. 477, § 8º da CLT, no importe de um salário base do trabalhador, computando-se as verbas salariais habitualmente recebidas; aplicação do artigo 467 da CLT exclusivamente sobre as verbas rescisórias incontroversas (saldo de salário e férias vencidas acrescidas do terço constitucional 2015/2016).

Determino a entrega das guias para levantamento do FGTS e do seguro-desemprego, sob pena de execução direta (expedição de Alvará), no prazo de 48h.

Determino, ainda, a anotação da CTPS para fazer constar como data de saída o dia 22/05/2017, no prazo de 48h, sob pena de multa diária no valor de R$ 100,00 (cem reais).

Prejudicada a análise da tutela de urgência por conta do escoamento do prazo da garantia provisória do emprego.

INDENIZAÇÕES POR DANOS MORAIS, MATERIAIS E ESTÉTICOS DECORRENTES DO ACIDENTE.

A responsabilidade do empregador pelo acidente de trabalho que vitimou a parte autora restou comprovada no tópico anterior, sendo, portanto, diante da comprovação dos danos sofridos pela parte autora e do nexo de causalidade entre a conduta e os danos, suficiente para gerar o dever de indenizar (arts. 186 e 927 do CC/2002).

No que tange ao dano moral, trata-se de dano *in re ipsa*, decorrente da redução da capacidade laborativa e inabilitação para a função anteriormente exercida, motivo pelo qual, nos termos do art. 5º, V e X, da CRFB/88, julgo procedente o pedido de pagamento de indenização por danos morais, no valor de R$ 25.000,00 (vinte e cinco mil reais), montante fixado de acordo com a extensão do dano (art. 944 do CC/2002) e em observância aos princípios da razoabilidade e proporcionalidade.

No que tange à indenização por dano estético, cuja possibilidade de cumulação encontra-se pacificada nas Súmulas 37 e 387 do STJ, tendo sido comprovado o prejuízo estético (Laudo de fls. 36, que registrou a existência de visíveis cicatrizes queloidianas, duras e hipertrofiadas na face da parte autora e afundamento do crânio), julgo procedente o pedido de pagamento de indenização por dano estético, no valor de R$ 25.000,00 (vinte e cinco mil reais), montante fixado de acordo com a extensão do dano (art. 944 do CC/2002) e em observância aos princípios da razoabilidade e proporcionalidade.

Por fim, quanto à indenização por danos materiais, nos termos do art. 950 do CC/2002, julgo procedente o pedido de pagamento de indenização por danos materiais correspondente a uma pensão mensal e vitalícia, no importe equivalente à última remuneração auferida, computando-se todas as parcelas salariais habitualmente recebidas, além das gratificações natalinas e um terço de férias anuais, parcelas vencidas e vincendas desde o dia do acidente de trabalho até inclusão em folha de pagamento, com constituição de capital, determinando-se, portanto, que em até 5 (cinco) dias do trânsito em julgado seja incluída a aludida pensão em folha de pagamento sob pena de multa diária no valor de R$ 100,00 (cem reais).

Julgo procedente ainda o pedido de pagamento de uma indenização por danos materiais decorrentes das despesas médicas havidas no importe de R$ 3.580,00, conforme notas fiscais apresentadas com petição inicial.

Por fim, concedo a tutela de urgência de natureza satisfativa, para que, no prazo fixado na sentença, contado da publicação e independentemente do trânsito em julgado, com esteio na aplicação subsidiária do art. 300 do CPC, seja restabelecido o plano de saúde até a data de 22/3/2018 (24 meses da alta médica – cláusula 14ª da CCT), sob pena de multa diária no valor de R$ 100,00 (art. 497, CPC), limitada a R$ 3.000,00 (três mil reais), nos termos do art. 412 do CCB.

DIFERENÇAS SALARIAIS – ACÚMULO DE FUNÇÕES E DE TAREFAS.

No que tange ao período de 01/04/2013 a 31/03/2015, não há falar em equiparação salarial, na medida em que não houve simultaneidade na prestação de serviços. Julgo improcedente.

Ainda quanto ao referido período, também não há falar em diferenças salariais por desvio de função, já que a função originária de vendedor foi mantida, o que afasta a referida pretensão, já que, no caso de desvio de função, o trabalhador, contratado para o exercício de uma determinada função, passa, ao longo do contrato de trabalho, a exercer exclusivamente uma outra função (distinta daquela contratada), diferentemente do que ocorre no caso de acúmulo de funções, quando o trabalhador, contratando, inicialmente, para exercer uma determinada função, passa a, ao longo do contrato, a exercer, cumulativamente uma segunda função, exercendo, assim, concomitantemente, duas funções distintas. Julgo improcedente, assim, o pedido de diferenças salariais relativo ao desvio de função.

No que se refere, contudo, ao pedido de diferenças salariais por acúmulo de funções (vendedor e supervisor de vendas), trata-se de cumulação que restou comprovada pela prova oral produzida, especialmente o depoimento da testemunha Edson ED e Silva. Assim, diante da quebra do equilíbrio contratual (arts. 422 e 884 do CC, arts. 460 e 468 da CLT), julgo procedente o pedido de pagamento de diferenças salariais, no valor de R$ 500,00 (gratificação recebida pelo supervisor), pelo acúmulo da função de vendedor com a função de supervisor de vendas, no período de 1/4/2013 a 31/3/2015, com reflexos nas gratificações natalinas, nas férias acrescidas do terço constitucional, na multa do artigo 477, da CLT, na multa do artigo 467, da CLT, e as incidências dos depósitos do FGTS 8% e indenização de 40%.

Rejeito, contudo, os reflexos no aviso prévio indenizado e proporcional (afinal o pedido é limitado até 31/03/2015); nos repousos semanais remunerados em se tratando de um pagamento fixo mensal que já engloba os descansos e dias feriados (art. 7º, § 2º, da Lei n. 605/49) e no prêmio produtividade, por ausência de previsão legal.

No que tange ao segundo período contratual (01/04/2015 a 22/03/2016), o acúmulo de tarefas restou comprovado pelo depoimento da testemunha da segunda parte ré, que deixou claro que a parte autora também fazia o carregamento e descarregamento das mercadorias.

Assim, tendo em vista o disposto na cláusula 11ª da CCT existente nos autos, julgo procedente o pedido de pagamento de *plus* salarial pelo acúmulo de tarefas não pactuadas, no percentual de 10% sobre o salário normativo no período de 1/4/2015 a 22/3/2016, sem reflexos, contudo, considerando a previsão normativa expressa (cláusula 11ª da CCT) acerca da natureza indenizatória da referida parcela.

PRÊMIOS.

Considerando a supressão injustificada da parcela, bem como o fato de que o preposto da primeira parte ré confessou (confissão real) que a parte autora sempre cumpriu as metas de vendas e mostrou desconhecer se a norma interna que estipula o prêmio produtividade ainda se encontra vigente e se é pago para outros empregados (confissão ficta), gerando, assim, a presunção relativa de veracidade da tese da petição inicial, pelo que incumbia à parte ré o ônus de produzir provas hábeis a afastar tal presunção relativa, ônus do qual não se desvencilhou – parágrafo 1º do artigo 843 da CLT, bem como, ainda, o depoimento da testemunha que confirmou ser a parte autora um bom vendedor, batendo as metas frequentemente, julgo procedente o pedido de pagamento do prêmio produtividade de R$ 300,00 por mês no período imprescrito até 31/3/2015, com reflexos nas gratificações natalinas, nas férias acrescidas do terço constitucional, na multa do artigo 477, da CLT, na multa do artigo 467, da CLT, e as incidências dos depósitos do FGTS 8% e indenização de 40%.

Rejeito, contudo, os reflexos no aviso prévio indenizado e proporcional e no saldo de salário (afinal o pedido é limitado até 31/03/2015); nos repousos semanais remunerados em se tratando de um pagamento fixo mensal que já engloba os descansos e dias feriados (art. 7º, § 2º, da Lei n. 605/49); no *plus* salarial pelo acumulo de funções e tarefas, na medida em que possui outras bases de cálculo e; nas horas extras, já que estas, caso porventura deferidas, terão, em sua base de cálculo, o valor dos prêmios, podendo gerar, assim, *bis in idem*.

FÉRIAS EM DOBRO.

Ambas as partes rés empregadoras confessaram o pagamento das férias após o prazo previsto no art. 145 da CLT, o que justifica a condenação ao pagamento da dobra das férias relativas ao período imprescrito (apenas a dobra acrescida de 1/3, já que houve o efetivo pagamento das férias), conforme Súmula n. 450 do TST.

JORNADA DE TRABALHO

No que tange ao primeiro período contratual (até 31/03/2015), não há como prevalecer os cartões de ponto juntados pela parte ré, na medida em que apontam horários invariáveis (Súmula n. 338, III, do TST). Ademais, não houve prova da existência de compensação de horas.

Desta maneira, era da parte ré o ônus de comprovar o efetivo horário de trabalho, bem como a satisfação dos requisitos do inciso II do art. 62 com relação ao período de supervisor de vendas, ônus dos quais não se desincumbiu.

Assim, quanto ao período em questão, fixo, com base na prova oral produzida, o seguinte horário de trabalho: 8h30min às 19h00min, com uma hora de intervalo (afinal a testemunha da parte autora afirmou desconhecer o intervalo e a testemunha da parte ré confirmou a fruição uma hora diária), de segunda a sábado e em um domingo por mês, sem folga compensatória, não havendo falar em labor em feriados, conforme confissão da parte autora.

No que tange ao segundo período contratual (a partir de 01/04/2015), afasto, de plano, a aplicação do art. 62, I, da CLT, na medida em que, tratando-se de motorista profissional, as Leis números 12.619/2012 e 13.103/2015 impuseram o controle de jornada obrigatório (art. 2º, V, b, da Lei n. 13.103/2015), motivo pelo qual, ausentes os controles de frequência, presume-se verdadeiro, salvo naquilo que a prova oral comprou em sentido distinto, o horário de trabalho indicado na petição inicial (Súmula n. 338, I, do TST).

Assim é que, quanto ao referido período, fixo, com base nos limites prova oral produzida, o seguinte horário de trabalho: 8h00min às 20h00min, com uma hora de intervalo, todos os dias, com duas folgas mensais concedidas aos domingos, bem como nos feriados, com exceção da Sexta-feira Santa, Natal e 1º dia do ano, dias não trabalhados.

Em face do exposto, julgo procedente o pedido de pagamento das horas trabalhadas após a 08ª diária e 44ª semanal, de forma não cumulativa, a título de horas extras, observados os seguintes parâmetros:

a) horário a ser observado:

a.1) no que tange ao primeiro período trabalhado (até 31/03/2015): 8h30min às 19h00min, com uma hora de intervalo, de segunda a sábado e em um domingo por mês, sem folga compensatória, não havendo falar em labor em feriados, conforme confissão da parte autora;

a.2) no que tange ao segundo período trabalhado (a partir de 01/04/2015): 8h00min às 20h00min, com uma hora de intervalo, todos os dias, com duas folgas mensais concedidas aos domingos, bem como nos feriados, com exceção da Sexta-feira Santa, Natal e 1º dia do ano, dias não trabalhados.

b) base de cálculo a ser observada: soma do valor do salário base e das demais verbas de natureza salarial, nos termos da Súmula n. 264 do TST;

c) acréscimo do adicional de 50% quanto ao período não abarcado pela norma coletiva existente nos autos e acréscimo do adicional de 60% quanto ao período por ela abarcado e acréscimo do adicional de 100% quanto aos domingos e feriados trabalhados e não compensados, observando-se os horários anteriormente fixados;

d) observância da evolução salarial;

e) exclusão dos dias não trabalhados;

f) divisor de 220;

g) em face da habitualidade e, portanto, de sua natureza salarial, determino os reflexos sobre o RSR (na forma da Súmula n. 172 do TST e observada a regra prevista na OJ n. 394 da SDI-1 do TST), aviso prévio, 13º salário, férias acrescidas de 1/3 e FGTS acrescido da indenização de 40%.

Julgo improcedente os pedidos de pagamento de horas extras em face dos intervalos intra e interjornada, tendo em vista a comprovação de sua regular fruição.

Rejeito a compensação das comissões sobre os fretes com as horas extras deferidas, vedada a estipulação coletiva, já vigente a Lei do Motorista que impõe ao empregador o ônus de proceder ao controle da jornada de trabalho, afastando a possibilidade de negociação coletiva sobre essa questão. Súmula 109, TST.

INDENIZAÇÃO IMPOSTO DE RENDA.

Julgo improcedente o pedido, na medida em que os recolhimentos fiscais decorrem de lei (*ex lege*) – artigo 12-A da Lei n. 7.713/88.

HIPOTECA JUDICIAL.

Rejeito o pedido de determinação judicial para a inscrição da sentença condenatória no cartório de imóveis de Brasília-DF, uma vez que a IN 39 do TST determina a aplicação do artigo 495 do CPC que, por sua vez, consagrou que tal providência deve ser tomada pela própria parte mediante apresentação de cópia da sentença perante o cartório de registro imobiliário, nos moldes do § 2º do aludido dispositivo legal.

JUSTIÇA GRATUITA

Considerando que a procuração firmada pela parte autora confere poderes especiais (art. 105 do CPC) para o advogado declarar o estado de miserabilidade (o que ocorreu), bem como considerando o fato de que as partes rés não produziram qualquer prova que elidisse a presunção de veracidade que se extrai da referida declaração, concedo à parte autos os benefícios da justiça gratuita.

HONORÁRIOS ADVOCATÍCIOS

Diante da sucumbência recíproca (art. 791-A, § 3º, da CLT), observados os critérios previstos nos incisos do § 2º do art. 791-A da CLT, condeno a parte ré ao pagamento de honorários advocatícios, no percentual de 15% sobre o valor que resultar da liquidação da sentença, ao advogado da parte autora, bem como condeno a parte autora ao pagamento de honorários advocatícios, no percentual de 15% sobre o valor dos pedidos julgados improcedentes, não havendo falar em compensação entre os honorários (art. 791-A, § 3º, da CLT).

Em face da concessão dos benefícios da justiça gratuita à parte autora, fica suspensa a inexigibilidade da sua obrigação, na forma do art. 791-A, § 4º, da CLT, já que a obtenção de créditos em decorrência da presente sentença não é suficiente para que a parte autora suporte o pagamento dos honorários advocatícios, leia-se, não é suficiente para retirar-lhe a condição de insuficiência de recursos que justificou a concessão dos benefícios da justiça gratuita, requisito essencial para a execução dos honorários advocatícios em face do beneficiário da justiça gratuita.

JUROS E CORREÇÃO MONETÁRIA

Às parcelas objeto da condenação devem ser acrescidos juros a partir do ajuizamento da ação (art. 883 da CLT), observado o seu propósito meramente indenizatório (OJ 400 da SDI-1 do TST), e correção monetária (na forma do art. 39, § 1º, da Lei n. 8.177/91, do art. 879, § 7º, da CLT e da Súmula n. 381 do TST).

Quanto à indenização por danos morais, a atualização monetária é devida a partir da data da decisão de arbitramento ou de alteração do valor.

Os juros incidem desde o ajuizamento da ação, nos termos do art. 883 da CLT, tudo na forma da Súmula n. 439 do TST.

RECOLHIMENTOS FISCAIS E PREVIDENCIÁRIOS.

Determino que a parte ré efetue os recolhimentos previdenciários incidentes sobre as parcelas objeto de condenação em pecúnia deferidas nesta sentença, na forma do art. 43 da Lei n. 8.212/91 e da Súmula n. 368 do TST.

Deverá ainda a parte ré (art. 46 da Lei n. 8.541/1992) efetuar o recolhimento fiscal na forma do art. 12-A da Lei n. 7.713/88 e da Instrução Normativa RFB nº 1.500, de 29/10/2014 (revogadora da IN nº 1.127/11 – art. 114 da IN 1.500/2014), com a redação dada pela Instrução Normativa RFB nº 1558, de 31/3/2015.

Para fins do art. 832, § 3º, da CLT, as parcelas da condenação devem observar o artigo 28, § 9º, da Lei n. 8.212/91, incidindo recolhimentos fiscais e previdenciários somente sobre as parcelas de natureza salarial.

ABATIMENTO/COMPENSAÇÃO

Abatimento/dedução e compensação são institutos distintos e, no caso dos autos, não há falar em compensação, afinal não houve comprovação de nenhuma obrigação apta a ser extinta em face da posição concomitante de credor e devedor das partes (art. 368 do CC/2002 e arts. 477, § 5 º e 767 da CLT). Rejeito, assim, o pedido de compensação.

Autorizo, contudo, para evitar o enriquecimento sem causa (art. 884 do CC/2002) da parte autora, o abatimento/dedução dos valores pagos sob igual título àqueles deferidos nesta sentença.

RESPONSABILIDADE SOLIDÁRIA.

No que tange à primeira e segunda partes rés, declaro a responsabilidade solidária entre elas por todo o contrato, já que comprovado pertencerem ao mesmo grupo econômico, controlado por uma empresa holding – Antônio Sousa Ltda. – art. 2º, § 2º, da CLT.

No que tange, contudo, à terceira, parte ré (pessoa física), julgo improcedente o pedido uma vez que a personalidade civil do sócio não se confunde com a personalidade jurídica da empresa, e, o empregador é a empresa (art. 2º da CLT). Ademais, a solidariedade não se presume, resulta de lei ou da vontade das partes (art. 265 do CC/2002); não foi pleiteada a desconsideração da personalidade jurídica, e, ainda que tenham sido mencionados indícios de dificuldade financeira das empresas, nada restou provado a respeito, e tampouco indicados o abuso ou desvio de finalidade (arts. 135 do CTN, 50 do CC e 28 do CDC e 34 da Lei nº 12.519/11).

LITIGÂNCIA DE MÁ-FÉ DA PARTE AUTORA.

A parte autora não praticou nenhuma conduta que possa ser tipificada como litigância de má-fé, razão pela qual rejeito o pedido.

ÍNDICE DE CORREÇÃO MONETÁRIA.

A aplicação do IPCA-E ou INPC requerida pela parte autora contrariaria a autoridade do STF que, na Reclamação 22012, suspendeu efeitos de decisão do Tribunal Superior do Trabalho (TST) que determinou a substituição da TRD pelo IPCA na correção monetária dos débitos trabalhistas.

Rejeito.

RECONVENÇÃO.

A responsabilidade do empregador pelo acidente de trabalho que vitimou a parte autora restou comprovada quando do julgamento da ação principal, não havendo, portanto, dever de indenizar da parte autora/reconvinda, motivo pelo qual julgo improcedentes os pedidos formulados na Reconvenção.

DISPOSITIVO

Ante o exposto:

a) nos autos da ação ajuizada por JOSÉ DA SILVA contra a ELETROELETRÔNICO SOL POENTE LTDA, LEVA RÁPIDO SUPER ENTREGAS LTDA e ANTÔNIO DE SOUSA, nos termos da fundamentação, parte integrante desse dispositivo, decido:
   - rejeito as preliminares;
   - declaro prescritas, nos termos do art. 7º, XXIX, da CRFB/88 e do art. 11 da CLT, extinguindo o processo com resolução

do mérito nesse particular (art. 269, IV, CPC/73; art. 487, II, CPC/15, todas as pretensões condenatórias exigíveis antes de 23/01/2012 (observando-se, quanto as férias, o disposto no art. 149 da CLT, de modo que pronuncio a prescrição quinquenal até o período aquisitivo 2009/10);

- julgo improcedentes as pretensões em face de ANTÔNIO DE SOUSA;
- julgo procedentes, em parte, os pedidos formulados em face das empresas ELETROELETRÔNICO SOL POENTE LTDA e LEVA RÁPIDO SUPER ENTREGAS LTDA, para, declarando nula a dispensa por justa causa, condená-las, solidariamente, ao pagamento, no prazo e na forma previstas no art. 884 da CLT, das seguintes verbas;
- salários devidos durante o período da garantia de emprego (22/03/2016 a 22/03/2017);
- aviso prévio proporcional ao tempo de serviço de 60 (sessenta) dias (Lei n. 12.506/2011, com sua integração ao tempo de serviço para todos os efeitos legais (art. 487, § 1º, da CLT), devendo ser considerada como data de saída o dia 22/05/2017 (art. (OJ n. 82 da SDI-1 do TST); saldo de salário de 22 dias; 13º salário integral de 2016 (art. 3º da Lei n. 4.090/62) e proporcional a 5/12 referente a ano de 2017; férias vencidas de 2015/2016 (Súmula 171, TST) e proporcionais a 11/12, ambas acrescidas de 1/3; depósitos do FGTS no percentual de 8% relativo ao período de garantia provisória do emprego e incidente sobre as verbas rescisórias salariais (saldo de salário, aviso prévio indenizado e proporcional, gratificação natalina); indenização de 40% do FGTS (art. 18 da Lei n. 8036/90); multa do art. 477, § 8º da CLT, no importe de um salário base do trabalhador, computando-se as verbas salariais habitualmente recebidas; aplicação do artigo 467 da CLT exclusivamente sobre as verbas rescisórias incontroversas (saldo de salário e férias vencidas acrescidas do terço constitucional 2015/2016);
- indenização por danos morais, no valor de R$ 25.000,00 (vinte e cinco mil reais);
- indenização por dano estético, no valor de R$ 25.000,00 (vinte e cinco mil reais);

- indenização por danos materiais correspondente a uma pensão mensal e vitalícia, no importe equivalente à última remuneração auferida, computando-se todas as parcelas salariais habitualmente recebidas, além das gratificações natalinas e um terço de férias anuais, parcelas vencidas e vincendas desde o dia do acidente de trabalho até inclusão em folha de pagamento, com constituição de capital, determinando-se, portanto, que em até 5 (cinco) dias do trânsito em julgado seja incluída a aludida pensão em folha de pagamento sob pena de multa diária no valor de R$ 100,00 (cem reais);
- indenização por danos materiais decorrentes das despesas médicas havidas no importe de R$ 3.580,00, conforme notas fiscais apresentadas com petição inicial;
- diferenças salariais, no valor de R$ 500,00 (gratificação recebida pelo supervisor), pelo acúmulo da função de vendedor com a função de supervisor de vendas, no período de 1/4/2013 a 31/3/2015, com reflexos nas gratificações natalinas, nas férias acrescidas do terço constitucional, na multa do artigo 477, da CLT, na multa do artigo 467, da CLT, e as incidências dos depósitos do FGTS 8% e indenização de 40%;
- *plus* salarial pelo acúmulo de tarefas não pactuadas, no percentual de 10% sobre o salário normativo no período de 1/4/2015 a 22/3/2016, sem reflexos, contudo, considerando a previsão normativa expressa (cláusula 11ª da CCT) acerca da natureza indenizatória da referida parcela;
- prêmio produtividade de R$ 300,00 por mês no período imprescrito até 31/3/2015, com reflexos nas gratificações natalinas, nas férias acrescidas do terço constitucional, na multa do artigo 477, da CLT, na multa do artigo 467, da CLT, e as incidências dos depósitos do FGTS 8% e indenização de 40%;
- dobra das férias relativas ao período imprescrito;
- horas trabalhadas após a 08ª diária e 44ª semanal, de forma não cumulativa, a título de horas extras, observados os seguintes parâmetros:
- horário a ser observado:

- no que tange ao primeiro período trabalhado (até 31/03/2015): 8h30min às 19h00min, com uma hora de intervalo, de segunda a sábado e em um domingo por mês, sem folga compensatória, não havendo falar em labor em feriados, conforme confissão da parte autora;
- no que tange ao segundo período trabalhado (a partir de 01/04/2015): 8h00min às 20h00min, com uma hora de intervalo, todos os dias, com duas folgas mensais concedidas aos domingos, bem como nos feriados, com exceção da Sexta-feira Santa, Natal e 1º dia do ano, dias não trabalhados.
- base de cálculo a ser observada: soma do valor do salário base e das demais verbas de natureza salarial, nos termos da Súmula n. 264 do TST;
- acréscimo do adicional de 50% quanto ao período não abarcado pela norma coletiva existente nos autos e acréscimo do adicional de 60% quanto ao período por ela abarcado e acréscimo do adicional de 100% quanto aos domingos e feriados trabalhados e não compensados, observando-se os horários anteriormente fixados;
- observância da evolução salarial;
- exclusão dos dias não trabalhados;
- divisor de 220;
- em face da habitualidade e, portanto, de sua natureza salarial, determino os reflexos sobre o RSR (na forma da Súmula n. 172 do TST e observada a regra prevista na OJ n. 394 da SDI-1 do TST), aviso prévio, 13º salário, férias acrescidas de 1/3 e FGTS acrescido da indenização de 40%.

Concedo a tutela de urgência de natureza satisfativa, para que, no prazo fixado na sentença, contado da publicação e independentemente do trânsito em julgado, com esteio na aplicação subsidiária do art. 300 do CPC, seja restabelecido o plano de saúde até a data de 22/3/2018 (24 meses da alta médica – cláusula 14ª da CCT), sob pena de multa diária no valor de R$ 100,00 (art. 497, CPC), limitada a R$ 3.000,00 (três mil reais), nos termos do art. 412 do CCB.

Determino a entrega das guias para levantamento do FGTS e do seguro-desemprego, sob pena de execução direta (expedição de Alvará), no prazo de 48h.

Determino, ainda, a anotação da CTPS para fazer constar como data de saída o dia 22/05/2017, no prazo de 48h, sob pena de multa diária no valor de R$ 100,00 (cem reais).

b) nos autos da Reconvenção apresentada pela ELETROELETRÔNICO SOL POENTE LTDA e LEVA RÁPIDO SUPER ENTREGAS LTDA contra JOSÉ DA SILVA, nos termos da fundamentação, parte integrante desse dispositivo, decido:

- julgo improcedentes os pedidos.

Concedo à parte autos os benefícios da justiça gratuita.

Diante da sucumbência recíproca (art. 791-A, § 3º, da CLT), observados os critérios previstos nos incisos do § 2º do art. 791-A da CLT, condeno a parte ré ao pagamento de honorários advocatícios, no percentual de 15% sobre o valor que resultar da liquidação da sentença, ao advogado da parte autora, bem como condeno a parte autora ao pagamento de honorários advocatícios, no percentual de 15% sobre o valor dos pedidos julgados improcedentes, não havendo falar em compensação entre os honorários (art. 791-A, § 3º, da CLT).

Em face da concessão dos benefícios da justiça gratuita à parte autora, fica suspensa a inexigibilidade da sua obrigação, na forma do art. 791-A, § 4º, da CLT, já que a obtenção de créditos em decorrência da presente sentença não é suficiente para que a parte autora suporte o pagamento dos honorários advocatícios, leia-se, não é suficiente para retirar-lhe a condição de insuficiência de recursos que justificou a concessão dos benefícios da justiça gratuita, requisito essencial para a execução dos honorários advocatícios em face do beneficiário da justiça gratuita.

JUROS E CORREÇÃO MONETÁRIA

Às parcelas objeto da condenação devem ser acrescidos juros a partir do ajuizamento da ação (art. 883 da CLT), observado o seu propósito meramente indenizatório (OJ 400 da SDI-1 do TST), e correção monetária (na forma do art. 39, § 1º, da Lei n. 8.177/91, do art. 879, § 7º, da CLT e da Súmula n. 381 do TST).

Quanto à indenização por danos morais, a atualização monetária é devida a partir da data da decisão de arbitramento ou de alteração do valor. Os juros incidem desde o ajuizamento da ação, nos termos do art. 883 da CLT, tudo na forma da Súmula n. 439 do TST.

RECOLHIMENTOS FISCAIS E PREVIDENCIÁRIOS.

Determino que a parte ré efetue os recolhimentos previdenciários incidentes sobre as parcelas objeto de condenação em pecúnia deferidas nesta sentença, na forma do art. 43 da Lei n. 8.212/91 e da Súmula n. 368 do TST.

Deverá ainda a parte ré (art. 46 da Lei n. 8.541/1992) efetuar o recolhimento fiscal na forma do art. 12-A da Lei n. 7.713/88 e da Instrução Normativa RFB nº 1.500, de 29/10/2014 (revogadora da IN nº 1.127/11 – art. 114 da IN 1.500/2014), com a redação dada pela Instrução Normativa RFB nº 1558, de 31/3/2015.

Para fins do art. 832, § 3º, da CLT, as parcelas da condenação devem observar o artigo 28, § 9º, da Lei n. 8.212/91, incidindo recolhimentos fiscais e previdenciários somente sobre as parcelas de natureza salarial.

LIQUIDAÇÃO.

A liquidação deve ser feita por simples cálculos.

ABATIMENTO/COMPENSAÇÃO

Abatimento/dedução e compensação são institutos distintos e, no caso dos autos, não há falar em compensação, afinal não houve comprovação de nenhuma obrigação apta a ser extinta em face da posição concomitante de credor e devedor das partes (art. 368 do CC/2002 e arts. 477, § 5 º e 767 da CLT). Rejeito, assim, o pedido de compensação.

Autorizo, contudo, para evitar o enriquecimento sem causa (art. 884 do CC/2002) da parte autora, o abatimento/dedução dos valores pagos sob igual título àqueles deferidos nesta sentença.

Honorários periciais pelas rés, sucumbentes no objeto da perícia (art. 790-B, CLT), no valor postulado no laudo (R$ 3.500,00). Expeçam-se os alvarás para levantamento, pelas partes rés, dos valores depositados a título de honorários provisórios.

Custas processuais relativas à ação, pela parte ré (art. 789, I, da CLT), no importe de R$ 2.000,00, calculadas sobre R$ 100.000,00, valor atribuído à condenação para tal fim.

Custas da Reconvenção pela primeira e segunda partes rés no importe de R$ 5.882,46 calculadas sobre o valor da causa que é de R$ 294.123,00.

Intime-se a União Federal, para efeitos da regra inserta no art. 832, § 5º, da CLT.

Determino, por força da Recomendação Conjunta GP.CGJT. N.º 2/2011, o encaminhamento, através de endereço de e-mail institucional, de cópia da presente sentença à unidade da Procuradoria Geral Federal - PGF com atuação nessa jurisdição, a fim de subsidiar eventual ajuizamento de Ação Regressiva, nos termos do art. 120 da Lei nº 8.213/91

Cientes as partes, nos moldes da Súmula 197 do Colendo TST.

6. Sentenças extremamente complexas

6.1. *Prova de sentença do TRT 22 – 2013 (Empresa Paraíso Construção Ltda. X Sindconstrução)*

PODER JUDICIÁRIO
JUSTIÇA DO TRABALHO
TRIBUNAL REGIONAL DO TRABALHO DA 22ª REGIÃO
IV CONCURSO PÚBLICO DE JUIZ DO TRABALHO SUBSTITUTO

PROVA PRÁTICA DE SENTENÇA.

NOME COMPLETO:

Nº DE INSCRIÇÃO: DOCUMENTO DE IDENTIFICAÇÃO ÓRGÃO EXPEDIDOR UF

ASSINATURA DO CANDIDATO

INSTRUÇÕES

1. NÃO É PERMITIDO ESCLARECIMENTO ALGUM SOBRE OS ENUNCIADOS DAS QUESTÕES OU SOBRE O MODO DE RESOLVÊ-LAS.

2. A NOTA FINAL DA PROVA SERÁ ATRIBUÍDA ENTRE 0 (ZERO) E 10 (DEZ), NÃO HAVENDO, EM NENHUMA HIPÓTESE, ARREDONDAMENTO DE NOTA, SENDO DESPREZADAS AS FRAÇÕES ALÉM DO CENTÉSIMO.

3. UTILIZE SOMENTE CANETA DE TINTA AZUL OU PRETA INDELÉVEL, SENDO VEDADO O USO DE LÍQUIDO CORRETOR DE TEXTO OU CANETA HIDROGRÁFICA FLUORESCENTE.

4. NÃO RASGUE NEM RASURE O CADERNO DE RESPOSTAS, POIS NÃO PODERÁ SER TROCADO EM HIPÓTESE ALGUMA.

5. A PROVA TEM DURAÇÃO DE 4 (QUATRO) HORAS, SENDO OBRIGATÓRIA A PERMANÊNCIA DO CANDIDATO NO LOCAL POR, NO MÍNIMO, 1 (UMA) HORA E, CASO QUEIRA LEVAR O CADERNO DE PROVA COM A QUESTÃO, SOMENTE PODERÁ FAZÊ-LO APÓS O DECURSO DE 2 (DUAS) HORAS DE PROVA.

6. DURANTE A REALIZAÇÃO DA PROVA, SERÁ PERMITIDA A CONSULTA À LEGISLAÇÃO DESACOMPANHADA DE ANOTAÇÕES OU COMENTÁRIOS, VEDADA A UTILIZAÇÃO DE OBRAS DOUTRINÁRIAS, SÚMULAS E ORIENTAÇÃO JURISPRUDENCIAL. INDEPENDENTEMENTE DA INSPEÇÃO INICIAL DESSE MATERIAL, SERÁ ELIMINADO O CANDIDATO QUE, INICIADA A PROVA, FOR FLAGRADO COM MATERIAL NÃO PERMITIDO.

7. DURANTE A REALIZAÇÃO DA PROVA, O CANDIDATO SOMENTE PODERÁ AUSENTAR-SE DA SALA DEVIDAMENTE ACOMPANHADO DE UM FISCAL E, APÓS O TÉRMINO DA SUA PROVA, NÃO PODERÁ RETORNAR AO RECINTO EM NENHUMA HIPÓTESE.

8. SERÁ AUTOMATICAMENTE ELIMINADO O CANDIDATO QUE:

A) POR QUALQUER MEIO OU FORMA, TORNAR IDENTIFICÁVEL A SUA PROVA. POR ISSO, PREENCHA O ESPAÇO COM SEU NOME, NÚMERO DE INSCRIÇÃO E DADOS DO DOCUMENTO DE IDENTIFICAÇÃO SOMENTE NO ESPAÇO DESTINADO PARA TANTO;

B) DURANTE A REALIZAÇÃO DA PROVA, CONSULTAR OU COMUNICAR-SE, ORALMENTE OU POR ESCRITO, COM OUTROS CANDIDATOS OU COM PESSOAS ESTRANHAS À REALIZAÇÃO DA PROVA;

C) FOR PEGO UTILIZANDO APARELHOS ELETRÔNICOS (RELÓGIO DIGITAL, TELEFONE CELULAR, TABLET, BIP, WALKMAN, RECEPTOR, GRAVADOR, PALM TOP, PAGER E SIMILARES);

D) NÃO ESQUECER DE ASSINAR NO LOCAL IDENTIFICADO COMO "ASSINATURA DO CANDIDATO".

9. OBSERVAR AS DEMAIS NORMAS DO EDITAL DO CONCURSO.

01.09.2013

A COMISSÃO DESEJA-LHE BOA PROVA!

COMISSÃO ORGANIZADORA

Juiz CARLOS WAGNER ARAÚJO NERY DA CRUZ

Membro: Procurador Regional FRANCISCO GERSON MARQUES DE LIMA

Membro da OAB: JOÃO BATISTA DE FREITAS JÚNIOR

PROVA DE SENTENÇA – PROPOSIÇÃO

Leia atentamente e, em seguida, profira sentença que, de forma técnica e justa, decida a lide e todas as questões levantadas, quer de natureza processual, quer de natureza material:

FATOS INICIAIS E PETIÇÃO INICIAL:

A empresa PARAÍSO CONSTRUÇÃO LTDA, terceirizada da CONSTRUTEC LTDA, ajuizou interdito proibitório em face do Sindicato dos Trabalhadores da Construção Civil do Piauí (SINDCONSTRUÇÃO), alegando que o sindicato paralisou atividades na construção do Complexo Hospitalar Piauiense, obra de relevância pública para a capital Teresina-PI, e que militantes da entidade sindical passaram a impedir o acesso ao trabalho por outros empregados, tendo ocupado o canteiro de obras e danificado o patrimônio. Disse, também, que os grevistas não cumpriram nenhum requisito exigido pela legislação para deflagração da greve, apesar de se tratar de atividade essencial considerando o interesse público subjacente, até mesmo em razão do prazo para emprego do orçamento na obra e que, justamente por isso, o Poder Público estabeleceu, na licitação pública e consequente contratação da empresa principal, a CONSTRUTEC LTDA, prazo para conclusão da obra. Em razão disso, diz a empresa que há nítido interesse público na questão, pois a paralisação das obras levará a atraso na sua conclusão, em prejuízo da população e ante a disponibilidade orçamentária do Município; o atraso poderá violar a legislação a respeito, mediante comprometimento do emprego da verba pública. Falou, também, dos piquetes que a entidade vem promovendo em frente à sede da empresa, que se situa a dois quilômetros do canteiro de obra, onde um grupo de sindicalistas se posta no portão de entrada, em forma de corredor polonês, aplicando empurrões e safanões naqueles que optam por trabalhar; atitude esta que ofende a liberdade de trabalho; e que alguns membros da categoria profissional praticam atos de baderna, promovendo violência e invadindo o canteiro de obras. Assim, considerando o interesse público subjacente e a necessidade de preservar a integridade patrimonial da autora, bem como a liberdade de trabalho, a empresa **postula ao Judiciário**, inclusive liminarmente, *inaudita altera parte*, que seja determinada à entidade sindical a abstenção de qualquer ato que viole a liberdade de trabalho daqueles empregados que prefiram trabalhar ou "furar a greve"; que seja proibido ao sindicato e a todos os membros da categoria a prática de qualquer ato que possa perturbar a propriedade da empresa, ficando terminantemente definido que o sindicato e grevistas respeitem uma distância mínima de 500metros dos portões da empresa, não podendo promover atos de violência; pediu, também, que o juízo determinasse ao sindicato a desocupação imediata do canteiro de obras, sem prejuízo da reparação de danos causados ou a ser causados; tudo sob pena de pagamento de multa diária de R$ 50mil, reversível à empresa, que poderiam ser compensados, no futuro, com a indenização de direito, em virtude dos danos; e, por fim, que fosse oficiada a Polícia Militar para conferir o fiel cumprimento da decisão judicial.

Instruiu a exordial com fotografias do canteiro de obras ocupado pelos trabalhadores, imagens de piquetes e vídeos retirados das imagens colhidas das câmeras de segurança da empresa.

DECISÃO LIMINAR:

Liminarmente, o juízo determinou que o sindicato desocupasse o canteiro de obras e se afastasse do portão de entrada da sede da empresa, no prazo de 24h, sob pena de emprego de força policial, com a cominação de multa diária de R$ 50 mil, reversível à empresa, podendo servir para compensação com eventuais danos causados ou a ser causados à Reclamante. Igual multa de R$ 50 mil ficou cominada para o caso de impedimento de trabalhadores ao serviço, porém reversível ao FAT. E, sob esta mesma cominação, a liminar determinou que o sindicato observasse uma distância mínima de perímetro de 400m, contados do portão da empresa e do canteiro de obra, para efeitos de realização de assembleia e de qualquer reunião com a categoria, bem como deixasse de adotar, neste perímetro, atos de violência ou ofensivos à lei de greve.

DA DEFESA PELO SINDICATO PROFISSIONAL:

Por ocasião da audiência inaugural, designada em caráter de urgência, e rejeitada a proposta inicial de conciliação, o sindicato se defendeu, apresentando contestação, na qual alegou:

Preliminarmente, suscitou a incompetência da Vara do Trabalho, considerando que a questão de fundo tem cunho coletivo e, portanto, a competência é do Tribunal Regional do Trabalho. Daí, sustentou a revogação da liminar, ficando prejudicadas as multas ali cominadas.

Aduziu, outrossim, ilegitimidade ativa da empresa PARAÍSO CONSTRUÇÕES LTDA, por ser mera subcontratada, onde a principal é a empresa CONSTRUTEC LTDA, que, por sua vez, foi a vencedora da licitação pública e, em decorrência, firmara o contrato com o Município de Teresina-PI para construção da obra.

Requereu, também, a extinção do processo sem resolução do mérito por ofensa ao art. 6º, CPC, porque a autora, na verdade, realiza a defesa da empresa principal, que é a CONSTRUTEC LTDA, isso sem nenhuma autorização que permita a defesa de direito alheio em nome próprio. Justificou que há, na situação concreta, trabalhadores da empresa principal e da terceirizada, laborando juntos, no mesmo canteiro de obras, sob as mesmas condições, encontrando-se todos unidos na paralisação das atividades. Considerando que o suposto prejuízo causado pela paralisação lesiona a empresa principal, a qual é quem possui responsabilidade direta perante o Município contratante, requer, ainda, caso rejeitada a preliminar, que a empresa principal seja chamada à lide, na condição de litisconsorte ativo necessário.

No mérito, disse que a violação à legislação pela autora tem origem na conduta da própria empresa, que mantém no canteiro de obras trabalhador sem CTPS assinada, com remuneração inferior ao fixado no Acordo Coletivo de Trabalho firmado com a empresa principal, sem o fornecimento de Equipamento de Proteção Individual, com intervalo para refeição inferior a 01h apesar da jornada ser de 7h e haver trabalho em condições subumanas. Complementou que, na verdade, ao perceber a insuficiência das normas regulamentadoras do Ministério do Trabalho, o SINDCONSTRUÇÃO firmara Termo de Ajuste de Conduta (TAC), logo após iniciadas as obras, perante o Ministério Público do Trabalho, com a empresa CONSTRUTEC, pelo qual esta se comprometia a adotar medidas complementares indispensáveis à inibição dos infortúnios do trabalho. Por força do mesmo TAC, a empresa pagara R$ 80 mil reais ao pai de um dos trabalhadores (José Raimundo dos Santos), falecido em decorrência de acidente do trabalho. Como não foi cumprida a obrigação de fazer, fixada no TAC, e após esgotadas as tentativas de entendimento direto com as empresas, os próprios trabalhadores tomaram a iniciativa de cruzarem os braços, fato este reputado pela jurisprudência como autorizador da paralisação.

No referente ao mérito da alegada greve, defendeu que se trata de direito fundamental constitucionalmente assegurado (art. 9º, CF), razão pela qual não pode sofrer a limitação almejada pela empresa autora, cuja pretensão, na verdade, é ofensiva às liberdades sindicais. Demais disso, as atividades essenciais são apenas aquelas previstas na Lei de Greve, que não comporta, no particular, interpretação extensiva, sendo que a atividade de construção civil não está no rol das atividades consideradas essenciais. Considerando os atos típicos da greve, as manifestações apresentadas pelos trabalhadores integram o direito à parede, não podendo ser inibidos, pois seria o mesmo que comprometer a eficácia deste direito social.

Questionou, na mesma toada, para o caso de serem rejeitadas as preliminares, que as multas porventura aplicadas em face da entidade sindical assumam o caráter *"fluid recovery"*, eis que não é possível antecipar o entendimento de que haja danos a ser reparados à empresa nem o FAT se mostra o melhor destinatário de tais recursos.

Em sede de **reconvenção**, apresentada em audiência em face da empresa Reconvinda (Paraíso Construção), em peça apartada da contestação, o Sindicato réu apresentou em juízo que há problemas sociais muito mais relevantes do que o trazido pela empresa autora. Mencionou a má condição de trabalho dos operários, em ofensa à agenda internacional do trabalho decente, e a precarização causada pela terceirização, fatos estes já constatados, exemplificadamente, pelo MPT, no TAC firmado com a empresa CONSTRUTEC. Disse que há, no canteiro de obras, trabalhadores sem CTPS assinada, pessoas recebendo salário abaixo do firmado em Acordo Coletivo de Trabalho com a empresa CONSTRUTEC, sem intervalo de pelo menos uma hora para refeição, considerada a jornada contratual de 7h, além das condições subumanas a que são submetidos os trabalhadores, que padecem pela ausência de água potável e as cestas básicas são de péssima qualidade.

Em face disso, o Sindicato requer que ao juízo determine: (a) a regularização/formalização de todos os trabalhadores do canteiro de obras, mediante a assinatura das respectivas CTPS, sob pena de multa diária e *per capita* de R$ 10 mil; (b) o cumprimento do TAC, no referente à segurança do trabalhador, sob pena de ser aplicada a sanção pecuniária nele estabelecida, no importe de R$ 20 mil/dia; (c) o pagamento integral do salário fixado no instrumento coletivo de trabalho, com as diferenças devidas, retroativamente; (d) concessão de repouso intrajornada de, pelo menos, uma hora a todos os trabalhadores do canteiro de obras; (e) sejam asseguradas condições dignas de trabalho, com a condenação expressa à empresa para fornecimento de água potável e concessão de cesta básica dotada de produtos de qualidade razoável; (f) a condenação da empresa em danos morais coletivos, no importe de R$ 400 mil, considerando a violação a direitos sociais em larga escala, alguns com violação já consolidada de forma irreversível. Que a cominação da multa seja destinada a rateio aos trabalhadores ou a fundo próprio, que possa reverter em benefício da própria comunidade atingida pelo dano.

Apresentou na audiência, para fins de defesa e reconvenção, cópia do TAC, do ACT, de atestados de óbito de 04 trabalhadores que se acidentaram nos 03 meses de construção da obra, fotografias de pessoas trabalhando em desobediência às obrigações firmadas no TAC quanto à segurança no serviço, fotografias de 03 bebedouros desprovidos de água potável e contracheques de 05 empregados, com salários inferiores aos valores definidos no ACT. Com relação ao horário para almoço, apresentou vídeo com duração de 40min, devidamente juntado nos autos, contendo a filmagem do refeitório, mostrando o horário de início e fim da refeição, em um dia de quinta-feira, gravado por membros da diretoria do sindicato, que estiveram presentes ao local em um dos dias de fiscalização pela entidade.

DOS FATOS OCORRIDOS NA AUDIÊNCIA:

Após registrar a presença das partes e seus procuradores, o magistrado recebeu a defesa e a reconvenção apresentadas pelo SINDCONSTRUÇÃO, abrindo vistas, em audiência, à empresa autora/reconvinda, que preferiu fazer defesa oral nos seguintes termos:

Inicialmente, alegou que a reconvenção não pode ser admitida em sede de interdito proibitório, por se tratar de ação de natureza possessória de rito especial, sendo incompatível com o Processo do Trabalho, até mesmo em face da distinção de ritos. Situação que se agrava pelo pedido de danos morais coletivos, eis que processualmente inadmissível na via eleita.

Disse que é parte ilegítima para qualquer discussão sobre o suposto descumprimento do Termo de Ajustamento de Conduta firmado entre a CONSTRUTEC e o SINDCONSTRUÇÃO, perante o Ministério Público do Trabalho. E que a reconvinda vem cumprindo rigorosamente as normas de segurança expedidas pelo Ministério do Trabalho e Emprego, no que se limita sua obrigação, em tese, a este aspecto. O mesmo se diga dos valores dos salários, já que o sindicato traz à colação Acordo Coletivo de Trabalho firmado com a empresa principal, a CONSTRUTEC, e não com a reconvinda. Daí ser perfeitamente possível o pagamento do salário em importe menor, no valor definido pela Convenção Coletiva de Trabalho da categoria, a qual a reconvinda vem cumprindo à risca.

De todo modo, em face do pedido do sindicato, a reconvinda denunciou à lide a CONSTRUTEC e o Município de Teresina, por terem interesse direto na causa, considerando a responsabilidade trabalhista de cada um dos denunciados.

Contestou, também, a acusação de haver contratado trabalhadores sem CTPS assinada, pois todos os seus empregados possuem contratos formalizados, o que não pode dizer de eventuais trabalhadores porventura contratados pela empresa CONSTRUTEC, já que não possui ingerência alguma sobre ela e seus funcionários. O mesmo se diga, segundo a reconvinda, dos repousos intrajornada, da água potável e da qualidade da cesta básica. Quanto aos danos morais coletivos, afirmou sua inexistência, além de que se trata de pedido decorrencial de suposta infringência a direitos sociais em massa, o que não é o caso dos autos, conforme demonstrara a defesa nesta assentada.

Sobre a prova documental acostada pelo sindicato profissional, a reconvinda disse que, considerando o universo de 923 trabalhadores operando na construção do Complexo Hospitalar de Teresina, o número de contracheques é insignificante, não servindo para uma amostragem segura. E que, não bastasse isso, dos 05 trabalhadores, 01 é empregado da empresa CONSTRUTEC, sobre o qual não possui nenhuma responsabilidade. Quanto aos bebedouros, esclareceu que foram implementados pela empresa principal contratada, tendo a subcontratada se limitado a propiciar a utilização pelos trabalhadores. Sobre o refeitório, disse que o vídeo tinha origem maldosa e era prova ilícita, pois fora elaborado sem autorização da empresa, num dia de quinta-feira, em que, excepcionalmente, por razões de pintura no refeitório, o almoço teve de ser fornecido e consumido às pressas.

O juiz achou por bem suspender a audiência, a fim de escutar o Município de Teresina, em face de sua possível responsabilidade subsidiária, e a principal contratada, a CONSTRUTEC. Em seguida, determinou a notificação de ambos os interessados, com cópia integral dos autos, ficando designada nova audiência para 30 dias depois, com o objetivo de receber a defesa dos denunciados à lide, de colher todas as provas, encerramento da instrução e de todos os demais atos do processo. Disso tudo consignou a ciência das partes presentes.

AUDIÊNCIA, EM CONTINUAÇÃO:

A audiência em continuação pode ser resumida da seguinte forma:

I) a *CONSTRUTEC* compareceu à Vara, sendo representada por seu preposto e seu advogado, ambos com os respectivos documentos de constituição pela empresa. Com relação ao TAC, apontou que o vem cumprindo quanto aos seus empregados, que se limitam a 275, do total de 900, eis que todo o resto é contratado da empresa PARAÍSO CONSTRUÇÃO. Neste sentido, apresentou o contrato cível firmado entre ambas as empresas, dando conta de que a subcontratada forneceria mão de obra de, pelo menos, 625 trabalhadores em condições regulares. Os acidentes fatais referidos pelo Sindicato datam de antes da firmação do TAC, portanto são imprestáveis à prova, ante o desfecho perante o MPT. Disse que há trabalhadores recém admitidos, num total de 21, contratados emergencialmente

4

como reforço ao serviço, os quais não tiveram sua CTPS assinada por se tratar de admissão há menos de 30 dias, na modalidade de contrato por experiência, com duração de um mês, tempo necessário para cobrir a carência. Como este prazo se esgotará nos próximos 05 dias e não haverá a incorporação desses trabalhadores, torna-se desnecessário o registro da CTPS. Mas percebe que há 02 operários trabalhando sem CTPS assinada que não foram contratados pela contestante, o que leva a crer sejam empregados da subcontratada. Sobre o intervalo para almoço, confirmou a versão da empresa reconvinda, inclusive se filiando à tese da prova ilícita, reforçando o argumento de que a prova foi feita por pessoas ligadas à direção do sindicato, portanto se trata de gravação de imagens de terceiros. Quanto aos bebedouros, disse que sua responsabilidade se limitara a prepará-los e deixá-los à disposição dos usuários, cabendo à empresa subcontratada zelar pelo seu uso, sua preservação e a qualidade da água oferecida aos trabalhadores. Neste sentido, a contratante principal não sabe informar sobre as reais condições da água e dos bebedouros atualmente. No pertinente aos salários, disse que vem observando rigorosamente o Acordo Coletivo, salvo quanto aos 21 contratados temporariamente, por se tratar de situação anômala e porque não são, integrantes da categoria, em virtude da precariedade da contratação. A estes, a empresa cumpre a Convenção Coletiva firmada entre os sindicatos profissional e patronal, cuja cláusula 12ª consigna piso salarial inferior ao estabelecido no ACT. Teve notícias sobre acidentes de trabalho ocorridos recentemente, após firmado o TAC, mas todos foram superficiais, com lesões leves, as quais não impossibilitaram o trabalhador de comparecer ao serviço, mas todos envolvendo trabalhadores da subcontratada.

De qualquer maneira, por extrema prudência, disse que a reconvenção não é instituto processual adequado para se discutir o cumprimento de TAC. Primeiro, em razão da complexidade inerente à verificação de fatos sobre o descumprimento das obrigações assumidas; segundo, porque o TAC desafia outra modalidade de ação, a ação executiva, e não ação de conhecimento; terceiro, porque somente o Ministério Público do Trabalho pode promover as medidas, judiciais e extrajudiciais, necessárias ao cumprimento do TAC, donde a ilegitimidade ativa do sindicato reconvinte. Daí ser imperiosa a extinção do processo sem resolução do mérito, o que de logo ficou pedido.

Por todas estas razões, entende que os danos morais são incabíveis, eis que inexiste violação a direitos em escala maciça.

2) O Município de Teresina também compareceu à audiência, por meio do seu Procurador-Geral, desprovido de qualquer documento que atestasse os poderes conferidos pelo Prefeito, mas munido de carteira funcional. Em sua defesa, disse que a responsabilidade do Município se expressara e se limitara na contratação da empresa CONSTRUTEC, considerando a relevância pública da obra, que beneficiará milhares de usuários, inclusive munícipes de Municípios circunvizinhos. Exatamente por esta relevância e interesse social, o Estado do Piauí tem parceria no orçamento da obra, assim como há emprego de verba originária do Ministério da Saúde, embora o Município de Teresina seja o gestor e responsável pela construção. De todo modo, entende aconselhável chamar ao feito o Estado do Piauí e a União Federal, considerando o interesse peculiar a cada um, em razão da verba pública destinada à obra. Se assim o magistrado não entender, por razões de igualdade e coerência, o Município há de ser excluído do feito, o que de logo fica pedido. Por força de argumentação, disse que não foi demonstrado, no caso dos autos, nenhuma evidência ou um mínimo indício que seja de culpa do Município na questão trabalhista. Já existe decisão pacificada no âmbito do STF de que, sem a demonstração cabal de culpa *in vigilando* ou *in elegendo*, a Administração Pública não pode ser responsabilizada, quer subsidiária quer solidariamente nas terceirizações, subcontratações etc. Na situação em tela, o Município abrira concurso de licitação pública, tendo concorrido várias empresas,

5

cujo processo findou com a vencedora CONSTRUTEC LTDA; sem impugnação das outras concorrentes, esta empresa foi a contratada; e que, como é comum no meio da construção civil, deu-se a subcontratação da empresa PARAÍSO CONSTRUÇÕES LTDA. Portanto, requer a exclusão do feito ou, sucessivamente, seja declarada sua isenção de qualquer responsabilidade trabalhista verificada durante a construção da obra, sobre quanto aos danos morais coletivos, já que não tinha nenhuma relação com eventuais danos causados pelas empresas à sociedade, pelo que requer sua improcedência.

INSTRUÇÃO PROCESSUAL:

Na instrução processual, ficaram dispensados os depoimentos pessoais, sendo ouvida uma única testemunha, levada que fora pela entidade sindical. Em resumo, obedecida a prévia qualificação e feitas as advertências legais, a testemunha disse que: a água oferecida aos trabalhadores, em todos os bebedouros do canteiro de obras, era ruim, amarelada e com gosto de terra; dos produtos da cesta básica, em seus 15 itens, somente os enlatados eram bons (sardinha, óleo e café), pois os constantes de sacolas plásticas vinham em recipientes furados, em estado de má conservação e, às vezes, estragados; o intervalo para almoço era sempre muito corrido, não sabendo precisar com exatidão, mas acha que raramente chegava a ter uma hora de duração; não se lembra de quando houve a pintura no refeitório, sobretudo a ponto de comprometer a duração do tempo destinado ao almoço; na obra, há trabalhadores de ambas as empresas, CONSTRUTEC e PARAÍSO, sem distinção, pois todos desempenham funções semelhantes e trabalham juntos; a distinção, na realidade, é apenas de direitos, e não de deveres ou responsabilidades; os acidentes na obra continuam existindo, embora em dimensão inferior ao do período inicial e em nível menos grave; não houve nos últimos 03 meses nenhum acidente fatal, que causasse morte ou invalidez; o depoente trabalha na obra desde o seu início, ocupando atualmente a função administrativa de inspetor; nessa condição, suas atividades envolvem funções administrativas e de inspeção de alguns pontos do canteiro de obra; é empregado da empresa CONSTRUTEC e desempenha a função de delegado sindical, indicado que fora pela diretoria da entidade profissional.

Sem mais provas a produzir ou a impugnar, e sem protestos das partes, foi encerrada a instrução.

RAZÕES FINAIS:

Em sede de razões finais, todas apresentadas em audiência, oralmente, as partes fizeram considerações remissivas, com as seguintes peculiaridades específicas:

1) EMPRESA PARAÍSO LTDA: questionou a validade da testemunha, porque: ***(a)*** trata-se de pessoa com notório interesse em defender seu empregador (a Construtec) e o Sindicato (do qual é delegado); ***(b)*** uma única testemunha não é suficiente para provar fatos. Na sequência, disse que a discussão judicial havia mudado completamente o cerne da causa, que era a violência cometida por força da paralisação coletiva, a usurpação da posse e danos na propriedade da empresa, no canteiro de obras, a violação à liberdade de trabalho e a deflagração de uma greve absurda, sem nenhuma obediência a requisitos legais. A condução processual se desviou do cerne do problema, para analisar os temas veiculados indevidamente na reconvenção, daí advindo o cerceamento do direito de defesa da autora inicial. Reivindicou, portanto, a reabertura da instrução, sem prejuízo dos efeitos da liminar deferida.

2) EMPRESA CONSTRUTEC LTDA: solicitou a realização de prova pericial para constatar a existência dos acidentes mencionados no curso da instrução processual, considerando se tratar de medida obrigatória nos casos de insalubridade e periculosidade; pediu prazo para apresentar documentos comprobatórios do pagamento salarial segundo o ACT e a CCT;

requereu exclusão da lide, porque todas as questões emanadas são de única e inteira responsabilidade da subcontratada. Por fim, pediu que fosse chamado o feito à ordem para ser ouvido o MPT em audiência, considerando que se discute o cumprimento das obrigações assumidas no TAC.

3) MUNICÍPIO DE TERESINA: considerando a essencialidade da obra, acostou-se ao pedido inicial, no interdito proibitório, e sua exclusão da lide no referente à reconvenção. Sustentou que, de fato, a obra ostenta relevância e urgência, não podendo sua construção ser atrasada por greves ou movimentos desorganizados; é nítido o interesse público, não podendo o interesse de classe a ele se sobrepor (art. 8º, CLT).

4) SINDCONSTRUÇÃO: disse que o vídeo tem plena validade jurídica, pois o sindicato fez a filmagem na presença de todos, sem nenhum segredo, além de que a entidade é quem representa constitucionalmente a categoria; a greve não pode ser analisada isoladamente, sem que se discutam suas verdadeiras causas, pois o interesse social dos trabalhadores é evidente; as empresas e o Município jogam suas responsabilidades, num ping-pong jurídico sem nenhum utilidade prática; a fase de instrução já foi encerrada, não sendo possível reabri-la; a autora PARAÍSO CONSTRUÇÃO não tem legitimidade para defender o canteiro de obras, em sede de interdito proibitório, porque a propriedade pertence ao Município; e este, por sua vez, em nenhum momento defendeu tal propriedade, limitando-se a se filiar à tese da essencialidade das atividades, para efeitos de greve. Daí, a improcedência dos pedidos exordiais, lançados na peça inicial da ação de interdito proibitório; por fim, disse que há responsabilidade solidária entre as empresas, as quais devem ser condenadas conjuntamente, sem prejuízo da responsabilidade subsidiária do Município.

O juiz indeferiu todos os pedidos de reabertura da instrução e chamamento do feito à ordem processual, sem prejuízo de voltar a analisá-los mais detidamente na sentença.

A última tentativa de conciliação foi rejeitada, sendo os autos conclusos a julgamento.

****

De posse destes fatos e informações, o(a) candidato(a) deve elaborar sentença que, sob o ponto de vista técnico e de justiça, decida todas as questões, preliminares, incidentes e de mérito, inclusive aquelas levantadas por ocasião das razões finais. Entre outros critérios, a banca examinadora avaliará aspectos de lógica, razoabilidade, coerência, fundamentação jurídica e social e praticidade do(a) candidato(a).

O(a) candidado(a) fica dispensado da elaboração do Relatório.

7

PARA EXERCITAR

MODELO DE RESPOSTA DA PROVA DE SENTENÇA DO TRT 22 – 2013 (EMPRESA PARAÍSO CONSTRUÇÃO LTDA. X SIND-CONSTRUÇÃO)

"RELATÓRIO

Dispensado pela banca examinadora.

FUNDAMENTAÇÃO DA AÇÃO DE INTERDITO PROIBITÓRIO

CONSIDERAÇÕES INICIAIS. EFICÁCIA INTERTEMPORAL DAS NORMAS DE DIREITO MATERIAL E DE DIREITO PROCESSUAL

Inicialmente, cumpre destacar que, considerando a data do ajuizamento da presente ação trabalhista, não há falar em aplicação do disposto na Lei n. 13.467/2017, razão pela qual os dispositivos legais aplicáveis são aqueles vigentes no momento do ajuizamento da ação, sobretudo no que toca a sistemática relativa aos requisitos da petição inicial, regularidade de representação das partes na audiência, concessão da justiça gratuita e deferimento de honorários advocatícios.

Ademais, considerando a data de ocorrência dos fatos, também não há falar em aplicação do disposto na Lei n. 13.467/2017 sobre o tema, razão pela qual os dispositivos legais aplicáveis são aqueles vigentes no momento da ocorrência dos fatos.

REABERTURA DA INSTRUÇÃO PROCESSUAL (REQUERIDA PELA EMPRESA PARAÍSO LTDA)

A EMPRESA PARAÍSO LTDA, após o encerramento da instrução, em sede de razões finais, requereu a reabertura da instrução, sem prejuízo dos efeitos da liminar deferida, sob o argumento de que a condução processual se desviou do cerne do problema.

Em primeiro lugar, cumpre destacar que a instrução processual foi encerrada sem mais provas a produzir ou a impugnar, e sem protestos das partes, o que, por si só, é suficiente para rejeitar o pedido de reabertura da instrução, afinal preclusa a oportunidade.

Ademais, não há razão no pleito formulado, já que a instrução processual permitiu que todos os litigantes produzissem as provas que entendiam necessárias tanto para a prova dos fatos discutidos no âmbito do interdito proibitório, quando no âmbito da reconvenção.

Rejeito.

VALIDADE DA PROVA TESTEMUNHAL (QUESTIONADA PELA EMPRESA PARAÍSO LTDA)

A EMPRESA PARAÍSO LTDA, após o encerramento da instrução, em sede de razões finais, questionou a validade da testemunha, sob o argumento de que possui notório interesse em defender o seu empregador (EMPRESA CONSTRUTEC LTDA) e o Sindicato (do qual é delegado), bem como sob o argumento de que uma única testemunha não é suficiente para provar fatos.

Em primeiro lugar, vale destacar que se encontra preclusa a oportunidade de contraditar a testemunha ouvida, afinal, nos termos do art. 414, § 1º, do CPC/73 - art. 457, § 1º, do CPC/15, a contradita deve ser formulada após a qualificação da testemunha, antes, assim, do seu depoimento.

Ademais, cumpre destacar que a instrução processual foi encerrada sem mais provas a produzir ou a impugnar, e sem protestos das partes, o que também, por si só, é suficiente para rejeitar a impugnação lançada à prova testemunhal, afinal preclusa a oportunidade em razão da não formulação de qualquer protesto.

Por fim, vale destacar que o fato de ser empregado da EMPRESA CONSTRUTEC LTDA e delegado sindical não tornam a testemunha suspeita ou impedida, já que não há como presumir a alegada falta de isenção. No mais, a despeito de não haver nenhuma vedação legal, no processo do trabalho, de que os fatos sejam provados por apenas uma única testemunha, nada impede que, no exercício da livre persuasão racional, todos os fatos apontados sejam utilizados pelo Juiz para valoração da prova (art. 131 do CPC/73 - art. 371, CPC/15).

Rejeito.

INCOMPETÊNCIA FUNCIONAL (SUSCITADA PELO SINDICATO)

Dispõe o art. 93 do CPC/73 que "Regem a competência dos tribunais as normas da Constituição da República e de organização judiciária. A competência funcional dos juízes de primeiro grau é disciplinada neste

Código". Daí, infere-se que, salvo regra expressa em sentido contrário, a competência originária para processamento e julgamento de ações é da primeira instância.

No caso da Justiça do Trabalho, a competência funcional dos Tribunais Regionais do Trabalho está fixada na Consolidação das Leis do Trabalho (arts. 678, 697 e 680) e, principalmente, nos seus Regimentos Internos.

Assim, em se tratando de interditos proibitórios, não há regra expressa fixando como dos Tribunais a competência originária, motivo pelo qual segue-se a regra geral de competência dos juízes de primeiro grau.

Por fim, registre-se que o alegado "fundo coletivo" apontado pelo Sindicato não possui o condão de atrair a competência dos Tribunais Regionais do Trabalho, afinal não se trata, nem formalmente, nem materialmente, de Dissídio Coletivo, pois o bem tutelado através do interdito proibitório é a posse (ação de natureza possessória).

Rejeito.

FALTA DE AUTORIZAÇÃO PARA AÇÃO (SUSCITADA PELO SINDICATO)

O Sindicato requer a extinção do processo sem resolução do mérito por ofensa ao art. 6º do CPC/73 – art. 18, do CPC/15, sob o argumento de que a parte autora, em verdade, reclama direitos de titularidade da empresa CONSTRUTEC LTDA, sem autorização para tanto. Requer, ainda, caso seja rejeitada a preliminar, que a referida empresa seja chamada à lide, na condição de litisconsorte ativo necessário.

Ocorre que a empresa autora (PARAÍSO CONSTRUÇÃO LTDA), através da presente ação, tutela direito próprio, possuindo interesse econômico e jurídico no presente feito, de modo que não se trata de tutela, em nome próprio, de direito alheio, a exigir autorização para tanto.

Assim, rejeito a preliminar.

Quanto ao pedido de integração à lide, na condição de litisconsorte ativo necessário, da empresa CONSTRUTEC LTDA, também não há razão de ser, afinal o caso em questão não impõe, nem por força de lei nem pela natureza da relação jurídica, que o Juiz decida a lide de forma uniforme para todas as partes (art. 47 do CPC/73 – arts. 114 e 115, do CPC/15). Rejeito.

ILEGITIMIDADE ATIVA (SUSCITADA PELO SINDICATO)

A parte ré sustenta a ilegitimidade ativa da parte autora sob o argumento, inicialmente, de que a parte autora era mera subcontratada e, posteriormente, em sede de razões finais, de que a parte autora não tem legitimidade para defender o canteiro de obras, em sede de interdito proibitório, porque a propriedade pertence ao Município.

Ao exame.

A legitimidade da parte, tanto ativa quanto passiva, consistente na pertinência subjetiva da ação, de acordo com a teoria adotada pelo ordenamento jurídico pátrio (teoria da asserção), deve ser analisada abstratamente.

Vale dizer: quanto à legitimidade passiva, se a parte ré é indicada na petição inicial como a pessoa responsável para suportar eventual sucumbência, sob o ponto de vista processual, é parte legítima. No que tange à legitimidade ativa, a manifestação da parte autora como titular de um determinado direito a torna parte legítima para pleiteá-lo. Num caso ou no outro, a procedência ou não do pedido é questão relativa ao mérito, e nele será apreciada.

Rejeito a preliminar.

MANDADO PROIBITÓRIO – OBRIGAÇÕES DE FAZER E DE NÃO FAZER.

Alega a parte autora que a parte ré paralisou atividades na construção do Complexo Hospitalar Piauiense e que militantes da entidade sindical passaram a impedir o acesso ao trabalho por outros empegados, tendo ocupado o canteiro de obras e danificado o patrimônio.

Diz ainda que não foram cumpridos os requisitos para deflagração da greve, bem como que estão sendo realizados piquetes em frente à sede da empresa autora, que se situa a dois quilômetros do canteiro de obra, permanecendo um grupo de sindicalistas no portão de entrada, formando um corredor polonês, aplicando empurrões e safanões naqueles que optam por trabalhador. Por fim, diz que alguns membros da categoria profissional praticam atos de baderna, promovendo violência e invadindo o canteiro de obras.

Em defesa, a parte ré confessa a paralisação, argumentando, contudo, que esta decorreu do descumprimento, pela parte autora, dos direitos trabalhistas mínimos. Diz ainda a parte ré que a greve é um direito fundamental, que não pode sofrer limitação.

Ao exame.

Ao confessar a paralisação das atividades e não impugnar, de forma específica (art. 302 do CPC/73 - art. 341, do CPC/15), as alegações da parte autora quanto aos atos que vêm sendo praticados pelos grevistas, presumem-se verdadeiros e, como não foram objeto de prova em sentido contrário, resta provado que: a) militantes da entidade sindical passaram a impedir o acesso ao trabalho por outros empegados, tendo ocupado o canteiro de obras e danificado o patrimônio; b) não foram cumpridos os requisitos para deflagração da greve; c) estão sendo realizados piquetes em frente à sede da empresa autora, que se situa a dois quilômetros do canteiro de obra, permanecendo um grupo de sindicalistas no portão de entrada, formando um corredor polonês, aplicando empurrões e safanões naqueles que optam por trabalhador; d) alguns membros da categoria profissional praticam atos de baderna, promovendo violência e invadindo o canteiro de obras.

Ademais, as fotos, imagens e vídeos juntados com a inicial comprovam a ocupação do canteiro de obras e a realização de piquetes.

Pois bem. A despeito de tratar-se, nos termos do art. 9º da CRFB/88, de um direito fundamental dos trabalhadores, o direito de greve e, sobretudo, o seu exercício, precisa conviver em harmonia com os demais direitos fundamentais, entre os quais, inclusive, se encontra o direito de propriedade.

Não por outra razão, a CRFB/88, em seu art. 1º, IV, consagram, de forma conjunta, como fundamentos da República Federativa do Brasil, a valorização social do trabalho e a livre iniciativa, cabendo, portanto, um equilíbrio harmônico entre tais direitos.

No Brasil, essa ponderação foi, inicialmente, proposta pelo legislador, através da Lei n. 7.783/89 que, dentre outras regras, trouxe, através de seus diversos artigos, requisitos para a deflagração da greve, exigíveis, sob pena de abusividade, independentemente de tratar-se de atividade essencial ou não, havendo tão somente, no caso de atividades ou serviços essenciais, um rigor mais acentuado quanto aos referidos requisitos.

Outrossim, para compatibilizar o direito de greve com os demais direitos fundamentais (direito de propriedade; direito à liberdade do trabalho;

direito à vida etc.), o legislador contemplou alguns deveres aos grevistas que precisam ser observados no exercício do direito de greve.

Dentre os referidos deveres, destacam-se: a) impossibilidade de violação ou constrangimento dos direitos e garantias fundamentais de outrem (art. 6º, § 1º); b) impossibilidade de impedimento do acesso ao trabalho e impossibilidade de causar ameaça ou dano à propriedade ou pessoa (art. 6º, § 3º).

Assim, ao descumprir os referidos deveres, tem-se não somente a abusividade do direito de greve (art. 14 da Lei n. 7.783/89), mas também, a depender da situação, a violação ao direito de propriedade de outrem, justificando, assim, nos termos do art. 932 do CPC/73 – art. 567, CPC/15, o cabimento do interdito proibitório, instrumento através do qual "o possuidor direto ou indireto, que tenha justo receio de ser molestado na posse, poderá impetrar ao juiz que o segure da turbação ou esbulho iminente, mediante mandado proibitório, em que se comine ao réu determinada pena pecuniária, caso transgrida o preceito.".

No caso dos autos, comprovados, portanto, os fatos alegados pela parte autora, conclui-se pela violação do direito de propriedade e de liberdade do trabalho, motivo pelo qual julgo procedentes em parte os pedidos formulados para, confirmando, em parte, a liminar já deferida, determinar que: a) o sindicato réu desocupe o canteiro de obras e se mantenha afastado do portão de entrada da sede da empresa, respeitando uma distância mínima de perímetro de 200m, reputando muito grande a distância de 400m fixados na liminar, sob pena de fulminar, em absoluto, o exercício do direito de greve, contados do portão da empresa autora e do canteiro de obra, para efeitos de realização de assembleia e de qualquer reunião com a categoria, vedada a prática de qualquer ato de violência ou de esbulho ou turbação da propriedade da parte autora, no prazo de 24h, sob pena de emprego de força policial, sob pena de, nos termos do art. 461, § 4º, do CPC/73 – art. 536, § 1º, CPC/15, multa diária no valor de R$ 1.000,00 (mil reais), valor que entendo razoável e suficiente, no momento, para o cumprimento da obrigação, entendendo muito elevado o valor de R$ 50.000,00 fixado na liminar, reversível à empresa autora, b) que o sindicato réu, imediatamente, se abstenha de praticar qualquer ato que viole a liberdade de trabalho daqueles que queiram comparecer e prestar serviço, sob pena de, nos termos do art. 461, § 4º, do CPC/73 – art. 536, § 1º, CPC/15, multa diária no valor de R$

1.000,00 (mil reais), valor que entendo razoável e suficiente, no momento, para o cumprimento da obrigação, entendendo muito elevado o valor de R$ 50.000,00 fixado na liminar, reversível, contudo, ao Fundo de Amparo ao Trabalhador, por força de previsão normativa específica (art. 13 da Lei n. 7.347/85, combinado com o art. 10 da Lei n. 7.998/1990).

No que tange ao pedido da parte ré para que as multas aplicadas assumam caráter de *fluid recovery*, não há razão de ser, afinal trata-se, em verdade, de astreintes, destinadas tão somente, nos termos do art. 461, § 4º, do CPC/73 – art. 536, § 1º, CPC/15, ao cumprimento das obrigações de fazer e não fazer cominadas, não se constituindo, portanto, em antecipação do entendimento de que haja danos. Por fim, a destinação ao FAT decorre de imperativo normativo (art. 13 da Lei n. 7.347/85, combinado com o art. 10 da Lei n. 7.998/1990).

Expeça-se o mandado proibitório.

INDENIZAÇÃO PELOS DANOS CAUSADOS.

O pedido da parte autora para que sejam reparados os danos causados ou que vierem a ser causados não foi, quanto aos supostos danos causados, objeto de comprovação (art. 818 da CLT).

No que tange aos danos a serem causados, trata-se de pedido que levaria a uma sentença condicional, o que é vedado pelo ordenamento jurídico, servindo como uma forma de antecipação de eventual indenização.

Assim, julgo improcedente o pedido.

Por essa razão, inclusive, não há falar em compensação do valor da multa diária fixada com eventuais danos causados ou a serem causados à parte autora.

FUNDAMENTAÇÃO DA RECONVENÇÃO

REALIZAÇÃO DE PROVA PERICIAL E PRAZO PARA JUNTADA DE DOCUMENTOS (REQUERIDA PELA EMPRESA CONSTRUTEC LTDA)

A EMPRESA CONSTRUTEC LTDA, após o encerramento da instrução, em sede de razões finais, requereu a realização de prova pericial e concessão de prazo para juntada de documentos.

Em primeiro lugar, cumpre destacar que a instrução processual foi encerrada sem mais provas a produzir ou a impugnar, e sem protestos das partes, o que, por si só, é suficiente para rejeitar os pedidos formulados, afinal preclusa a oportunidade.

Ademais, no que tange aos documentos, prevê o art. 396 do CPC/73 - art. 434, CPC/15, que "Compete à parte instruir a petição inicial (art. 283), ou a resposta (art. 297), com os documentos destinados a provar-lhe as alegações.", motivo pelo qual cabia à EMPRESA CONSTRUTEC LTDA ter juntados os documentos que entendia necessários com a sua contestação ou, no máximo, até o fim da instrução.

Por fim, quanto ao pedido de realização de prova pericial, trata-se de prova desnecessária, por não estar em discussão o Termo de Ajustamento de Conduta firmado.

Rejeito.

CHAMAMENTO DO FEITO À ORDEM – OITIVA DO MINISTÉRIO PÚBLICO DO TRABALHO EM AUDIÊNCIA (REQUERIDA PELA EMPRESA CONSTRUTEC LTDA).

A EMPRESA CONSTRUTEC LTDA, após o encerramento da instrução, em sede de razões finais, requereu que fosse chamado o feito à ordem para que fosse ouvido, em audiência, o Ministério Público do Trabalho.

Em primeiro lugar, cumpre destacar que a instrução processual foi encerrada sem mais provas a produzir ou a impugnar, e sem protestos das partes, o que, por si só, é suficiente para rejeitar o pedido formulado, afinal preclusa a oportunidade.

Ademais, o pedido em questão revela-se desnecessário uma vez que, no presente feito, o Termo de Ajustamento de Conduta firmado não é o objeto da lide.

Rejeito.

CHAMAMENTO AO PROCESSO DO ESTADO DO PIAUÍ E DA UNIÃO FEDERAL (REQUERIDO PELO MUNICÍPIO DE TERESINA)

Requer o Município de Teresina o chamamento ao processo do Estado do Piauí e da União Federal, apontando para tanto o interesse peculiar de cada um, em razão da verba pública destinada à obra.

Sem razão.

Além de não estarem presentes, no caso, nenhuma das hipóteses previstas o art. 77 do CPC/73 - art. 130, CPC/15, não há sequer alegação, por nenhuma das partes, de que o Estado do Piauí ou a União Federal atuaram como tomadoras de serviço, única hipótese que, eventualmente, poderia justificar suas presenças no feito.

O mero fato de ter havido verba pública destinada à obra não autoriza a inclusão no feito dos referidos entes públicos.

Rejeito.

INADEQUAÇÃO DA VIA ELEITA – RECONVENÇÃO (SUCISTADA PELAS EMPRESAS PARAÍSO CONSTRUÇÃO LTDA E CONSTRUTEC LTDA)

Suscitam as empresas PARAÍSO e CONSTRUTEC a preliminar de inadequação da via eleita quanto à reconvenção apresentada no bojo da ação de interdito proibitório.

Contudo, não há nenhum óbice à admissibilidade de reconvenção em sede de interdito proibitório, afinal, de acordo com a leitura combinada dos arts. 933 e 931 do CPC/73 - arts. 566 e 568, CPC/15, aplica-se ao interdito proibitório as normas relativas ao procedimento ordinário que, por sua vez, através dos arts. 297 e 315 do CPC/73 - arts. 335 e 343, CPC/15, prevê que o réu pode, no prazo de resposta, reconvir, toda vez que a reconvenção seja conexa com a ação principal ou com o fundamento da defesa, o que ocorre no caso dos autos, normas estas que, diante da omissão celetista sobre o tema (art. 769 da CLT), se aplicam às ações processadas e julgadas na Justiça do Trabalho.

Rejeito as preliminares.

INADEQUAÇÃO DA VIA ELEITA – PEDIDO DE INDENIZAÇÃO POR DANOS MORAIS COLETIVOS (SUSCITADA PELA EMPRESA PARAÍSO CONSTRUÇÃO LTDA).

Evidenciada a adequação da utilização da Reconvenção no caso em questão, verifica-se o preenchimento da condição da ação de interesse processual (adequação), inclusive para pleitear a indenização por danos morais coletivos, dada a autonomia da reconvenção em relação à ação principal, no que tange aos pedidos formulados, bastando que haja conexão quanto à matéria da ação principal ou com o fundamento da defesa (art. 315 do CPC/73 - art. 343, CPC/15).

Rejeito.

INADEQUAÇÃO DA VIA ELEITA – EXECUÇÃO DE TAC E ILEGITIMIDADE ATIVA DO SINDICATO PARA CUMPRIR TAC (SUSCITADAS PELA EMPRESA CONSTRUTEC LTDA)

Entre os pedidos formulados no âmbito da Reconvenção encontra-se o de letra "b", através do qual o Sindicato reconvinte requer o cumprimento do TAC, no referente à segurança do trabalhador, sob pena de ser aplicada sanção pecuniária nele estabelecida.

Ocorre que, conforme suscitado pela empresa CONSTRUTEC LTDA através de preliminar, o TAC, uma vez descumprido, comporta execução através de uma ação de execução de título executivo extrajudicial (art. 877-A da CLT), dada a sua natureza como tal (art. 585, II, do CPC/73 - art. 784, II, do CPC/15).

Assim, não é a Reconvenção apresentada no bojo de uma ação de interdito proibitório a via adequada para executar termos de ajustamento de conduta.

Ademais, o Sindicato Reconvinte não é, mesmo se analisado sob a óptica da teoria da asserção, parte legítima para preitear o cumprimento do referido TAC, já que tal legitimidade é conferida apenas aos órgãos públicos legitimados para celebração dos termos de ajustamento de conduta (art. 5º, § 6º, da Lei n. 7.347/85).

Dessa forma, verifico a inexistência de interesse processual (adequação) e de legitimidade ativa quanto ao pleito em questão, motivo pelo qual, nos termos do art. 267, VI, do CPC/73 - art. 485, VI, do CPC/15, acolho as preliminares e extingo o pedido de cumprimento do TAC, no referente à segurança do trabalhador, sob pena de ser aplicada sanção pecuniária nele estabelecida, sem resolução do mérito.

ILEGITIMIDADE PASSIVA – DESCUMPRIMENTO DO TAC (SUSCITADA PELA EMPRESA PARAÍSO CONSTRUÇÃO LTDA)

A empresa PARAÍSO CONSTRUÇÃO LTDA sustenta sua ilegitimidade passiva para qualquer discussão sobre o suposto descumprimento do Termo de Ajustamento de Conduta firmado entre a empresa CONSTRUTEC e o SINDCONSTRUÇÃO perante o Ministério Público do Trabalho.

Ao exame.

A legitimidade da parte, tanto ativa quanto passiva, consistente na pertinência subjetiva da ação, de acordo com a teoria adotada pelo ordenamento jurídico pátrio (teoria da asserção), deve ser analisada abstratamente.

Vale dizer: quanto à legitimidade passiva, se a parte ré é indicada na petição inicial como a pessoa responsável para suportar eventual sucumbência, sob o ponto de vista processual, é parte legítima.

Por fim, cumpre ainda destacar que, a despeito da extinção, sem resolução do mérito, do pedido de cumprimento do TAC, no referente à segurança do trabalhador, sob pena de ser aplicada sanção pecuniária nele estabelecida, não impede que as questões eventualmente abordadas no TAC que, contudo, foram objeto de pedidos autônomos na presente ação, sejam apreciadas, revelando, assim, a legitimidade passiva no particular.

Assim, rejeito a preliminar.

ILEGITIMIDADE PASSIVA (SUSCITADA PELO MUNICÍPIO)

Ao pretender sua exclusão do feito, suscita o Município, em verdade, sua ilegitimidade passiva.

Contudo, conforme já fundamentando em tópicos anteriores, a legitimidade da parte, tanto ativa quanto passiva, consistente na pertinência subjetiva da ação, de acordo com a teoria adotada pelo ordenamento jurídico pátrio (teoria da asserção), deve ser analisada abstratamente.

Vale dizer: quanto à legitimidade passiva, se a parte ré é indicada na petição inicial como a pessoa responsável para suportar eventual sucumbência, sob o ponto de vista processual, é parte legítima.

Assim, a existência de efetiva responsabilidade do ente público é matéria de mérito e, como tal, deve ser apreciada.

Rejeito a preliminar.

REGULARIZAÇÃO DOS TRABALHADORES DO CANTEIRO DE OBRAS.

A empresa CONSTRUTEC LTDA, em sua contestação, confessou que existem trabalhadores prestando serviços sem assinatura de CTPS, num total de 21 trabalhadores contratados em caráter emergencial, que estão no contrato de experiência, bem como outros dois operários que imagina terem sido contratados pela subcontratada (PARAÍSO CONSTRUÇÃO LTDA).

Pois bem. Em primeiro lugar, cumpre destacar, quanto aos 21 trabalhadores contratados em caráter emergencial, que estão no contrato de experiência, que, nos termos do art. 443, § 2º, c, da CLT, trata-se de situação que evidencia a existência de contrato de trabalho, atraindo, assim, o disposto no art. 29 da CLT, que impõe a obrigatoriedade de assinatura da CTPS.

No que tange aos dois outros trabalhadores, situação idêntica se verifica, o que evidencia, outrossim, o descumprimento da legislação trabalhista no particular.

Em face do exposto, nos termos do art. 29 da CLT, julgo procedente o pedido para determinar que, no prazo de 48h, seja regularizada/formalizada a situação de todos os trabalhadores que prestam serviços no canteiro de obras, mediante a assinatura das respectivas CTPSs, sob pena de multa diária, sob pena de multa diária de R$ 100,00 (art. 461, §§ 4º e 5º, do CPC/73 - art. 536, do CPC/15) por trabalhador, reversível, contudo, ao Fundo de Amparo ao Trabalhador, por força de previsão normativa específica (art. 13 da Lei n. 7.347/85, combinado com o art. 10 da Lei n. 7.998/1990).

SALÁRIO NORMATIVO

Foi afirmado pelo Sindicato Reconvinte e confessado pelas empresas Reconvindas que os trabalhadores contratados pela empresa subcontratada (PARAÍSO CONSTRUÇÃO LTDA) não recebem o salário fixado no Acordo Coletivo de Trabalho encetado entre a empresa CONSTRUTEC LTDA e o Sindicato Reconvinte. Diz ainda a empresa CONSTRUTEC LTDA que também não observa o disposto no referido Acordo Coletivo quanto aos 21 trabalhadores contratados em caráter emergencial, que estão no contrato de experiência, em face da precariedade da contratação.

Argumentam as empresas Reconvindas, quantos aos empregados contratados pela empresa PARAÍSO CONSTRUÇÃO LTDA, que o referido Acordo Coletivo de Trabalho foi celebrado somente entre a empresa CONSTRUTEC LTDA e o Sindicato Reconvinte, motivo pelo qual, quanto aos empregados contratados pela empresa PARAÍSO CONSTRUÇÃO LTDA, não há falar em observância do referido piso normativo.

Ao exame.

Em primeiro lugar, quanto aos 21 trabalhadores contratados em caráter emergencial CONSTRUTEC LTDA, que estão no contrato de experiência, conforme já fundamentado no tópico anterior, nos termos do art. 443, § 2º, c, da CLT, trata-se de situação que evidencia a existência de contrato de trabalho, atraindo, assim, a incidência do disposto no art. 611, § 1º, da CLT, sendo devido, portanto, o recebimento, por eles, do piso normativo previsto no Acordo Coletivo.

No que tange aos trabalhadores contratados pela empresa PARAÍSO CONSTRUÇÃO LTDA, tratando-se de hipótese de subcontratação, emerge o direito à equivalência salarial (aplicação analógica do art. 12, a, da Lei n. 6.019/74 e OJ n. 383 da SDI-1 do TST), como forma de evitar a precarização do trabalho e, assim, materializar a regra da não discriminação, a valorização social do trabalho e a dignidade do ser humano trabalhador.

Assim, sendo o piso salarial previsto no Acordo Coletivo de Trabalho mais favorável àquele previsto na Convenção Coletiva de Trabalho, conforme disposto no art. 612 da CLT, prevalece o disposto naquele em detrimento deste.

Em face do exposto, julgo procedente o pedido para determinar, no vincendo, o pagamento, a todos os trabalhadores que prestam serviços no canteiro de obras, do piso normativo previsto no Acordo Coletivo encetado entre o Sindicato Reconvinte e a empresa CONSTRUTEC LTDA, sob pena de multa diária no valor de R$ 100,00 (art. 461, §§ 4º e 5º, do CPC/73 - art. 536, do CPC/15) por trabalhador, reversível, contudo, ao Fundo de Amparo ao Trabalhador, por força de previsão normativa específica (art. 13 da Lei n. 7.347/85, combinado com o art. 10 da Lei n. 7.998/1990), e, no vencido, o pagamento das diferenças salariais entre o valor do salário recebido e o valor do piso normativo previsto no Acordo Coletivo encetado entre o Sindicato Reconvinte e a empresa CONSTRUTEC LTDA a todos os trabalhadores que não eram remunerados de acordo com esse piso normativo.

INTERVALO INTRAJORNADA.

A prova testemunhal produzida comprovou o desrespeito ao art. 71 da CLT, tendo a única testemunha ouvida afirmado que "o intervalo intrajornada para almoço era sempre muito corrido, não sabendo precisar, com exatidão, mas acha que raramente chegava a ter uma hora de duração".

Ademais, o vídeo juntado aos autos pelo Sindicato Reconvinte comprova o tempo de intervalo intrajornada inferior a uma hora, mais precisamente, de apenas 40 minutos.

Ressalte-se, no particular, que o referido vídeo constitui uma prova obtida por meio lícito, já que filmado por um dos presentes no local, sendo desnecessário, para tanto, autorização da empresa, já que não há, nesse caso, qualquer tipo de sigilo protegido por Lei a ser preservado.

Assim, considerando que a concessão de intervalo intrajornada de apenas 40min, para uma jornada de trabalho de 07h, viola o disposto no art. 71 da CLT, julgo procedente o pedido para determinar a concessão de intervalo intrajornada de, no mínimo, uma hora, a todos os trabalhadores que prestam serviços no canteiro de obras, sob pena de multa diária no valor de R$ 100,00 (art. 461, §§ 4º e 5º, do CPC/73 - art. 536, do CPC/15) por trabalhador, reversível, contudo, ao Fundo de Amparo ao Trabalhador, por força de previsão normativa específica (art. 13 da Lei n. 7.347/85, combinado com o art. 10 da Lei n. 7.998/1990).

FORNECIMENTO DE ÁGUA POTÁVEL E DE CESTA BÁSICA.

A ausência de água potável no local de trabalho e a baixa qualidade dos produtos que compõem as cestas básicas fornecidas foram comprovadas pelas fotografias juntadas pelo Sindicato Reconvinte, bem como pela prova testemunhal, tendo a testemunha ouvida afirmado que "a água oferecida aos trabalhadores, em todos os bebedouros do canteiro de obras, era ruim, amarelada e com gosto de terra" e que "dos produtos da cesta básica, em seus 15 itens, somente os enlatados eram bons (sardinha, óleo e café), pois os constantes de sacolas plásticas vinham em recipientes furados, em estado de má conservação e, às vezes, estragados".

Ademais, em suas contestações, as empresas Reconvindas não negam os fatos, limitando-se a atribuir à outra a responsabilidade pela qualidade da água e dos produtos, chegando a empresa CONSTRUTEC LTDA até mesmo a afirmar que "não sabe informar as reais condições da água e dos bebedouros atualmente".

Assim, fica evidente a situação degradante à qual vem sendo submetidos os trabalhadores que prestam serviços no canteiro de obras, em total afronta à valorização social do trabalho e ao primado do trabalho decente, elementos vitais para a preservação da dignidade do ser humano trabalhador (art. 1º, IV e art. 7º, XXII, ambos da CRFB/88).

Em face do exposto, julgo procedente o pedido para determinar o fornecimento de água potável e cesta básica dotada de produtos de qualidade razoável a todos os trabalhadores que prestam serviços no canteiro de obras, sob pena de multa diária no valor de R$ 100,00 (art. 461, §§ 4º e 5º, do CPC/73 - art. 536, do CPC/15) por trabalhador e por cada obrigação, reversível, contudo, ao Fundo de Amparo ao Trabalhador, por força de previsão normativa específica (art. 13 da Lei n. 7.347/85, combinado com o art. 10 da Lei n. 7.998/1990).

INDENIZAÇÃO POR DANOS MORAIS COLETIVOS.

A comprovação da existência de trabalhadores prestando serviços sem CTPS assinada; a comprovação de não concessão do intervalo intrajornada mínimo de 01 hora aos trabalhadores; a comprovação do não fornecimento de água potável; a comprovação do fornecimento de cestas básicas com produtos de baixa qualidade e; a comprovação do padrão salarial inferior concedido aos trabalhadores contratados pela empresa subcontratada traduzem uma realidade de trabalho degradante e de precarização das relações de trabalho.

Situações dessa natureza, além de violar, individualmente, a dignidade de cada um dos trabalhadores, viola a dignidade social de todos que convivem no seio da sociedade, causando, assim, um dano moral que transcende a esfera individual do trabalhador, conhecido como dano moral coletivo.

A ocorrência do dano moral coletivo é "in re ipsa", decorrente da própria comprovação das condutas praticadas pelos autores do dano, que, conforme restou comprovado, praticaram ato ilícito (art. 186 do CC/2002), passível, portanto, de reparação (art. 927 do CC/2002).

A reparação, no caso, se materializa a partir do pagamento de uma indenização por danos morais coletivos. Destarte, tendo em vista a condição social e econômica do ofensor, o grau de culpa deste, a extensão do dano, bem como os objetivos pedagógico e reparatório da indenização (art. 5º, V e X, da CRFB/88; arts. 944 e 953, parágrafo único, do CC), entendo justo e razoável o valor de R$ 200.000,00, motivo pelo qual julgo procedente em parte o pedido de pagamento de indenização por danos morais coletivos, no valor de R$ 200.000,00 (duzentos mil reais), reversível, contudo, ao Fundo de Amparo ao Trabalhador, por força de previsão normativa específica (art. 13 da Lei n. 7.347/85, combinado com o art. 10 da Lei n. 7.998/1990).

NATUREZA DA RESPONSABILIDADE DAS EMPRESAS PARAÍSO CONSTRUÇÃO LTDA E CONSTRUTEC LTDA

A subcontratação realizada pela empresa CONSTRUTEC LTDA através da empresa PARAÍSO CONSTRUÇÃO LTDA revela uma terceirização de atividade fim, violando, assim, o disposto nos arts. 2º e 3º da CLT, bem como o disposto no inciso III da Súmula n. 331 do TST, o que justifica, assim, nos termos do art. 942, parágrafo único, do CC/2002, a responsabilidade solidária das empresas.

Assim, julgo procedente o pedido de responsabilidade solidária das empresas CONSTRUTEC LTDA e PARAÍSO CONSTRUÇÃO LTDA por todas as obrigações fixadas nesta sentença.

NATUREZA DA RESPONSABILIDADE DO MUNICÍPIO DE TERESINA.

Na qualidade de tomador dos serviços (gestor responsável pela construção), o Município de Teresina deveria, para eximir-se de qualquer responsabilidade, ter comprovado, ônus que lhe competia (art. 818 da CLT e 333, II, do CPC/73 - art. 373, II, do CPC/15), a efetiva fiscalização do contrato (art. 67 da Lei n. 8.666/93; inciso V da Súmula n. 331 do TST e decisão do STF no julgamento da ADC n. 16).

Ocorre que, no caso dos autos, o Município de Teresina não produziu nenhuma prova acerca da referida fiscalização, motivo pelo qual, diante da comprovação do descumprimento de diversos direitos trabalhistas por parte da empresa contratada e por parte da empresa subcontratada, fica evidente não somente sua culpa in vigilando (omissão na fiscalização do contrato), como também sua culpa in elegendo (omissão na escolha do contratado).

Em face do exposto, julgo procedente o pedido de responsabilização subsidiária do Município de Teresina por todas (Súmula n. 331, VI, do TST) as obrigações fixadas nesta sentença.

DISPOSITIVO

Ante exposto, nos termos da fundamentação, parte integrante deste dispositivo, decido:

a) nos autos da ação de interdito proibitório ajuizado pela EMPRESA PARAÍSO CONSTRUÇÃO LTDA contra o SINDCONSTRUÇÃO:

- rejeito a preliminar de incompetência funcional;
- rejeito a preliminar de falta de autorização para ação e o pedido de integração à lide, na condição de litisconsorte ativo necessário, da empresa CONSTRUTEC LTDA;
- rejeito a preliminar de ilegitimidade ativa;
- no mérito, julgo procedentes em parte os pedidos formulados para, confirmando, em parte, a liminar já deferida, determinar que: a) o sindicato réu desocupe o canteiro de obras e se mantenha afastado do portão de entrada da sede da empresa, respeitando uma distância mínima de perímetro de 200m, contados do portão da empresa autora e do canteiro de obra, para efeitos de realização de assembleia e de qualquer reunião com a categoria, vedada a prática de qualquer ato de violência ou de esbulho ou turbação da propriedade da parte autora, no prazo de 24h, sob pena de emprego de força policial, sob pena de multa diária no valor de R$ 1.000,00 (mil reais), nos termos do art. 461, § 4º, do CPC/73 – art. 536, CPC/15, reversível à empresa autora, b) que o sindicato réu, imediatamente, se abstenha de praticar qualquer ato que viole a liberdade de trabalho daqueles que queiram comparecer e prestar serviço, sob pena de multa diária no valor de R$ 1.000,00 (mil reais), nos termos do art. 461, § 4º, do CPC/73 – art. 536, do CPC/15, reversível, contudo, ao Fundo de Amparo ao Trabalhador, por força de previsão normativa específica (art. 13 da Lei n. 7.347/85, combinado com o art. 10 da Lei n. 7.998/1990);
- improcedentes os demais pedidos;

b) nos autos da Reconvenção apresentada pelo SINDCONSTRUÇÃO contra a EMPRESA PARAÍSO CONSTRUÇÃO LTDA, a EMPRESA CONSTRUTEC LTDA e o MUNICÍPIO DE TERESINA:

- rejeito as preliminares de inadequação da via eleita por utilização da Reconvenção;
- rejeito a preliminar de inadequação da via eleita por utilização da Reconvenção para pleitear indenização por danos morais coletivos;
- acolho as preliminares de inadequação da via eleita e de ilegitimidade ativa quanto ao cumprimento do TAC e, nos termos do art. 267, VI, do CPC/73 - art. 485, VI, do CPC/15, extingo o pedido de cumprimento do TAC, no referente à segurança do trabalhador, sob pena de ser aplicada sanção pecuniária nele estabelecida, sem resolução do mérito;
- rejeito a preliminar de ilegitimidade passiva quanto a toda e qualquer discussão acerca do descumprimento do TAC;
- rejeito a preliminar de ilegitimidade passiva do Município de Teresina;
- no mérito, julgo procedentes em parte os pedidos formulados pelo SINDCONSTRUÇÃO para condenar a EMPRESA PARAÍSO CONSTRUÇÃO LTDA, a EMPRESA CONSTRUTEC LTDA e o MUNICÍPIO DE TERESINA, sendo as duas primeiras de forma solidária e o ente municipal de forma subsidiária, ao cumprimento dos seguintes títulos:
- no prazo de 48h, seja regularizada/formalizada a situação de todos os trabalhadores que prestam serviços no canteiro de obras, mediante a assinatura das respectivas CTPSs, sob pena de multa diária, sob pena de multa diária de R$ 100,00 (art. 461, §§ 4º e 5º, do CPC/73 - art. 536, CPC/15) por trabalhador, reversível, contudo, ao Fundo de Amparo ao Trabalhador, por força de previsão normativa específica (art. 13 da Lei n. 7.347/85, combinado com o art. 10 da Lei n. 7.998/1990);
- no vincendo, o pagamento, a todos os trabalhadores que prestam serviços no canteiro de obras, do piso normativo previsto no Acordo Coletivo encetado entre o Sindicato Reconvinte e a empresa CONSTRUTEC LTDA, sob pena de multa diária no valor de R$ 100,00 (art. 461, §§ 4º e 5º, do CPC/73 - art. 536, do CPC/15) por trabalhador, reversível, contudo, ao Fundo

de Amparo ao Trabalhador, por força de previsão normativa específica (art. 13 da Lei n. 7.347/85, combinado com o art. 10 da Lei n. 7.998/1990), e, no vencido, o pagamento, no prazo de 16 dias, das diferenças salariais entre o valor do salário recebido e o valor do piso normativo previsto no Acordo Coletivo encetado entre o Sindicato Reconvinte e a empresa CONSTRUTEC LTDA a todos os trabalhadores que não eram remunerados de acordo com esse piso normativo;

- concessão de intervalo intrajornada de, no mínimo, uma hora, a todos os trabalhadores que prestam serviços no canteiro de obras, sob pena de multa diária no valor de R$ 100,00 (art. 461, §§ 4º e 5º, do CPC/73 - art. 536, do CPC/15) por trabalhador, reversível, contudo, ao Fundo de Amparo ao Trabalhador, por força de previsão normativa específica (art. 13 da Lei n. 7.347/85, combinado com o art. 10 da Lei n. 7.998/1990);
- fornecimento de água potável e cesta básica dotada de produtos de qualidade razoável a todos os trabalhadores que prestam serviços no canteiro de obras, sob pena de multa diária no valor de R$ 100,00 (art. 461, §§ 4º e 5º, do CPC/73 - art. 536, do CPC/15) por trabalhador e por cada obrigação, reversível, contudo, ao Fundo de Amparo ao Trabalhador, por força de previsão normativa específica (art. 13 da Lei n. 7.347/85, combinado com o art. 10 da Lei n. 7.998/1990);
- pagamento de indenização por danos morais coletivos, no valor de R$ 200.000,00 (duzentos mil reais), reversível, contudo, ao Fundo de Amparo ao Trabalhador, por força de previsão normativa específica (art. 13 da Lei n. 7.347/85, combinado com o art. 10 da Lei n. 7.998/1990).

PARÂMETROS DE LIQUIDAÇÃO

a) JUROS E DA CORREÇÃO MONETÁRIA

Às parcelas objeto da condenação devem ser acrescidos juros a partir do ajuizamento da ação (art. 883 da CLT), observado o seu propósito meramente indenizatório (OJ 400 da SDI-1 do TST), e correção monetária (na forma do art. 39, § 1º, da Lei n. 8.177/91 e da Súmula n. 381 do TST).

Quanto à indenização por danos morais, a atualização monetária é devida a partir da data da decisão de arbitramento ou de alteração do valor. Os juros incidem desde o ajuizamento da ação, nos termos do art. 883 da CLT, tudo na forma da Súmula n. 439 do TST.

b) RECOLHIMENTOS FISCAIS E PREVIDENCIÁRIOS.

Determino que a parte ré efetue os recolhimentos previdenciários incidentes sobre as parcelas objeto de condenação em pecúnia deferidas nesta sentença, na forma do art. 43 da Lei n. 8.212/91 e da Súmula n. 368 do TST, ficando autorizada a dedução da quota parte da parte autora.

Deverá ainda a parte ré (art. 46 da Lei n. 8.541/1992) efetuar o recolhimento fiscal na forma do art. 12-A da Lei n. 7.713/88 e da Instrução Normativa RFB nº 1.500, de 29/10/2014 (revogadora da IN nº 1.127/11 – art. 114 da IN 1.500/2014), com a redação dada pela Instrução Normativa RFB nº 1558, de 31/3/2015.

Para fins do art. 832, § 3º, da CLT, as parcelas da condenação devem observar o artigo 28, § 9º, da Lei n. 8.212/91, incidindo recolhimentos fiscais e previdenciários somente sobre as parcelas de natureza salarial.

c) FORMA DE LIQUIDAÇÃO

A liquidação deve ser feita por simples cálculos.

d) ABATIMENTO/COMPENSAÇÃO

Abatimento/dedução e compensação são institutos distintos e, no caso dos autos, não há falar em compensação, afinal não houve comprovação de nenhuma obrigação apta a ser extinta em face da posição concomitante de credor e devedor das partes (art. 368 do CC/2002 e arts. 477, § 5º e 767 da CLT). Rejeito, assim, o pedido de compensação.

Autorizo, contudo, para evitar o enriquecimento sem causa (art. 884 do CC/2002) da parte autora, o abatimento/dedução dos valores pagos sob igual título àqueles deferidos nesta sentença.

Expeça-se o mandado proibitório.

Custas da ação de interdito proibitório pelo Sindicato réu no importe de R$ 600,00, à base de 2% do valor provisório da condenação, ora arbitrado em R$ 30.000,00 (art. 789, IV, da CLT).

Custas da Reconvenção, pelas Reconvindas, exceto quanto ao ente público em face da isenção legal, no importe de R$ 6.000,00, à base de 2% do valor provisório da condenação, ora arbitrado em R$ 300.000,00 (art. 789, IV, da CLT).

Intime-se a União Federal, para efeitos da regra inserta no art. 832, § 5º, da CLT.

Intimem-se as partes.".

6.2. *Prova de sentença do TRT 2 – 2015 (XL Concurso) (Vânia Maria Trindade das Dores, Neide Trindade das Dores e Nelson Trindade das Dores X Limpadora Vera Cruz Eireli X Banco Popular da Casa Verde S.A.)*

PODER JUDICIÁRIO FEDERAL
Tribunal Regional do Trabalho – 2ª Região
XL CONCURSO PÚBLICO PARA INGRESSO NA MAGISTRATURA DO TRABALHO DA 2ª REGIÃO

PROVA PRÁTICA – SENTENÇA – 05 DE JULHO DE 2015

INSTRUÇÕES GERAIS

1. Use somente caneta esferográfica azul ou preta.
2. Não rubrique, não assine a prova e não use corretivo.
3. A prova será considerada nula, e o candidato eliminado, se nela houver indícios de identificação.
4. Os fiscais não darão esclarecimentos sobre a prova.
5. É autorizada a consulta à legislação desacompanhada de anotações ou comentários e vedada a consulta a obras doutrinárias, súmulas e orientações jurisprudenciais.
6. Não é permitido conversar após o sinal, nem permitido empréstimo de livros e materiais.

ORIENTAÇÃO AO CANDIDATO

(1) A Reclamação foi ajuizada em 27/02/2015.

(2) Tanto o Autor como as Rés acostaram procurações e documentos de representação (contrato social, estatuto social) e carta de preposição.

(3) Juntados controles de ponto de todo o período contratual.

(4) Os dados necessários para a elaboração da prova já constam em seu conteúdo. Não invente dados.

(5) É DISPENSÁVEL ELABORAR O RELATÓRIO

DURAÇÃO DA PROVA: **(04) (QUATRO) HORAS**

COMISSÃO EXAMINADORA

DESEMBARGADOR FRANCISCO FERREIRA JORGE NETO

DESEMBARGADOR NELSON BUENO DO PRADO

ADVOGADO: OTAVIO PINTO E SILVA

1

EXCELENTÍSSIMO SENHOR DOUTOR JUIZ DA MM. __ VARA DO TRABALHO DE SÃO PAULO.

Distribuição da ação: 27 de fevereiro de 2015.

ESPÓLIO DE SINFRÔNIO DAGOBERTO DAS DORES, representado por:

1) VANIA MARIA TRINDADE DAS DORES (esposa do falecido), brasileira, casada, auxiliar de serviços gerais, portador do RG nº 1.471.050, CPF/MF nº 041.923.309-58, CTPS nº 84.656, série 11.714-SP, PIS nº 219111228134—26, residente e domiciliada na Avenida Espanha, nº 788, apto 62, Bairro: Monte Aprazível, Cidade: Santo André, Estado: São Paulo, CEP: 09043-52.

2) NEIDE MARIA TRINDADE DAS DORES (menor e filha do falecido), brasileira, representada pela sua mãe (Vania Maria Ferreira das Dores).

3) NELSON TRINDADE DAS DORES (menor e filho do falecido do falecido), brasileiro, representado pela sua mãe (Vania Maria Ferreira das Dores).

Por sua advogada infra-assinada (doc. 01), vem, respeitosamente à presença de Vossa Excelência, ajuizar a presente **DEMANDA TRABALHISTA**, pelo rito ordinário, em face de:

1) LIMPADORA VERA CRUZ EIRELI (1ª Reclamada), CNPJ nº 454647/0001-9, com endereço na Avenida Robertônio Toleone, nº 6, Bairro: Casa Verde, Cidade: São Paulo, Estado: São Paulo; CEP: 02030-040.

2) BANCO POPULAR DA CASA VERDE S.A. (2ª Reclamada), CNPJ nº 565756/0001-9, com endereço na Avenida Casa Verde, nº 2.299, Bairro: Casa Verde, Cidade: São Paulo, Estado: São Paulo, CEP: 02040-050.

Pelos motivos de fato e de direito abaixo expostos:

1. Assistência Judiciária.

A esposa, a Sra. Vania, requer os benefícios da assistência judiciária (art. 3º, Lei 1.060/50). Para tanto, procede à juntada da declaração nos moldes da Lei 7.115/83 (doc. 2).

2. Do Contrato de Trabalho.

O Sr. Sinfrônio Dagoberto das Dores, doravante qualificado de trabalhador, foi contratado pela 1ª Reclamada, em 09 de abril de 2000. Como empregado, sempre laborou nas dependências da 2ª Reclamada, executando as tarefas de auxiliar de limpeza. Auferia por último o salário mensal de R$ 1.000,00.

No dia 15 de dezembro de 2014, face ao assalto ocorrido no local de trabalho (agência da 2ª Reclamada, situada na Avenida Casa Verde, nº 2.299), o trabalhador, quando executava as suas tarefas contratuais, foi alvejado com três projeteis (ombro esquerdo, peito e na cabeça).

Como o inquérito policial não foi concluído, por ora, não há condições de afirmar se os projeteis foram disparados dos revolveres dos assaltantes ou dos policiais, visto que houve intenso tiroteio, pois, um dos clientes da agência, por telefone, quando o assalto estava em andamento, ligou para a polícia.

3

Após a rendição dos assaltantes, o Reclamante foi atendido pelo Serviço de Atendimento Móvel de Urgência (SAMU). Foi encaminhado para a Santa Casa. Apesar de todos os esforços médicos, em função dos ferimentos, o Reclamante veio a óbito no dia 7 de janeiro de 2015.

No dia 17 de janeiro de 2015, a 1ª Reclamada procedeu ao pagamento das verbas trabalhistas decorrentes do término do contrato ante a morte do trabalhador (doc. 03). Houve o pagamento das férias proporcionais à base de 9/12 com o acréscimo de 1/3, além do salário do mês de dezembro/14 e o saldo de janeiro/15. A 1ª Reclamada procedeu à homologação da rescisão contratual junto à entidade sindical profissional, sendo que as verbas rescisórias foram pagas para a Sra. Vania.

3. Responsabilidade Civil.

Como o trabalhador estava a serviço das duas empresas, quando do acidente de trabalho, os dependentes do trabalhador solicitam o pagamento da pensão.

A pensão deve ser paga em parcela única, considerando a idade do trabalhador, quando da sua morte (40 anos) e a estimativa da sobrevida (74 anos).

No cálculo da parcela mensal, deve ser observado: (a) 100% da remuneração; (b) a remuneração será composta: (1) último salário – R$ 1.000,00; (2) 13º salário (1/12); (3) FGTS (8%); (4) abono de férias (1/3).

Além da pensão, ante a morte do esposo e do pai, os dependentes solicitam o dano moral pela perda de um ente querido. Para cada um, a título de dano moral, é requerido o valor de R$ 200.000,00.

4

Como o trabalhador sofreu durante vários dias, após três cirurgias e uma internação junto a UTI da Santa Casa, o espólio solicita uma indenização a título de dano moral no valor de R$ 500.000,00. O valor deve ser revertido para os dependentes (art. 943, CC). Os dependentes informam que não houve o ajuizamento de inventário, visto que o falecido não deixou bens.

4. Hora extra. Violação do art. 71, CLT.

Como empregado da 1ª Reclamada, o trabalhador laborava das 8:00 às 17:00, de segunda a sexta-feira, com 30 minutos de intervalo.

Pela violação da duração mínima do intervalo intrajornada, o espólio requer a condenação das Reclamadas em uma hora extra por dia de labor, com o adicional de 50% e o divisor de 220 horas. As horas extras devem incidir em férias, abono de férias, 13º salário, FGTS + 40%, domingos e feriados e no aviso prévio.

5. Adicional de insalubridade.

Como auxiliar de limpeza, o trabalhador limpava todos os banheiros da agência bancária, não só na parte da manhã, como durante toda a jornada diária de labor, retirando o lixo e lavando o banheiro. Convém ser dito que havia 4 banheiros na agência, sendo que lá laboravam cerca de 30 funcionários da 2ª Reclamada, sendo o trabalhador o único auxiliar de limpeza.

O espólio solicita o adicional de insalubridade (grau máximo, de acordo com a NR 15, Anexo 14, Portaria nº 3.214/78), a ser calculado sobre a evolução do salário mínimo (Súmula Vinculante nº 4, STF), com reflexos em férias, abono de férias, domingos e feriados, 13º, FGTS + 40% e no aviso prévio.

6. Décimo-terceiro salário de 2014.

Quando da rescisão, não houve o pagamento da 2ª metade do 13º salário de 2014, no valor de R$ 500,00.

5

Pelo não pagamento desta quantia, o espólio solicita a multa do art. 477, da CLT, a base de um salário.

7. Responsabilidade das empresas.

Como as duas empresas foram às beneficiárias da execução das tarefas contratuais do Reclamante, a condenação será solidária/subsidiária quanto aos títulos solicitados.

8. Diante do acima exposto, o Reclamante pleiteia:

(a) pensão deve ser paga em parcela única, considerando a idade do trabalhador, quando da sua morte (40 anos) e a estimativa da sobrevida (74 anos). No cálculo da parcela mensal, deve ser observado: (a) 100% da remuneração; (b) a remuneração será composta: (1) último salário – R$ 1.000,00; (2) 13º salário (1/12); (3) FGTS (8%); (4) abono de férias (1/3);

(b) dano moral em ricochete – R$ 200.000,00 para cada dependente;

(c) dano moral – R$ 500.000,00;

(d) hora extra (violação, art. 71, CLT) – uma hora por dia com o adicional de 50% e o divisor de 220 horas. As horas extras devem incidir em férias, abono de férias, 13º salário, FGTS + 40%, domingos e feriados e no aviso prévio;

(e) adicional de insalubridade (grau máximo), a ser calculado sobre a evolução do salário mínimo (Súmula Vinculante nº 4, STF), com reflexos em férias, abono de férias, domingos e feriados, 13º, FGTS + 40% e no aviso prévio;

(f) 2ª metade do 13º salário de 2014, no valor de R$ 500,00;

6

(g) multa do art. 477, da CLT, a base de um salário – R$ 1.000,00;

(h) condenação solidária/subsidiária das duas empresas.

9. Requerimentos.

Para tanto, requer se digne esse Emérito Magistrado Monocrático em determinar a citação das Reclamadas para ver-se processar, comparecendo em audiência previamente designada por Vossa Excelência, e, nesta oportunidade, ofereçam contestações como forma de defesa, sob pena de, em não o fazendo, seja aplicada à pena de revelia, além da confissão, quanto à matéria fática, e ao final, sejam os pedidos julgados procedentes, condenando as Reclamadas (**solidária/subsidiária**) ao pagamento de todas as verbas postuladas, acrescidas de juros e correção monetárias, custas processuais e quaisquer outras cominações legais.

Requer, ainda, sejam desde já concedidos os beneplácitos da Justiça Gratuita, conforme o art. 3º da Lei nº 1.060/50, por se tratarem de pessoas pobres, não possuindo meios com os quais possam arcar com custas do processo sem detrimento do sustento próprio, bem como o de sua família, não tendo como custear as despesas processuais, sem implicar na manutenção própria e de seus dependentes.

Provará o alegado por todos os meios de prova em Direito admitidas, em especial pelo depoimento pessoal dos representantes das Reclamadas ou seus prepostos, sob pena de confissão, oitiva de testemunhas, juntada de novos documentos, perícias técnicas e médicas, bem como os demais elementos de provas que se fizerem necessárias à formação do livre convencimento deste Insigne Magistrado.

Dá-se à causa o valor de R$ 460.000,00.

Termos em que, pede deferimento.

São Paulo, 27 de fevereiro de 2015.

Dr. Nelson Rodrigues

OAB/SP 500.001

7

EXCELENTÍSSIMO SENHOR DOUTOR JUIZ FEDERAL DO TRABALHO DA 1ª VARA DO TRABALHO DE SÃO PAULO/SP – PODER JUDICIÁRIO FEDERAL – TRT 2ª REGIÃO.

Autos do processo nº. 0000000

LIMPADORA VERA CRUZ EIRELI., pessoa jurídica de direito privado, devidamente inscrita no CNPJ/MF nº 45.4647/0001-9, com sede na Av. Robertônio Toleone, nº. 6, Bairro Casa Verde, Cidade de São Paulo, Estado de São Paulo - SP, CEP 02030-040, por seu advogado e bastante procurador que esta subscreve (doc. 01), nos autos da **Ação Trabalhista, sob o rito ordinário,** movida pelo **ESPÓLIO DE SINFRÔNIO DAGOBERTO DAS DORES, ora representado por VANIA MARIA TRINDADE DAS DORES, NEIDE MARIA TRINDADE DAS DORES e NELSON TRINDADE DAS DORES,** vem, respeitosamente, à presença de V. Exa., oferecer sua

CONTESTAÇÃO

acompanhada de documentos, com fundamento no artigo 5º, incisos LIV e LV, da Constituição Federal, 847, da Consolidação das Leis do Trabalho, 300, do Código de Processo Civil e nas razões fáticas e jurídicas a seguir aduzidas.

8

PRELIMINARMENTE

i. ***Da Suspensão do Feito – Conclusão do Inquérito Policial***

1. A Ré requer a imediata suspensão do feito pelo prazo necessário a conclusão do Inquérito Policial. Isso porque, o IP possuía a finalidade de apurar qual seria a efetiva participação do Sr. Sinfrônio Dagoberto das Dores, no assalto a agência bancária, que o vitimou.

2. Desta forma, a Justiça do Trabalho deverá respeitar a competência legal da policial civil para apuração dos fatos, não podendo dar sequência a presente Ação Trabalhista sem que o Inquérito Policial esteja concluído.

ii. ***Da Inépcia da Petição Inicial***

3. O **Autor (Espólio)** formula pleito inepto, pois juridicamente impossíveis, sendo, ainda, o *petitum* **omisso e incompleto**, lhe faltando aptidão para produzir efeitos jurídicos. Vejamos.

4. O **Autor (Espólio)** alega que o Sr. Sinfrônio Dagoberto das Dores, sofreu um acidente do trabalho e, por tal motivo, requer o pagamento de indenização vitalícia e danos morais.

5. Primeiramente, o **Autor (Espólio)** não fundamenta qual a base legal quanto ao pleito de pagamento de indenização por danos morais.

6. Isso porque, a segurança pública é dever do Estado, não podendo a presente Ré ser responsabilizada pela ausência de uma política eficaz de segurança coletiva dos trabalhadores.

7. Portanto, sendo um dever do Estado, não é possível juridicamente que a presente Ré seja condenada por atos omissivos de terceiros.

8. Destarte, deverá ser indeferida a petição inicial e extinto o processo sem julgamento de mérito, em atenção aos artigos 267, I c/c o art. 295, I, III e IV e art. 301, III, todos do Código de Processo Civil.

9

INTRODUÇÃO

iii. ***Súmula da Questão em Sucinto Relatório***

9. O **Autor (Espólio)** ingressou com a presente *Ação* visando à condenação do **Réu** ao pagamento de pensão mensal, danos morais, horas extras, adicional de insalubridade, multa do art. 477 da CLT, entre outros pleitos conexos.

10. Ocorre que deverá ser julgado improcedente de plano, o pleito do **Autor (Espólio)**, ou seja, quanto ao pagamento da pensão, por inexistência de provas, culpa ou dolo da **Ré no evento fatídico que vitimou o Sr. Sinfrônio.**

11. Nessa linha, basta uma análise dos fatos e do documento ora juntado e abaixo transcrito, para verificar que o **Autor (Espólio)** não faz jus aos pagamentos pleiteados, que desde já deverão ser indeferidos.

12. Insta frisar que o **Réu** sempre atuou de forma correta respeitando a Consolidação das Leis do Trabalho e demais leis esparsas, conforme adiante será demonstrado.

13. Por outro lado, os fatos alegados pelo **Autor (Espólio)** não são sequer plausíveis, contrariando o documento ora anexado e abaixo transcrito, bem como os fatos que serão narrados pelas partes, pelas testemunhas e pela prova pericial ora requerida.

14. Entretanto, em atenção ao princípio da eventualidade, e por puro amor a argumentação, o **Réu** contesta o mérito da presente ação, especialmente com relação à matéria de fato e de direito trazida com a exordial.

iv. ***Da Inexistência de Acidente do Trabalho - Impossibilidade Jurídica do Pedido***

15. Inicialmente, a Ré informa que o Sr. Sinfrônio, não foi vítima de qualquer acidente do trabalho, não fazendo o **Autor (Espólio)** jus ao pagamento de qualquer indenização.

16. Ademais, é interessante notar que o **Autor (Espólio)** alega que o Sr. Sinfrônio sofreu um acidente do trabalho, quando a agência em que prestava serviços foi assaltada no dia 15/12/2014 e o Reclamante alvejado com três projeteis (ombro esquerdo, peito e cabeça).

10

17. De fato, o que o **Autor (Espólio)** não descreveu é que o Sr. Sinfrônio ou agiu com culpa ou dolo. Vejamos.

18. Quando o Sr. Sinfrônio foi contratado em 09/abril/2000 recebeu treinamento especifico para eventualidade do local de trabalho ser invadido por bandidos.

19. O treinamento consta do Manual de Política de Trabalho e Segurança (doc.1), abaixo transcrito:

> "***Art. 4. Para evitar danos físicos, em caso de assalto, o Colaborador deverá deitar no chão e rastejar até um local seguro.***"

20. Assim, temos apenas duas possibilidades. A primeira: o Sr. Sinfrônio, agiu com culpa, pois não cumpriu a Política de Trabalho e Segurança acima transcrita. A segunda: O sr. Sinfrônio participou/colaborou com o assalto na agência, e neste caso, presente o dolo.

21. Registre-se, que a Polícia Civil não concluiu o Inquérito Policial, o qual investiga a eventual participação Sr. Sinfrônio no assalto a agência.

22. Mas fica claro, que não é possível provar a culpa/dolo do **Réu** que cumpriu as normas de segurança do trabalho, não havendo dúvidas quanto ao nexo causal da ação/omissão do Sr. Sinfrônio no caso em tela.

23. Também não se afigura presente e, portanto, não há que se falar em responsabilidade objetiva desta Ré.

24. Podemos concluir que o acidente do trabalho não ocorreu e, portanto, inexiste ofensa a ser indenizada ao **Autor (Espólio)**.

25. Desta feita, o pleito de pagamento de indenização, acrescida de juros legais e correção monetária, deverá ser julgado improcedente, pois os fatos narrados são contrários a realidade fática e documental dos autos.

26. Também deverá ser julgado improcedente o pleito de pagamento de pensão vitalícia ao **Autor (Espólio)** com base na sua remuneração mensal, eis que o **Autor**

11

(Espólio) não sofreu lesão por culpa ou dolo da Ré, bem como inexiste amparo legal para o pleito.

v. ***Perícia Judicial - Ônus da Prova***

27. Com fulcro no regramento legal consubstanciado no artigo 818 da Consolidação das Leis do Trabalho combinado com o artigo 333, I, do Código de Processo Civil, aplicado por analogia ao Processo do Trabalho conforme permissivo legal presente no artigo 769 da CLT, o **Autor (Espólio)** não se desincumbiu do ônus legal de provar os fatos narrados na Petição Inicial.

28. Desta feita, não se vislumbra qualquer correlação dos fatos narrados na exordial com a realidade fática do assalto ocorrido.

29. Assim, deverá ser realizada perícia na agência por Perito Judicial devidamente habilitado, visando provar e constatar que o Autor agiu com culpa e/ou dolo, e sua ação/omissão causou riscos a própria integridade física.

30. Mais a mais, restará demonstrado que os fatos narrados pelo **Réu** são corretos e correspondem à realidade fática, sendo ao final julgado improcedente o pleito.

31. Ilustra-se com entendimento jurisprudencial:

> ***RESPONSABILIDADE CIVIL - ACIDENTE DO TRABALHO - ÔNUS DA PROVA*** – *"Ação de indenização por Acidente do Trabalho com base no Direito Comum.* ***Ônus da prova da culpa ou dolo do empregador é exclusivo do Autor****, não se aplicando o princípio in dubio pro misero restrito às lides acidentárias típicas." (2° TACIVIL - 1ª Câm.; Ap. c/ Rev. nº 487.031-0/3-São Joaquim da Barra; Rel. Juiz Souza Aranha; j. 19.05.1997; v.u.) RJ 238/79BAASP, 2070/58-m, de 31.08.1998.* (grifo e negrito nosso)

vi. *Da Emissão da Comunicação de Acidente de Trabalho*

32. Segundo a lei previdenciária, cabe à empresa comunicar o acidente do trabalho à Previdência Social, através do Comunicado de Acidente do Trabalho - CAT, até o primeiro dia útil seguinte ao do afastamento do empregado. O que, de fato, **NÃO** foi feito, eis que não ocorreu acidente do trabalho, por culpa ou dolo da Ré.

vii. ***Do Contrato de Trabalho***

33. Cumpre-se esclarecer que o Sr. Sinfrônio foi contratado pelo **Réu** em **09/04/2000** para exercer a função de **Auxiliar de Limpeza** com salário último salário no importe de R$ 1.000,00, conforme Contrato de Trabalho anotado na sua CTPS.

viii. ***Da Responsabilidade da Réu***

34. Frise-se que o **Réu** sempre observou as medidas de segurança no trabalho, bem como sempre forneceu e fiscalizou a utilização de EPI´s pelo Sr. Sinfrônio.

35. Portanto, a **Réu** provará o fornecimento, fiscalização e utilização pelo Sr. Sinfrônio dos EPI´s (botas e jaleco), através de testemunhas, **comprovando que as medidas adotadas pela empresa são inteiramente embasadas na legislação trabalhista**, dirimindo qualquer prejuízo à saúde do Sr. Sinfrônio.

36. O **Réu** ressalta que havia fornecido todos os equipamentos de segurança necessários, bem como havia treinado o Sr. Sinfrônio para usar os EPI´s e em caso de assalto utilizar técnicas de proteção individual prevista no Manual a fim de dirimir qualquer situação de risco.

37. Conclui-se que o **Réu** sempre adotou todas as providências necessárias à segurança do Sr. Sinfrônio, não havendo justificativa legal para ser responsabilizada pelo ocorrido.

38. E esse é o entendimento dos nossos Tribunais:

> ***ACIDENTE DE TRABALHO*** *- Indenização por danos morais e materiais. Participação culposa do empregador.* ***A ocorrência de acidente do trabalho gera para o empregado direitos de natureza previdenciária e não, necessariamente, direitos indenizatórios oponíveis ao empregador. A indenização por danos morais e materiais (pensão e ressarcimento de despesas médico-hospitalares) só será devida pelo empregador se este contribuiu, por ação ou omissão, para a ocorrência do infortúnio, cabendo ao Autor provar de forma concreta e satisfatória a culpa empresarial****. (TRT - 24ª Região; RO nº 0464/2001-Ponta Porã-MS; ac. nº 2761/2001; Rel. Juiz Amaury Rodrigues Pinto Júnior; j. 26/9/2001; maioria de votos.) BAASP, 2269/2286-j, de 24.6.2002.* (grifo e negrito nosso)

13

ix. ***<u>Do Dano Moral Supostamente Sofrido pelo Autor (Espólio)</u>***

39. O **Réu,** desde já, deixa consignado, que sempre respeitou a reputação, honra, liberdade, a dignidade física e moral de seus empregados, estando totalmente surpresa com os fatos narrados na exordial.

40. Sequer há nexo causal entre os fatos descritos na exordial e o citado dano moral em decorrência deste.

41. Portanto, **da análise dos fatos verificamos a inexistência de ato ilícito ou culpa ou dolo da Ré que dê guarida ao pagamento de indenização por dano moral.**

42. Mais a mais, a indenização requerida apenas seria devida pelo **Réu** se esta tivesse contribuído, por ação ou omissão, para a ocorrência do infortúnio, cabendo ao **Autor (Espólio)** provar de forma concreta e satisfatória a culpa empresarial.

43. Conforme prevê o Código Civil, a obrigação do empregador em indenizar o empregado, somente advém com a comprovação da culpa e de ato ilícito. Não havendo nem culpa, nem ato ilícito, não se pode falar em indenização.

44. Além disso, a teor do regramento legal consubstanciado no artigo 818 da Consolidação das Leis do Trabalho combinado com o artigo 333, I, do Código de Processo Civil, aplicado por analogia ao Processo do Trabalho conforme permissivo legal presente no artigo 769 da CLT, o **Autor (Espólio)** não se desincumbiu do ônus legal de provar o dano, suposta e hipoteticamente sofrido.

45. **O** Autor (Espólio) **não prova que o Sr. Sinfrônio tenha sido hostilizado, agredido verbalmente ou sofreu qualquer outro tipo de tratamento degradante.**

46. **Desta feita, deverá ser indeferido o pleito de pagamento da indenização por dano moral pleiteada, por inexistência de provas, culpa ou dolo da empresa** Réu.

x. ***<u>Da litigância de Má-fé</u>***

47. Litiga de má-fé o **Autor (Espólio)** ao pleitear o pagamento de dano moral e pensão vitalícia quando sequer ocorreu acidente do trabalho por culpa/dolo da Ré.

14

48. Ou seja, conforme se demonstra nesta defesa, o **Autor (Espólio)** se utiliza de culpa ou dolo do Sr. Sinfrônio para pleitear verbas que sabe não lhe serem devidas numa clara tentativa de se locupletar às custas da Ré.

49. Assim, requer-se a condenação do **Autor (Espólio)** em litigância de má-fé no nos termos dos arts. 17 e 18 do CPC.

xi. ***Dos Descontos***

50. Na eventual hipótese de acolhimento do pleito inicial, protesta pelos descontos previdenciários, IR e fazendários sobre todas as verbas de natureza salarial.

xii. ***Do Adicional de Insalubridade***

51. O **Autor (Espólio)** alega fazer jus ao recebimento do adicional de insalubridade, uma vez que no exercício de suas funções ficava exposto a agentes insalubres (lixo e produtos químicos na limpeza dos banheiros) prejudiciais à sua saúde.

52. Contudo, como se demonstrará a seguir, não lhe assiste razão.

53. Primeiramente, a Reclamada esclarece que sempre forneceu os EPI's necessários ao desenvolvimento das atividades do Reclamante, conforme prova testemunhal, tendo sempre fiscalizado seu uso por todos os funcionários.

54. Entre os EPI's entregues ao Reclamante podemos citar:

a) *óculos de segurança com proteção lateral;*

b) capa;

c) botas; e,

d) *protetor auricular.*

55. Vale ressaltar que tais equipamentos eram suficientes para eliminar eventual risco ambiental.

56. Assim, não há que se falar no pagamento do referido adicional, visto que os EPI's fornecidos pela Ré eram suficientes para eliminar qualquer fator de risco ao qual o Reclamante poderia estar exposto.

57. Nesse sentido, a jurisprudência majoritária:

> "ADICIONAL DE INSALUBRIDADE. Nos termos do artigo 191, II, da CLT, **o fornecimento de EPI's, que eliminam a ação nociva dos agentes causadores do dano, afasta o direito ao percebimento de adicional de insalubridade**." (TRT 2ª Reg., RO, AC nº 20090199981, 3ªT. Juíza Relatora Ana Maria Contrucci Brito Silva, publ. 24/03/2009 – grifo e negrito nosso)

58. Frise-se, que não procede a alegação de que haveria insalubridade em razão da limpeza dos banheiros, visto que os EPI's fornecidos eram capazes de eliminar tal agente.

59. Diante do exposto, deve ser indeferido o pagamento do adicional de insalubridade em grau máximo durante todo o período do contrato de trabalho, e sua integração nas férias, férias proporcionais acrescidas de 1/3, 13° salário, DSR's e aviso prévio.

xiii. **Horas Extras. Violação do art. 71, CLT**

60. Alega o **Autor** (Espólio) que o Sr. Sinfrônio laborava das 8h00 às 17h00 de segunda-feira a sexta-feira, com apenas 0h30 de intervalo para refeição e descanso.

61. Contudo, tal alegação não é procedente, pois o Sr. Sinfrônio sempre usufruiu do intervalo de 1h00 para refeição e descanso, estando pré anotado nos controles de frequência, não fazendo jus ao recebimento de 1h00 extra por dia de labor, com o adicional de 50% e o divisor de 220h00 e incidência em férias acrescidas de 1/3, 13° salário, FGTS e multa de 40%, DSR´s e aviso prévio.

62. Ainda, a Ré requer a aplicação da prescrição quinquenal para o suposto e hipotético caso de deferimento do pleito ora guerreado.

xiv. **Da Multa do Art. 477 da CLT**

63. A Ré registra que nenhum atraso ocorreu quanto ao pagamento das verbas rescisórias, razão pela qual improcede o pagamento da multa prevista no art. 477 da CLT.

II-Conclusão

Por todo o exposto, a Ré espera sejam julgados totalmente improcedentes os pedidos da presente demanda.

Protesta pela produção de todas as provas em Direito admitidas, requerendo juntada de procuração, substabelecimento, carta de preposição, documentos e a intimação do **Autor (Espólio)** para depoimento pessoal, sob pena de confissão, nos termos do Enunciado nº 74 do E. TST.

Requer, ainda, que as notificações e intimações sejam enviadas em nome do advogado **Demetrius Justus.**

Nestes termos,

P. Deferimento.

São Paulo, 15 de maio de 2015.

Demetrius Justus

OAB/SP. 20001

EXCELENTÍSSIMO SENHOR DOUTOR JUIZ DA MMª 01ª VARA DO TRABALHO DE SÃO PAULO

Processo nº 0000000

BANCO POPULAR DA CASA VERDE S.A. (2ª Reclamada), inscrito no CNPJ nº 565756/0001-9, com endereço na Avenida Casa Verde, nº 2.299, Casa Verde, São Paulo - SP, CEP: 02040-050, nos autos da Reclamação Trabalhista referenciada em destaque, que lhe move **ESPÓLIO DE SINFRÔNIO DAGOBERTO DAS DORES**, vem, respeitosamente, à presença de Vossa Excelência, por seu advogado que esta subscreve, oferecer sua **CONTESTAÇÃO**, mediante as razões de fato e de direito a seguir delineadas.

1ª PRELIMINAR: ILEGITIMIDADE ATIVA *AD CAUSAM*

De acordo com o disposto no art. 1º da Lei 6.858/80, os valores devidos pelos empregadores aos empregados e os montantes das contas individuais do Fundo de Garantia do Tempo de Serviço e do Fundo de Participação PIS-PASEP, não recebidos em vida pelos respectivos titulares, serão pagos, em quotas iguais, aos dependentes habilitados perante a Previdência Social ou na forma da legislação específica dos servidores civis e militares, e, na sua falta, aos sucessores previstos na lei civil, indicados em alvará judicial, independentemente de inventário ou arrolamento.

18

Não há fundamento jurídico, portanto, para que constem do polo ativo da ação tanto o Espólio do trabalhador falecido quanto sua esposa e dois filhos. Considerando que o artigo 12, V, do CPC, prevê que o Espólio é representado em juízo pelo inventariante, conclui-se que a ação não pode prosperar, devendo ser extinta sem resolução do mérito, nos termos do disposto no artigo 267, VI, daquele mesmo diploma legal.

2ª PRELIMINAR: ILEGITIMIDADE PASSIVA *AD CAUSAM*

O Reclamante incluiu a Contestante no polo passivo, na qualidade de litisconsorte, fundamentando o pedido na equivocada suposição de que as duas empresas foram beneficiárias da execução das tarefas contratuais do Reclamante, razão pela qual a condenação deveria ser "solidária/subsidiária quanto aos títulos solicitados".

Equivoca-se o autor, pois a primeira Reclamada executa o objeto do contrato celebrado com autonomia e independência, não havendo qualquer tipo de subordinação, especialmente subordinação jurídica, de seus empregados em relação ao BANCO POPULAR DA CASA VERDE S/A.

Ocorre que o contestante não pode figurar no pólo passivo da presente reclamação trabalhista, visto que não admitiu, assinou CTPS, remunerou ou dirigiu os trabalhos do reclamante.

A moderna doutrina tem-se inclinado, inevitavelmente, para a aceitação da terceirização, da forma mais ampla possível, como a solução da segmentação do mercado e da evolução da mão-de-obra, dirigindo-se para uma especialização necessária e já presente em nossa economia.

Torna-se plenamente possível, pois, a terceirização para misteres cujas condições especiais de execução justifiquem o apelo à contratação de serviços especializados, diversos de sua atividade fim, como ocorre no caso presente.

Tem-se, então, que o contrato firmado entre as duas empresas é perfeitamente válido e regular, devendo ser respeitado em todas as suas condições, donde a conclusão inarredável de que a ora Ré é responsável por seus empregados, única e exclusivamente, não podendo ser responsabilizada pelos encargos que porventura possam decorrer desta ação, já que não teve qualquer ingerência no relacionamento porventura existente entre o autor e a primeira Ré, a qual assumiu, via contratual, toda a responsabilidade pelos ônus de natureza trabalhista relacionados com os empregados que viesse a contratar.

Pelo exposto, a Reclamada requer que seja considerada parte ilegítima para figurar na presente demanda, pelos pressupostos fáticos e jurídicos acima mencionados, e que seja excluída da lide a teor do art. 267, VI do CPC.

3ª PRELIMINAR: INÉPCIA DA PETIÇÃO INICIAL

Dispõe o artigo 295, I, do CPC, que a petição inicial será indeferida quando for inepta, esclarecendo o parágrafo único que se considera como tal aquela que lhe faltar a causa de pedir, ou a que contiver pedidos incompatíveis entre si.

Ao postular a "*condenação solidária/subsidiária*" de ambas as rés (letra "h"), de forma singela e sem qualquer fundamento jurídico para tal pedido, a petição inicial padece do vício de inépcia, razão pela qual deve ser extinta, nos termos do disposto no artigo 267, I, do CPC.

4ª PRELIMINAR: IMPUGNAÇÃO AO VALOR DA CAUSA

A reclamada impugna o valor dado à causa, uma vez que o reclamante atribuiu o valor sem o mínimo critério e bom senso. Note-se que o último e maior salário percebido pelo autor foi no valor de R$ 1.000,00 (hum mil reais), sendo que a causa equivale a 460 vezes a remuneração do obreiro. Assim observa-se um absurdo exagero, sendo que o valor atribuído à causa foi lançado de forma totalmente majorada.

Desse modo, a reclamada requer a adequação do valor atribuído à causa, sugerindo, no máximo, o valor de R$ 35.000,00 (trinta e cinco mil reais), a fim de que possa tramitar sob o Rito Ordinário.

NO MÉRITO

Não obstante, todas as argumentações expendidas pelo Reclamante, nenhuma razão lhe assiste no tocante aos pedidos formulados, o que restará sobejamente demonstrado nesta defesa e confirmado pelas provas a serem produzidas no momento processual oportuno.

Cumpre ressaltar, que escorada no princípio da eventualidade, a ora defendente contesta expressamente as alegações da inicial contrárias ao arrazoado desta defesa, as quais competirão ao Reclamante comprovar, a teor do disposto nos artigos 818, da CLT e 333, I, do CPC.

DO PEDIDO DE CONDENAÇÃO

SOLIDÁRIA/SUBSIDIÁRIA DA SEGUNDA RECLAMADA

Pleiteia o autor na letra "h" da exordial seja declarada a responsabilidade subsidiária/solidária entre a primeira e a segunda reclamada. Caso não seja acolhida a preliminar de inépcia arguida, de toda forma o pedido em questão não pode prosperar, senão vejamos.

A medida é impossível de ser deferida, na medida em que não houve o vínculo direto entre o reclamante e a Defendente – o qual somente existiu em decorrência de terceirização de serviços –, sendo certo que a Súmula 331, IV do C. TST não Autoriza, *incontinenti*, a condenação do tomador por dívidas trabalhistas simplesmente inadimplidas.

Não se desconhece que a referida Súmula cita a possibilidade de condenação subsidiária do tomador de serviços. Impõe-se, para tanto algo a mais, consubstanciado na falta de condições econômicas da empresa empregadora ao pagamento dos seus débitos, e mesmo de impossibilidade de pagamento com bens ou patrimônio, o que não se tem nos autos.

Ignorar este aspecto traduz-se em desvirtuar a própria lei, ensejando obrigação a pagamento sem previsão legal para tanto. Não basta a simples inadimplência do empregador para se atribuir a responsabilidade à tomadora, sendo evidente que tal subsidiariedade deve ser entendida como completa impossibilidade ao pagamento, o que, *in casu*, não se vislumbra.

De outro par, refoge ao bom senso a possibilidade de terceiro vir a ser responsabilizado por danos causados por problemas de segurança pública, cuja responsabilidade é do Estado.

À luz dos princípios da razoabilidade jurídica e vedação ao enriquecimento ilícito, somente é possível a responsabilização da defendente, depois de excutidos todos os bens da primeira Reclamada, de seus sócios, e empresas do grupo econômico, e, principalmente, depois de liquidados todos os bens destes.

A boa-fé dos contratos e das pessoas deve, portanto, ser preservada, antes que se impute a terceiros, dívida que originariamente não lhe é pertinente, eis que, com relação ao pagamento pela prestação dos serviços, a defendente adimpliu todas as prestações previstas contratualmente à primeira Reclamada, pelo que não há que se falar em incidência de quaisquer das hipóteses elencadas no Código Civil que referem à responsabilidade civil por ato ilícito (artigo 927 e ss. do CC).

21

Em suma, o que temos é que a terceirização de serviços firmada pela contestante e a primeira reclamada é regulada pelo TST na Súmula 331, que não prevê a responsabilidade solidária, portanto, improcede o pedido de responsabilidade solidária neste caso.

A CLT apenas prevê a responsabilidade solidária das empresas que formam grupo econômico (§ 2º do artigo 2º), bem como nos contratos de subempreitadas (artigo 455), hipóteses essas inaplicáveis no presente feito, tendo em vista que as Reclamadas são pessoas jurídicas totalmente distintas.

Pelo exposto, podemos concluir que a terceirização firmada entre as reclamadas é legal e encontra amparo especifico na Sumula 331, III, do C. TST, improcedendo por completo a responsabilidade solidária/subsidiária da ora contestante.

Ademais, alegação de responsabilidade solidária deverá ser provada por quem a alega. No caso em tela, destaque-se que as reclamadas não integram um mesmo grupo econômico ou possuem qualquer relação afora o contrato de prestação de serviços firmado.

Por fim, deve ser destacado que a solidariedade não se presume: na forma do artigo 265 do Código Civil, decorre da lei ou da vontade das partes, o que não ocorre no caso ora debatido como exaustivamente demonstrado acima.

Por extremada cautela, aduz a ora reclamada que não há que se falar em sua culpa pela ausência de fiscalização das condições de segurança dos empregados terceirizados, uma vez que todos os trabalhadores (empregados e terceirizados) que laboram ou laboraram em seu estabelecimento receberam treinamento especifico.

Ainda que superados os argumentos expostos nos tópicos anteriores, admitindo-se por mero argumento que a Súmula 331 do Tribunal Superior do Trabalho tivesse força de Lei, não poderia ser declarada a responsabilidade subsidiária da segunda Ré, na medida em que o objetivo da referida Súmula é o de coibir a contratação de empresa interposta para fraudar os direitos trabalhistas previstos em lei, algo que não ocorre no presente feito.

Deste modo, a Súmula 331 do Colendo TST não prevê a aplicação indiscriminada do instituto da responsabilidade subsidiária. Apenas nos casos de terceirização fraudulenta de atividade-fim é que esta se aplicaria, algo que não se verifica *in casu*.

Como visto, não há que se falar em responsabilidade solidária ou subsidiária da segunda Reclamada, ao menos por quatro motivos:

(i) ausência de amparo legal que justifique a responsabilidade solidária ou subsidiária da segunda reclamada (artigo 5º, inciso II, da Constituição Federal);

(ii) inaplicabilidade da responsabilidade subsidiária prevista na Súmula 331, do Colendo Tribunal Superior do Trabalho;

(iii) inexistência de qualquer alegação e/ou de prova de que a primeira ré não possui condições de responder por eventual débito trabalhista, e

(iv) não ocorrência de dolo ou culpa da ora Reclamada em relação a eventual inadimplemento da primeira Reclamada.

Impõe-se, desta forma, seja a presente reclamatória julgada improcedente com relação à segunda Reclamada, eis que insubsistente a pretendida responsabilidade subsidiária ou solidária.

DA EVENTUAL CONSTRIÇÃO DO PATRIMÔNIO DA SEGUNDA RECLAMADA

Na hipótese de ser declarada a responsabilidade subsidiária da ora Contestante, infere-se que a Demandante incumbe esgotar todas as possibilidades de quitação de seu débito inicialmente em face da primeira Ré e de seus sócios, antes que os bens da segunda Reclamada sofram alguma sorte de constrição.

Lembre-se que o artigo 50 do novo Código Civil prevê que os efeitos de certas e determinadas relações de obrigações sejam estendidos aos bens particulares dos administradores ou sócios da pessoa jurídica, sendo assim, caso efetivamente não seja localizado o patrimônio da primeira Reclamada, caberá a Autora buscar essa responsabilização de quem de direito.

23

Desta forma, na pior das hipóteses, a responsabilidade seria subsidiária, ainda que inaplicável ao particular, como sustentado anteriormente. Mas, não meramente subsidiária, porque o patrimônio da segunda Reclamada só poderia ser objeto de execução após a execução do patrimônio da primeira ré e a execução do patrimônio pessoal dos seus sócios (estes responsáveis solidários) o que se sustenta à luz da teoria da despersonalização da pessoa jurídica bem aplicável aos casos em que a empregadora vem a ser constituída sob a forma de cotas por responsabilidade limitada.

Desse modo, apenas após o esgotamento de todas essas providências é que se poderia cogitar de medidas executivas em face do BANCO, sob pena de estarem sendo feridos os princípios constitucionais do devido processo legal, do contraditório e da ampla defesa (art. 5º, incisos LIV e LV, da Constituição Federal), o que fica desde já pré-questionado.

DO ACIDENTE DE TRABALHO

Neste momento, quanto ao mérito propriamente dito da reclamatória, a ora reclamada recorre ao artigo 302, inciso III, do CPC e ainda seu parágrafo único, pois, por não ser empregadora do autor não tem como impugnar especificadamente todos os pontos trazidos com a inicial. Assim, não poderá produzir efeitos contra esta ré a ausência de impugnação especifica quanto a alguns dos temas descritos na inicial.

Ademais, os fatos narrados na inicial são contraditados por esta defesa em seu cômputo geral, portanto, na forma do inciso III, acima indicado, não pode ser decretada a confissão da ora contestante.

Alega o autor que em razão de assalto ocorrido na agência da ora contestante foi alvejado por tiros, vindo a falecer alguns dias depois, em função dos ferimentos. Contudo, equivocado está em seus argumentos.

A uma porque, o pagamento de indenização por danos morais ora pleiteado apenas se justificaria em virtude de relação de trabalho subordinado, sendo que a contestante não contratou, assalariou, geriu e fiscalizou o trabalho do autor; assim, caso procedentes os pedidos, o pagamento da condenação seria de exclusiva responsabilidade da primeira Reclamada.

A duas porque, ao que teve ciência esta contestante junto a primeira reclamada, foi o autor orientado por sua Supervisão a não entrar em área de risco em caso de assalto, evitando qualquer reação.

Assim sendo, fica afastada qualquer alegação de que a ora contestante tenha agido com negligência no que tange a segurança de seus empregados, clientes ou prestadores de serviço.

Por outro lado, a culpa pelo acidente somente pode ser atribuída à ocorrência de caso fortuito ou, ainda, à conduta do próprio trabalhador quando descumpriu ordens de seu empregador quanto à segurança.

O assalto à mão armada é clássico ***FATO IMPREVISÍVEL E INEVITÁVEL***, para cujo acontecimento em nada concorreu a reclamada, fruto da insegurança pública em nosso país, o que é de responsabilidade do governo do Estado de São Paulo.

Com efeito, nenhuma outra medida paliativa, além das que envolvem a ordinária segurança bancária, poderia ter sido tomada para minorar ou evitar o risco. Afigura-se inaceitável, portanto, querer imputar à ré qualquer responsabilidade pelo ataque, haja vista a ocorrência de caso fortuito.

Importante destacar questão jurídica de relevo, na medida em que há pelo direito pátrio atual, tratamento diverso em relação às responsabilidades objetiva e subjetiva, quanto aos danos, tratando a primeira como de responsabilidade do Estado, por meio do Instituto Nacional do Seguro Social - INSS, através da contribuição dos empregadores, e a segunda, de direito comum, exigindo que o empregador tenha agido com culpa ou dolo para poder ser responsabilizado civilmente.

É assim que tratam os artigos 7º, XXVIII, da Constituição Federal, e 186 do Código Civil Brasileiro, *verbis* :

> *CF - "Art. 7º . São direitos dos trabalhadores urbanos e rurais, além de outros que visem à melhoria de sua condição social:*
>
> *(...)*
>
> *XXVIII - seguro contra acidentes de trabalho, a cargo do empregador, sem excluir a indenização a que este está obrigado, quando incorrer em dolo ou culpa;"*

> *CC - "Art. 186 - Aquele que, por ação ou omissão voluntária, negligência, ou imprudência, violar direito e causar dano a outrem, ainda que exclusivamente moral,comete ato ilícito".*

Desse modo, sem a prova cabal de culpa da Reclamada pelos supostos danos morais suportados pelo autor, não há como imputar à parte ré o dever de indenizar.

Ora, a atividade ordinariamente cumprida pelo reclamante em prol da primeira reclamada não implicava risco algum, sendo inaplicável ao feito a regra da responsabilidade objetiva.

Resta claro e inequívoco que, ao contrário do roteiro criado pelo Reclamante, inexistiu qualquer ato ilícito da Reclamada que possa ser imputado como gerador do infortúnio sofrido pelo autor.

Ad argumentandum, caso assim não se entenda, a quantia relativa aos danos morais deve ser arbitrada com prudência pelo Magistrado, medindo as circunstâncias, atentando para o tipo médio do homem, ponderando os elementos probatórios e refutando as miragens do lucro.

Logo, impossível falar-se em pagamento de pensão cumulado com indenização por danos morais já que inexistentes os pressupostos para a responsabilização da ora contestante.

IMPOSSIBILIDADE DE CUMULAÇÃO DOS PEDIDOS

Verifica-se ainda que o Reclamante pleiteia, ao mesmo tempo, pensão por morte (letra "a), danos morais em ricochete (letra "b") e danos morais (letra "c").

Os danos alegados pelo autor têm origem no mesmo fato e são basicamente da mesma natureza, motivo pelo qual o ressarcimento de danos morais cumulativamente com danos morais em ricochete pensão por morte geraria o verdadeiro *bis in idem* e locupletamento ilícito do autor.

Desta forma, impossível falar-se em cumulatividade dos pedidos de dano moral, dano moral em ricochete e pensão em parcela única, porque encerraria verdadeiro *bis in idem*, sendo, portanto indevido tal pleito autoral.

26

DA QUANTIFICAÇÃO DOS DANOS MORAIS

LIMITAÇÃO DA INDENIZAÇÃO

É cediço que o valor da indenização deve guardar relação com o dano efetivamente sofrido e a condição econômica da vítima. Isso porque, quando se fala em prejuízos causados ao complexo valorativo da personalidade humana, a fixação do "*quantum*" a ser pago deve estar de acordo com a extensão do dano e o grau de culpa do agente, nos moldes do art. 944 do Código Civil, abaixo transcrito:

"Art. 944 - A indenização mede-se pela extensão do dano".

Com efeito, consoante já exposto, o arbitramento de indenização por dano moral há de ser moderado e eqüitativo, levando-se em conta as circunstâncias fáticas de cada caso em concreto, sendo este parâmetro uma forma de se evitar que a parte se beneficie de qualquer vantagem.

DOS REQUISITOS LEGAIS PARA O RECONHECIMENTO DA RESPONSABILIDADE CIVIL

Em nosso direito positivo, o pressuposto para reparação dos danos morais e estéticos é a prática de um ato ilícito, o qual pode ser decorrente de ação ou omissão voluntária, negligência ou por imprudência (artigos 186 e 927 do novo Código), com a ocorrência de efetivo dano.

Portanto, singela análise dos preceitos legais existentes no ordenamento jurídico pátrio, nos leva à conclusão de que os pressupostos para o deferimento de indenização por danos morais são: (i) ação ou omissão do agente; (ii) culpa do agente (em sentido amplo, abrangendo a imperícia, a imprudência e a negligência); (iii) efetiva ocorrência de dano extra patrimonial; e (iv) relação de causalidade entre a ação ou omissão e o dano experimen*tado.*

Desse modo, resta claro e inequívoco que, ao contrário do alegado pelo reclamante, inexistiu qualquer ato ilícito da Reclamada que possa ser imputado como gerador do lamentável acidente que veio a dar causa à morte do trabalhador.

DO PAGAMENTO DE PENSÃO EM UMA ÚNICA PARCELA

Não há que se falar em pagamento em uma única parcela dos salários vincendos do autor até que viesse a completar 74 anos de idade.

Descabe a aplicação do parágrafo único do artigo 950 do Código Civil, uma vez que as reclamadas têm plenas condições de arcar com o eventual pensionamento mensal, sendo certo que sua antecipação, apenas gerará o enriquecimento ilícito do autor.

Não há que se falar em pagamento antecipado dos salários vincendos no caso ora ventilado, uma vez que não existe insolvência, ou sequer qualquer notícia de descumprimento de alguma obrigação pelas reclamadas.

Não há receio de que em caso de eventual sentença procedente à reclamante, o que se admite apenas por hipótese, não venham as reclamadas a arcar com os valores advindos de eventual condenação. Sendo assim, improcede o pedido.

DOS JUROS E CORREÇÃO MONETÁRIA

Na oportunidade, e ainda admitindo por argumentar eventual condenação, *ad cautelam* pede a defendente que os juros de mora sejam contados apenas a partir da data do ajuizamento da ação, como prescrito em Lei, e a correção monetária seja calculada da forma determinada no artigo 39 da Lei 8.177/91, isto é, a partir do quinto dia útil do mês seguinte ao vencido, já que é este o prazo previsto pelo artigo 459, da CLT para o pagamento de parcelas salariais, de acordo com a Súmula 381 do Colendo TST.

DA IMPUGNAÇÃO AO BENEFÍCIO DA JUSTIÇA GRATUITA

É necessário esclarecer que as benesses da justiça gratuita somente poderão ser deferidas quando preenchidos todos os requisitos elencados pelas Leis nºs 1.060/50, 5.584/70 e 7.115/83, bem como pelo artigo 789 § 3º, da CLT, sem os quais fica impedida a concessão de tal benefício.

No presente caso, não estão preenchidos todos os requisitos acima apontados, não havendo que se falar na concessão dos benefícios da justiça gratuita, devendo ser indeferido o pleito respectivo.

28

APROVEITAMENTO DA DEFESA DA PRIMEIRA RECLAMADA

Quanto aos demais pedidos, sobre os quais a ora reclamada não possui condições de contestar, já que não era a empregadora do reclamante, requer a aplicação do artigo 320, I do CPC quanto à defesa apresentada pela primeira Reclamada.

DAS PROVAS

Requer ainda a Defendente oportunidade processual para a produção de todos os meios de prova admitidos em direito admitidos, sobejamente através da juntada de novos documentos, oitiva de testemunhas, ofícios, dentre outros, inclusive o depoimento pessoal do Reclamante, o que, desde já expressamente requer, sob pena de confesso.

DA DEDUÇÃO / COMPENSAÇÃO

Na hipótese incogitável de alguma condenação, o que se admite apenas para argumentar, a Reclamada ressalta deverá ser observada a compensação e dedução dos valores pagos ao Reclamante a mesmos títulos.

CONCLUSÃO

Ante o exposto, requer a 2ª Reclamada que sejam acolhidas as preliminares arguidas, com a extinção do feito, conforme pleiteado; ou ainda, no mérito, que os pleitos formulados sejam julgados totalmente improcedentes, condenando-se o Reclamante no pagamento das custas e demais despesas processuais, como de direito e de JUSTIÇA!

Termos em que, Pede deferimento.

São Paulo, 15 de maio de 2015.

PLINIO MARCOS

OAB/SP Nº 493.542

PODER JUDICIÁRIO FEDERAL
Tribunal Regional do Trabalho – 2ª Região

1ª. VARA DO TRABALHO DE SÃO PAULO

PROCESSO: 000000000

RECLAMANTE: ESPÓLIO DE SINFRÔNIO DAGOBERTO DAS DORES

RECLAMADAS: LIMPADORA VERA CRUZ EIRELI E BANCO POPULAR DA CASA VERDE S.A.

Aos 15 dias do mês de maio de 2015, na sala de sessões da M.M. 1ª. Vara do Trabalho de São Paulo, sob a presidência do Exmo. Juiz Tício da Silva, realizou-se audiência relativa ao processo identificado em epígrafe.

Às 9h46min, aberta a audiência, foram, por ordem do Exmo. Juiz do Trabalho, apregoadas as partes.

Presente o reclamante, Espólio de Sinfrônio Dagoberto das Dores, representado por Vania Maria Trindade das Dores, que também representa os filhos menores, Neide Maria Trindade das Dores e Nelson Trindade das Dores, acompanhado do advogado, Doutor Nelson Rodrigues, OAB/SP n. 500.001.

Presente a primeira Reclamada LIMPADORA VERA CRUZ EIRELI, representada pelo Contador, Sr. Setembrino Cipriano da Silva, CRC. 200.111/SP, proprietário da Frontie Assessoria Contábil, acompanhado do advogado, Doutor Demetrius Justus, OAB/SP 20001.

Presente a segunda Reclamada BANCO POPULAR DA CASA VERDE S.A., por intermédio de seu preposto, Sr. Miguel Arcanjo, CTPS n. 22.456, série 23, acompanhado do advogado Dr. PLINIO MARCOS, OAB/SP. N. 493.542.

30

PODER JUDICIÁRIO FEDERAL
Tribunal Regional do Trabalho – 2ª Região

O ilustre patrono do Reclamante requer a aplicação da pena de revelia e confissão, considerando que a primeira Reclamada não se fez representar de forma adequada, na forma da lei. Indefiro, pelos fundamentos que aduzirei quando da prolação da sentença. Protestos.

Proposta de conciliação rejeitada.

Defiro a juntada de contestação apresentada pela primeira Reclamada, acompanhada de 23 documentos, contrato social, carta de preposição e procuração.

Também defiro a juntada de contestação apresentada pela segunda Reclamada, acompanhada de cinco documentos, Estatuto Social, carta de preposição e procuração.

Registro que das contestações e documentos dei ciência ao ilustre patrono do Reclamante, que reiterou os termos da inicial, reiterando a aplicação da pena de revelia e confissão à primeira Reclamada, nos termos da Súmula n. 122 do C.TST, uma vez que não se fez presente validamente nesta audiência. Quanto aos documentos afirmou que não confirmam os termos das defesas e que os controles de ponto não registram a duração do intervalo para refeição e repouso.

Preclusa a prova documental (art. 787 da CLT e 396 do CPC).

Delimitando o tema probatório, o patrono do Reclamante requereu prova da não concessão integral do intervalo para refeição e descanso. O patrono da primeira Reclamada requereu a contraprova da concessão integral do intervalo para refeição. A segunda Reclamada não pretende produzir provas de audiência.

Neste ato, o patrono do Reclamante reconhece o recebimento dos EPI`s descritos na defesa da primeira Reclamada, sendo dispensada a realização de prova técnica pelas partes. Defiro.

Defiro a prova relativa a duração do intervalo para refeição e repouso.

PODER JUDICIÁRIO FEDERAL
Tribunal Regional do Trabalho – 2ª Região

Interrogatório da primeira Reclamada: que o Reclamante dispunha de uma hora de intervalo para refeição e repouso, efetivamente cumprida, não anotada nas folhas de ponto. Nada mais.______________________.

Testemunha do Reclamante: Semprônio da Silva, brasileiro, casado, vigilante, RG. 9.9999-99, residente e domiciliado à Rua da Glória, 2222, Centro, São Paulo, Capital. Advertida e compromissada, na forma da lei. Inquirida, respondeu: que trabalhou na segunda Reclamada no período de 12.12.2001 a 15.06.2014, sendo contratado pela empresa terceirizada de segurança Ituiutaba, exercia a função de vigilante, no horário das 8:00 às 17:00 horas; almoçava no mesmo horário e local do Reclamante, dispondo para tanto de apenas 30 minutos, o que também ocorria em relação ao autor. Nada mais.________________

Testemunha da primeira Reclamada: Ticiano Spósito, brasileiro, casado, supervisor, RG. 77777-7, residente e domiciliado à Rua Romário da Costa, n. 12, Vila Campesina, Osasco, São Paulo. Advertida e compromissada, na forma da lei. Inquirida respondeu: exerce a função de supervisor da primeira Reclamada, desde janeiro de 2002, passando diariamente nos postos de serviço para inspeção do trabalho, conferindo sua execução, bem como a presença ou ausência de empregados; afirma que o Reclamante que dispunha de uma hora de intervalo para refeição e repouso, rigorosamente observada; que fiscalizava diariamente inúmeros postos de trabalho em outras tomadoras durante sua jornada de trabalho diária. Nada mais. ________________

Sem outras provas, com a expressa concordância das partes, declaro encerrada a instrução processual, designando para julgamento o dia 05.07.2015, às 13:00 horas.

Nada mais.

Ata assinada eletronicamente, nos termos da Lei n. 11.419/2006, art. 8º, § único.

TÍCIO DA SILVA

JUIZ DO TRABALHO

32

PARA EXERCITAR

MODELO DE RESPOSTA DA PROVA DE SENTENÇA DO TRT 2 - 2015 (XL CONCURSO) (VÂNIA MARIA TRINDADE DAS DORES, NEIDE TRINDADE DAS DORES E NELSON TRINDADE DAS DORES X LIMPADORA VERA CRUZ EIRELI X BANCO POPULAR DA CASA VERDE S.A.)

"RELATÓRIO

Dispensado pela banca examinadora.

FUNDAMENTAÇÃO

CONSIDERAÇÕES INICIAIS. EFICÁCIA INTERTEMPORAL DAS NORMAS DE DIREITO MATERIAL E DE DIREITO PROCESSUAL

Inicialmente, cumpre destacar que, considerando a data do ajuizamento da presente ação trabalhista, não há falar em aplicação do disposto na Lei n. 13.467/2017, razão pela qual os dispositivos legais aplicáveis são aqueles vigentes no momento do ajuizamento da ação, sobretudo no que toca a sistemática relativa aos requisitos da petição inicial, regularidade de representação das partes na audiência, concessão da justiça gratuita e deferimento de honorários advocatícios.

Ademais, considerando a data de ocorrência dos fatos, também não há falar em aplicação do disposto na Lei n. 13.467/2017 sobre o tema, razão pela qual os dispositivos legais aplicáveis são aqueles vigentes no momento da ocorrência dos fatos.

RETIFICAÇÃO DO POLO ATIVO[1]

De início, aponto que a presente demanda foi ajuizada por um espólio, representado pela esposa e filhos do falecido. A morte ocorreu em 17/01/2015.

Sucede que não há prova de que o falecido tenha deixado bens a serem inventariados, nem tampouco da regular constituição do espólio de Sifrônio Dagoberto Trindade das Dores, tendo a parte autora juntado ao caderno processual, apenas, instrumento de mandato para seu advogado.

Portanto, sobretudo tendo em vista as disposições do art. 1º Lei nº 6.858/80, segundo o qual os valores devidos pelos empregadores aos empregados e os montantes das contas individuais do Fundo de Garantia do Tempo de Serviço e do Fundo de Participação PIS-PASEP, não

1 Nesse ponto, um dos mais controvertidos da prova, sugerimos a leitura de Julgado proferido pelo Exmo. Sr. Presidente da Banca da Prova de Sentença, FRANCISCO FERREIRA JORGE NETO, nos autos do Recurso Ordinário de nº 00856.2006.035.02.00-1.

recebidos em vida pelos respectivos titulares, serão pagos, em quotas iguais, aos dependentes habilitados perante a Previdência Social, e, na sua falta, aos sucessores previstos na lei civil, indicados em alvará judicial, independentemente de inventário ou arrolamento, bem assim que não há no caderno processual certidão de dependentes habilitados junto a Previdência Social, correto considerar como partes as sucessoras do falecido.

Por oportuno, destaco que, com esta retificação, tem-se a regularização do polo ativo, o que em nada prejudicou o devido processo legal.

Determino, pois, a retificação do polo ativo, a fim de constar, na autuação e demais registros, como partes VÂNIA MARIA TRINDADE DAS DORES, por si e representando os menores NEIDE TRINDADE DAS DORES e NELSON TRINDADE DAS DORES.

Prejudicada a análise da preliminar de ilegitimidade ativa.

Assinalo que o advogado das partes autoras, após a regular ciência da presente sentença, tem o prazo de dez dias para regularizar a sua representação.

SUSPENSÃO DO PROCESSO (REQUERIDA PELA PRIMEIRA PARTE RÉ)

A existência de inquérito policial em que se investiga as circunstâncias do crime que acabou por vitimar o de cujus não tem o condão de suspender o processo, dado que tal hipótese não se encontra prevista entre as hipóteses previstas em lei como as que ensejam a suspensão do processo (art. 265 do CPC/73 - art. 313 do CPC/2015).

Rejeito.

IMPUGNAÇÃO AO VALOR DA CAUSA (APRESENTADA PELA SEGUNDA PARTE RÉ)

Tratando-se de demanda que tramita pelo rito ordinário, não há necessidade de liquidação dos pedidos. Além disso, as partes autoras indicaram valor da causa em montante compatível com os pedidos formulados (art. 259, CPC/73 - art. 292 do CPC/2015, aplicável ao Processo do Trabalho).

Se não bastasse, o valor da causa tem como principal objetivo definir o rito processual, e, no presente caso, a demanda tramitou pelo rito ordinário, garantindo-se o amplo contraditório e ampla defesa, não havendo prejuízo para as partes.

Rejeito.

INÉPCIA DA PETIÇÃO INICIAL – PEDIDO IMPOSSÍVEL (SUSCITADA PELA PRIMEIRA PARTE RÉ)

Com o advento da Lei n. 13.105/2015 (CPC/2015), a possibilidade jurídica do pedido deixou de ser condição da ação e, portanto, viabilizar a extinção do processo sem resolução do mérito (art. 485, VI, do CPC/2015, aplicável ao processo do trabalho por força do art. 15 do CPC/2015 e do art. 769 da CLT).

São condições da ação, portanto, a partir de então, somente a legitimidade da parte e o interesse processual, razão pela qual não há mais falar em preliminar de impossibilidade jurídica do pedido, devendo o tema, portanto, ser apreciado tão somente como questão de mérito.

Ademais, mesmo na hipótese de admitir a possibilidade jurídica do pedido como preliminar, a impossibilidade jurídica do pedido só existe quando o pedido é vedado pelo ordenamento jurídico, o que não ocorreu no caso dos autos.

Ademais, ao contrário do que pretende a parte ré, a indicação do dispositivo legal que embasa a pretensão de qualquer pedido, inclusive o de indenização por dano moral, não é requisito da petição inicial.

Por outro lado, questões relacionadas à existência de responsabilidade do empregador por eventual dano sofrido pelo empregado dizem respeito ao mérito da demanda, e nele serão apreciadas.

Rejeito.

INÉPCIA DA PETIÇÃO INICIAL – CUMULAÇÃO DE PEDIDOS DE PENSÃO POR MORTE, DANO MORAL EM RICOCHETE E DANOS MORAIS (SUSCITADA PELA PRIMEIRA PARTE RÉ)

Os pedidos de pensão por morte, dano moral em ricochete e danos morais, respectivamente, pedido "a", "b" e "c" da petição inicial, são compatíveis, há competência deste juízo e o procedimento ordinário é adequado (Código de Processo Civil/73, art. 292), não havendo falar em inépcia da petição inicial.

Rejeito.

INÉPCIA DA PETIÇÃO INICIAL – PEDIDO DE RESPONSABILIZAÇÃO SOLIDÁRIA/SUBSIDIÁRIA (SUSCITADA PELA SEGUNDA PARTE RÉ)

Destaco que os pedidos de responsabilidade solidária e subsidiaria diferem apenas quanto ao grau, ou seja, a existência ou não do chamado benefício de ordem.

Assim, ainda que não tenham indicado de modo expresso, há se entender, diante dos princípios da informalidade e simplicidade do Processo do Trabalho, que as partes autoras pretendem, em primeiro plano, a responsabilidade solidária, e não sendo possível, a responsabilidade meramente subsidiária da segunda parte ré (art. 289 do CPC/73 – art. 326 do CPC/2015), isto é, os pedidos foram formulados de modo sucessivo.

Rejeito.

REVELIA DA PRIMEIRA RÉ. IRREGULARIDADE DE REPRESENTAÇÃO

A primeira parte ré compareceu em audiência representada por seu contador e acompanhada por seu advogado.

As partes autoras apresentaram requerimento de declaração de revelia, ante a irregularidade de representação.

Ocorre que se trata de empresa qualificada como EIRELI (Empresa Individual de Responsabilidade Limitada), constituída por uma única pessoa (Código Civil, art. 980-A), podendo ser enquadrada como microempresa ou empresa de pequeno porte, nos exatos termos do art. 3º da Lei Complementar nº 123/2006, que faz referência expressa à empresa individual de responsabilidade limitada.

Ainda que possa haver dúvida quanto à receita anual da primeira ré, de sorte a permitir tal enquadramento, o certo é que as disposições de natureza processual que beneficiam as empresas disciplinadas na referida Lei Complementar nº 123/2006, consideradas como microempresa ou empresa de pequeno porte, devem ser aplicadas a Empresa Individual de Responsabilidade Limitada, visto que visam possibilitar o efetivo acesso à justiça (art. 5º, XXXV, da Constituição da República Federativa do Brasil de 1988), com o exercício do contraditório e da ampla defesa.

Assim, considerando que tal tipo de empresa, como visto, é composta por uma única pessoa, obrigar seu comparecimento pessoal por meio de seu proprietário ou por meio de preposto empregado, quando muitas vezes nem empregados possui, seria causar-lhe grave dano de natureza processual (embaraço a apresentação de defesa) e material (continuidade da atividade empresarial).

Aplicável, portanto, o art. 54, referida Lei Complementar n. 123/2006, no sentido de que é facultado ao empregador de microempresa ou de empresa de pequeno porte fazer-se substituir ou representar perante a Justiça do Trabalho por terceiros que conheçam dos fatos, ainda que não possuam vínculo trabalhista ou societário. Neste sentido, inclusive, a jurisprudência do TST, por meio da Súmula n. 377.

Rejeito.

IMPOSSIBILIDADE JURÍDICA DO PEDIDO (SUSCITADA PELA PRIMEIRA PARTE RÉ)

"Com o advento da Lei n. 13.105/2015 (CPC/2015), a possibilidade jurídica do pedido deixou de ser condição da ação e, portanto, viabilizar a extinção do processo sem resolução do mérito (art. 485, VI, do CPC/2015, aplicável ao processo do trabalho por força do art. 15 do CPC/2015 e do art. 769 da CLT).

São condições da ação, portanto, a partir de então, somente a legitimidade da parte e o interesse processual, razão pela qual não há mais falar em preliminar de impossibilidade jurídica do pedido, devendo o tema, portanto, ser apreciado tão somente como questão de mérito.

Ademais, mesmo na hipótese de admitir a possibilidade jurídica do pedido como preliminar, a possibilidade de responsabilização por eventuais danos não encontra vedação legal, sendo certo que a procedência da pretensão é questão de mérito.

Rejeito.

ILEGITIMIDADE PASSIVA

Suscita a segunda parte ré a preliminar de ilegitimidade passiva.

Sucede que legitimidade passiva "ad causam", consistente na pertinência subjetiva da ação, de acordo com a teoria adotada pelo ordenamento jurídico pátrio (teoria da asserção), deve ser analisada abstratamente.

Vale dizer: se a parte ré é indicada na petição inicial como a pessoa responsável para suportar eventual sucumbência, sob o ponto de vista processual, é parte legítima.

Assim, a análise da existência de relação jurídica que importe esta sucumbência já deixa de ser matéria processual, passando para o campo das prejudiciais de mérito ou do próprio mérito.

Rejeito.

PRESCRIÇÃO

Uma vez deflagrada a sucessão, a herança deve ser vista como um todo unitário, ainda que sejam vários sejam os herdeiros (Código Civil, art. 1.791).

Por outro lado, sabe-se que não corre prescrição contra os absolutamente incapazes (Código Civil, art. 198, I), situação dos menores, filhos do falecido, representados nessa demanda por sua genitora.

Assim, há de ser reconhecida, dado a indivisibilidade do direito, que a causa impeditiva do curso do prazo prescricional em relação aos absolutamente incapazes tem o condão de impedir o reconhecimento da prescrição em relação às partes autoras, e não apenas em relação aos menores, salvo quanto aos pleitos personalíssimos, no caso, os pleitos de indenização por dano reflexo ou em ricochete.

Quanto a esses últimos, contudo, mesmo em se tratando da herdeira absolutamente capaz, foi observado o prazo prescricional, já que a morte ocorreu no dia 07/01/2015 e a ação foi ajuizada no dia 27/02/2015.

No que tange aos demais pleitos, mesmo diante da indivisibilidade da herança e, portanto, do aproveitamento da causa impeditiva da fluência da prescrição por todas as partes autoras, ainda assim não se pode entender que a morte do trabalhador tenha o condão de permitir a desconsideração da prescrição incidente sobre as pretensões não satisfeitas em vida. Ou seja, em respeito ao princípio da segurança jurídica, há de ser observado o direito adquirido da parte ré quanto a prescrição incidente sobre as pretensões anteriores aos cinco anos da morte do trabalhador, (Constituição da República Federativa do Brasil de 1988, art. 7°, XXIX).

Logo, necessário fixar o marco prescricional não na data do ajuizamento, mas, sim, na data do evento morte, que, no caso em tela, coincide com a data da extinção do contrato de trabalho.

Ante o exposto, declaro a prescrição das pretensões condenatórias exigíveis antes de 07/01/2010, extinguindo o processo, quanto a tais pretensões, com resolução do mérito (art. 269, IV, do CPC/73 – art. 487, II, do CPC/2015).

ADICIONAL DE INSALUBRIDADE

Buscam as partes autoras a condenação das partes rés no pagamento do adicional de insalubridade, argumentando, em síntese, que o de cujus laborava em ambiente insalubre, promovendo a limpeza do banheiro da agência bancária da segunda parte ré.

As partes rés negam a existência insalubridade, aduzindo que foram fornecidos ao falecido equipamentos de proteção individual.

Esse fato (entrega dos equipamentos de segurança), inclusive, foi objeto de reconhecimento pelas partes autoras (ata de audiência de fls. 30/32).

Contudo, o certo é que para uma atividade ser considerada insalubre ela deve está prevista como tal em ato oficial do MTE, e a limpeza de banheiros e recolhimento de lixo de residência e escritório – que pode ser equiparado a uma agência bancária -, não consta na relação de atividades insalubres. Nesse sentido, inclusive, a Súmula nº 448 do TST.

Julgo improcedente.

DÉCIMO TERCEIRO SALÁRIO DE 2014

As partes rés sequer contestaram a ausência de pagamento da segunda metade do décimo terceiro salário de 2014, atraindo, por conseguinte, os efeitos da presunção da veracidade dos fatos articulados pelas partes autoras (art. 302 do CPC/73 - art. 341 do CPC/2015).

Julgo procedente o pagamento da segunda metade do décimo terceiro salário de 2014.

HORAS EXTRAS – INTERVALO INTRAJORNADA

Alegam as partes autoras que o de cujus não gozava integralmente do intervalo intrajornada.

As partes rés sustentam que o horário de descanso era efetivamente usufruído, juntando ao caderno processual os cartões de ponto.

Pois bem.

Independentemente de eventual controvérsia acerca da validade da pré-assinalação do intervalo intrajornada, o certo é que a prova oral produzida indica no sentido de que horário de descanso não era usufruído integralmente, gozando o obreiro de apenas 00h30min, o que contraria o disposto no art. 71 da CLT.

É que a testemunha indicada pelas partes autoras, Sr. Semprônio da Silva, tem maior aptidão para conhecer dos fatos do que a testemunha indicada pela parte ré, Sr. Ticiano Spósito, pois laborava no mesmo local e fazia as refeições diariamente com o de cujus, ao passo que Sr. Ticiano era supervisor de vários funcionários, fiscalizando diversos postos de trabalho (ata de audiência de fls. 31/32), o que, por certo, fazia com que tivesse menos contato com o obreiro, e, por conseguinte, menor conhecimento da realidade da prestação dos serviços pelo de cujus.

Destaco, por oportuno, que a concessão parcial no descanso não alcança a finalidade do instituto, além do que o art. 71, § 4º prevê a natureza salarial da parcela, ao fazer alusão ao termo "remunerar" o período correspondente.

Em face do exposto, julgo procedente o pedido de pagamento do intervalo intrajornada mínimo não concedido a título de horas extras (devendo ser pago o período integral de 01 hora, e não somente a diferença entre o tempo usufruído e o tempo mínimo devido a título de intervalo intrajornada - art. 71, § 4º, da CLT e Súmula n. 437 do TST, com natureza salarial), observando os parâmetros abaixo:

a) cabível em cada dia de trabalho, observando-se os cartões de ponto para esse fim;
b) base de cálculo a ser observada: soma do valor do salário base e das demais verbas de natureza salarial, observando-se a Súmula n. 264 do TST;
c) acréscimo do adicional de 50%;
d) observância da evolução salarial;

e) exclusão dos dias não trabalhados;

f) divisor de 220;

g) em face da habitualidade e, portanto, de sua natureza salarial, determino os reflexos sobre o RSR (na forma da Súmula n. 172 do TST e observada a regra prevista na OJ n. 394 da SDI-1 do TST), décimo terceiro salários, férias acrescidas de 1/3 e FGTS.

Julgo improcedente, por outro lado, os reflexos no aviso prévio e na indenização de 40% do FGTS. Isto porque a extinção do contrato de trabalho decorreu da morte do trabalhador, hipótese na qual são devidas essas parcelas, tendo sido o TRTC, inclusive, homologado sem ressalva pela Superintendência Regional do Trabalho e Emprego.

ACIDENTE DE TRABALHO – INDENIZAÇÃO POR DANO MORAL SOFRIDO PELO DE CUJUS E INDENIZAÇÃO POR DANO MATERIAL

Narram as partes autoras que, no dia 15/12/2014, a agência em que o de cujus prestava serviços foi assaltada, sendo o Sr. Sinfrônio atingido por três tiros, e, em razão disso, levado pela SAMU para a Santa Casa, onde permaneceu internado até 07/01/2015, quando veio a óbito, por conta dos ferimentos decorrentes dos tiros sofridos.

A primeira parte ré, por sua vez, alega, em síntese, que o obreiro não sofreu acidente de trabalho, pois o fato foi fruto da violência praticada por terceiro, não tendo atuado com culpa ou dolo, justificando a ausência de emissão da Comunicação de Acidente de Trabalho (CAT); que, na verdade, foi o obreiro quem atuou com culpa, por não ter agido de acordo com as suas instruções em caso de ocorrência de assalto; por fim, levanta a possibilidade de o trabalhador ter participado/colaborado com o assalto na agência.

A segunda parte ré, além de reforçar os argumentos da primeira parte ré, argumenta que a responsabilidade pelos fatos praticados é do Estado, por se tratar de questão de segurança pública.

Pois bem.

De início, há de ser rechaçado o argumento de que o obreiro não sofreu acidente de trabalho. É que, como se vê, é fato incontroverso que o assalto ocorreu no local e no momento da prestação de serviços, e, conforme prevê o art. 19 da Lei nº 8.213/91, acidente do trabalho é o que ocorre pelo exercício do trabalho a serviço de empresa ou de empregador doméstico ou pelo exercício do trabalho dos segurados referidos no inciso VII do art. 11 desta Lei, provocando lesão corporal ou perturbação funcional que cause a morte ou a perda ou redução, permanente ou temporária, da capacidade para o trabalho.

Além disso, o art. 21, II, "b", da mesma lei, deixa claro que se equipara a acidente de trabalho o ato de violência sofrido pelo obreiro, ainda que praticado por terceiro, ou seja, a exata situação debatida na presente demanda.

Tem-se, desse modo, que a primeira parte ré deveria ter emitido a CAT, consoante determinação expressa do art. 22 da referida lei, segundo o qual a empresa deverá comunicar o acidente do trabalho à Previdência Social até o primeiro dia útil seguinte ao da ocorrência.

Por outro lado, destaco não haver prova de qualquer instrução específica dirigida ao de cujus quanto às medidas adotadas em caso de ocorrência de assalto a agência bancária, nem tampouco de que ele tenha participado ou colaborado com a ação criminosa, argumento que não merece maiores considerações.

Ademais, pontuo ainda que a administração da segurança pública é da alçada do Estado (Constituição da República Federativa do Brasil de 1988, art. 6º), a quem se atribui, portanto, a responsabilidade pelas mazelas e ondas de violência que permeiam o dia a dia do cidadão brasileiro, cabendo, de outro lado, aos particulares, a investida na preservação de um ambiente de trabalho o mais seguro possível, mormente quando têm por escopo a movimentação de valores, atividade esta que, por natural, aguça a cobiça dos criminosos, conforme determinado no art. 7º, XXII, da CF/88, e na linha da eficácia horizontal dos direitos e garantias fundamentais.

Neste contexto, é exigida do particular a previdência necessária em razão da constante possibilidade ameaça de assalto ao seu estabelecimento, com riscos aos seus empregados e ao público em geral, de sorte a minorar as possibilidades de ocorrência de crimes.

Com efeito, a responsabilidade civil possui pressupostos sem os quais não se configura, estando consagrada no artigo 186 do Código Civil, *in verbis*: "Aquele que, por ação ou omissão voluntária, negligência ou imprudência, violar direito e causar dano a outrem, ainda que exclusivamente moral, comete ato ilícito.".

Da análise do artigo supra, pode-se concluir que a responsabilidade civil tem como pressupostos: a) conduta humana (comissiva ou omissiva); b) dano ou prejuízo; c) nexo de causalidade; d) culpa ou dolo do agente.

Cumpre observar, dessa forma, que os pressupostos acima elencados são concorrentes. Vale dizer: a falta de um deles exonera a parte do dever de indenizar.

No caso em questão, como visto, as partes rés não provaram culpa do trabalhador no evento. Além disso, não provaram a adoção de qualquer medida apta a minorar os riscos de ocorrência de crime (conduta omissiva), decorrendo daí a culpa nos eventos, e, por conseguinte, a responsabilidade civil pelos danos causados.

Se não bastasse, possível invocar o disposto no art. 927, parágrafo único, do Código Civil, aplicável ao Direito do Trabalho em face do princípio da proteção e da norma mais favorável (art. 7º, caput, da Constituição Federal), de sorte a compreender que a atividade da segunda parte ré, com a guarda de grande quantia de numerário, expõe os seus trabalhadores, contratados diretamente ou terceirizados, como no caso do de cujus, a um risco anormal, ou seja, bem superior ao suportado pelos demais membros da sociedade.

Vale dizer, a atividade é de risco, devendo ser considerada como hipótese de responsabilidade civil de natureza objetiva, pelo que o dever de indenizar existe independentemente de culpa.

O dano sofrido pelo trabalhador, ao ser alvejado por três tiros de arma de fogo e permanecer hospitalizado em estado grave por mais de 20 dias, vindo, ao final, a óbito, é inquestionável, sendo patente a violação aos direitos da personalidade, sobretudo na sua integridade física.

Como se vê, de qualquer ângulo que se analise o caso, deve haver condenação, na medida em que as circunstâncias evidenciam a ocorrência de violação aos direitos da personalidade, constitucionalmente assegurados (art. 5º, V e X, da Constituição da República Federativa do Brasil).

À míngua de critérios objetivos da Lei, a quantificação do montante devido a título de indenização por danos morais, cabe ao prudente arbítrio do julgador, sendo que os arts. 944 e 953 do Código Civil trazem parâmetros mínimos para tal quantificação, que são a extensão do dano e a equidade.

Destarte, o arbitramento deve levar em consideração a posição social e econômica do ofensor, o grau de culpa do primeiro e o dano.

A par disso, deve-se ter em vista o caráter indenizatório e pedagógico da indenização do dano moral.

Tendo em vista tais critérios, arbitro o valor de R$ 90.000,00 para a indenização por danos morais, a ser dividido em quotas iguais entre as partes autoras.

No que toca ao pedido de indenização por dano material, postulado em pagamento de parcela única, tem-se que o art. 948, do Código Civil, prevê que, em caso de morte, deve o causador do dano ser obrigado na prestação de alimentos às pessoas a quem o morto os devia, levando em consideração a duração provável da vida da vítima. É que a morte do trabalhador impede a continuidade dos rendimentos percebidos em razão do contrato de trabalho, tendo a indenização o objetivo de assegurar aos dependentes do trabalhador falecido o mesmo padrão de renda.

Contudo, ao contrário do que pretendem as partes autoras, entendo inaplicável o disposto no art. 950, parágrafo único, do Código Civil, ao presente caso. É que o mencionado dispositivo trata especificamente das situações em que não há óbito, não havendo falar na sua aplicabilidade para os casos em que o acidente é fatal.

Deve o pagamento, desse modo, ser realizado mês a mês.

No caso em questão, considerando que os filhos deixados pelo de cujus NEIDE TRINDADE DAS DORES e NELSON TRINDADE DAS DORES são menores, ostentando, portanto, a qualidade de dependente do Sr. Sifrônio Dagoberto Trindade das Dores, até 24 anos completos, idade em que se encerra a presunção de dependência econômica.

No que toca a viúva (VÂNIA MARIA TRINDADE DAS DORES), cuja dependência econômica é presumida, e não há limitação temporal em razão da sua idade, ela tem direito de recebimento da pensão prevista no art. 948, II, do CC/2002 pelo tempo equivalente à duração provável da vida da vítima (74 anos) – limite fixado na petição inicial, ou até a data do seu falecimento, o que ocorrer primeiro.

Quanto ao valor da pensão prevista no art. 948, II, do CC/2002, visando a observância do princípio da restituição integral, fixo-a no percentual de 70% (entende-se que 30% é o percentual provável da renda do de cujus que esse usaria em seu próprio benefício/sustento, remanescendo, assim, 70% em prol da família) do valor da última remuneração recebida pelo de cujus, acrescido de 1/12 de 13º salário e 1/12 do terço de férias mensalmente, valores que devem ser reajustados de acordo com o reajuste da categoria a que pertencia o de cujus. Não há como incluir o FGTS, dada a natureza complexa da parcela, que somente tem incidência sobre os valores pagos durante o contrato de trabalho, o que não é o caso em tela, em que se determinou o pagamento de indenização por dano ocorrido.

O pagamento da pensão em questão, quanto ao vencido (leia-se um dia após a data do óbito até a data do trânsito em julgado da sentença), deve ser pago através de parcela única, e, quanto ao vincendo, deve ser feito mediante depósito em conta, a ser comprovado mensalmente.

Em face do exposto, julgo procedente o pleito de pagamento de indenização por danos materiais/lucro cessantes às partes autoras, observados os seguintes parâmetros: a) para os filhos deixados pelo de cujus NEIDE TRINDADE DAS DORES e NELSON TRINDADE DAS DORES, até 24 anos completos; b) para viúva (VÂNIA MARIA TRINDADE DAS DORES) pelo tempo equivalente à duração provável da vida da vítima (74 anos) ou até a data do seu falecimento, o que ocorrer primeiro; c) percentual de 70% do valor da última remuneração recebida pelo de cujus, acrescido de 1/12 de 13º salário e 1/12 do terço de férias mensalmente, valores que devem ser reajustados de acordo com o reajuste da categoria a que pertencia o de cujus, sendo que, quanto ao vencido (leia-se um dia após a data do óbito até a data do trânsito em julgado da sentença), deve ser pago através de parcela única e, quanto ao vincendo, deve ser feito mediante depósito em conta, a ser comprovado mensalmente; d) a partir do atingimento de idade de 24 anos completos de cada um dos filhos menores, ou morte de quaisquer dos beneficiados, deve o valor da cota ser revertido, em partes iguais, para os demais beneficiários; e) determino a constituição de capital, nos termos do art. 475-Q, do CPC/73 - art. 533 do CPC/2015.

INDENIZAÇÃO POR DANO MORAL (DANO EM RICOCHETE) – PERDA DO ENTE QUERIDO

O presente pedido tem suporte fático idêntico ao analisado no tópico anterior, ou seja, o acidente de trabalho que fatal que culminou com óbito do trabalhador.

Ressalte-se, ainda, que, no caso em questão, trata-se de dano moral sofrido pelos herdeiros do de cujus (danos reflexos ou em ricochete) em face da perda do ente querido, vítima de acidente de trabalho fatal.

Assim, tendo como base os artigos 5º, X, 7º, XXVII, ambos da Constituição da República Federativa do Brasil de 1988, e os artigos 186 e 927 do Código Civil de 2002, é dever da parte ré reparar o dano moral causado individualmente a cada um dos herdeiros do de cujus que, com a morte do ente querido, além de sofrerem com a sua perda repentina, ficaram privados da manutenção do seu convívio familiar.

Apesar de o dano sofrido (perda de ente querido) não poder ser reparado, há de se ter cautela no arbitramento da compensação, a fim de não causar um estado de iniquidade.

Como visto, à míngua de critérios objetivos da Lei, a quantificação do montante devido a título de danos morais, cabe ao prudente arbítrio do julgador, sendo que os arts. 944 e 953 do Código Civil trazem parâmetros mínimos para tal quantificação, que são a extensão do dano e a equidade.

Destarte, o arbitramento deve levar em consideração a posição social e econômica do ofensor, o grau de culpa do primeiro e o dano.

A par disso, deve-se ter em vista o caráter indenizatório e pedagógico da indenização do dano moral.

Tendo em vista tais critérios, arbitro o valor de R$ 100.000,00 para cada parte autora.

Julgo, assim, procedente o pedido.

MULTA PREVISTA NO ART. 477, § 8º, CLT

Como visto decidido no tópico anterior, não houve pagamento da segunda metade do décimo terceiro salário de 2014, o qual deve ser considerado verba rescisória.

Registro que o pagamento pelo empregador de apenas parte das verbas rescisórias, ainda que dentro do prazo legal, não tem o condão de eximi-lo da penalidade em questão, na medida em que o objetivo da norma é compelir o empregador ao pagamento da totalidade dos direitos devidos ao empregador por ocasião da extinção do contrato de trabalho.

Ante o exposto, julgo procedente o pedido de condenação no pagamento da multa prevista no art. 477, § 8º, CLT.

RESPONSABILIDADE DAS PARTES RÉS

É fato incontroverso que a segunda parte ré foi beneficiada da força de trabalho do obreiro, mediante da contratação de serviços terceirizados junto à primeira parte ré.

Deve, assim, ser responsabilizada pelos créditos deferidos às partes autoras, em relação ao período em que figurou como tomadora de serviços terceirizados (TST, Súmula nº 331), no caso em questão, durante todo o contrato de trabalho.

Entretanto, a responsabilidade da segunda parte ré, dada ausência de ilicitude da terceirização, é de meramente subsidiária, e não solidária.

Ressalva-se, apenas, com relação à indenização por danos materiais e morais, em relação aos quais a segunda parte ré possui responsabilidade solidária, nos termos do art. 942 do Código Civil.

JUSTIÇA GRATUITA

A isenção de custas na Justiça do Trabalho, na forma do § 3º do art. 790, pode ser concedida de até mesmo ofício e, considerando a data do ajuizamento da ação (ainda na vigência da OJ n. 331 da SDI-1 do TST), decorre da simples declaração da parte de que não pode arcar com as custas do processo sem prejuízo do sustento próprio e de sua família.

Concedo.

REQUERIMENTOS DA PARTE RÉ

Não há falar em litigância de má-fé, pois ausentes quaisquer das condutas previstas no art. 17, do CPC/73 - art. 80, CPC/15. Indefiro.

Não são devidas compensação ou dedução, uma vez que a parte ré não é credora da parte autora, e não há comprovação de pagamento de parcela de idêntico título ao da presente condenação. Indefiro.

Não há falar em responsabilidade subsidiária de "terceiro grau", de sorte que, o mero inadimplemento das obrigações pelo empregador permite o direcionamento da execução em face do responsável subsidiário, não havendo necessidade da prévia desconsideração da personalidade jurídica da empresa prestadora de serviços. Indefiro.

DISPOSITIVO

Ante o exposto, nos autos da ação ajuizada por VÂNIA MARIA TRINDADE DAS DORES, por si e representando NEIDE TRINDADE DAS DORES e NELSON TRINDADE DAS DORES em face de LIMPADORA VERA CRUZ EIRELI e BANCO POPULAR DA CASA VERDE S.A., nos termos da fundamentação, parte integrante deste dispositivo, decido:

- rejeitar as preliminares de inépcia da petição inicial, irregularidade de representação, impossibilidade jurídica do pedido e de ilegitimidade passiva;
- declarar a prescrição das pretensões anteriores a 07/01/2010, extinguindo o processo, quanto a tais pretensões, com resolução do mérito (art. 269, IV, do CPC/73 - art. 487, II, do CPC/2015);
- julgar procedentes, em parte, os pedidos, condenando as partes rés, a segunda de modo subsidiário, no pagamento (prazo de oito dias), dos seguintes títulos:
  a) intervalo intrajornada mínimo não concedido a título de horas extras (devendo ser pago o período integral de 01 hora, e não somente a diferença entre o tempo usufruído e o tempo mínimo devido a título de intervalo intrajornada - art. 71, § 4º, da CLT e Súmula n. 437 do TST, com natureza salarial), observando os parâmetros abaixo:
    a.1) cabível em cada dia de trabalho, observando-se os cartões de ponto existentes nos autos para esse fim;
    a.2) base de cálculo a ser observada: soma do valor do salário base e das demais verbas de natureza salarial, observando-se a Súmula n. 264 do TST;
    a.3) acréscimo do adicional de 50%;
    a.4) observância da evolução salarial;
    a.5) exclusão dos dias não trabalhados;
    a.6) divisor de 220;
    a.7) em face da habitualidade e, portanto, de sua natureza salarial, determino os reflexos sobre o RSR (na forma da Súmula n. 172 do TST e observada a regra prevista na OJ n. 394 da SDI-1 do TST), décimo terceiro salários, férias acrescidas de 1/3 e FGTS;
  b) multa prevista no art. 477, § 8º, da CLT;
  c) segunda metade do décimo terceiro salário de 2014;

- julgar procedentes, em parte, os pedidos, condenando as partes rés, solidariamente, no pagamento (prazo de oito dias) dos seguintes títulos:
  a) indenização por danos morais (R$ 90.000,00), ser dividido em quotas iguais entre as partes autoras;
  b) indenização por danos morais (R$ 100.000,00) para cada parte autora;
  c) indenização por danos materiais/lucro cessantes às partes autoras, observados os seguintes parâmetros: c.1) NEIDE TRINDADE DAS DORES e NELSON TRINDADE DAS DORES, até 24 anos completos; c.2) VÂNIA MARIA TRINDADE DAS DORES pelo tempo equivalente à duração provável da vida da vítima (74 anos) ou até a data do seu falecimento, o que ocorrer primeiro; c.3) percentual de 70% do valor da última remuneração recebida pelo de cujus, acrescido de 1/12 de 13º salário e 1/12 do terço de férias mensalmente, valores que devem ser reajustados de acordo com o reajuste da categoria a que pertencia o de cujus, sendo que, quanto ao vencido (leia-se um dia após a data do óbito até a data do trânsito em julgado da sentença), deve ser pago através de parcela única e, quanto ao vincendo, deve ser feito mediante depósito em conta, a ser comprovado mensalmente; c.4) a partir do atingimento de idade de 24 anos de cada um dos filhos menores, ou morte de quaisquer dos beneficiados, deve o valor da cota ser revertido, em partes iguais, para os demais beneficiários; c.5) determino a constituição de capital, nos termos do art. 475-Q, do CPC/73 - art. 533 do CPC/2015.

Concedo às partes autoras os benefícios da gratuidade de justiça.

PARÂMETROS DE LIQUIDAÇÃO

a) JUROS E CORREÇÃO MONETÁRIA

Às parcelas objeto da condenação devem ser acrescidos juros a partir do ajuizamento da ação (art. 883 da CLT), observado o seu propósito meramente indenizatório (OJ 400 da SDI-1 do TST), e correção monetária (na forma do art. 39, § 1º, da Lei n. 8.177/91 e da Súmula n. 381 do TST).

Ressalte-se que a aplicação do IPCA-E ou INPC contrariaria a autoridade do STF que, na Reclamação 22012, suspendeu efeitos de decisão do Tribunal Superior do Trabalho (TST) que determinou a substituição da TRD pelo IPCA na correção monetária dos débitos trabalhistas.

Quanto à indenização por danos morais, a atualização monetária é devida a partir da data da decisão de arbitramento ou de alteração do valor.

Os juros incidem desde o ajuizamento da ação, nos termos do art. 883 da CLT, tudo na forma da Súmula n. 439 do TST.

b) RECOLHIMENTOS FISCAIS E PREVIDENCIÁRIOS.

Determino que a parte ré efetue os recolhimentos previdenciários incidentes sobre as parcelas objeto de condenação em pecúnia deferidas nesta sentença, na forma do art. 43 da Lei n. 8.212/91 e da Súmula n. 368 do TST, ficando autorizada a dedução da quota parte da parte autora.

Deverá ainda a parte ré (art. 46 da Lei n. 8.541/1992) efetuar o recolhimento fiscal na forma do art. 12-A da Lei n. 7.713/88 e da Instrução Normativa RFB nº 1.500, de 29/10/2014 (revogadora da IN nº 1.127/11 – art. 114 da IN 1.500/2014), com a redação dada pela Instrução Normativa RFB nº 1558, de 31/3/2015.

Para fins do art. 832, § 3º, da CLT, as parcelas da condenação devem observar o artigo 28, § 9º, da Lei n. 8.212/91, incidindo recolhimentos fiscais e previdenciários somente sobre as parcelas de natureza salarial.

c) FORMA DE LIQUIDAÇÃO

A liquidação deve ser feita por simples cálculos.

d) ABATIMENTO/COMPENSAÇÃO

Abatimento/dedução e compensação são institutos distintos e, no caso dos autos, não há falar em compensação, afinal não houve comprovação de nenhuma obrigação apta a ser extinta em face da posição concomitante de credor e devedor das partes (art. 368 do CC/2002 e arts. 477, § 5 º e 767 da CLT). Rejeito, assim, o pedido de compensação.

Autorizo, contudo, para evitar o enriquecimento sem causa (art. 884 do CC/2002) da parte autora, o abatimento/dedução dos valores pagos sob igual título àqueles deferidos nesta sentença.

Determino a retificação do polo ativo, a fim de constar, na autuação e demais registros, como partes autoras VÂNIA MARIA TRINDADE DAS DORES, por si e representando os menores NEIDE TRINDADE DAS DORES e NELSON TRINDADE DAS DORES. Assinalo que o advogado das partes autoras, após a regular ciência da presente sentença, tem o prazo de dez dias para regularizar a sua representação.

Custas processuais no importe de R$ 20.000,00 (vinte mil reais), calculadas sobre R$ 400.000,00 (quatrocentos mil reais), valor atribuído à condenação para tal fim (art. 789, IV, da CLT).

Partes Cientes na forma do art. 834 da CLT e da Súmula n. 197 do TST.

Intime-se a União Federal, para efeitos da regra inserta no art. 832, § 5º, da CLT."

REFERÊNCIAS

BARROS, Alice Monteiro de. **Curso de Direito do Trabalho.** 4º edição. São Paulo: LTr, 2008

CARVALHO, Augusto César Leite de. **Direito do Trabalho: Curso e Discurso**. Aracajú: Evocati; 2011.

CASSAR, Vólia Bomfim Cassar. **Direito do Trabalho.** 9ª ed. São Paulo: Editora Método, 2014.

DELGADO, Maurício Godinho. **Curso de Direito do Trabalho. 15.** ed. São Paulo: LTr, 2016.

GASPAR, Danilo Gonçalves. **Subordinação Potencial: encontrando o verdadeiro sentido da subordinação jurídica**. São Paulo: LTr, 2016.

MARTINEZ, Luciano. **Curso de Direito do Trabalho.** 6ª ed. São Paulo: Saraiva, 2015.

NEVES, Daniel Amorim Assumpção. **Manual de Direito Processual Civil**. 8. ed. Salvador: Editora Juspodivm, 2016.

SCHIAVI, Mauro. **Manual de Direito Processual do Trabalho**. 10. ed. São Paulo: LTr, 2016.

SILVA, Homero Batista Mateus da. **Curso de Direito do Trabalho Aplicado.** São Paulo: Revista dos Tribunais, 2015.

EDITORA JusPODIVM
www.editorajuspodivm.com.br

COLOR system

JUS2813